日本精神史（上）

長谷川　宏

講談社学術文庫

学術文庫版まえがき

この本がハードカバーの二巻本として初めて世に出たのは、二〇一五年のことだ。その四年半前の二〇一一年三月一一日は大地震・大津波が東日本を襲った日で、原稿は半分ぐらい書きすすんでいたと思うが、その年は何か月も被災地の惨状と苦しみを思い、胸の塞がる暗鬱な気分に耐えながら原稿用紙に向かっていたことを覚えている。

美術と思想と文学を主な対象として日本の人びとの精神の移り行くさまをたどるというのは、執筆の初めから決まっていた方針だったが、具体的にどの作品を取り上げるかについては最後まで迷うことになった。この本を学術文庫版にするに当たって、改めて全体を読み返していても、かつて選択に迷った場面がいくつも思い起こされ、別の作品を選んでいたら流れがどう変わっていたろうと考えたりもしたが、すでに出来上がった流れにたいして作品の差し替えといった大きな変更は望むべくもなかった。

全体を読み返すなかで、もう一つ、自分にとって意外とも言える経験にぶつかった。自分の書いたものを読んでいて自分の心が波立つという経験だ。さほど緊張もせず、といって気がゆるんでもいないようなときにきまって起こるのだったが、素直に文の流れを追っていくさなかに思いがけぬイメージや情景や人の動きが不意に目の前にあらわれて心が波立つのだ。若いころには本を読んでいて体が熱くなることはよくあったように思うが、八〇歳を越えてのこんな経験は珍しい。読む自分の心が波立つということは、そこを書いていた自分の心も波立っていたかもしれない、などとも思う。冷静さを失わないのがものを書く基本だと心がけていたはずなのに。思えば、ふしぎな心の動きだった。

この本の「原本あとがき」にわたしは、江戸の終わりまでの『日本精神史』の続きとして日本近代の精神史の流れを跡づけてみたい、と述べている。うれしいことに、二〇一五年以降の苦労と努力が実を結んで『日本精神史　近代篇』が近代以前の流れをたどるこの『日本精神史』と同じ講談社から同時刊行される。明治から二〇世紀の終わりまでを綴る近代篇も手に取っていただけたらと思う。

二〇二三年四月二五日

長谷川　宏

はじめに

長くヨーロッパの文化と思想を研究対象としてきた一哲学徒が、ここ十数年、身近なこの国の文化と思想に取り組み、その流れを歴史的に追跡してなったのがこの書物である。題して〝日本精神史〟という。

精神とはなにか。

あえて定義づければ、人間が自然とともに生き、社会のなかに生きていく、その生きる力と生きるすがたが精神だ。精神は一人の人間のうちにも、少人数の集団のうちにも、もっと大きな集団や共同体のうちにも見てとれるが、さまざまな精神の連続と変化のさまを一つの大きな流れとして縄文時代から江戸時代の終わりまでたどること、それが、わたしの設定した課題だった。政治の歴史や社会の歴史にぴったり重なるのではなく、その基底にあって政治や社会の動きとは異なるリズム、異なるテンポをもって持続し変化していく人びとの意志と心情と観念の歴史をとらえたかった。

考察の素材として選びとったのは、美術と思想と文学の三領域に及ぶ文物と文献である。わたしが若い頃から親しんできたこの国の造形品や書物が主としてその方面に属するものであり、三領域に目配りすれば、政治史や社会史とは類を異にする時代の精神のおおよそのすがたを浮かび上がらせることができると思われた。一口に三領域の造形品や書物というが、多少とも名のあるものを拾い上げただけでも、その数は相当数にのぼる。なかから論究の対象としてどれを取り出してくるか。その選択からして悩ましい。目次を見ていただければ、選択の結果はあらまし分かってもらえると思うが、顧《かえり》みていえば、作品がすぐれた出来映えであることと、時代の精神を語るにふさわしいものであることの二つが、選択の基準だった。取り上げるかどうか決めかねて、改めて当の美術品を見に出かけたり、当の書物や周辺の資料を読みなおしたりしたことも五回や六回にとどまらなかった。

目に見える形を取った美術品や書物を通して、その奥に人びとの思いを探る。そんな作業を日々くりかえしてわたしはこの本を書いていったのだが、書きすすむなかで人びとの思いがいくつかの型に類別されるように思った。それを仮りに意識の型として示すと、宗教意識、歴史意識、倫理意識、美意識という四つの型に大きく分けられるように思う。四つの型のあいだに明確な境界線が引けるわけではなく、二つの型、三つの型を兼ね備えた意識もなくはないが、思いの核心にあるものはなにかと探っていくと四つの意識型のどれかに行き当たることが少なくなかった。この本のところどころに宗教意識その他のことばがあらわれるのは、四つの型による類別に日本精神史の手法としてわたしがそれなりの手応えを感じていることを示すものだ。なかで美意識こそが人びとの心にもっとも広く深く行きわたっているものであり、日本精神史上もっともゆたかに展開した生命力であることを、稿を終えてまもない筆者の正直な感想として記しておきたい。

凡例

一、引用文については末尾の（　）内に引用文献の書名・出版社・該当ページを示した。
一、引用文は、その多くを、依拠した文献の原文ではなく、著者（長谷川）による現代語訳で掲出した。
一、長歌、短歌、俳句については原文のまま引用し、必要に応じて著者の現代語訳を付した。
一、引用文中、〔　〕内に記した語句は、文意の理解を助けるために著者が加えた説明である。
一、原文のままの引用に際しては、漢字・仮名の表記、改行のしかた、ルビの有無など、類書・研究書を参考にしつつ著者の判断により改めている場合がある。
一、参考文献の詳細は、下巻巻末に各章ごとにまとめて示した。

目次

目次　日本精神史（下）

日本精神史（上）

第一章　三内丸山遺跡——巨大さに向かう共同意識

日本列島を北アルプスから伊勢湾に至る線で東西に区切ると、縄文時代の遺跡は東日本からの出土が圧倒的に多い。弥生時代になると、水田農耕が大陸から伝わり、やがてそれが列島に大きく広がるが、稲作以前の縄文時代は、東日本の生活と文化が西日本に優位する時代だった。

一九九四年の発掘調査で六本柱の柱穴が発見され、大きな話題を呼んだ三内丸山遺跡《さんないまるやま》（青森市）も、本州の北端に位置する東日本の遺跡だ。

JR線青森駅からバスで二〇分、郊外に広がる四二ヘクタールの台地が三内丸山遺跡だ。南西の入口から広場に足を踏みいれると、北西の方角に高さ一五メートルの太い柱が六本、すっくと立つのが見える。柱の上中下三ヵ所に六本をつなぎ合わせる横木が渡されている。遺跡発掘時に復元された建物だ。

建物に近づくと、柱の太さと高さに圧倒される。いまから四五〇〇年も前の縄文人がどうしてこんな巨大な建物を作ろうとしたのか。作ることができたのか。そんな疑問がおのずと湧《わ》いてくる。

復元された建物はもとの場所から数十メートル離れたところに建てられている。もとの場所は、屋根で覆《おお》った地面に六つの柱穴が横に二つ、縦に三つの長方形をなして等間隔に掘り出されている。穴の一つ一つは直径二メートル、深さ二メートルのばかでかい穴だ。縄文人がそんな穴を掘るのにどれだけの時間とどれだけの労力を要したことか。六つの柱穴は、竪《たて》穴《あな》住居の炉を囲んだ生活とは次元の異なる、気宇広大な集団の構想力を示唆しているように思える。

柱穴の小屋を出て、再び六本柱の高い建造物を見上げる。六本の柱は深い穴にしっかりと埋めこまれ、三段に渡された横木でがっちりと結び合わされて、暴風雨にも耐えうる堅固さだ。直径二メートル、深さ二メートルの六つの穴を掘るのも大変な作業だったろうが、それをもとにこの六本柱の大建造物を造築するのはもっとずっと難事業だったにちがいない。似た大きさと高さのクリの大木を六本切り倒し、枝葉を切り払って柱の形に仕立て、それをここまで運びこんでまっすぐに立てる。作業の一つ一つが多くの人びとの協力と高度な技術と的確な全体指揮なくしては前に進みそうもない。縄文中期に三内丸山に暮らした縄文人は、すでにして高度な建築技術を身につけ、その技術を多人数の共同作業に生かしうるような人びとだったのだ。

なぜ人びとはこんな巨大建造物を作ろうとしたのだろうか。

そんな疑問が自然と湧くのは、この六本柱の建物が周囲の竪穴住居とはあまりにもかけ離れているからだ。三内丸山遺跡には八〇〇棟を超える竪穴住居跡が確認されているが、その多くは床面積が一〇平方メートル、四、五人が中に入ればいっぱいになるほどの小さな建物だ。復元された住居を見ると、入口は体をこごめて入る小ささだし、中の空間も手狭で窮屈で自由に動けない。それが三内丸山の縄文人たちの日常の暮らしの場だったのだ。

六本柱の巨大な建物は、そうした縄文人の日々の暮らしとは容易に接続しない、別種の異物としてわたしたちの前にあり、それが「なぜ、こんなものを」という疑問を呼び起こす。疑問に答えるには、この巨大建造物を集団の共同の力、共同の精神の結晶としてとらえねばならないだろう。

三内丸山遺跡　復元された大型掘立柱建物
[青森県教育庁文化財保護課]

巨大建造物の作られた時期の集落は、数百人の人びとが居住する規模に達していたろうが、その人びとの共同の思いと共同の行動が形となってあらわれたのが六本柱の建物にほかならなかった。共同の力と精神は個々人の力と精神の集合体でありながら、個々人の力と精神を超えた、異次元の力として、また精神として存立し、個々人に働きかけてくる。働きかけに応じるなかで個々人は共同の力と精神を大なり小なり担うものとなる。六本のクリの大木を見つけ出し、切り倒して柱に仕立て、幾何学的な形を保って地上高く聳《そび》え立たせ、横木でつないで安定した巨大な建造物を作り上げるという構想と、構想を実行に移そうとする意志と、意志を実現する行動は、いずれも個人の次元にとどまるものではなく、共同の構想であり、共同の意志であり、共同の行動だった。そして、構想と意志と行動が共同のものとなるためには、共有される建物のイメージが人びとによって実現可能なものと考えられていなければならなかったし、人びとの意欲をかき立てる魅力的なものでなければならなかった。

本州の北端の縄文集落で六本柱の巨大建造物が作られたということは、縄文人にとってそれが実現可能だと信じられ、建ててみたいと思わせる魅力的な観念ないしイメージとしてあったことを意味する。地面にへばりつくような小さな竪穴住居との落差を考えると、これまで取り組んだことのない企画にあえて挑戦し、自分たちの力を試してみたいという冒険心さえもが意欲をかき立てる一要素となっていたかもしれない。狩りや漁や植物の採集や栽培などを通じて、長い期間にわたって共同の作業が積み重ねられ、そうした共同の経験のなかで、未経験の試みに進んで足を踏みいれるような共同の力と精神を実感した人びとが、個人の力量をはるかに超える共同の試みとして構想し、意志し、実行したのが六本柱の巨大建造物だった。

構想の段階でも、作りつつあるときでも、作り上げたあとでも、建物の本領はなによりその高さにあった。長方形をなして土に埋めこまれる六本の柱の平面が縦八・四メートル、横四・二メートルにたいし、高さが推定一四ないし二一メートル、目にすると、いやでも高さを意識し、上方へと視線が行く。建物を作り上げた人びとも、見るたびにてっぺんを見上げたにちがいなく、そのようにぬきん出た高さをもつことがこの建物の力であり美しさだ。

この高さは家のもつ高さではない。家の規格を超えた高さだ。

実をいうと、三内丸山遺跡における建物の配置は、小さな竪穴住居があちこちに散らばるなかに、一棟だけ六本柱の高層建築が聳え立つというものではない。両者の中間に位置するものとして、高床倉庫らしきものや、長さが一〇メートルを超える大型竪穴住居などが存在する。とくに六本柱の高層建築の近くに復元された大型の住居は、長さ三二メートル、幅一〇メートル、床面積一〇〇坪という広大さだ。一度に二〇〇人ないし三〇〇人を収容できる。中は、四、五人の住む竪穴住居とは比べものにならないほどのゆったりした空間で、天井も高いし炉も大きい。かがまって動く窮屈さはなく、ゆったりと自由に動きまわれる。用途については、大人数の暮らす住居だとか、なにかの機会に人びとの寄り集まる集会所だとか、共同の作業場だとか、あれこれ説がなされているが、住居と見ても公共の施設と見ても、そこに身を置く人びとが小さな竪穴住居に暮らすのとは別種の共同性を実感していたとはいえる。その意味で、大型竪穴住居には六本柱の建造物に通い合う共同性が表現されているといえなくはない。

が、それとこれとのあいだには決定的なちがいがある。家であるかないかのちがいだ。

長さ三二メートル、幅一〇メートルの大型竪穴住居は、柱があり、壁があり、屋根があって、まさしく「家」の形をしている。外の自然から人間を守るものとして建物があり、建物の内部には外部と質のちがう空間が広がっている。内部には、そこにいるだけでたがいの親しさとつながりを実感できる空間がある。それが人間にとっての「家」というものだ。面積わずか一〇平方メートルの手狭で窮屈な竪穴住居も、まぎれもなく「家」だ。

だが、六本柱の巨大建造物は「家」ではない。六本の柱はその高さと太さからして、壁と相俟《あいま》って内部の空間を外部の自然から守るものではありえないし、いまの復元建物にはついていない屋根をかりにつけたとしても、それでもって雨や風から内部空間を守れそうにはない。建物自体が内と外とを明確に区別するものとしてあるのではなく、内も外もない均質な空間に六本の巨大な柱を横木でつないだ建造物がすっくと立っているのだ。それは、内部に安らかな空間を確保する建物としてではなく、人びとが共同の力と精神を感じとれるような建物としてそこにある。

存在そのものが共同の構想の実現であり、共同の意志の対象化であるような建物は、仰ぎみる人びとに共同の力を実感させるに足る力強さを備えた、堂々たる建造物でなければならなかった。作り上げる過程で人びとの実感した共同の力と精神が、建物を見るたびにくりかえし想起できるようでなければならなかった。そういう存在として、六本柱の堅固な木組みは地上二〇メートルの高さをもって聳えていた。

地面にしっかりと根を下ろしつつ、上へ上へと高く伸びる建物が共同の力と精神の象徴たりうるのは、思うに、人間が地に足をつけて立つ二足歩行の生きものであることと深くかかわる。地面から立ち上がること、視線が上へと向かうことは、人間にとって生きる力の増進と拡大を意味する。見上げるように聳え立つ建造物が古今東西の歴史において数多く作られてきたのは、二足歩行の身体感覚がいまなお生きる力としてわたしたちの内奥に保たれていることを示すものにほかならない。体の奥底に宿る生命力が聳え立つ建物のすがたに共鳴するのだ。

試みに、地上にすっくと立つ巨大建造物の例を歴史のなかから拾い出してみる。日本でいえば、吉野ヶ里《よしのがり》遺跡の物見櫓《ものみやぐら》、仏寺の塔、城の天守閣、近代に至って大都市の時計塔、高層ビル、東京タワー、近年の東京スカイツリー、等々。海外でいえば、古代エジプトのオベリスク、ネイティブ・アメリカンのトーテム・ポール、ヨーロッパ中世のゴシック大聖堂、一九世紀パリのエッフェル塔、二〇世紀ニューヨークの摩天楼、等々。建物それぞれの建てられた場所や、用途や、作り出した集団の文化や技術は大きく異なるが、地上から天に向かってすっくと立つすがたには、ちがいを超えて人びとの心をゆさぶる根源的な力がこもっている。地面から建物に沿って上へ上へと登っていく視線は、上昇するにつれて、見る者の心を広大な天の空間に向かって解き放つ。上へと伸びる建物を媒介にして、地上に立つ一個の生命と広大な天の空間とのあいだにふしぎな交流がなりたつのだ。そこには、茫漠《ぼうばく》とか無限とかと呼びたくなる感覚の、原初のすがたがある。

縄文中期に人びとの共同意志と共同行動の成果として出現した六本柱巨大建造物にも、同じ力がこもっている。建物が日々の暮らしを超越した神秘な幻想性を具えつつ、その一方、原始の開放感とでもいうべきものを見る者にあたえるのは、建物にこもる共同の力が人間にとって根源的なものであるからだと考えられる。

さらにいえば、地面からまっすぐ上方に向かって伸びる建物の形は、共同の力や人間の身体感覚に思いを誘うとともに、外界の自然と建物との関係に目を向けさせずにはおかない。高く聳える建物には、自然と張り合って生きていこうとする人びとの強い意志がこめられているということだ。

そもそも、自然のもっとも普遍的な力としてまずは重力がある。地上のありとあらゆる物を地面に引きおろそう、引きもどそうとする力だ。人類の二足歩行はそういう自然の力に抗《あらが》って行動の場を広げようとする意志と意欲が生んだものであり、地上から上へと伸びる建造物には同じような意志と意欲が働いている。自然に抗い、自然に張り合って生きていこうとする人間の生命力とでもいうべきものだ。

柱の素材は近隣の林からクリの大木を切り倒してきたものだろうから、そのかぎりでは自然と張り合うというより、自然を利用するというに近い。が、同じ高さと同じ太さの大木を、縦横四・二メートル間隔で掘った同じ直径、同じ深さの穴に埋めこみ、六本を地上高く長方形に林立させるという造形は、もう、自然の利用ないし模倣という次元の行為ではない。自然から独立した確固たる物体を作り出したい、という意志に支えられた行為だ。地面に整然と並ぶ六個の円形の穴は、いまから四五〇〇年前の人類が、すでに高度な抽象的思考と綿密な土木技術を所有していたことを示すものだが、かれら縄文人たちは、その思考と技術を駆使しながら、そこに自然と張り合う自分たちの共同の力を実感し、自分たち独自の物を作り出す創造の喜びを感じていたのだ。

抽象的な思考と技術はクリの大木を柱に加工する段階からすでに働いている。数あるクリの木のなかから六本のまっすぐな大木を選んで切り倒し、枝や葉を切り落として柱に仕立てるには、六個の円い穴を掘るのに劣らぬ高度な思考と綿密な技術が必要だ。クリの大木は自然界に生育する自然の存在だが、その六本を柱にして組み立てようとする構想と実作業には、自然のなかに暮らしつつ、自然と張り合おうとする精神の力が働いているのであり、その六本を等間隔に配置して空高く伸びる整然たる構造体を作ろうとする構想と実作業には、そこからさらに進んで、形の力強さと美しさを求めようとする精神の力が働いている。そういう精神の力が極限に近いところまで発揮されたのが六本柱の巨大建造物だったと思える。

縄文人の暮らしは自然に大きく包まれるなかで営まれていた。無限の広がりと奥行きをもつかに思える自然は、衣・食・住の恵みをもたらすありがたい存在であるとともに、たえず生命を脅かす恐れの対象でもあった。恵みと恐れを通して自然の強大さが、日々、体にも心にも感じられるのが縄文人の暮らしだった。

そういう強大な自然に張り合おうとするエネルギーが、人間の精神にはぬきがたく存在する。そのエネルギーがあるからこそ、人間は、自然の存在でありつつ、自然を超えた文明を作り上げてきたし、いまなお作り上げつつある。そのエネルギーの普遍性からすれば、人間の――人類の――歴史は、人間と自然とのかかわりの有為転変の歴史といっていいほどだ。

三内丸山の巨大建造物が示すのも、そういう悠久の歴史の露頭の一つだ。

強大な自然と張り合うためには、――もう少し丁寧にいって、自然と張り合うだけの共同の力がひょっとして自分たちのうちにあるかもしれないと感じるためには、――共同の力と精神の作りだす構造体は大きく力強いものでなければならない。自然とは別個に自分たちのものを作るのなら、小さく弱いもので足りようが、自然と張り合うとなればそうはいかない。作られたものは大きさと力強さをもって自然のうちに屹立《きつりつ》しなければならない。

高さ二〇メートルにも達する頑丈な建物は、その大きさと力強さが否応なく見る者にせまってくる。単純な円柱形の六本の柱がまっすぐ上に伸び、すっきりした幾何学的な直方体をなすことが、大きさと力強さの印象を増幅する。だが、幾何学的な形を取る堂々とした建物というだけでは、大きく力強い存在の条件としては不十分だ。大きく力強い存在といえるためには堂々たる形で長く持続するのでなければならない。形が持続せず、いつのまにか変形したり壊れたりするようでは、そこに自然と張り合う大きさと力強さを認めることはできない。

森羅万象を大きく自然ととらえるとき、同じ形の持続をもって自然の本質とすることは当を失しているかもしれない。季節のめぐり一つを取っても、変化のなかに持続があり、持続のなかに変化があるというのが、自然の実相だからだ。しかし、人間にとっての自然という観点からすると、持続と変化とを同列に置くことはできない。とくに、自然のただなかで自然とともに生き、食も衣も住も自然の恵みに大きく依存する古代の人びとにとって、自然の持続こそが、あるいは持続する自然こそが、生活上の支えであった。古代人が山や川や湖や大木や大岩を神と崇《あが》める例は、洋の東西を問わず数限りないが、それら自然信仰の対象物は、まちがいなく持続する存在だった。自然の大きさと力強さは持続するものにこそ認められた。

とすれば、大きく力強い建物に持続性を求めることは、自然そのものの促《うなが》しだったと考えてよい。持続しないもの、持続できないものはそもそも大きく力強いということができなかった。実際、古代人にとって、大きさ、力強さと持続性とのつながりは、日々の暮らしのなかで身近に感じとれるものだったにちがいない。苦労して作った竪穴住居の屋根が強風で吹きとばされたり、柱が傾いたりする。また、土に埋めこんだ柱の根元が腐ってくる。そんなふうに住居が変形したり壊れたりする経験のなかで、人びとが身にしみて感じたのは建物の弱さであり、突きつめれば、自然に立ち向かう自分たちの弱さだった。失意と挫折感と敗北感のなかで、かれらは、もっと持続するものを、もっと力強いものを作りたいと強く願ったにちがいない。

集落全体の共同性を象徴する大きな建造物についても、同じような失意と敗北感、そして持続への希求が経験されたにちがいない。三内丸山遺跡の、六本柱の建物とは場所のちがう一角に、大きな柱穴がいくつも重なり合うように掘られた建物跡があるという。柱がなんども建てかえられたことを示す遺跡だ。一つの建物が立ちつづけていた期間は長短さまざまだったろうが、建物が大きく傾いたり壊れたりしたら、人びとは当然のごとくにそれを建てなおし建てかえようとし、新しい建物をいっそう持続的なものにしようとしたにちがいない。土穴に残る六本柱の残骸を見ると、その底面と周囲が腐食を防ぐために火で焦《こ》がしてある。建物の持続を願う人びとの思いを端的に示すものだ。

　六本の円柱が天に向かって伸びるすがたが空間的な大きさと力強さのあらわれだとすれば、それがそのままの形で持続することは、時間の次元での大きさと力強さのあらわれだということができる。そして、空間的な大きさ・力強さと時間的な大きさ・力強さを合わせもつ構造体が、すっきりとした幾何学的形態を取って目の前にありつづけるとき、人びとはそこに個人の思いと力を超えた共同の力と精神を見てとるとともに、壮大な美しさをも感じていたにちがいない。縄文人たちは雲や山や森の織りなす自然の風景や、季節ごとに変化する花々や緑の樹々や、みずから制作した道具や装身具や土器にも美しさを見出していたろうが、集落の一角に群をぬいた大きさと力強さを備えて聳《そび》え立つ、単純明快にして堂々たる建造物に見てとれる美しさは、それらのどれともちがう格別の美しさだったにちがいない。自然と張り合う気概に満ち、人間の限りない可能性を告知するかに見える巨大建造物は、見る者の全身をゆさぶるような美しい造形物だった。集団の多大な物質的・精神的努力の末に実現されたその造形物は、それがそこにあるというだけで人びとに生きる力をあたえるものだった。生きる力をあたえてくれることと建物が美しいこととは別のことではなかった。そこに、巨大建造物の原初の美しさというべきものがあった。巨大建造物は人びとの共同の生命力と精神力の結晶として聳え立ちつつ、同時に、人びとに生きる力をあたえる美しい造形物として近くから遠くからながめやられたにちがいない。
そういう建物が出現したことは、縄文時代の精神史を飾るに足る出来事だった。

第二章　火炎土器と土偶——土にこめられた美と祈り

縄文時代とは、縄文——縄目の文様《もんよう》——のある土器が作られた時代のことだ。縄文土器は、その形、文様、製作法を基準に六つの時期——草創期・早期・前期・中期・後期・晩期の六つ——に分けられるが、その区分はそのまま時代区分に流用される。それほどに時代と土器のつながりが密接なのだ。一万年にわたる縄文時代を通じて、縄文土器は形と文様と製作法を変化させせつつ作りつづけられ、使いつづけられた。

土器のちがいは時代の流れとともに生じただけではない。地域によるちがいがあり、とりわけ文様には地域によって歴然たるちがいが見られる。たとえば縄文土器のなかでもっとも華麗な火炎土器《かえんどき》は、新潟県を中心とする北陸地方でしか作られていない。土器は地域に根ざし、地域の伝統を受け継いで作りつづけられ、使いつづけられた。

土器は日々の生活の道具だ。その土器に歴然たる地域差が見られることは、縄文人の生活が地域にしっかりと根ざしていたことをものがたる。人びとは身近な地域のなかでたがいに交流し、その交流をもとに日常の生活をなりたたせ、維持していたのだ。身近な地域を超えるはるか遠方との交流も、たとえば長野県の黒曜石が青森県の遺跡に出土する、といった形で実証されてはいるが、だとしても、身近な交流がそれよりずっと密度の濃いものであったのはいうまでもない。

身近な交流を通じて、たとえば煮炊き用の深鉢《ふかばち》を作る知識と技術が広がる。やがて、土器に縄目の文様をつけるという工夫がなされ、まわりに伝わる。さきの時代区分に従うと、草創期の初めに登場した深鉢に、草創期の後半にはもう縄目の文様がつけられる。そして次の早期になると、文様のつけかたに地域差があらわれ、関東地方では撚紐《よりひも》を利用した撚糸文《よりいともん》土器が、近畿地方では木の棒を利用した押型文《おしがたもん》土器が作られる。

深鉢では肉類や野生のイモ類や貝類が煮られた。煮られることによって食材は食べやすくなり、腐りにくくなった。食生活の安定という点で、深鉢その他の土器の出現はまさしく画期的な意味をもっていた。土器は日々に役立つ道具として作りつづけられ、使いつづけられた。

が、土器の文様はとなると、それは役に立つというところからは離れたものだ。文様が土器の実用性を向上させることはない。食材を器に入れやすいように、とか、炉の上に置きやすいように、とか、火が回りやすいように、といった目的で文様がつけられるのではない。文様の価値は実用性ないし機能性とは別のところにあった。

文様の変化を時代を追ってながめていくと、時代が進むとともに文様が多様化し、緻密になり、秩序の整ったものになる過程が見てとれる。が、その一方、草創期の一見いかにも稚拙な文様も、その隆線や爪跡や縄目を丁寧に追っていくと、そこに製作者の強い造形意志が感じとれる。煮炊きの道具として役に立てばよいという次元を超えて、器のすがたを魅力あるものにしようとする意志が感じられる。そこには実用を超えたなにかが——遊びとか、余裕とか、美しさと呼びたくなるものが——確かにある。

そのなにかは一万年前の縄文人たちが実感していたものだ。その実感なくして多彩な文様の出現はありえなかった。隆線文《りゅうせんもん》、爪形文《つめがたもん》、撚糸文、押型文などが大きな流れをなして文様の歴史を作り出しえたのは、土器を必要不可欠な生活用具として大切に扱う心構えと並んで、土器に付された文様に目を留《と》め、文様をおもしろく思い、新しい文様の出現を喜ぶ美意識を人びとが共有しえていたからだった。一万年にわたって続く文様の歴史は、そういう美意識に支えられ励まされて前へと進む流れであり、また、そういう美意識を維持し発展させつつ前進する流れであった。

1

土器にまつわる美意識と土器製作者の練達の技術とが結びついて生まれたもっともめざましい成果が、火炎土器の名で呼ばれる一群の土器だ。時代的には縄文時代の中期（紀元前三〇〇〇—前二〇〇〇年）に属し、地理的には新潟県を中心とする北陸地方に限って作られた土器だが、縄文土器のなかでもっとも豪華な、もっともエネルギーに満ちた土器だといえる。

火炎土器は形の上では草創期や早期の深鉢につらなる。早期の次に来る前期には、煮炊き用の深鉢のほかに盛り付け用の浅鉢《あさばち》が登場するが、火炎土器は浅鉢よりも深鉢に近い。丸い平底から外へとやや広がる円筒形の下半分は深鉢の形そのままだ。が、火の燃えさかる上半分は深鉢を大きく逸脱する。煮炊きの道具という点からすると、複雑に入りくんだ火炎の形はかえって不都合だ。深鉢の工法に則《のっと》りつつ、深鉢の用途を裏切るような造形へと向かったのが火炎土器だ。すでに述べたように、草創期や早期の土器にも文様の施しかたに実用を超える遊びや余裕や美しさがはっきりと見てとれるが、そのような造形意志が器の表面だけでなく、器の形そのものにも及んだのが火炎土器だと考えられる。

造形意志のそのような発展の兆《きざ》しは、浅鉢の登場する前期にすでに見えている。深い器が浅く幅広いものになるのと並行して、器の口縁部分が単純な円形ではなく、上下に波打つ形を取るようになる。浅鉢の外へと広がる変化のおもしろさが、深鉢の最上部にも変化をもたらしたのでもあろうか。この時期には縄目の文様だけでなく、直線・曲線・隆線・沈線を複雑に組み合わせた文様が登場し、やがてそちらが主流となるのだが、人びとは多種の文様を楽しむだけでなく、器の形の変化をも楽しむようになってきたようだ。

三内丸山遺跡の巨大建造物が何年も何十年も同じ場所に同じ形で屹立するのにたいして、両手でもてる大きさの土器は、少しずつ形を変えてくりかえし製作され、くりかえし使用される。この文様と器形の変化にこそ人びとの共同の思いがこめられる。それが土器をめぐる縄文人の精神の歴史というものだ。

そういう精神の歴史のなかに火炎土器があらわれる。造形意志が実用性をはるかに超える

火炎土器

強度をもって発揮され、完結した造形作品としてゆるぎない存在感をもつ土器だ。

北陸地方の狭い範囲に分布するこの土器は大きさと形がたがいによく似ている。高さは三十数センチ、下半分はすっきりした円筒形で、太い紐状《ひもじょう》の隆線が上下に走り、首のつけ根のところは、同じ太さの渦巻き曲線が横にうねっている。上半分は、渦巻き曲線が外へと大きくはみ出し、大胆に上に下に右に左にとうねり、円周の四等分点に当たる四ヵ所でうねりが大きな波頭《なみがしら》となって上へと立ちのぼる。そして、波頭と波頭とのあいだの部分には、上に鋭く突き出す三角形を横にいくつか並べた波型の曲線が走っている。下からすっくと立ち上がり、途中、溜《た》めていた力を一挙に吐き出すかのように外へ上へと幾本もの手が伸びる、その形といい、上へ外へと休むまもなく動き、渦巻く、その文様といい、まさに火炎の名にぴったりの動的造形である。煮炊きに使う深鉢が火と密接不可分の道具であるのはいうまでもないが、深鉢を原形としつつ火のエネルギーを内に取りこんだ火炎土器は、火と密接不可分という以上に、みずからが火と化した運動体に見える。

火と化した物体は見る者に火とはなにかを考えさせる。

二一世紀のわたしたちが身近に接する火は、スイッチ一つで付けたり消したりできる火だ。燃えているあいだは均質の火力を保ち、つまみ一つで火力を調節できる、人間の管理下にある火だ。

縄文人の相手とする火はそんな火ではない。起こすのに手間がかかり、消さないために細心の注意が必要とされる火だ。スイッチ一つ、つまみ一つで自由に扱える機械仕掛けの火ではなく、山や林から取ってきた木の葉や枝を燃やす、自然に近い火だ。火のない暮らしは考えられないほどに火は大切なものだが、その一方、きわめて危険なものでもある。用心を怠《おこた》ってまわりに燃えひろがると、生活を破壊しかねないし、命すら奪いかねない。竪穴住居の中央には炉が作られ、日々そこに火が燃えている。火のありがたさと危険性は生活のただなかで感じられていた。

ありがたくも危険でもある火と向き合うとき、ゆらめく炎が目を引き、心をゆさぶることがある。変転つねなきその動きが生きもののように見えることがある。夜の闇のなかで炉の火が唯一の明かりとなるような場面では、炎のゆらめきに生命が宿ると感じられ、感情が宿ると感じられることもあったかもしれない。

こういう日常的な火とのつきあいに、焼畑《やきはた》の火入れとか、近隣の山火事とか、火山の噴火といった大規模な火の経験が重なり合う。身近な炎に山火事や火山噴火に通じる激しさが見てとれるからだ。形の上でも、炉の火は山火事の炎や火山の炎に通じているし、実際に炉の火が住居の屋根に燃えうつり、山火事を引き起こすこともあったにちがいない。

火山の火が火であることにおいて山と人間を結びつける力をもつことについては、益田勝実『火山列島の思想』に見事な考察がある。

原始・古代の祖先たちにとって、山は神であった。山が清浄《しょうじょう》であるからではなく、山が神秘不可測な〈憤怒〉そのものであったからである。山は、まず火の神であることにおいて、神なのであった。……南九州の有明海を挟む肥前（火の前《さき》）・肥後（火の後《しり》）が、雲仙・阿蘇などの火山を抱いた火の国と呼ばれる地方であることは周知のことだが、その火の国だけが〈火の国〉でないことは、大隅のオオナモチ〔海底噴火の神〕の例からもわかろう。〈火の神〉の信仰という形で山岳を祭りつづけたのが、日本人の特色といえよう。山は山一般ではなかった。（『火山列島の思想』筑摩書房、五九ページ）

山岳信仰が噴火と関係のありそうもない大小の山々についても信仰としてなりたつことからして、山の神々しさがつねに火と結びついていると考えるのは無理がある。山が火の神であることにおいて神だったといい切っていいものかどうか。

そこに疑問は残るが、山が火を噴く山であることによって強い崇敬の対象となったことは疑いを容《い》れない。日々の経験として火のありがたさと危険性を感じている人びとにたいして、炉の火の何百倍、何千倍もの火が大地を震わせ、大音響を発して天に向かって噴き出すのだ。衝撃の大きさを思えば、それは神の仕業とでもいうほかないものだった。

炉の火から火山の噴火に至る大小さまざまな経験を、縄文時代の人びとは個人として、集団として積み重ねてきた。つらい経験もあれば悲しい経験もあり、楽しい経験も喜ばしい経験もあったはずだ。日常的な経験と非日常的な経験が交錯し、日常から非日常へ、反対に非日常から日常へ、感覚的な、あるいは感情的な道のついているのが火の経験だった。

そういう幅広く奥深い経験を土器の形に定着したのが火炎土器だった。ありがたさと危険性が同居し、自然の恵みと恐ろしさがともども内にこもる火の経験を、完結した土器の形として表現した類稀《たぐいまれ》な造形が火炎土器だった。

動きと変化を本性とする火を、固定した土の形に表現することは自然なことではないし、容易なことでもない。安定した不動の形のうちに動きと変化を表現する。火炎土器の製作はそんな矛盾に挑む試みであり、出来上がった名品は矛盾を見事に克服してそこにあった。

矛盾克服のさまを文様と器形の二つの面から考えてみる。

火炎土器は深鉢の一種だが、深鉢の器形は静かに安定していることが基本で、動きや変化は無用だ。が、文様はそうではない。実用の上で動きや変化を求められることはないが、実用に差し支えないかぎり、文様が動きや変化をもつのは許される。実際、深鉢の文様は時の経過とともに動きや変化を見せてくる。動きや変化が遊びや美しさと結びついてくる。撚《よ》った紐をそのまま粘土の表面に転がしたり、木の棒に巻きつけて転がしたりして施した縄文は、それ自体が動きを感じさせる。抽象的な直線や曲線からなる文様だけに、かえって動きが強調される。文様の多様化と複雑化は、動きや変化が人びとに好ましいものと受けとられていたことを示す事実だ。

動きや変化が文様の次元にとどまらず、器形にまで及ぶに至って、深鉢としては異例の火炎土器が生まれた。火を表現するという造形意志が土器の実用性を踏み外すほどに高まった、といってもよい。器の形と文様とがからまり合いぶつかり合う三次元の物体のもとに、形があるようでない、火のすがたが鮮やかに定着された。同じ形を保ってそこにじっと立っているように見えながら、尽きぬ生命力が内部からふつふつと沸《わ》き出てくる。動と静の融合したそんな名品がいまから四五〇〇年も前に作られたのだ。造形意志の強靱《きょうじん》さと、想像力の雄渾《ゆうこん》と、技術の確かさに驚かざるをえない。

動と不動のせめぎ合いと統一のうちに、改めていえば、ありがたくもあり危険でもある火の矛盾した性格が力強く写しとられている。草創期から晩期に至る無数の土器のなかにあって、火炎土器はその大胆さと躍動感と壮麗さにおいて異彩を放つが、美しくも特異なその造形は古代人における深く強烈な火の経験なくしては望むべくもないものだった。火炎土器は異例なまでに大胆な、躍動感のある、壮麗なすがたを取ることによって、その存在自体が火の象徴たりえている。

2

粘土をこねて人の形に作り、それを焼き上げたものが土偶だ。縄文時代の草創期から晩期に至る一万年のあいだ、作りつづけられた。日本全国の出土総数は一万七、八千点にのぼる。縄文土器と並ぶ、縄文時代を代表する造形品だ。

五体バラバラに壊された土偶群
［釈迦堂遺跡博物館］

が、同じ土製品でも二つは同列には扱えない。土器が食べものを調理したり貯蔵したり盛りつけたりする生活用具であるのにたいして、土偶は生活に直接役立つ道具ではないからだ。考古学者や古代史家のあいだでは、呪術具とか儀器とか祭祀具《さいしぐ》とかとされる。縄文人の願い、祈り、信仰、世界観にかかわる造形品と見てまちがいあるまい。となると、そこにこめられた縄文人の精神性ないし宗教心のありようが問われねばならない。

土偶は三〇センチ未満の小さなものが圧倒的に多い。時代とともに大きくなるが、目に見えて大きくなることはない。大きく作ることは技術的には可能だったが、大きく作ろうという意図はなかった。大きさに重きが置かれてはいなかった。しかも、草創期・早期・前期の七〇〇〇年間は粘土板に乳房や目や鼻や口をつけた板状土偶《ばんじょうどぐう》しか作られていない。板状土偶はまっすぐ立てられず、寝かせるか、なにかに立てかけるか、上から吊《つる》すしかない。

大きさといい、板状の作りといい、土偶が前に立てて拝む神像ないし尊像として作られたのでないのは明らかだ。手で運んだり、手にもってながめたりするのに適した大きさであり、作りだ。そこに宗教的な思いがこめられたとして、その宗教的な思いは土偶の小ささ、素朴さに見合って、日常性をそれほど超えるものではなかったと思われる。

縄文中期には二本足で立つ立像土偶があらわれるが、それとて、多くは粗雑な作りの、こぢんまりとした像だ。そこにこめられた人びとの思いは、やはり、地味でつつましいものであったように思われる。

土偶のほとんどが完成品として出土せず、わざわざ壊して捨てられたものが少なくない事実も、右の考えの傍証としてよかろう。戦いの勝利といった共同体の全体にかかわる神聖な像として土偶が作られ崇拝されていたとすれば、わざわざ壊して捨てられるようなことはなかったはずだからだ。土偶の大きさ、数の多さ、作りの簡便さ、捨てられかた、等々を考え合わせると、土偶は、多くの人びとの思いがその一点に集まってくるような、高邁《こうまい》な崇拝対象だったとは考えられない。縄文中期には、三内丸山の集落のように、数十人ないし数百人が集まって共同の定住生活を営むようにもなっていたのだが、土偶はその数十人ないし数百人の思いを集約するのではなく、もっと分散的で身近な存在として竪穴住居のどこかに置かれ、なんらかの機会に一人ないし数人の人の思いがそこにこめられるような存在だったと思われる。

土偶のほとんどは女性像で、しかも腹のふくらんだ像が多く、そこから、妊娠・出産・育児と関係づけられる。妊娠・出産・育児は大抵の家庭でくりかえし経験される日常的な経験であり営みであって、それがうまく行くようにと願ったり祈ったりするには小さくて手軽な土偶が似つかわしい。六本柱の巨大建造物や火炎土器にまつわる共同の意識や意志とは質のちがう人びとの思いが、そこには息づいていたといえよう。

土偶の小ささ、手軽さ、つつましさと並ぶ重要な一面として、形を歪《ゆが》めて作られる、ということがある。見逃すことのできない特徴だ。

草創期・早期・前期の板状土偶は、粘土板を削ったりふくらましたりして腰のくびれや胸のふくらみや首筋の細みを出し、それでどうやら人間に見えるといった類《たぐい》のものがほとんどだ。顔や手足のないものが多く、顔がついていても輪郭だけで目や鼻や口のないものが多い。歪んだ人体というより、欠損した人体というに近い。どこかが人体らしくなっていればそれで十分、というのが草創期・早期・前期の土偶の作りだ。

形がいちおう人体のすがたを取り、それが歪められたり部分的に誇張されたりといったデフォルメが見られるのは、立像土偶のあらわれる中期以降だ。デフォルメのおもしろさが作品の魅力ともなって、後世の名称がデフォルメのしかたに由来することにもなる。たとえば「ハート形土偶」。肩を張って両腕を左右に伸ばし、腰が大きくくびれて胴体は細く、反対に太い両脚はがに股に開いて踏んばっている。そんな堅苦しい姿勢の体に、まさしく「ハート」の形をした、やや上向《うわむ》きの顔がつく。平らな顔面に目と鼻が突き出て、人の形であるのはまちがいないが、体も異様なら顔も異様という像だ。

また、たとえば「遮光器《しゃこうき》土偶」。体は左右対称で、動きのまったくない直立の姿勢を取る。胴体から二の腕にかけて左右対称の複雑な文様が隙間《すきま》なく施される。文様のない両腕下半分と両脚は、太く短かい、先細りの半球形で、細くなった先に小さな手と足がつく。顔は極大の丸い二つの目が顔面の大部分を占め、頭上に高い髷《まげ》に結った飾りのような髪が乗る。左右の極大の目には横にまっすぐ一本の線が刻まれ、この目の形が雪国に住むイヌイットの遮光器に似ているところから「遮光器土偶」と名づけられる。縄文人がイヌイットと接触した形跡はない。

土偶とデフォルメは切り離しがたい。奇形や歪みを次々目にすると無難な形に出会いたくなるが、それが見当たらない。時代を追ってだんだん人体の形に近づくこともない。目のデフォルメの極限ともいうべき「遮光器土偶」は縄文晩期の作だ。

要するに、人体の写実的表現は製作者のめざすところではなかった。といって、人体を超えた、もっと神々しいものがめざされていたのでもない。デフォルメは像全体の調和を壊しかねないほど部分を誇張するもので、そこには、神々しさに通じる統一性への配慮や理想形

遮光器土偶［青森県亀ヶ岡遺跡］

の追求は見出しがたい。その点で、土偶は火炎土器とは造形の方向がちがう。さまざまの火の経験を踏まえつつ、もっとも火らしい火を、火の本質的形態を土器の形のうちに対象化しようとした火炎土器とちがって、土偶には、人体の本質的ないし理想的な形態に向かおうとする造形意志が働いていない。人間に見えればそれでよく、それ以上に実際の人間のすがたに近づこうとはしない。写実の正確さや全体の統一と均衡を置き去りにして部分への関心が肥大したところに、奇怪とも玄妙ともいえるデフォルメが生じている。そして、デフォルメのこの気ままさ、自在さは人びとが土偶にこめる思いの気ままさ、自在さに発しているように思える。妊娠・出産・育児にかかわる思いのほかにも、豊作や豊漁や病気の平癒や縁組の成立など、さまざまな思いがそこにこめられたように思える。縄文時代に作りつづけられた厖大《ぼうだい》な数の土偶の、方向の定まらぬ多種多様なデフォルメのありようをながめやるとき、縄文人が土偶に託した大小・深浅さまざまの思いや願いや祈りを想定しないではいられない。土偶のデフォルメの多様性には、共同性へと統合されていく人びとの意志および意識とは異質な、恣意的で雑多な精神生活が映し出されているように思える。

さて、ここでわたしたちがこれまで取り上げた三つの主題——六本柱巨大建造物と火炎土器と土偶——にこめられた人びとの心の動きを振りかえると、それぞれの特徴を大づかみに以下のようにいうことができる。数百人規模の村落で定住生活を送る人びとの、自分たちの共同の力についての意識が、自然と張り合うような高さと力強さをもつ堂々たる形を求めて作り出したのが六本柱巨大建造物であり、次に、暮らしに役立つ実用的な土器の製作に造形の喜びを見出した工人の美意識が、形のあってなきがごとき火の形象化に邁進《まいしん》し、形態と文様の統一を見事に達成したのが火炎土器であり、たいして、日常のさまざまな場面でさまざまな強度をもってあらわれる宗教意識——願いや祈り——が、個々ばらばらなままにおのれの思いを投入できる対象として生み出したのが種々雑多な土偶である、と。

が、土偶論はここで終わるわけには行かない。手軽で粗雑な圧倒的多数の土偶のなかに、ごくわずかだが、目を引きつけてやまぬ逸品があるからだ。代表例が「縄文のビーナス」と名づけられた、長野県茅野市棚畑《たなばたけ》遺跡出土の女性像だ。

全体が頭部、胸腕部、腹部、脚部の四つの塊《かたまり》で構成される。頭部は渦巻きと直線の文様を施した冠帽が髪の全体を覆《おお》い、ハート形の顔につり上がった目と、上向きに飛び出す鼻と、小さく開いた口がつけられる。大きな頭部の下に、首・胸・腕を一体として屋根の形にしたものが接続する。なめらかな表面に小さな乳房が二つ、ぽつんぽつんと突き出る。その下に来る腹部は、扁平《へんぺい》な胸腕部とは対照的に、前後左右に大きくふくらむたっぷりとした作りだ。臍《へそ》の周辺がふくらんで妊娠のさまを示すが、それを包むようにしてその外にさらに大きなふくらみが広がる。外のふくらみは前だけでなく、横にもうしろにもふくらんで、そこに像の眼目があると感じられる。そしてその下に、上部の重みをしっかりと受けとめる、木の幹のような二本の太い脚がつく。

目のつり上がりといい、扁平な胸腕部といい、たっぷりふくらむ腹部といい、太く短かい脚といい、ありのままの人体からは大きく逸脱する。写実をねらいとするものでないことはほかの土偶と変わらない。が、デフォルメの手法を自在に活用しながらも、誇張された部分がばらばらに自己を主張するのではなく、たがいにつながり合ってまとまりのある全体を構成している点は、多くの土偶とはちがう。

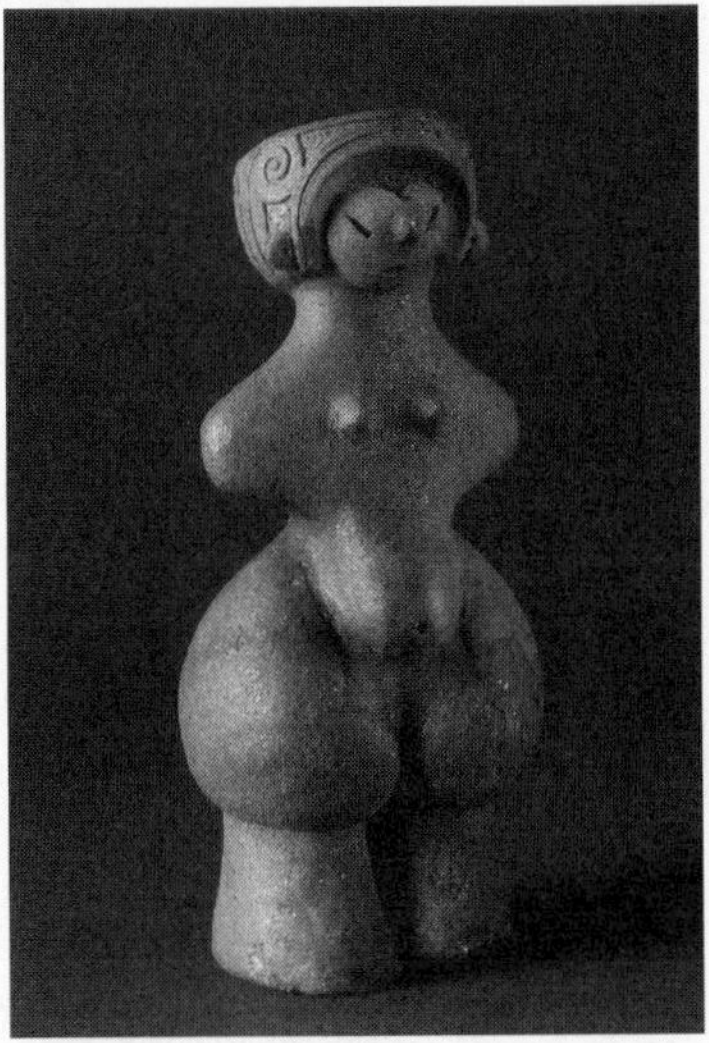
土偶（縄文のビーナス）
[茅野市尖石縄文考古館]

全体の統一を求める造形意志の背後には、ここでもまた、土器製作の伝統によって培《つちか》われた、工人の美意識の存在を想定せざるをえない。ばらばらな思いとなって拡散する宗教意識に製作の現場で鍛え上げられてきた美意識が重ね合わせられたとき、名作「縄文のビーナス」が誕生したのだと考えられる。

とりわけ感銘深いのが、背中の湾曲面《わんきょくめん》だ。腰のあたりまでわずかに反《そ》り気味に降りてくる背中の面がそこでいったん力を溜《た》め、外に向かって湾曲しながら大きく張り出していく。そして、その湾曲面に接して、その下に臀部《でんぶ》のふっくらと丸い曲面が続く。大胆にして滑らかなその曲面には、手で触って確かめたくなるような運動感と量感がある。縄文人たちは実際に手で触って、そのふくよかさを慈《いつく》しんだにちがいない。湾曲面からふっくらした曲面へのこの流れは正面からはまったく見えないが、見えない陰の部分にこんなにも秀逸な造形がなされていることに、かえって製作者の美意識の昂揚《こうよう》をうかがうことができる。

腹部に続く、太く短かい二本の脚にも繊細な美意識が働いている。脚以外は左右対称に作られるが、二本の脚はわずかに対称を崩している。両脚がちょっと離れて胴体にくっつきながら、下に行くにつれて少しずつ脚がふくらみ、先端部では両脚が接している。その接着部は、右脚が心もち浮きかげんに左脚にくっつく形を取っていて、そこに微妙な変化と運動が生じている。そこまで下りてきた視線をもう一度上へと向けて全体をながめると、ふっくらとした像が生きたもののように感じられる。

が、くりかえしいうが、土偶と対峙して像に統一性や形の流れや生命を感じるのはやはり例外的なことだといわねばならない。「縄文のビーナス」に相似た美意識の働く土偶としては、山形県舟形町西ノ前《ふながたにしまえ》遺跡出土の立像土偶や青森県八戸市風張《かざはり》(1)遺跡出土の合掌土偶など二、三の例が挙げられるにすぎない。だとすると、美意識につらぬかれた統一性のある土偶の出現は、縄文人たちの共同の意志と意識が求めたものというより、たまたま土偶の造形におのれの美的情熱を傾けた製作者の、個人的な手柄だったように思われる。火炎土器は、製作された地域は狭く限定されてはいたものの、傑作が生み出されるまでの製作の前史があり、同時代にいくつかの類例もあって、人びとの共同の意志と意識がその製作と享受の土台をなしていたと思わせるけれども、土偶の場合にはそういう美的な共同意志や共同意識を想定するのがむずかしい。土偶に願いや祈りをこめる宗教意識は、形の美醜にこだわることのない意識だったといわねばならない。

製作技術の向上とともに形の美しさを求める意識が広く深く展開していった縄文土器の歴史とは異なって、土偶の歴史は、気ままで拡散的な宗教意識が集中力と持続力をもって対象の美しさを追求する美意識と容易に結びつくことのない歴史だった。そして、それはそれで縄文時代の精神史の一面だった。

第三章　銅鐸——弥生人の共同性

紀元前三〇〇年頃に日本列島は大きな転換期を迎える。大陸から水田稲作農耕が伝わり、それが西日本に急速に広がっていく。弥生時代の始まりである。

水田稲作農耕はわずか五〇年ほどの短期間に九州、中国、四国、近畿の各地方に伝播《でんぱ》していく。縄文時代晩期の西日本には、水田稲作という新しい文化を受け容れる素地がすでに出来上がっていたからだ。雑穀栽培型の稲作をおこなっていた西日本では、人びとはその技術や文化を土台に水田稲作農耕へと移っていったのである。

水田稲作農耕の伝来と普及は農耕の形態に変化をもたらしただけではない。生活と文化の広い領域にわたって大きな変化をもたらした。縄文時代の草創期から晩期まで一万年にわたって作りつづけられた土偶は、弥生時代に入って早々に作られなくなるし、土器は、火炎土器を一つの頂点とする奔放・華麗な縄文土器から、均衡の取れた、穏やかで簡素な弥生土器へと変わっていく。厚手で軟らかいものから薄手で硬いものに、色が濃い褐色から赤褐色ないし淡褐色になるのは、製造技術の進歩を示すものだが、ともに人びとの美意識にも変化が生じていた。

水田稲作農耕の伝来とともに、石庖丁《いしぼうちょう》や石鎌《いしがま》、青銅器や鉄器、養蚕技術や絹の製法、支石墓、環濠掘削《かんごうくっさく》の技術などが伝わった。はるかな昔から二一世紀の現在に至るまで日本列島には幾度となく外来の文化や思想や風俗や習慣が押しよせ、人びとはそれを受けとめつつ、みずからの文化・思想や風俗・習慣を作り上げていったのだが、縄文晩期から弥生時代にかけての、水田稲作農耕を基軸とする新しい文物や技術や習俗の伝来は、そのような日本文化形成のもっとも早い例の一つに数えることができる。銅鐸《どうたく》の名で呼ばれる青銅器は、大陸文化の大きな影響下に生まれた弥生文化の代表的な文物の一つである。

以下、すぐれた遺品の多い銅鐸を手がかりに、外来の文化を受容していく弥生時代の人びとの精神のありようを考えていきたい。

銅鐸は銅剣・銅矛《どうほこ》・銅戈《どうか》と並ぶ青銅器である。ただ、銅剣・銅矛・銅戈は戦いに使われる武器だが、銅鐸は武器ではなく祭器である。どんな祭りにどう使われたかははっきりしないが、なんらかの共同体の祭りにもち出され、そこで一定の位置と役割をあたえられたものと考えられる。

青銅器とは銅に錫《すず》を混ぜ合わせて作った武器や祭器のことだが、縄文時代にはそんな合金の作られた形跡はまったくない。稲作農耕とともに大陸から伝わり、やがて日本でも作られるようになったのが青銅器だ。

銅鐸は高さ一〇センチほどの朝鮮小銅鐸をモデルとしつつ、それが大きく発展して日本独自の銅鐸となった。数十センチから一メートルを超えるまでの大きさをもち、表面にさまざまな文様が施されるが、そんな銅鐸は、中国にも朝鮮にも類例がない。

いまわたしたちが目にする銅鐸は、銅が錆《さ》びて表面が緑色にくすむが、作ったばかりの青銅器は、金色に輝く光沢をもつ。大勢の人びとの集まる祭祀《さいし》において、それが正面に吊り下げられ、内側にぶらさげた振子（舌《ぜつ》）が振られてカーンという音が響きわたる。集まった人びとのあいだにどんな衝撃が走ったことか。すっきりした曲線に縁取られた見たこともない形、目を射るような金色の光沢、自然の物音とも虫の音や鳥の鳴き声ともちがう澄んだ金属音、——なにもかもが未知の新しい経験だ。そんな形と色と音をもつ存在がはるかな遠くから海を越えてやって来たとなれば、衝撃はいやが上にも高まったにちがいない。この霊妙な形と色と音に触れたとき、人びとがまったく未知・未経験のなにかを啓示されるように思ったとしてもふしぎではない。

最初の出会いが衝撃的だっただけではない。その後数百年にわたって銅鐸は作られ用いられた。古墳時代になってすがたを消すまで、銅鐸は弥生文化と切っても切れない関係を保っていた。

銅鐸と弥生社会とのかかわりは、銅鐸の形の変化のうちによくあらわれている。初めは小型（高さ二〇—四〇センチ）だった銅鐸が、徐々に大型化し、紀元後一世紀末から二世紀にかけて急激に大型化していく（高さ八〇—一三四センチ）。大型化にともなって文様が多様化し、また、周辺に鰭《ひれ》や飾耳《かざりみみ》がつくようになって、装飾性が高まっていく。水田の開発が進み、村落がしだいに大きくなり、祭りの規模も大きくなったことを思わせる。急激に大型化した銅鐸は、吊して振子（舌）をゆらすというより、地面か祭壇に置いて見せるにふさわしい形になる。祭りに金属音は響かなくなったのか、それとも別の鳴らしかたが考え出されたのか。

銅鐸の表面の文様は流水文のような曲線も、縦、横、斜めに走る直線も、整然と秩序立っている。同じ幾何学的秩序感覚や造作の綿密さは、弥生土器の文様や器形にも見てとることができる。銅鐸と弥生土器は二つながら弥生時代を代表する造形品だが、そこに共通して見られる美意識は、縄文時代のそれとは大きく異なっている。水田稲作農耕を基軸とする外来文化の衝撃の大きさを示唆するとともに、その衝撃を受けとめ、内外の文化のぶつかり合いのなかから新しい美意識を生み出した、弥生人たちの精神の柔軟さを思わせる事実だ。

袈裟襷文銅鐸［東京国立博物館］

大型化した銅鐸には、やがて絵が描かれるようにもなる。筒形の表面を四区画または六区画に区切って、一区画ごとにデッサンふうの絵を描きこむ袈裟襷文《けさだすきもん》銅鐸が典型例だ。なかに杵《きね》で臼《うす》をつく絵や高床の建物の絵がある。水田稲作農耕に密接に関連する絵だ。それ以外に、鹿や猪《いのしし》を狩る場面や魚を獲《と》る場面を描いた絵もある。また、蜻蛉《とんぼ》や亀の絵や、喧嘩を仲裁する人物の絵もある。身のまわりの対象や場面を絵にして楽しんでいるふうだ。四区画ないし六区画をつなげて一つの物語を作ろうとする意図があったかもしれない。祭りの場で多くの人びとが一つの物語を共有することは、規模の大きくなった弥生時代の人びとの共同生活にふさわしいことであったようにも思える。

縄文時代にすでに定住生活が営まれていたことは、ここ数十年の原始・古代史研究の示すところだが、しかし、弥生時代の水田稲作農耕の伝来が、それ以前とは比較にならないほど規模の大きい、安定した集団生活を可能にしたことは疑いを容《い》れない。同じ水田から毎年、決まった量の米の収穫を期待できること、しかも、その米が長期間の貯蔵に耐えうることは、食生活を安定させ、延《ひ》いては生活の全体を安定させる上で、文字通り画期的な意味をもつ事柄だったし、その一方、荒起《あらお》こしに始まって、代掻《しろか》き、田植え、草とり、稲刈りと続き、脱穀をもって一往のサイクルを閉じる農作業は、人びとに労働の共同化・集約化と計画化をせまるものだった。人びとは季節に合わせて集団で共同の労働に従事することになった。荒れ地を開墾して水田にし、生活のいっそうの安定を図ることは自然の欲求だったが、そのためにはさらなる共同労働と作業の計画化が必要だった。

そういう共同労働や計画作業を踏まえて、共同作業の喜びと労苦を反芻《はんすう》し、次なる作業に向けて共同の意志を堅めるような場として村の祭りを想定すれば、祭りを飾る祭器として銅鐸は相ふさわしいものであったと思われる。地面や床に置いたときのゆったりと安定した威厳のある器形、左右対称の規則性を守りつつ流れの自然さを失わない流水や渦巻きの文様、四区画か六区画に展開する絵柄にユーモアの感じられる自在な絵画表現などが、水田稲作農耕を基軸とする共同生活の安らぎに照応するように思われるのだ。

が、労働の共同性と生活の安らぎをもって弥生時代を覆《おお》いつくすことはできない。反面に、争いがあり、戦闘があり、殺戮《さつりく》があるのが時代の現実だった。

弥生時代の墓からは銅剣・銅戈、石剣・石戈の切先《きっさき》が多く出土する。戦いに斃《たお》れた戦士の体に刺さっていたものだ。数本ないし十数本の石鏃《せきぞく》が打ちこまれた死体もある。水田稲作農耕の技術とともに、先端の尖《とが》った鋭利な石器や青銅器や鉄器が大陸から伝わったが、それらはまさしく人を殺傷するための武器だった。水田稲作を基軸とする外来の文化は、水田の開発をめぐって、あるいは収穫された米をめぐって、村と村とのあいだに緊張と対立を生み、武力による争いの解決をも必要とする文化だったのである。

集落のまわりに環濠《かんごう》がめぐらされたのも、戦いを前提としてのことだった。外敵の襲来をそこで食いとめ、自分たちの生命と財産を守ろうとするのが設営のねらいだ。水田の拡大と農業技術の高度化が米の生産量を増加させ、生産量の増加が人口の増加をもたらしたが、村の繁栄は環濠を不必要とする方向へとは向かわなかった。外との緊張・対立はかえって激しさを増し、環濠は大規模になり、要所には物見櫓《ものみやぐら》が建設された。

水田で稲を作ることと外敵と戦うことはまったく異質な二つの行動だが、その二つが複雑にからみ合い、どちらもゆるがせにできないのが弥生時代の社会の実相だった。が、銅鐸は、そんな社会の実相にぴったり重なるものではなかった。銅鐸に描かれるものを改めて列挙すると、鹿、鷺《さぎ》、猪《いのしし》、犬、魚、蜘蛛《くも》、蜻蛉《とんぼ》などの動物や、狩りをする人、魚を獲る人、脱穀する人などだが、いずれも戦いからは遠い。時代とともに進む銅鐸の大型化も戦いへの接近を示すものではなかった。銅鐸だけではない。もともと武器として作られた銅剣・銅矛《どうほこ》・銅戈《どうか》も、こちらは時とともに戦いから遠ざかっていく。刃先が鈍く丸くなって武器としての機能を失い、形も大型化して、見せるための「武器」となっていく。横に寝かせてあっても、まっすぐ立ててあっても、曲線の柔らかさと形のまろやかさについ目が引きよせられる優美な造形品だ。そこに働く美意識は戦いの緊張や殺気とはおよそ肌合いのちがうものだといってよい。

美意識が戦いの緊張や興奮や激動と結びつき、戦闘に役立つ美しい武器や美しい用具を生むことは十分に可能だが、銅鐸や銅矛にこめられた美意識はそういうものではなかった。季節のめぐりや、身のまわりの動植物や、日々の暮らしに寄りそう、穏やかな美意識だった。その美意識は、戦闘の荒々しさや勇敢さや熱気に通い合うものではなく、自然の恵みのなかで一日一日が坦々と過ぎていくのに歩調の合うような、あるいは、そういう暮らしの持続を願うような、そんな美意識だった。銅鐸の、変化することのないその形と、身のまわりの動物や人間をしっかりと画面に定着したその絵は、平穏無事な暮らしから出てきて、再びそこへと帰っていく人びとの心の動きを映し出しているように思える。

人びとの日々の願いや祈りのこめられた、暮らしに寄りそう造形品として、縄文時代には土偶があった。では、それとこれとはどこがどうちがうのか。

土偶と銅鐸とでは、それを核として生じる集団の共同性、ないし、集団の求心力に格段のちがいがあるといわねばならない。

土偶は女性の像を部分的に誇張して記号的に表現したもので、手軽に大量に作られ、一人の人ないし数人の人びとのそのときどきの願いや祈りがそこにこめられた。根底にあるのは女性の生む力を尊《とうと》しとする考えであり、女性の生む力が自然に備わった力であるのに見合って、土偶にこめられる願いや祈りも、多く自然の恵みや助けを祈念するものだったと思われる。

銅鐸は一人や数人で手軽に扱えるようなものではない。村を単位とするか、いくつかの村が集まった国を単位とする集団の祭りに使用される祭器だ。祭器に向き合う集団の規模の大きさが、そこにこめられる共同の思いを変えずにはいない。一人ないし数人のそのときどきの思いがそこにこめられるのではない。数十人、数百人の共同の思いがこめられる。そうなるには、一つの思いが数十人、数百人の人びとに共有されねばならず、一つの思いを共有した大勢の人びとが、一つの思いを胸に同じ場所に集まってこなければならない。その集まりがすなわち共同の祭りであり、人びとを集まりへと導く祭器がすなわち銅鐸だった。

大陸から伝来した、水田稲作農耕を基軸とする新しい生活と文化は、縄文時代に比べると、格段に大きな村の形成を可能にし、住む人びとが村全体の祭りを求めるほどの大きな共同意識を生み出していった。四季の変化に合わせて大小さまざまな規模でおこなわれる共同作業が、人びとの共同意識を高め、その場その場のコミュニケーションが相互の関係をさらに緊密なものとする。困難にぶつかり、それを乗りこえようとして出会う成功と失敗の経験が、人びとに集団のもつ力を自覚させる。集団に余力があれば周辺の荒れ地の開墾までが計画され実行される。

そんなふうにして共同意識が育つなか、たとえば稲の刈りとりを終えたような仕事のくぎり目に、おごそかに銅鐸がもち出されて集まりがもたれる。人びとは自然の恵みに感謝し、以後も変わらず自然の恵みがあるように祈るとともに、収穫に至る自分たちの共同の努力と成果を喜び、共同の力の持続を祈る。そこに、人びとの共有する一つになった思いがあって、その思いを象徴するものとして銅鐸がある。銅鐸が大型化し、装飾がゆたかになるのは、人びとの共同意識が深化し拡大していくのに呼応する変化だった。大型化し、装飾性を高める銅鐸にこめられたのは、自然の力、自然の恵みにたいする願いや祈りだけでなく、人間の共同の力にたいする願いや祈りでもあった。人間の共同の力を文明と名づけるとすれば、祭器としての銅鐸は文明をも象徴するものとして人びとの前に置かれていた。

さて、紀元前後の五、六百年間にわたって作られつづけた銅鐸は、紀元後二世紀末に日本列島からきれいに消え去り、以後、作られることがない。三世紀前半の日本について記した中国の史書『魏志《ぎし》』倭人伝《わじんでん》には銅鐸について述べた文言は見当たらないし、三世紀中頃から作られ始める古墳に銅鐸が副葬されることはなく、銅鐸を神体とする神社も存在しない。

　また、銅鐸は村のなかや村の周辺から発見されることはほとんどない。集落や墓地から離れた丘の頂上や山の中腹や谷の奥にまとめて埋納されているのが発見される。滋賀県野洲《やす》市小篠原《こしのはら》遺跡に二四個、兵庫県神戸市桜ヶ丘遺跡に一四個、島根県出雲市荒神谷《こうじんだに》遺跡に六個、島根県雲南市加茂岩倉《かもいわくら》遺跡に三九個、といった具合だ。奈良県橿原《かしはら》市坪井《つぼい》・大福《だいふく》遺跡の周溝墓から出土した銅鐸は、村の近辺を埋納地とするきわめて珍しい例だ。

　入念に美しく造形された銅鐸が村から離れた場所にまとめて埋められていることは、人びとが銅鐸に別れを告げたことを思わせる。銅鐸を安置した祭りがなりたたなくなったことを思わせる。まとめて埋納されているということは、祭りにそれだけの数の銅鐸が使われたのか、それとも、あちこちの祭りで使われた銅鐸が集められていっしょに埋納されたのか。いずれにせよ、時代が銅鐸を祭器とする祭りの終息に向かったのは確かだ。銅鐸は村の人びとや国の人びとの共同性を象徴するものではなくなった。人びとはもはや銅鐸に自分たちの共同意識を投影することができなくなったのである。

　歴史は古墳の時代を迎える。

第四章　古墳——国王の威信

三世紀中頃から七世紀にかけて作られた巨大な墓のことを古墳という。日本の歴史において、それ以前にも以後にもこれだけ大きな墓が数多く作られたことはない。その点で古墳は時代を特徴づける目印となるから、弥生時代に続くその時代を古墳時代ともいう。畿内に大和政権が誕生し、九州地方から東北地方に及ぶ広大な地域を支配下におさめていく時代だ。

1

古墳とはなにか。辞書的に定義すれば「国や地方の支配者を埋葬する巨大な墳墓」ということになろう。

精神史的に見てなにより目を引かれるのは、一個人が一定地域の共同体の祭りの対象となったことだ。人びとは埋葬される一個人のことを思って古墳を造営し、その一個人のことを思って葬儀に参加し、その一個人のことを思って巨大な墳丘をながめやる。人びとの共同意識がそのように一個人のもとに集約される。人びとの願いや祈りが土偶という土製品に、あるいは銅鐸という金属製品に向けられるのと、そこに決定的なちがいがある。一個人が共同体を代表する権力者ないし支配者として明確に登場する時代がやってきたのだ。

そういう権力者は政治的な対立・闘争と連合・統一のくりかえしのなかで作り出された。邪馬台国の女王・卑弥呼はそうした権力者の一人だが、『魏志』倭人伝には女王の登場がこう記されている。（現代語に訳して引用する）

倭国は、もとは男が王となって、七、八十年間、国を支配していた。が、倭国が乱れ、長いあいだ戦いが続いたので、国々が共同で一人の女を立てて王とし、卑弥呼と呼んだ。呪術にすぐれ、人びとの心をゆさぶる力をもっている。年を取ってはいるが夫はいない。弟がいて、国を治めるのを助けている。卑弥呼は王となってからは人に会うことが少ない。まわりに千人の侍女が仕えている。そこに一人だけ男がいて、食事の世話をし、ことばを取り次ぎ、女王の居処に出入りしている。宮室や物見櫓《ものみやぐら》や城柵《じょうさく》ががっちりと作られ、そこにはいつも兵がいて、武器をもって護衛している。（『新訂 魏志倭人伝 他三篇』岩波文庫、四九ページ）

倭国が乱れ、戦いが続いたので、国々が相寄って女王卑弥呼を擁立した。卑弥呼は呪術にすぐれ、弟の助けを得てうまく争いを治めることができた。——『魏志』倭人伝の筆者は、倭国の使者の報告をもとに隣国のありさまをそのように記した。

倭国が乱れ、小国が相争うとき、それを治めることが人びとの上に立つ女王に求められる。

『魏志』倭人伝が記すのは三世紀の日本のそのような政治的・軍事的状況である。男の王の支配が崩れたのは王の統治に問題があったからであり、卑弥呼の時代に国がうまく治まったのは、卑弥呼のすぐれた統治の力量によるものだ。そんな考えかたが示されている。それが倭国の使者——国に仕える高官——の国家観であり、国王観だった。国が乱れたり治まったりするのは自然条件の優劣によるのでもなければ、人知を超えた霊的な力の働きによるのでもない。支配者たる国王の資質と力量がなにより問題だ。そういう国家観、国王観が広がりつつあった。

　強大な権力をもつ支配者が存在しなければ、そんな考えは生まれない。生まれようがない。戦いのなかで国と国との対立が激化し、ともに味方となる国同士の連携が強固になり、それが強大な軍事的・政治的支配者を生み出していく。権力を握った支配者は権力をさらに大きなものにしていこうとする。いや、権力は戦時にだけ強大化するのではない。平時における水田の拡張や稲作技術の向上が共同体の経済力を高め、それが軍事力と政治力の強化をもたらす。そして、支配者たる王は軍事的・政治的権力者として人びとに君臨し、力を揮《ふる》うだけでなく、経済的な権力者としても君臨し、支配地域の生産力の向上をめざし、みずからの権力のさらなる強大化と安定をめざして支配権を揮う。そういうふうに国の軍事力・政治力・経済力が大きくなり、とともに、人びとの上に立つ支配者の権力が強大になっていったのだ。卑弥呼については、さらに「呪術にすぐれ」（原漢文は「事《つかエ》二鬼道ニ一」）ていたという。象徴的な儀礼にかかわることや霊界に通じていることが支配権の強化につながる時代でもあった。また、卑弥呼は遠く中国の魏に使者を送り、魏の明帝から「親魏倭王」の金印《きんいん》紫綬《しじゅ》と銅鏡その他を授与された。海のむこうの巨大な帝国と友好関係を結ぶことは、これもまたおのれの支配権の拡大・安定につながることであった。

卑弥呼の記事は卑弥呼の死をもって終わる。

　卑弥呼が死んだ。大きな墓を作った。（同右、五三ページ）

多くの国々によって共立された支配権力者を埋葬する「大きな墓」という意味で、卑弥呼の墓は、古墳そのものか、古墳に近いものといえる。年代的に見ても、卑弥呼の死亡推定年（二四八年ごろ）にはすでに北九州や瀬戸内や近畿に前期古墳は登場しているし、死と同じころか遅くとも死後五〇年以内には、最古の巨大前方後円墳である奈良県桜井市の箸墓《はしはか》古墳（長さ二八〇メートル、高さ二九メートル）が築造されている。国々がしだいに連合して大きな国となり、支配者が強大な権力をもつ国王となる過程は、古墳が巨大化していく過程と重なるものだった。

そこで改めて大きな墓とはなにかと考えてみる。生き残った人びとにとっては、故人の一生が完了し、この世からすがたを消したことを確認する装置が墓だ。同時にそれは、死者の死を悲しみ、死者の生前を偲《しの》ぶ場でもある。墓は死者と生者を分かつ場であり装置であるとともに、死者と生者をつなぐ場であり装置でもある。縄文時代にも弥生時代にも、人びとは変わることなく墓を作りつづけ、死者を埋葬してきた。

権力者や有力者の墓が大きくなるのは、共同体の内部に支配階級が明確な形を取って成立したことに見合う変化だ。生産力の向上にともなって富が蓄積され、富の奪い合いが生じ、貧富の差があらわれる。共同体を統合する政治的行為や宗教的行為を仕切る特別の人物があらわれる。戦いのなかで指揮者と戦闘部隊のちがいがあらわれる。さまざまな場面にあらわれるそうした支配と服従の関係が、時を経て固定化され、少数者からなる支配階級を生み出す。支配階級の頂点には一人の支配者が位置する。

一人の支配者が大きな権力をもち、共同体の行動や業績がその支配者の力によって実現されたのだと考えられるようになれば、支配者の死に際して大きな墓を作ろうと思うのは、生き残った人びとのごく自然な心の動きだ。支配者の素質と力量と努力が共同体を強力にし豊かにしたと考えられたなら、死に際して大きな墓でもって支配者個人の生前の功績を称《たた》えるのは理にかなったことだ。墓が当人の生の完了を明示する場であり装置であるとすれば、当人への共同体の思いをその大きさにおいて表現することは多くの人びとの納得するところだったにちがいない。

が、埋葬者たちの自然な心の動きが作り出したというには、古墳の規模はなんとしても大きすぎる。一個人の生涯が死によって完了したのを機に、死体を埋葬し、その死を悲しみ、生前を偲び、支配者としての業績を顕彰するために、長さ二八〇メートル、高さ二九メートルもの墳丘を作る必要があるだろうか。いま挙げた数字は前期古墳を代表する箸墓古墳の大きさを示すものだが、以後、王の古墳はさらに巨大化し、最大の大仙陵《だいせんりょう》古墳（大阪府堺市）に至っては、長さ四八六メートルに及ぶ。被葬者がいかに強大な権力者だとしても、一個人の埋葬というだけでは済まない、もっと別の力がそこに働いていると考えざるをえない。死者の埋葬という次元を超えたその力は、支配階級が国家共同体に向かって発動する徹底した支配意志の力と考えられる。少数者からなる支配階級と多数の被支配階級という階級構成が社会的に定着しつつあるとき、支配階級の確固たる権力意志の表明として造営されたのが古墳だったと考えられる。土偶や銅鐸に階級意志を読みとるのはむずかしい。が、古墳には支配階級の意志がはっきり読みとれるのだ。

2

支配階級の意志は古墳造営の過程にも、出来上がった古墳の形姿やそこで挙行される儀礼のうちにも、強く打ち出されている。

九州から東北にまで広がる十数万という数の古墳は大小さまざまだが、小さいものから始まって段々に大きいものが作られるようになったのではない。畿内を中心に九州から中部地方にかけて小規模な古墳がぽつんぽつんと作られている前期古墳の時代（三世紀中頃―四世紀）に、奈良盆地の東南部にかぎって巨大な古墳がいくつも作られる。箸墓古墳はその一つだ。大和政権の成立が巨大古墳の築造を促したのだ。

政権を担うのは九州から中部地方にかけての諸国から集まってきた首長ないし首長の代理者たちである。たがいに連携しつつ統一的な国家体制を作り上げようというのがかれらの共通意志だ。政権の命令が地方の国々に伝わり、その命令に従って人びとが動くような、そういう支配体制を作り上げようというのだ。

巨大古墳の造営は、そういう支配体制が現実に人びとの動きや物の動きとなってあらわれた国家事業にほかならない。政権が立案した計画に従って人びとが動き、物が動き、計画がしだいに実現されていく。そうした一つ一つの過程が、国家を確立し、支配体制を固める過程にほかならなかった。古墳の造営には新生国家の威信がかけられていた。

だとすれば、古墳の大きさもその造営作業も、死せる支配者個人の資質や力量や人柄や功績に見合うものというより、国家の威信に見合うものでなければならなかった。死者の埋葬よりも国家の威信を重んずるところに政権の支配意志があった。巨大古墳のなかには、何千人の労働力をもってしても数ヵ月ないし数年を要するものもあったが、人数の多さも日数の多さも計画縮小の理由にはならなかった。造営が中途で挫折したりすれば国家の威信は大きく傷ついたろうが、うまく計画を実現できたとなれば、人数の多さも日数の多さも支配権の強大さを示す指標として、かえって誇らしいものに思えたにちがいない。巨大古墳に限っていえば、中期に至ってさらに巨大化し、周囲に何重もの濠《ほり》やいくつもの陪塚《ばいちょう》(付属の小古墳)をもつものまでがあらわれる。権力の拡大・深化を追求する支配意志の熾烈《しれつ》さを思わないではいられない。

が、巨大古墳の造営といった大事業は支配意志の熾烈さだけで達成できるものではない。支配下にある圧倒的多数の人びとがその計画を受け容れ、計画実現に向けて厖大な量の労働を担わなければ達成はできない。小さな村で日々を過ごす多くの人びとにとって、大和での巨大古墳の造営は、日常から遠く離れた活動だ。仕事の苛酷さや迂遠《うえん》さに不満を感じる人も少なくなかったはずだ。進んで仕事に精を出す人がいた反面、労を惜しむ人もいたろうし、一人で、あるいは集団で逃亡する人びともいたにちがいない。

そういうなかで、しかし、三世紀の後半から四世紀、五世紀と長さ二〇〇メートルを超す巨大な古墳が一つ、また一つと作りつづけられた。巨大古墳の造営にこめられた大和政権の支配意志は着々と実を結んだといっていい。巨大古墳がさらに巨大化していく推移のうちに、支配階級の自信のほどを読みとってもいいかもしれない。途方もない労力と時間と資材をつぎこむ大事業だったが、計画が実現したとなると、さらに事業を大きくする方向へと動くのが支配の意志だった。

それればかりではない。政権の所在地での巨大古墳の造営と並行して、地方の各地で中規模から小規模の古墳が次々と作られた。地方の国や共同体の首長たちが中央の支配者にならって前方後円墳を作り始めたのだ。古墳の造営が支配意志の発動であり、支配意志の成果であるという意識が、地方の首長や周辺の支配層にも共有されるようになったのだ。中央の支配階級にとっては、自分たちの支配意志が地方の首長たちにしっかりと受けとめられ、そこからさらに下方に向かって、具体的な事業の形を取って伝播《でんぱ》していくそのさまは、意にかなう

大仙陵古墳

ものだったにちがいない。国王の巨大古墳を起点として、諸国の、諸地方の、大小さまざまの前方後円墳へと古墳の網の目が広がっていくことは、大和国家の支配体制が密度の濃いものになっていくことだった。地方にたくさんの古墳が作られたとき、中央の巨大古墳はそれらを従えつつ、その上に立つものでなければならなかった。その点からも巨大であることは外せない要請だった。

古墳の巨大化を促す力は大和国家の内部から政権中枢に押しよせてきただけではない。東アジア諸国との交渉もまた、巨大化を促す要因となった。

四世紀の半ば以降、大和政権は何度か朝鮮に出兵している。高句麗の好太王碑《こうたいおうひ》によると、倭（日本）は三九一年以来、海を渡ってやってきて、百済・新羅を破り、これを臣下とした、という。国力の充実と統一政権の確立が、海のかなたに兵を送るところにまで至ったのだ。以後も勝ったり負けたりの戦いが続き、大和政権は朝鮮にたいする立場を有利にしようと中国に使いを送ったりもしている。朝鮮や中国に向かう海路の出発点となる大阪湾が、港として整備され、それに歩調を合わせるように、それまで大和盆地の内部に造営されていた古墳が、大阪湾沿いに造営されるようになる。日本最大の大仙陵古墳（長さ四八六メートル）、二番目の大きさの誉田《こんだ》山《やま》古墳（同四二五メートル）、三番目の上石津《かみいしづ》ミサンザイ古墳（同三六五メートル）は、いずれも五世紀に大阪湾の近くに作られた前方後円墳である。沿岸にある大仙陵古墳や上石津ミサンザイ古墳は船の上からもながめられた。ながめられることを当てにしての造営だった。瀬戸内海を通って大和政権の都へと向かう外国の使節や交易者たちは、その威容に圧倒されたにちがいない。

　国王の墳墓の巨大化と古墳の地方伝播は、大和国家の支配階級の強く意志するところだったが、それと並んで、巨大古墳が長くその形を保つことも支配意志の強く望むところだった。支配階級は支配の空間的拡大と緻密化をめざすとともに、時間的な持続をめざさないではいられなかった。巨大古墳は圧倒的な大きさをもつとともに、崩れることのない、堅固な、安定した建造物でなければならなかった。

　安定性への配慮は、たとえば高さを抑えるという作りかたによくあらわれている。前後を長く、左右を幅広くすることについては異常なまでの熱意が感じられるのに、高さは求められない。土を盛った墳丘では、高くすればその高い部分がまっさきに風雨で崩れる危険性がある。崩れはなんとしても避けねばならなかった。

階段状になっている墳丘の斜面を葺石《ふきいし》で固めるという工法にも、安定性への配慮が見てとれる。雨が浸みこんで土がゆるみ、外へと崩れていくのを防ごうというのだ。合わせて、前方部では真平《まったいら》の、後円部では円《まる》みを帯びた斜面が、石の輝きで際立つ効果もあった。出来上がった墳丘のまわりに濠をめぐらすのも、古墳の持続性を高めようとする手立ての一つだった。古墳を破壊するような人為の力が外部からやってくるのを防ごうというのだ。そこに水が湛《たた》えられて古墳の美しさが一段と引き立つことも計算に入れての工夫だったのだろう。巨大古墳の場合、濠が二重三重にめぐらされることもあった。

あくなき強大化への志向に導かれて、支配階級が安定・堅固な巨大古墳の造営に取り組むとき、その巨大な古墳とそこに埋葬される国王個人との関係が改めて問われる。思うに、一人の人間を埋葬するのに数千人、数万人の労働力を動員し、数ヵ月あるいは数年をかけて巨大な墳墓を造営するというのは、常軌を逸している。その常軌を逸した事業が二〇〇年以上にわたって続けられ、しかも、事業の規模は確実に大きくなってきている。埋葬される国王個人が普通の人間とはまるでちがう、いうならば常軌を逸した個人として埋葬されるのだと考えるほかはない。巨大古墳に埋葬される国王とはどんな存在だったのか。

3

厖大な量の土と砂と石を積み上げた巨大な前方後円墳が完成すると、死んだ国王がそこに埋葬される。埋葬の儀式とは巨大な墳墓と死んだ国王が一体化する儀式だ。死者は多くの人びとの見まもるなかで墳丘の集約点ともいうべき後円部の中心に埋められる。そこに埋められることによって死者と墳丘は一体化し、多くの人びとがそのことを確認する。巨大な墳丘が死者を表現し、死者の存在の巨大さが墳丘に象徴されるという関係がそこに成立する。恐るべき共同幻想といってもいいし、途方もない観念的迷妄《めいもう》といってもいいが、四、五世紀の大和国家の支配階級は、そのような共同の幻想に支配の根拠を求め、それを形にすべく、支配力の限りを尽くして古墳造営という国家事業を推進した。そして、支配下の多くの人びとはその共同幻想と国家事業とをともども受け容《い》れたのである。巨大な墳丘と国王を一体だとする抽象度の高い観念は、形を整えつつある古代大和国家を大きく支配する共同の幻想だったということができる。

普通の死者が長さ二メートル、幅一メートルほどの墓に埋められるときに、一国の支配者を、何ヵ月、何ヵ年がかりで作った長さ数百メートルに及ぶ桁外《けたはず》れの墳丘に埋める。当の死者が、人間の埒《らち》を超えた人間であることを、人びとにしかと実感させるための装置であり儀式であることは疑いない。死者をそのような高みへと押し上げる共同体の精神は、その集中力と持続力の大きさからして神格化の力と呼ぶことができよう。日本人ははるかな昔からさまざまな物や現象に神を感じ、見、聞き、さまざまな物や現象を神と呼んできたが、古墳時代の人びとにとって、巨大古墳に埋葬される国王はまさしく神の名にふさわしい存在だったと言ってよかろう。

てを支配するというのではない。一定の条件さえ満たせばどんな物、どんな事柄でも神になることができる。これまでに取り上げてきた、三内丸山の六本柱の建物にしても、火炎土器にしても、土偶にしても、銅鐸にしても、神と関係づけて考えることは十分にできるし、見かたによっては神そのものととらえることもできる。が、安易に神と関係づけると、嘱目《しょくもく》の物や事柄にこめられた精神のありようがかえって曖昧《あいまい》になるのを怖れて、わたしたちは神とのつながりという論じかたをあえて避けるようにしてきた。

が、巨大古墳の造営と埋葬の儀式による死者の顕彰は、そこに現出する神のイメージがこれまで扱った遺跡や遺物にまつわる神のイメージと大きく異なる。神格化と呼ぶにふさわしい壮大なイメージをそこに見てとることができる。

巨大な古墳がさらに巨大化すること、形が定まり細部の仕上げが念入りになされること、二重三重に濠がめぐらされること、まわりに陪塚《ばいちょう》がいくつも造営されること、各地に大小さまざまの同型古墳が作られて裾野がゆったりと広がること、——そうした営みの一つ一つが巨大古墳の死者の神格化に資するものであるのは改めていうまでもない。

加えて、前方部の最上段から後円部の最上段にかけて多数の埴輪《はにわ》がずらりと立て並べられる。円筒埴輪を主体に、盾《たて》や靫《ゆき》を象《かたど》った器財埴輪や、家形の埴輪や、人物・動物の埴輪が混じる。死せる王を祀《まつ》る祭器だ。王の埋葬の丘が特別の場であることを示す意味もあろうし、死せる王を守護するという意味もあろう。さらに、王への捧げものという意味もあろう。いまのわたしたちは、壊れないで残った円筒埴輪や形象埴輪が、いくつかまとめて博物館に陳列されているのをながめるだけで、たくさんの埴輪が数百メートルの長い列をなして並ぶさまを目《ま》の当たりにすることはないが、延々と続く埴輪の長い列は、遠くからながめやっても、内側に身を置いても、姿勢を正さずにはいられないような威圧感と壮麗さをもっていたにちがいない。埴輪は最初は内向きに並べられ、のちに外向きに並べられるようになったというが、内向きでも外向きでも、その場を威厳に満ちた聖域にする役割は変わらず果たしていたと考えられる。

　そして、埴輪の囲む後円の中心に穴が掘られ、死者が木棺または石棺に入れられて埋葬され、棺の内外に死者にまつわるさまざまな記念の品が副葬される。副葬品は、前期古墳では銅鏡、剣、管玉《くだたま》、勾玉《まがたま》など、呪術的・宗教的な宝物が多く、中期古墳では鉄製武器、武具、馬具などが多くなる。国王が祭祀《さいし》的な支配者から武人的な支配者へと変わっていくさまを示すものだが、穴のなかは一般の目には触れない場所だから、支配意志のあからさまな表明とはちがう、死者にたいする近親者の個人的な思いが働いて、そういう副葬品が選択された面もあったかもしれない。むろん、国王の近親者といえば、支配階級の重要な成員か、支配階級のすぐ近くに起居する従者だから、個人的な思いといっても、支配意志をしっかりと踏まえた上での個人的な思いなのだろうが。

　さて、国王の遺体が副葬品とともに後円部の穴のなかに納められ、小さな遺体と巨大な墳丘が空間的に一体化することをもって死者の神格化は完了するのではない。遺体を地中に納めたあとに、あるいは、地中に納めるという行為を軸として、埋葬の儀式が挙行される。何何ヵ月、何ヵ年を要した墳丘造営の大事業の画龍点睛《がりょうてんせい》ともいうべき儀式だ。死んだ国王の限りないい偉大さが凝縮した形で、華やかに、厳かに示威《じい》される。

同時に、この儀式は国家支配の儀式だ。支配階級の意志を被支配者に知らしめる国家の最重要な儀式の一つだ。死んだ国王の偉大さは国王個人の偉大さであるとともに、国家の偉大さであることが示威されねばならない。国王個人の偉大さにとどまるものなら、国王の死とともに偉大さも消滅する。が、古代の専制的国王は一代限りの存在ではないし、巨大古墳は偉大さの消滅を確認するために造営されたのではない。国王の死に際し、その偉大さを墳丘の空間的な巨大さと時間的な持続性のうちに象徴する古墳は、同時に、国家の偉大さを示すものでなければならない。それが、古墳造営の始まりから埋葬の儀式の終了まで、さらに終了後までも一貫して変わらぬ、大和国家の支配意志だった。

が、国王がいかに偉大でも、その存在をいかに神格化しても、死は死だ。死んだ肉体は生き返らないし、生き返らすことはできない。身心を備えた個人の生涯は死によって終止符を打たれる。その死を超えて、個人の体現する神のごとき威信を国家の威信に転移するにはどうしたらいいのか。

死者の神格化の仕上げともいうべき埋葬の儀式は、同時に、死者の神的な威信を国家の威信に転移する装置でもあった。墳丘の最上段にずらりと並べられて埋葬儀式の場を聖域化する埴輪の列は、死者個人を神格化するとともに、その場でおこなわれる国家最高の威信の転移を神格化するものでもあった。

死んだ国王から国家への威信の転移は、目に見える形では、死んだ国王から次なる国王への王権の継承としておこなわれる。次なる国王はいまは亡き前国王の威信を自分の身に帯びることによって、国家最高の権力者となることができる。それが埋葬の儀式における王権の継承の構図だった。そして、構図の要となるのが、次なる国王が埋葬儀式の司祭者として登場することだった。

日本古来の信仰では、神霊は物や人に寄りつくものと信じられた。物に寄りつくとき、寄りつかれた物は依代《よりしろ》と呼ばれ、人に寄りつくとき、寄りつかれた人は憑坐《よりまし》と呼ばれた。縄文時代の土偶や弥生時代の銅鐸はそういう信仰の流れに乗って、広域にわたって選びとられた、制度化した依代と考えることができるし、『魏志』倭人伝に「鬼道に事え、能く衆を惑わす」とある卑弥呼は、神霊の寄りつく憑坐ふうの人物が国々の首長の総意によって女王に擁立されたものと考えることができる。神霊の寄りつくことは小さな共同体の小さな現象としても、大きな国家共同体の大規模な現象としても、信じられ、求められた。

次なる国王が死んだ国王の埋葬儀式に司祭者として登場するとき、神のごとき存在として祭られる死者の神霊が司祭者に乗り移ることこそが期待された。古来、物や人に寄りつくと信じられた神霊は、寄りつかれる依代や憑坐が明確な対象として目の前にあるのとちがって、曖昧模糊《あいまいもこ》としたつかまえにくいものだったが、神格化された前国王の神霊は、当の前国王と一体化していたものとすれば、イメージしやすかった。そして、その神霊が前国王から現国王に乗り移るというイメージも納得しやすかった。厳かに、壮麗に設《しつら》えられた儀礼の場に、威儀を正した大勢の参列者に囲まれた次なる国王が、ひときわ目立つ司祭者として登場していることが、イメージの形成に大きな力を発揮していることは改めていうまでもない。

こうして、国家の威信は、威信を一身に体現した国王の死によって潰《つい》え去ることなく、次の時代へと引き継がれる。国王一個人が国家を代表し、体現し、象徴するという専制的な大和国家は、国王の死という大きな矛盾――国家の危機――をそのようにして乗り超える。巨大古墳の造営は矛盾を――危機を――克服しようとする支配階級の熾烈な意志のあらわれだったが、国王陵のさらなる巨大化と、同型の前方後円墳の各地への広がりは、危機克服の過程が国家の権力と権威を拡大・深化する過程でもあったことを示している。

国王の死による国家支配の中断を、墳墓造営と埋葬の儀式によって埋め合わせる方策が定型化すると、やがて、墳墓を国王の生前に作ることまでがおこなわれる。寿陵《じゅりょう》の名で呼ばれるものがそれだ。『日本書紀』の仁徳紀《にんとくき》に次の記事が見える。

> 六十七年の冬十月の、庚辰《かのえたつ》の朔《ついたち》甲申《きのえさるのひ》に河内《かふち》の石津原《いしつのはら》に幸《いでま》して、陵地《みささぎのところ》を定めたまふ。丁酉《ひのとのとりのひ》に、始めて陵《みささぎ》を築《つ》く。（岩波・日本古典文学大系『日本書紀 上』四一四ページ）

仁徳天皇が六七歳の冬、一〇月五日に河内の石津原に出かけて墳墓の地を選定し、一〇月一八日に、墳墓造営の工事を始めた、という記事だ。仁徳紀がどの程度に史実を反映しているかは大いに問題だが、被葬者となるべき国王が生前に墳墓の造営に着手することがあったという事実まで否定する必要はなかろう。同じ仁徳紀で、仁徳天皇は在位八七年で死んだことになっているから、寿陵の造営を思い立ったのは死の一九年前ということになる。王権移譲にみずからの主導権を発揮したくて早々とその準備にかかったということなのか、それとも、国家の支配権が安定して、墳墓の造営と埋葬の儀式の政治的な意味が低下したのか。

いずれにせよ、四世紀末から五世紀にかけて巨大化していった大和地方や河内地方の前方後円墳が、六世紀になると小さくなっていく。同じ傾向は全国に及び、地方の古墳の規模も縮小する。古墳にこそ支配階級の意志がもっとも強くこめられ、国家の威信がもっとも鮮明に表現されるという時代は終わったのだ。

規模の縮小と並行して、それまで竪穴式だった石室が横穴式の石室に変わる。横穴式石室となると、墳丘の脇から内部へと通じるトンネル状の通路（羨道《せんどう》）がつくから、棺《ひつぎ》の追加が可能となる。実際、横穴式石室には何体かの人骨が埋葬され、一人の墓ではなく、一族の墓になっている。無数の人びとを従えて立つ一人の国王──その国王を顕彰する墳丘に、質的な変化が生じたのだ。国家共同体の威信を象徴する巨大古墳が、血縁共同体の結束を象徴する内向きの墳墓へと変わっていったのだ。

横穴式石室には石の目地《めじ》をそろえたり、石の面を平らにするなど丁寧に細工したものが少なくない。また、石に色を塗ったり、絵や文様を描いたものもある。外からは見えない場所での、こうしたこまかい配慮は、死者と埋葬する人びとの近しさを示すものだ。ここにも、墳墓の造営や埋葬の儀式が、外向けの公的な営みではなく、内向きの親密な営みに転じたさまがうかがわれる。

古墳時代は、巨大古墳こそが国家の威信の象徴だという共同の幻想がなりたたなくなったとき、終わりを告げる。古墳後期と呼ばれる六世紀にはやや小規模になった古墳が作りつづけられるが、七世紀になると前方後円墳は作られなくなり、以後、巨大古墳が作られることはない。

そのことは、むろん、大和国家が消滅したことを意味しはしない。王権の継承がおこなわれなくなったことを意味するのでもない。大和国家はさまざまな矛盾をかかえつつ厳然と存在しているし、王権も支配階級も内政に外交に支配権を発揮しつつ存続している。古墳が消滅したのは、支配階級の担う国家の支配意志が巨大古墳の造営に力を注がなくなったからだ。巨大古墳がもはやさほどの政治的な意味をもたなくなったのだ。古墳の造営が政治支配の一大支柱をなす時代は終わった。以後、支配構造の拡大・深化とともに支配権力は別種の行動や事業や象徴のうちに支柱を求め、権力の維持と強化を図っていくのだ。

第五章　仏教の受容——霊《たま》信仰と仏像崇拝

最後の巨大前方後円墳たる見瀬丸山《みせまるやま》古墳（奈良県橿原《かしはら》市）の築造とほぼ同じころ、百済の聖明王《せいめいおう》から日本の欽明《きんめい》天皇に仏教が伝わった。『元興寺縁起《がんごうじえんぎ》』ではこれを五三八年のこととし、『日本書紀』では五五二年とする。仏教公伝といわれる出来事だ。聖明王は仏像と仏具と仏典を送りとどけてきたという。

外来の新しい宗教は大和朝廷においてすんなりとは受け容《い》れられなかった。欽明天皇が豪族たちに受け容れるべきか否かを諮問《しもん》し、豪族たちのあいだでは受け容れるべきだという一派と受け容れるべきではないという一派が鋭く対立した。『日本書紀』によると、受け容れるべきだとする「崇仏派」の頭目が蘇我稲目《そがのいなめ》であり、それに対立する「排仏派」の頭目が物《ものの》部尾輿《べのおこし》だった。

いうまでもないが、対立は教義の内容に踏みこんだ思想上の対立ではなかった。煩悩を滅却して悟りの境地に至り、みずから融通無碍《ゆうずうむげ》の世界に生きるとともに、他の人びとをも清浄無垢の世界へと導く。そんな教説を受け容れるか否かで豪族と豪族が対立したのではなかった。インドの仏典が中国で漢訳され、それが朝鮮を経て日本にやってきたとき、日本古来の神観念や死生観とは質を異にする仏教思想を理解するのは容易なことではなかった。宗教思想上の対立が生じるには、当の宗教思想について対立する両者のあいだに一定の共通理解が成立していなければならないが、渡来人との接触などを通じて中国や朝鮮の文化に多少とも通じていた大和の豪族といえども、漢文で書かれた仏書を読みこなしてその是非を判断することなど、できるはずがなかった。

では、崇仏派と排仏派はなにをもって対立したのか。『日本書紀』(欽明一三年)の一節を現代語に訳して引く。

欽明天皇は群臣の一人一人に向かって「西の国から送られてきた仏の顔は整っていて美しい。こんなものは見たことがない。祀《まつ》るべきかどうか」と尋ねた。蘇我大臣《おおおみ》稲目は「西の国はどの地方でも仏を祀っています。日本だけ祀らないわけにはいかないでしょう」と言った。物部大連《おおむらじ》尾輿と中臣 連鎌子《なかとみのむらじかまこ》は「日本の大王はこれまでずっと諸国のたくさんの神々を春夏秋冬に祀ることを仕事としてこられました。今になって外国の神を拝んだりすれば、国神《くにがみ》の怒りを買うことになりましょう」と言った。天皇は「仏は、ほしがる稲目にあたえて、礼拝させることにしよう」と言った。大臣稲目は喜び、ひざまずいて仏を受けとり、飛鳥《あすか》の家に祀った。……しばらくして国に疫病が広がり、たくさんの若い人たちが死んだ。死者はだんだんふえたが、手の施しようがなかった。物部大連尾輿と中臣連鎌子の二人は「以前にわたしたちが提言したことを採用しなかったからこんなに病死者が出たのです。元にもどせばうまく行くでしょう。急ぎ仏像を投げすてて福を招き寄せて下さい」と言った。天皇が「そうしたらよかろう」と言ったので、官人たちは仏像を難波《なにわ》の用水路に流して棄て、寺には火をつけて焼きはらった。すると、風も雲もないのに天皇の住む御殿に火災が起こった。（岩波・日本古典文学大系『日本書紀 下』一〇二ページ）

『日本書紀』がまとめられたのは七二〇年のことだから、右の文言は実際の出来事を百数十年後に文章化したものだ。言い伝えをもとに首尾の整った記事にまとめ上げられたもので、事実そのままとは受けとりにくい。

しかし、崇仏派と排仏派の対立が、他国の神たる仏を拝むか否かを争点としていたというのは、仏教が伝来したばかりの時期にいかにもありそうなことに思える。自然神や祖先神を祀る旧来の信仰にたいして、仏を――仏像を――拝むというのは明らかに質のちがう信仰の形だ。ちがいは大方の宮廷人に感じとられたはずだ。そのちがいを踏まえて、ちがう他国の神を祀るべきか否かが問題となる。蘇我稲目は祀るべきだと主張し、物部尾輿と中臣鎌子は祀るべきではないと主張した。

事のなりゆきとして不自然なのは、仏教の異質性を感じとるところから崇仏・排仏の対立がただちに生じていることだ。旧来の神信仰とはちがう信仰の形が伝来したとき、そのちがいがどういうものかを踏みこんで問う時間をもたないまま、すぐさま一方に崇仏派が生じ、他方に排仏派が生じていることが不自然だ。両派の対立が宮廷という支配中枢の場で起こっていることを考えれば、すでに存在する宮廷内の政治的対立が、仏を祀るか祀らないかという一見宗教的な対立として露出したのであろう。開明的な蘇我氏が外来の神を祀る立場を取り、保守的な物部氏や中臣氏が伝統的な国神《くにがみ》をあくまで奉じる立場を取った。そういう、宗教性を加味した政治的対立の構図がそこに浮かび上がる。

対立する両派のその後の行動が対立の政治性をいっそう強く印象づける。しばらくして疫病が流行すると、尾興《おこし》と鎌子《かまこ》は仏を祀ったことに疫病流行の原因があるとし、仏像を難波の用水路に棄て、寺に放火した。すると、その祟《たた》りとして天皇の御殿に火が出た。『日本書紀』によると、国神の祟りと目される災いや、仏の祟りと目される病苦はその後も生じ、そのたびに両派のどちらかが兵を興し、最終的には、五八七年、蘇我馬子《そがのうまこ》が厩戸皇子《うまやどのおうじ》（聖徳太子）などの助けを得て物部守屋《もののべのもりや》を滅ぼし、対立は崇仏派の勝利をもって幕を閉じる。そして、翌五八八年、蘇我馬子は日本で最初の本格的寺院たる飛鳥寺《あすかでら》（法興寺《ほうこうじ》）の造営に着手する。以後、仏教は長い年月にわたって確実に日本の社会に浸透していった。

崇仏派と排仏派の政治的対立は崇仏派の武力的勝利という形でひとまず政治的な決着がついたが、のちの長い日本精神史における仏教の位置を考えると、六世紀における仏教の受容は政治的決着をはるかに超える思想的・文化的な意味をもっていたといわねばならない。仏教の受容は日本の精神史にとってどのような意味をもっていたのか。それが問われねばならない。そして、それを問うには仏教と仏教伝来以前の固有信仰とのちがいに目を向けねばならない。

1

すでにいったように、仏像と仏具と仏典を携えて百済の使者が日本に来たとき、旧来の固有信仰と仏教とのちがいを大方の宮廷人たちは漠然と感じとってはいた。仏を前にした欽明天皇と群臣たちの会話にそれははっきり示されている。天皇が諮問する。「送られてきた仏の顔は整っていて美しい。こんなものは見たことがない。祀《まつ》るべきかどうか」。崇仏派の蘇我稲目は、西の隣国で祀っているものを祀らないわけにはいかないと答え、排仏派の物部尾輿と中臣鎌子は、そんなものを祀ったら国神《くにがみ》の怒りを買うことになると答える。金色に輝く仏の像を祀ることは、それまであった信仰と無理なくつながるものではなく、受け容れていいものかどうか問わないではいられないほどに違和感を抱かせる信仰の形だった。

わたしたちがこれまでたどってきた原始・古代のさまざまな宗教意識や美意識を振りかえっても、そのいずれもが、美しく整った仏像を祀り拝むという信仰の形と自然に接続するものではない。三内丸山の六本柱建造物にこめられた共同意識にしても、火にまつわる経験の本質を土器の文様に定着させた火炎土器の造形にしても、個人の願望をデフォルメされた土偶に託した祈りの形にしても、銅鐸を安置した村の共同の祭祀《さいし》にしても、国家の最高権力者の神的威力が顕彰され、次なる権力者へと受け継がれる巨大古墳の築造とそこでの壮麗な儀式にしても、いつに変わらぬ穏やかなまなざしを投げかけてくる金銅像を拝む、という行為に容易につながるものではない。人間の形をした像が祈りや礼拝の対象となるという点では、土偶と仏像とのあいだにはかろうじて共通点を見出すことができるけれども、しかし、そのほとんどが美醜にこだわらぬ手軽な造形品として製作され使用され、例外的に形の整った名品にも極端なデフォルメがなされる土偶と、人間のすがたに似せつつ、そこに人間を超えた高貴さと美しさを求める仏像とを、同類として扱うことはできない。人間のすがたをした穏やかな表情の金銅像を崇拝の対象として作り出すことも、それを立派な建物のなかに安置し、尊い存在として崇《あが》め敬《うやま》うことも、古来の日本人にとっては未経験の信仰の形だったのである。

仏教経験の新しさと違和感を精神の深みにおいてとらえるには、日本の固有信仰のありようを古代人の心の内面にまで踏みこんで考察する必要がある。

さて、古代人の信仰の対象となるものは広く「神《かみ》」の名で呼ばれた。古代人にとって「神」とはなにか。本居宣長は『古事記伝』において「神」をこう定義している。(現代語に訳して引用する)

カミとはなにかといえば、古代の文献に出てくる天上界や地上界のさまざまな神を始めとして、神社に祀られる御霊《みたま》も神という。また、人はもちろんのこと、鳥、獣、木、草や海、山その他どんなものでも、並外れた特別の威力をもち、畏怖せざるをえないものを神という。(特別の、というのは、尊いこと、善いこと、手柄となることといった点で特別だというだけでなく、悪いもの、得体の知れないものについても、並外れたせまりかたをするものは神という。……）（大野晋・大久保正編集校訂『本居宣長全集 第九巻』筑摩書房、一二五ページ）

善いものでも悪いものでも、特別の威力をもち人間に畏敬の念を起こさせるもの、——それが古代人にとっての「神」であった。実際、『古事記』においては、山川草木も動物も人間も、それが特別の威力を発揮するときには神と呼ばれる。種々雑多な神が天地のあらゆる所に存在するという多神教の世界——もっといえば、汎神教の世界——が古代人の生きる信仰世界だった。奈良盆地の東方にそびえる三輪山が、晴れの日も雨の日も変わらぬ美しいすがたをしてそこにあることが特別のこととして人びとに感じとられれば、そう感じる大和の人びとにとって三輪山は神であり、同じように、北九州の玄界灘に浮かぶ沖ノ島が暴風雨や荒波に耐えていつに変わらぬすがたを保つことがふしぎなことに感じられれば、そう感じる沿岸の人びとにとって沖ノ島は神であった。山や島のみならず、森でも丘でも大岩でも大樹でも、川でも湖でも池でも、太陽でも月でも、そこに人びとが尊崇の思いを抱けば、それらは神であった。

しかし、神と人とを結ぶものが並外れた特別の威力であるとすれば、神と人との関係は、神があちらにあって人がこちらにいる、というだけでは済まなくなる。善きにつけ悪しきにつけ、特別の威力は人の生活や世界に力を及ぼすものであり、人はそれに対応せざるをえないからだ。善い威力ならば人びとはそれが力を発揮することを願い、悪い威力ならばその力が自分たちに及ばないことを願う。そのように願望を懐いて神と向き合うことが、神を祀《まつ》るということだ。具体的には、あたりを掃き清め、供物をささげ、楽を奏し、手を合わせ、頭を下げるといったことだが、そうやって神の威力を引き出したり鎮《しず》めたりするのが神を祀るということだ。

そういう神との心的な交流を表現するものとして古く「魂振《たまふ》り」ないし「魂鎮《たましず》め」ということばがある。ややのちになると、「魂振り」も「魂鎮め」ももっぱら人の魂を振り動かしたり鎮めたりする行為をあらわす語となるが、もともとは人間界と自然界とを問わず、威力ある神を振り動かすのが「魂振り」であり、抑えるのが「魂鎮め」だったと考えられる。古代人は神のもつ並外れた威力を「魂《たま》」と名づけ、善き魂にたいしてはこれをゆさぶって力を発揮させ、悪しき魂にたいしてはこれを慰めて力を封じこめようとした。「神《かみ》」が形のある存在をいう（本居宣長は、カミは体言だといっている）のにたいして、「魂《たま》」は神のうちにある、また、神の外へと出てくる、形なき霊気のごときものをいうと考えられる。

霊気のごときその魂の力を感じとること、感じとろうとすること――それが古代人の信仰生活の土台をなす事柄だった。神を祀ることは神から流れ出る霊的な力を感じとること、感じとろうとすることと別のことではなかった。益田勝実は『播磨国風土記』の地名説話において、飯盛嵩《いいもりだけ》が「大汝命《おおなむちのみこと》が自分の飯《めし》をそのように盛ったから飯盛嵩と呼ばれ」、糠岡《ぬかおか》は、「大汝命《おおなむちのみこと》が村人に稲を舂《つ》かせたとき、糠《ぬか》がこの岡に飛び散ったから糠岡という」とあるのをとらえて次のように言う。

　かれら〔播磨の古代人〕が褻《け》の日の日中、野に出て仰ぐ山は樹木の茂った山そのものであり、山以外ではない。しかし、晴れの日の祭の庭では、それは神々の世界の舞台・道具立てとなる。祭の庭のかがり火の傍から、月明の夜空に浮かび出る山々のシルエットを望み見る時、かの山は、まぎれもなく、オオナムチの神の握り飯であり、この山は、同じ神が舂かせた米の糠の堆積となる。幻視は、晴れの日の祭の庭の心の神秘が生むイメージであり、それゆえに、けの日のものごとのイメージ、かれらの生活体験に基く認識と、せめぎあうことはなかった。時間としては、それは夜に属するものであった。

　……

　祭の庭は神々の世界とならねばならない。ひとたびはれの日の祭の庭に立つと、すべてが変ってくる。呪術者の眼は、すべてのもの・すべてのことに、霊力の存在を察知するのである。（『火山列島の思想』筑摩書房、二八―三〇ページ）

　晴れの日（祭りの日）と褻《け》の日（仕事の日々）が、そして夜と昼が、古代人にとってここまで截然《せつぜん》と区別されていたかどうか、そこは疑いが残る。しかし、晴れの日の祭りの夜、人びとに霊的な力が強く感じとられ、そこに神秘的なイメージが浮かび上がったことは疑いを容《い》れない。祭りの庭の緊張感と昂揚感は神的なイメージへの飛躍を促すような心身の状態を作り出し、夜の闇は視覚を閉ざすことによってかえって霊的な力への感受性を研《と》ぎすますからだ。緊張感と解放感が同居するような祭りの夜に、あちらの山は「神の握り飯」となり、こちらの岡は「神が舂かせた米の糠の堆積」となる。霊的な力がそのような幻視を呼び出す。祭りの夜の闇は、神のもつ並外れた威力が魂となってさまよい、人に触れ、物に触れて神的なイメージを誘い出す、そんな霊的な世界なのだった。

　そういう霊との交感や神的なイメージの出現は褻の世界ではそのままの形では持続しない。神の握り飯は樹木の茂る山にもどり、米の糠の堆積はこちらの岡にもどる。が、霊との交感の体験や、神的なイメージの幻視は、褻の世界にもどったあとも記憶として残る。人びとの共有する特別の共同体験であり、特別の共同イメージなのだから。そして、記憶に残る祭りの夜の世界は、日常とはかけ離れた、霊気に満ちた場として記憶される。逆に、仕事に従事する昼間の褻の世界は、霊気の稀薄な世界だと感じられる。

　同じようなちがいは、自分たちの心身の状態についても感じとられるだろう。祭りの夜の庭では心身が霊気に染まりやすい状態にあり、仕事に精を出す褻の世界では霊を受け容れるのにふさわしくない状態にある、というように。場に霊気が満ちていれば心身は霊の力を敏感に感受し、霊気が薄くなれば心身も霊的に弛《し》緩《かん》するといった関係がそこにはなりたっている。逆にいってもいいかもしれない。心身が霊的に昂揚すれば場に霊気が満ち、心身が霊の力を受け容れにくい状態にあるときにはその場の霊気も弱まっていく、というように。

　晴れの世界から褻の世界に、また、褻の世界から晴れの世界に移るたびに、そういう霊気の濃淡、霊の力の強弱、心身の霊的感受力の大小が、陰に陽に、意識的に、また無意識のうちに、経験される。そして、その経験のくりかえしが、霊はいつも同じように世界を満たしているのではなく、満ちたり引いたりの大きな波があるという認識を誘い出す。とともに、心身の霊的感受能力にも時と場合によって大きな差があることが認識される。

霊気が濃淡さまざまに世界を満たし、心身が濃淡さまざまに霊気を感受するといったありさまを霊の存在論と名づけるとすれば、その存在論は季節とともに変化する自然のリズムと深く通い合うものだった。落葉樹が葉を落として枯木となり、寒さがしだいに厳しくなり、動物や人の動きが鈍くなる秋から冬にかけての季節は、霊気の衰弱する世界や心身の状態に符合し、木々が芽を吹き、緑に色づき、まわりの空気が暖かくなり、鳥が鳴き蝶が舞う春は、霊気の満ちてくる状態に重なり合う。自然とともに生きていた古代人にとって、時に応じて濃厚になったり稀薄になったりするという霊のありかたは、ごく自然に受け容れられるものだったにちがいない。

「魂振り」や「魂鎮め」の「たま」とはそのように自然界に存在し、そのように心身に感じとられる存在だった。「カミ」が宣長のいう体言——形のあるものを指すことば——であるとすれば、「たま」は形の定まらぬ霊威ないし霊気を——目に見えるというより心身に感じとられる存在を——あらわすことばだった。そして、自然界と人間界に乱立する種々雑多な神々をつらぬくものとして、満ちたり引いたりする霊威の存在が対象化されたとき、古代世界における共同の宗教心は格段に安定したものになったと思われる。祭りの場で供物をささげ、手を合わせ、頭を下げ、また、歌ったり踊ったりするなかで、人びとはたがいに同じ霊威や霊気を感じとっていることを信じることができたし、霊力の稀薄な褻の世界でも淡いながらに霊との交流がなりたつと信じることができた。

満ちたり引いたりしながら、しかし無に帰することはない精霊《たま》が遠く広く存在し、気息を整えてその霊威を感じとろうとすれば、たがいの共同意識のうちに霊との交感がなりたつ。それが古代人の精霊《たま》信仰の土台をなす情感だった。精霊《たま》は目に見えないものであることによって、かえってどこにでも存在でき、強くも弱くも感じられるのだった。

が、小さな共同体相互のあいだに接触や交流が生じ、たがいが結びついて共同体の規模が大きくなると、小共同体それぞれのもつ生活経験のちがいゆえに、目に見えない精霊《たま》の存在をみんなが同じように感じとるという共同意識はそのままではなりたたなくなる。感じとるという精霊《たま》の受けとめかたの曖昧さを超える、明確な指標が求められる。目に見える指標だ。たとえば、かつて神として祀られた大樹を切り出してきて祭りの庭に立てる。それが無理なら、似たような大樹を代わりに立てる。あるいは、大きな石を運んできて据える。また、磨き上げた玉や光り輝く金銅の鏡を置く。その大樹や大石や玉や鏡に霊が寄りつくのだ。

前章で述べたように、そのように霊が寄りつく物を一般に依代《よりしろ》という。大切なのは、依代が信仰の核心をなす本体ではないことだ。小さな共同体が集まって大きな共同体が出来たとき、満ちたり引いたりする目に見えぬ霊の存在は一様に信じられてはいるが、その霊の感じとりかた、霊との交感のしかたにはさまざまなちがいがある。が、大きな共同体が共同体としてのまとまりを維持していくには、信仰を一つにする行為は欠かせない。そのためには、一様に存在の信じられる霊が人びとの心を統一するように祀られねばならない。その統一のシンボルとなるのが依代なのだ。依代のもとに霊が寄りつく。そのことを人びとが信じる。信じて依代を敬い、祀る。そうやって人びとの心がたがいに結びつく。結びつくためには、依代が明確な形をもつものとして人びとの前にあり、人びとが一斉にそれを礼拝することが必要だった。

しかし、シンボルはシンボルであって、信仰の本体ではない。たとえば、新年に歳神《としがみ》を迎える依代として家々に門松を立てるが、昔も今も門松は信仰の本体ではない。本体は家の安全と五穀の豊穣を司る歳神なのだ。歳神はすがたも形も定かではないが、霊威のある神的存在として、新年に家々を訪ねてくることは確かなこととして信じられたので、だからこそ門松は依代として意味をもったのである。信仰の本体として、人びとの心身に感受される霊的な流動体ないし浮遊体が広く存在することが信じられた上で、人びとの共同意識がその存在を明確な客観的形態において確認する必要を感じたとき、物に霊が寄りつくという信仰の形が成立したのだ。

形の定まらぬ霊こそが日本古来の信仰の本体をなすことは、柳田国男が『先祖の話』において くりかえし説くところだった。（現代仮名遣いに直して引く）

以前の日本人の先祖に対する考え方は、……人は亡くなって或る年限を過ぎると、それから後は御先祖さま、又はみたま様という一つの尊い霊体に、融け込んでしまうものとして居たようである。これは神様にも人格を説こうとする今日の人には解しにくいことであり、又幾らでも議論になる点であろうが、少なくともかつてそういう事実があったことだけは、私にはほぼ証明し得られる。先ず第一に巻《まき》の本家、即ち一門の中心に於て営まれる毎年の先祖祭はそれであって、ここでは先祖とは誰かと尋ねられても、奉仕者自らが答え得ぬ場合が多いのであった。(『定本 柳田國男集 第十巻』筑摩書房、四五ページ)

一定の年月を過ぎると、祖霊は個性を棄てて融合して一体になるものと認められていたのである。(同右、九五ページ)

「神様にも人格を説こうとする今日の人」というのが具体的にどういう人(びと)を指すのかは不明だ。が、近代日本の宗教思想としてそういう考えが主流をなしているとして、日本固有の先祖崇拝はそれとは逆向きのベクトルをもつと柳田は考えた。名前があり、顔立ちがはっきりし、個性も人格もある先祖が、一定の年月が経過して名前も顔立ちも個性も人格も失って先祖霊という霊体に融けこんでしまったとき、死者は祀るにふさわしいご先祖さま、みたま様になる。それが柳田のとらえた日本古来の先祖崇拝の形だった。それと並んで、次の点も柳田の力説するところだった。

私がこの本〔『先祖の話』〕の中で力を入れて説きたいと思う一つの点は、日本人の死後の観念、即ち霊は永久にこの国土のうちに留まって、そう遠方へは行ってしまわないという信仰が、恐らくは世の始めから、少なくとも今日まで、かなり根強くまだ持ち続けられているということである。（同右、四二ページ）

亡くなった先祖の魂は時を経て先祖霊という一つの霊体に融けこんでいくこと、そしてその霊ないし霊体ははるかな遠くに——たとえば、十万億土を隔てた極楽浄土に——行くのではなく、子々孫々の生きる郷土の近くにとどまっていること、それこそが日本古来の先祖崇拝の土台をなすものと柳田は考えた。

『先祖の話』の刊行は一九四六年、書かれたのはその一年前のアジア太平洋戦争の末期。敗戦に向かう日本の荒廃と疲弊と危機のなかで、古来の先祖崇拝に精神の重要な拠《よ》りどころの一つを見出そうとする憂国の書だったから、語られるのはもっぱら先祖霊についてだったが、提示された先祖霊の特質は、先祖霊の枠を超えた古来の一般的な霊《たま》信仰ないし霊《たま》観念のありようを映し出している。これまでわたしたちは、古代人の信仰する霊が満ちたり引いたりする流動体であり、目に見えるというより心身に感じとられる存在であるとくりかえし述べてきたが、時を経て一つの大きな霊体に融けこみ、いつまでも身近な所にとどまる先祖霊のありようは、世界を浮遊し、自然現象や動植物や人間に憑《つ》いたり離れたりする古代人の霊のありかた一般と無理なく重なり合うように思われるのだ。

似たような言をもう一つ引いておく。宗教学者・山折哲雄は古代人の信仰における神と霊《たま》との近しさを以下のように説いているが、そこに読みとれるのは、先祖のみならず、ありとあらゆる神々が一つの霊体に融けこんでいく信仰のすがただ。

そもそもわが国の原始神道における神々は、目に見えない祖霊や精霊として空間を遊幸し、そして山間や森や樹林に憑着する霊体として意識されていた。記紀神話に登場する原始の神々に造化神や自然神が存在しないのではないが、しかしその大部分を占めたのは、先祖神や氏神と同体視される祖霊や神霊であった。のみならずそこにしばしば登場する「国魂の神」や「生魂の神」の神名からもうかがえるように、「神《かみ》」は同時に「魂《たま》」を意味していたことに注目しよう。この神霊や祖霊としての「神」は、いわば無限に分割されて空間を飛翔し、それを勧請する人々の祈願や意向に応じて特定の事物や場所に鎮座したのである。（『岩波講座　東洋思想　第一五巻　日本思想1』一〇ページ）

神というとき、山折哲雄はかすかながら人や物の輪郭をもつものを思いうかべているようだが、その輪郭が消え失せて、いうならば神が霊の流れのなかに融けこんでしまった状態を想定すれば、それが古代人の霊《たま》信仰の基本にあるものだということができる。そういう霊の存在を感じとること、感じとろうとすること、それが古代人にとって霊を信仰することにほかならなかった。銅鐸を前にして稲の豊作や共同体の安全を祈っている場合でも、巨大古墳のなかに身を置いて王権の継承儀礼に列《つら》なっている場合でも、人びとはその場に満ちてくる霊威を感じとることができたのである。

2

そういう霊《たま》信仰に生きる人びとの前に、六世紀の半ば、仏像と仏具と仏典がもたらされた。人びとをなにより驚かせ戸惑わせたのは仏の像だった。

人間のすがたをした尊像を拝むことなど、霊信仰を基調とする日本古来の信仰には絶えてない宗教の形だった。形がなく、目に見えず、感じとるべき霊を本体とする信仰と、形の整った美しい金銅の像を本体とする信仰とは、似ても似つかぬものだった。欽明天皇が群臣たちに「祀るべきかどうか」と問い質《ただ》したのはまことにもっともなことで、仏像を突きつけられて大王自身、驚き戸惑ったのだ。

霊《たま》信仰において霊の寄りつく依代《よりしろ》として大樹や石や玉や鏡が用いられたことはすでに言ったが、人物像が依代に用いられることはなかった。また、依代とは別に、霊の寄りつく人間のことを憑坐《よりまし》といったが、憑坐となるのは童子や童女が多く、悟りを開いた人格者やその像が憑坐となることはなかった。宗教と多少ともかかわりのある人物像として古く土偶や埴輪《はにわ》があったが、これもすでに言ったように、極端にデフォルメの施される記号的な土偶や、素朴さや稚拙さに味わいのある埴輪は、仏像とはまったく趣きの異なるものだった。

実際、寺院や美術館や公共の場でつねづね仏像や人物彫刻を目にするわたしたちには想像しにくいことだが、仏教の渡来以前には、宗教的であると否とを問わず、人間のすがたをした等身大の像が作られ、拝まれるということはまずなかった。そこに、人間のすがたを映し出した、顔立ちの整った、輝くばかりの金銅の像が送られてきたのだ。大王を始めとする大和朝廷の権力者たちが驚きの目をもって仏像と対面したことは、想像に難《かた》くない。「西の国から送られてきた仏の顔は整っていて美しい。こんなものは見たことがない」という欽明大王のことばは、その場に居合わせた権力者たちすべてに共通する思いだったにちがいない。

形の整った堂々たる仏の像は、そこに霊が寄りついて像が霊化されるといった、そんな存在ではない。像そのものがすでにして高貴な、美しい存在としてそこにある。霊が寄りついて霊的な存在となるのではなく、もともと霊のこもった霊的な存在としてそこにある。霊がおのずから形をなしたすがたがそこにそうしてある。仏と対面した権力者たちの、「こんなものは見たことがない」という驚きのうちには、霊を本体とする信仰が、美しさと崇高さを合わせもつ仏像の存在によってゆるがされる戸惑いもがふくまれていたにちがいない。海のむこうから仏の像がやって来たというのは、霊の寄りつく依代ないしは憑坐に新種が一つ付け加わったというようなことではない。信仰心のありように大きな変動を引き起こす出来事だったのだ。「(仏を) 祀るべきかどうか」という問いは、政治的な権力闘争の場で発せられ、武力がものを言う権力闘争の構図のなかで最終的に決着のつけられる問いではあったが、その場にいた権力者たちが意識していようといなかろうと、古代日本人の宗教意識の核心に触れる問いでもあった。

百済の聖明王の送ってきた仏像がどれなのかは確かめようがないが、その後に日本で作られた飛鳥仏《あすかぶつ》や白鳳仏《はくほうぶつ》の変化を追っていけば、仏像の到来が日本人の宗教意識にどのような衝撃をあたえたかを推察できる。

法隆寺の大宝蔵院に納められる何体かの飛鳥仏は、腹部の突き出たぎこちないすがたをしていて、なにかを模倣したような類型性が感じられるが、法隆寺の百済観音像や中宮寺の半《はん》跏《か》思《し》惟《ゆい》像（菩薩半跏像）や広隆寺の半跏思惟像になると、類型性を脱し、像は安らかな落ち

百済観音像［法隆寺］

菩薩半跏像（伝如意輪観音）［中宮寺］

着いたすがたで立ち（百済観音像）、また坐っている（半跏思惟像）。もう少し時代が下って、薬師寺の東院堂聖観音《しょうかんのん》像や金堂薬師三尊像になると、落ち着いた安定感はそのままに、像が堂々たる威厳を帯びてくる。とりわけ、金堂薬師三尊像は仏教伝来から百数十年、仏像に寄せる作り手と祈り手の思いが頂点にまで登りつめたすがたを示すもののように思われる。

右に挙げた像はいずれも人間のすがたを取っている。が、普通の人間ではない。身のまわりのだれかれがそこにそうやって立っている（あるいは坐っている）、というようにそれらの像は作られていない。法隆寺の百済観音像は直立の姿勢で右手は肘《ひじ》から先を直角に前へと突き出し、左手は肘から先をわずかに前方に傾けて親指と中指で水瓶《すいびょう》をつまむが、前から見ても横から見ても後方から見ても、すっくと立つすがたにはいささかもゆるみがない。また、台に腰を下ろし、右足を曲げて左足の上に乗せ、左手は曲げられた右足の足首に置き、右手は指先をそっと頬に当てる中宮寺の半跏思惟像も、これは普通は前からしか見られないが、凝ったところのどこにもない静かなすがたで目の前にある。薬師寺の金堂薬師三尊像は、一体一体の安定感もさることながら、中央の坐像と左右のやや腰をひねった立像の作り出す空間の広がりの大きさと流れるような運動感が、見る者に安らぎをあたえる。それらの仏像を見ると、仏教の教えなどなにも知らなくても、そこにあるのは人間を超えた人間の像だと感じられる。見ているうちに思わず頭を下げたり、両手を合わせたりする人がいてもふしぎではない。

穏やかな表情をしてゆるぎなくそこにある仏像は、永遠性に通じる存在だといってよい。安定し自足したそのありようが、いつまでもその姿勢を保ってそこにあるだろうと思わせるのだ。人間は永遠の存在ではなく、やがて死んでいくのだが、死にゆく人間は時々刻々変化する。変化し動く存在であって、同じ姿勢をじっと保つことはない。ところが、安定自足した仏の像はじっと見つづけていても、時を隔ててそれを前にしても、動く気配も動いた気配も感じられない。不変不動のすがたでそこにあり、そのすがたが時を超えた永遠へと見る者の思いを誘う。そのように永遠を暗示する像は、人間を超えた人間というにふさわしい。

仏の像を人間であって人間を超えた存在たらしめている要因として、穏やかに自足した安定性とともに、細部にこだわらぬ造形法を挙げなければならない。さきに例示した飛鳥仏や白鳳仏は、顔と手の作りの精妙さがまず目を引くが、どの像にあっても、顔や手に一時的な感情の波立ちや心の揺れが表現されることはない。それでいて、像は固く自分を守っているのではない。顔にはほほえみらしきものが見てとれるし、手の五本の指の動きは柔らかく、しなやかだ。体もどこかに力が入るということなく、全体の均衡が保たれている。人間の立ちすがたの、あるいは坐ったすがたの、一つの理想的な形がそこに表現されているといっていい。

均衡の取れた無駄のない理想形の全体から感じとれるのが、ものに動じることのない強い精神だ。まわりの世界とかかわりながら、個々の事柄に個別に反応するのではなく、冷静に無心にものごとに向き合う精神だ。人間ならどんなにすぐれた人格者といえども、感情の波立ちや心の揺れはさまざまな場面で生じ、なにごとにも冷静に無心に向き合うということはありえないが、理想的な形として目の前にある像を見ると、そこに、なにごとにも動じない強い精神があると思いたくなる。人間を超えた人間の像というゆえんだ。強い精神の存在は像に崇高な美しさをあたえているといってよく、さきにいった安定自足したすがたの永遠性と、いまいう強い精神の帯びる崇高な美しさが仏の像を、人間であって人間を超えた存在たらしめているように思われる。

六世紀の半ばに百済から仏像が到来したとき、宮廷の人びとが永遠性や崇高な美しさをどこまで感受できたかは見きわめ難いが、その後の仏教の受容の歴史のなかで、仏像が人間を超えた人間の像として作られ、受け容《い》れられていったことは仏像の形そのものを証拠に確言できる。そして、仏像がそのようなものとして作られ受け容れられていく過程は、それ自体が古代日本人の宗教意識が大きく変化する過程にほかならなかった。

仏教渡来以前の固有信仰は、くりかえし述べたように、満ちたり引いたりする目に見えぬ精霊を心身に感じとることを基本とする信仰だった。目の前の仏の像に永遠性と崇高な美しさを見てとって、像に頭を下げ手を合わせるという信仰の形は、それとは大きく異なっている。

仏の像は、人がその前に立って、あるいは坐って、その姿形《すがたかたち》を見るものとしてある。安定自足した姿勢や、ほほえみの表情や、柔らかく、しなやかな指の動きを見ていると、崇高な美しい精神がそこにあると思えてくる。それは見ることによってなりたつ関係だ。

感じとることを主眼とする霊《たま》信仰では対象がそんなふうに見られることはなかった。依代《よりしろ》となる大樹や石や玉や鏡は特別の存在ではあったが、その対象の姿形《すがたかたち》に崇高なものが見てとれるというのではなく、神霊がそこに寄りつくという意味で特別の存在だった。そして、神霊が寄りつくためには共同の祭りにおけるさまざまな設《しつら》えや段取りが必要とされ、そのなかでは、対象を見ることにはさほど重きが置かれず、霊を感じとることこそがなにより大切なことだった。祭りの夜の闇こそ霊との交感にふさわしいときだと考えられていたことからすれば、霊を感じとることは、むしろ、ものを見ない、ものが見えないという条件下で進行する集団の営みだった。

そういう信仰世界を生きていた人びとにとって、仏の像を正面に据え、その姿形《すがたかたち》に崇高な美しい精神を見てとり、その精神性に思いを馳せるという仏教信仰の形は、容易に受け容れられるものではなかった。水田稲作、青銅器、鉄器、印形、漢字、乗馬術、儒教などの伝来を通じて大陸の文化・文物の先進性と優秀さは古代人の十分に知るところだったが、その上でなお、仏像を拝むという信仰形態への違和感は簡単に拭《ぬぐ》えるものではなかった。仏教伝来の経緯を記す『日本書紀』欽明天皇の項に「官人たちは仏像を難波の用水路に流して棄て、寺には火をつけて焼きはらった」とあったが、それは一方で政治的な対立の激しさを示すとともに、他方、仏像・仏寺にたいする宗教的な違和感の大きさをものがたる行為だった。

違和感の根本は、仏の像が崇高な精神性を具えた不動の存在として人びとの前に置かれることにあった。像にすでに精神が具わっている以上、神聖なる霊がそれに寄りつく必要はない。像自体が崇高な美しさをもった神聖な存在としてそこにある。そこにあることがはっきり見てとれる。像は、まわりの世界から切り離された、明確な形をもつ特別の存在であって、そういう存在として信仰の中心に位置する。

そういう仏の像が信仰の本体をなすとすれば、流動し浮遊する目に見えない霊を心に感じとるという信仰は形を変えざるをえない。仏の姿形《すがたかたち》に崇高な精神性を見てとる宗教意識は、浮遊し流動する霊と心身が交感する宗教意識とは相容れない。仏の像が永遠性と崇高さを具えた精神的存在として立ちあらわれる宗教意識にとっては、かつて身のまわりに満ちたり引いたりするのが感じられた霊は、力を失って消えていかざるをえない。霊《たま》信仰の後退を強いるそのような仏像崇拝にたいする、霊《たま》信仰の側からの反撃がすなわち仏像の棄却であり、仏寺の焼却であった。

が、古来の霊信仰に依拠する排仏派の反撃は崇仏派を打倒するまでには至らなかった。排仏派と崇仏派の権力闘争は、すでに言ったように、宗教思想の強弱によって決着がつくのではなく、武力の強弱が決め手となったのだが、六世紀後半の権力闘争において、最終的に崇仏派が勝利をおさめ、物部守屋を頭目とする排仏派は壊滅した。以後、仏の像を崇拝するという信仰のありかたは、消えることのない重要な宗教形態の一つとして日本の精神史のなかに生きつづけることになった。

が、とはいえ、蘇我馬子の創建した日本最古の本格的仏寺たる飛鳥寺は、仏像を中心に据えた建物ではなく、仏舎利《ぶっしゃり》（釈迦の遺骨）を納める塔を中心にした寺院だった。中門を入ると正面に塔があり、塔の左右と奥を三つの金堂が囲み、さらにその周囲に回廊がめぐらされるという伽藍《がらん》配置だ。一塔三金堂式と呼ばれるもので、六世紀の高句麗に見られる伽藍配置に倣《なら》うものだ。飛鳥寺の造営の中心となった工人や技術者は、百済の威徳王《いとくおう》の派遣したグループと、東漢《やまとのあや》氏を統括者とする渡来氏族の領有民たちだったから、朝鮮の形式をそのまま飛鳥に移したのであろう。

以後、飛鳥から白鳳、天平と時代が下るにつれて、日本の寺院の伽藍配置は塔中心から金堂中心へと変化していく。塔に納められるのが仏舎利、金堂に納められるのが仏像だから、仏舎利中心から仏像中心への変化だといってよい。仏像の形に堂々たる風格が具わり、宗教性と芸術性が高まっていく過程にぴったり符合する変化だ。仏の像を崇拝するという信仰の形が人びとの宗教生活に一歩一歩着実に根づいていくことを示す変化だともいえるし、逆に、仏像や仏寺の作りかたの変化と進展を通じて、仏教的な信仰の形がしだいに社会に根づいていったともいえる。

金堂という壮麗な建物に納められることによって、人間を超えた人間という仏像の内実はいよいよ確固たるものとなった。仏の像のうちにすでに永遠なる崇高な精神性が見てとれるとすれば、その仏を包む建物は仏に宿る精神性をいっそうゆるぎないものにする力をもつ。瓦屋根が光り、木に施された朱や緑や青の彩色が輝く金堂は、なかに納められた尊像の神々しさにまっすぐ通じていて、遠くから金堂をながめる人びとにも、そこが特別の精神的空間であることが納得されたにちがいない。壮麗な金堂のなかに納まったとなると、仏の像は人間界や自然界を浮遊し流動する霊とはますます縁遠い存在となる。人びとの住まう建物が、風雨や寒さや日照りから人びとを守るように、金堂はなかに納まる仏を守るものだ。霊といえどもなかに入るわけにはいかない。かくて、霊信仰とは別個の、もう一つの聖なる空間が現出する。渡来人の主導のもとに始まった造寺・造仏の事業は、宗教意識にそのような変動をもたらししつつ進行していった。

仏の崇高な精神性は浮遊する霊が仏に乗りうつって生じるものではない。崇高な精神は、安定自足した美しい仏像の内部にあって、そこから外へと輝き出る。金堂に身を置く人が崇高な気分になるのも、どこかからやってきた霊に触れてそうなるのではなく、仏から放射される聖なる威力に触れてそうなるのだ。その威力は金堂内を満たし、さらには回廊に囲まれた内部の空間を満たし、そこを聖なる空間たらしめるが、霊威が仏の像を本源とするところが古来の霊信仰との明確なちがいだ。聖なる本源が人間を超えた人間の像として目に見える形を取ってそこにある。となれば、仏教を信じることはまずもって仏の像に向き合い、像を敬うことでなければならなかったし、仏の像は敬うに足る安定性と崇高な美しさをもたねばならなかった。そして、仏像の崇高な美しさが仏像の造形を超えてまわりの荘厳《しょうごん》の造作や建物の造形の美しさにまで及んだのが、いまに残る飛鳥美術、白鳳美術の数々の傑作のすがただ。

3

しかし、仏教を信じることは、仏像に向き合い、仏像を敬うことに尽きるものではない。いや、それは仏教にかかわるさまざまな営みの一側面にすぎず、主たる行為ですらないという考えもなりたつ。仏典の一字一句を丁寧にたどり、説くところを的確に理解することこそ肝要だとする立場もあろうし、悟りに至る修行に真摯《しんし》に取り組むことを仏教の真髄とする立場もあろう。が、六世紀から七世紀にかけての日本仏教史にあっては、造寺・造仏をめぐっては精力的な動きが見られ、数々のすぐれた作品が生み出されたが、仏典の周到な理解、生死をめぐる宗教的思索、おのれを律する仏道修行といった方面では注目すべき活動が見られない。かつては『日本書紀』や『上宮聖徳法王帝説《じょうぐうしょうとくほうおうていせつ》』などの記述をもとに、聖徳太子を飛鳥時代の傑出した仏教思想家だとする説がなされたが、近年の聖徳太子研究で、聖徳太子作とされてきた「十七条憲法」「三経義疏《さんぎょうぎしょ》」が後世の偽作（「十七条憲法」）だったり、中国で撰述された文献（「三経義疏」）だったりすることが明らかにされ、聖徳太子の仏教にかかわる活動としては蘇我馬子に協力して排仏派の物部守屋を倒したことと四天王寺と法隆寺を造営したことが確かだとされるにとどまる。仏法の理解・研究や仏道の実践は、八世紀以降に、いや、これと名指しできる形を取るものとしては、九世紀初頭の最澄と空海の登場を俟《ま》って初めて本格化するといわねばならない。

理解・研究や実践の遅延は、驚くような事柄ではない。六、七世紀といえば、いまだ『古事記』も『日本書紀』も『万葉集』も作られてはいなく、書物といえば中国渡来の書物しかない時代だ。仏教の人間観や世界観の斬新さ、複雑さ、漢訳仏典の難解さ、戒律の煩雑さを思えば、その宗教思想や宗教実践が容易に近づけないものであったのはむしろ当然のことといってよい。文字を通してなにかを学ぶということ自体が始まったばかりの時代に、世のありさまや人の生きかたに奥深くせまる宗教思想と宗教実践は、はるか遠くにあるほかないものだった。

仏法の理解・研究や仏道の実践には見るべきものがなかったけれども、仏寺や仏像の造営はちがった。驚嘆に値するほど、多くの見るべきものが作り出された。そこに発揮された美意識の卓抜さと造形技術の高さは、千数百年の歳月を超えていまに訴えてくる力をもつ。仏教の受容は、思想の面や実践の面では長く低空飛行を続けねばならなかったが、造形美術の面ではいち早く高い水準に達していた。

渡来した仏像の形の美しさや渡来人の技術の確かさが、すぐれた仏寺・仏像を生むもとになったのはいうまでもないが、それを受けとめる古代日本の人びとのうちに、仏寺・仏像に崇高な美しさを見てとる感性と、外来の技術を習得するだけの能力がなかったなら、飛鳥・白鳳の時代にあれだけのすぐれた寺院や仏像が作り出されることはなかった。

飛鳥仏や白鳳仏の美しさは世界的に見ても高い水準に達している。古代ギリシャの神像彫刻はヨーロッパ美術史上、いまなお美の規範を示すものとされ、整った形態と内から輝き出る崇高な精神性とを統一した理想の芸術表現としてよく引き合いに出されるが、これまでに名を挙げた仏像に、法隆寺金堂の四天王像や、興福寺の山田寺仏頭や、法隆寺大宝蔵院の夢《ゆめ》違観音像《たがいかんのん》などを加えた飛鳥仏と白鳳仏の名品は、古代ギリシャの神像彫刻に劣らぬ美と精神性の統一表現だということができる。古代日本の高度な美意識と造形技術は、大陸からやって来た仏像と仏寺に接して、そこに未知・未経験のなにかを見てとり、それに導かれるようにして仏像を造形し、仏寺を建造するなかで、みずから高い精神性の表現へと達することができたのである。

が、改めていえば、芸術的な精神性の高さは思想的・実践的な精神性の高さに通じるものではなかった。美意識と造形技術の高さに呼応するような高度な宗教思想や宗教的実践はいまだ存在しえなかった。仏寺・仏像の類稀《たぐいまれ》な芸術的精神性に向き合う宗教の形は、仏教的な思想と実践というより、善悪さまざまの神々に災い《わざわ》の駆除と幸い《さいわ》の招来を願う古来の現世主義的信仰であった。仏教の精神性は、造寺・造仏という芸術的な面では美意識と表現意欲を突き動かす独自の力と価値をもつものとして受けとめられたが、思想と実践の面では、旧来の現世主義的信仰の水準で受けとめられるにとどまったのだった。

たとえば、崇仏派の厩戸皇子《うまやどのおうじ》（聖徳太子）と蘇我馬子は、排仏派の物部守屋との戦いに際して次のように仏教の加護を求める。『日本書紀』の一節を現代語訳にして引用する。

〔厩戸皇子は〕みずからに問うように、「ひょっとすると負けるかもしれない。願掛《がんか》けをしないと勝てないだろう」と言った。そして霊木の白膠木《ぬりで》を切りとって急いで四天王の像を作り、頭髪にさしてこう誓った。「もしわたしが敵に勝たせてもらえたら、四天王のために寺を建てます」と。蘇我馬子もこう誓った。「諸天王《しょてんのう》・大神王《だいじんおう》たちよ、わたしを助けて勝たせてくれたなら、必ず諸天王と大神王のために寺を建て、仏教を広めます」と。誓いおわって、軍兵を整え出発した。……兵乱がおさまった後、摂津の国に四天王寺を建てた。……蘇我大臣は誓願通りに飛鳥の地に法興寺〔飛鳥寺〕を建てた。（岩波・日本古典文学大系『日本書紀 下』一六三―一六四ページ）

同じ『日本書紀』で、仏教伝来の事情を記した箇所に、仏のことを「外国の神」と呼んでいたことが思い合わされる。厩戸皇子も蘇我馬子も日本の神に誓願するのと同じ気持ちで四天王や大神王に誓願し、願い通りに事が運ぶと、神に感謝するように寺を建てているのだ。仏法理解や仏道修行とは質を異にする仏との向き合いかたであることはいうまでもない。

が、それが古代日本の仏教受容の自然なすがただった。仏寺・仏像の造形を通して精神性の表現という新しい課題の追求にむかう芸術的感覚が一方にあり、もう一方に、豪壮で色彩ゆたかな建物のうちに安置された、安定自足した美しい仏の像に神的な威力を認め、その威力が自分たちに現世的な幸いとご利益《りやく》をもたらしてくれることを願う古来の素朴な信仰心があった。『日本書紀』の記す厩戸皇子や蘇我馬子の例は素朴な信仰心が権力者たちのうちに息づくさまを語ったものだが、それが下層の庶民のあいだにも広く息づくものであったことは、『日本書紀』からおよそ一〇〇年を経た平安初期の『日本霊異記《にほんりょういき》』に、人びとを仏教に導く実話として数多くの霊験譚《れいげんたん》が集められていることをもって有力な証拠の一つとしえよう。九世紀初頭の庶民のあいだでも仏がふしぎな霊力をもつことは広く信じられ、人びとはその霊験に与《あずか》ることを願っていたのである。古来の霊《たま》信仰に底流する、禍《わざわい》を追いはらい福を招きよせたいと思う現世主義的志向は、仏像と向き合うという新しい宗教形態においても、そのような形で根強く生きつづけたのだった。

第六章　『古事記』——その文学性と思想性

『古事記』が完成したのは七一二年、律令国家の体制が整った時期のことだった。
大化の改新を境に氏姓制度を脱して中央集権国家への道を歩み始めた大和政権は、律令の制定と都城の造営を大きな柱として新体制の建設へと向かった。律令は近江令、飛鳥浄御原《あすかきよみはら》令《りょう》、大宝律令、養老律令と四次にわたる制定・改定がなされたし、都城は、持統天皇のもとで日本最初の本格的な都城——藤原京——が建設され、それがさらに平城京の建設へと引き継がれた。律令も都城も中国の律令や都城を模範と仰ぐもので、隋・唐にならう律令国家の建設が中央政権のめざすところだった。
法と官僚機構の整備と、宮都・宮廷の造営と並ぶ中央政権のもう一つの大きな課題が、天皇の国家支配を根拠づけ、正当化する書物の作成だった。『古事記』と『日本書紀』の作成である。『古事記』の「序」には撰録を思いたった天武天皇の抱負が次のように述べられている。（現代語に訳して引用する）
天皇はこう仰せられた。「わたしの聞くところでは、家々に伝わる帝紀と旧辞はすでに真実を外れ、虚偽が多く付け加えられているという。いまここで誤りを正さないと、何年かのちには話の本筋が分からなくなってしまうだろう。帝紀と旧辞は国家組織の根本であり、天皇統治の基礎となるものだ。そこで、帝紀と旧辞を調べなおし、まちがいを削除し真実を確定して撰録し、後世に伝えようと思う。」（小学館・新編日本古典文学全集『古事記』二一―二二ページ）

『古事記』という書物の一面をよく照らし出す発言だ。天皇の系譜や時代時代の事跡や神代の物語の真偽を決定するのは、最高権力者たるおのれの役目であり権限である、と天武天皇がいう。壬申の乱に勝利し、諸豪族を従えて強大な皇権を確立しようという専制権力者にふさわしいことばだ。かれの確定した真実は文字に書き記されることによっていよいよゆるぎない真実となる。権力者の側からすれば、『古事記』の作成とは、系譜や事跡や物語の真偽を明らかにし、もって天皇支配の正統性を根拠づける試みにほかならなかった。

その試みは『古事記』においてどのような形で具体化されたのか。

1

『古事記』は上・中・下の三巻に大きく分かれ、その三巻の構成が、天上・地上の世界のなりたちとそこでのさまざまな出来事を、天皇支配と強く結びつけるものとなっている。

上巻は神代の物語だ。まず高天原《たかまのはら》に天之御中主神《あめのみなかぬしのかみ》以下の神々があらわれる。最後にあらわれた伊耶那岐命《いざなきのみこと》と伊耶那美命《いざなみのみこと》の二神が地上に降りて結婚し、地上の国々や島々を、また海の神、風の神、木の神その他の神々を生む。が、火の神を生んだときに陰部を焼かれた伊耶那美は、死んで黄泉《よみ》の国へと赴く。伊耶那岐は後を追って黄泉の国へと行くが、伊耶那美の醜悪なすがたを見て逃げかえり、みそぎをして神々を生成する。生成の最後に、左目から天照《あまてらす》大御神《おおみかみ》、右目から月読命《つくよみのみこと》、鼻から須佐之男命《すさのおのみこと》が生まれ、それぞれに高天原、夜之食国《よるのおすくに》、海《うな》原《はら》の統治が委《ゆだ》ねられる。

海原の統治を拒否して根之堅州国《ねのかたすくに》に行きたいと駄々をこねた須佐之男は、根之堅州国に行く前にまず姉・天照大御神のいる高天原に昇っていき、そこでさんざん悪業を働く。須佐之男の乱暴を恐れた天照大御神が天《あめ》の石屋《いわや》に隠れると、世の中は真っ暗になる。神々の知恵で天照大御神は天の石屋から誘い出され、世の中はまた明るくなるが、乱暴者の須佐之男は追放されて出雲の国へと至る。出雲の国で八俣《やまた》の大蛇《おろち》を退治した須佐之男は、そこに住居を定め、結婚して子を生む。そして、須佐之男の六世の孫として大国主神《おおくにぬしのかみ》が生まれる。大国主神は兄弟や須佐之男の仕掛ける数々の試練に耐えて出雲の国の支配者となり、少名毘古那神《すくなびこなのかみ》の協力を得て、葦原中国《あしはらのなかつくに》の国作りを完成する。

完成した葦原中国は自分の子が統治すべきだと考えて天照大御神は使者を派遣して大国主神に国譲りをせまるが、国譲りはすんなりとはおこなわれない。武勇にすぐれた建御雷神《たけみかずちのかみ》の活躍でようやく国譲りが実現し、天孫・邇々芸命《ににぎのみこと》が高天原から葦原中国に降臨する。邇々芸命は山神の娘・木花之佐久夜毘売《このはなのさくやびめ》と結婚して火遠理命《ほおりのみこと》を生み、火遠理命は海神の娘・豊玉《とよたま》毘《び》売命《めのみこと》と結婚して鵜葺草葺不合命《うがやふきあえずのみこと》を生み、鵜葺草葺不合命は叔母の玉依毘《たまよりび》売命《めのみこと》と結婚して神《かむ》倭伊波礼毘古命《やまといわれびこのみこと》を生む。神倭伊波礼毘古命はのちの初代天皇・神武であって、このように高天原の神々から地上の天皇へと血統がつながったところで上巻が終わる。

中巻は神武天皇から応神天皇に至る一五代の天皇の物語だ。天皇が国土を平定し、天皇支配の秩序を作っていく過程が物語の主軸をなす。ただし、一五代の天皇の物語が同じ比重で語られるのではなく、神武天皇の次の綏靖《すいぜい》天皇から開化天皇までの八代については、最小限必要な事項が――すなわち、天皇の名、皇居の所在地、后妃名、皇子女名、皇族を氏祖とする氏族名、天皇の享年、陵《りょう》の所在地が――いつもこの順序を守って羅列されるだけだ。それとちがって英雄的な活躍ぶりの活写されるのが、神武天皇と倭建命《やまとたけるのみこと》の二人だ。

神武は兄・五瀬命《いつせのみこと》とともに日向から筑紫に向かい、筑紫の岡田宮に滞在したのち、船で瀬戸内海を東に向かい、安芸の多祁理宮《たけりのみや》に七年、吉備の高島宮《たかしまのみや》に八年滞在して浪速《なみはや》へと向かう。浪速の港で登美能那賀須泥毘古《とみのながすねびこ》の軍勢と戦うが、五瀬命が痛手を負い、神武は海路を取って紀伊半島を南下し熊野に上陸する。途中、五瀬命は傷がもとで死んでしまう。熊野から吉野を経て大和へと向かう神武は、八咫烏《やたがらす》に先導されて険路を越えていく。大和に入った神武は、兄宇迦斯《えうかし》との戦い、忍坂《おさか》での戦い、登美毘古《とみびこ》、兄師木《えしき》、弟師木《おとしき》との戦いを制し、畝傍《うねびの》橿原宮《かしはらのみや》で即位し天皇となる。

神武の物語が九州から東へと向かい、大和の地を平定して国家支配の基礎を作る物語だったとすれば、倭建命の物語は大和政権に帰順しない各地の反逆者たちを打倒すべく、倭建命が西へ東へ討伐の旅に出る物語だ。西の大敵は九州の熊曽建《くまそたける》と出雲国の出雲建《いずもたける》だが、熊曽建の兄弟にたいしては、宴席に女装して登場し、隙を見て刀を抜いて不意打ちにするという策略で二人を刺し殺し、出雲建にたいしては、用意した木刀を相手の真刀と交換した上で刀の戦いを挑み、刀の抜けない相手をあっさり打ち殺してしまう。策略に長《た》け、残酷で荒々しい倭建命を疎《うとま》しく思う景行天皇は、西征から帰ったこの武将を、休む間もなく東征へと送り出す。尾張、駿河、相模とまつろわぬ敵を倒す戦いが続き、そこから甲斐、信濃を経て尾張に帰ってきた倭建命は、行きに婚約した美夜受比売《みやずひめ》と結婚するが、伊吹山で氷雨《ひさめ》に遭って前後不覚になったあとは、かつての残酷さも荒々しさも失い、策略を弄することもなく美濃、伊勢、三重とさまよい歩き、ついに能煩野《のぼの》で病死する。報せを聞いて大和の后《きさき》たちや子たちがやって来て嘆き悲しむなか、倭建命は白千鳥《しろちどり》となって天に昇っていく。

倭建命による西国・東国の征伐のあと、成務天皇が国造《くにのみやつこ》と国々の境と県主《あがたぬし》を定めて地方支配の形が整い、その後の仲哀天皇と応神天皇の物語では、天皇の支配が大八島国《おおやしまぐに》を越えて新羅・百済にまで及んだことを述べて中巻は終わる。

上巻が世界のなりたちと王権の由来を説明する神代の物語、中巻が国家の統一と国家秩序の形成を天皇の事跡として語る国土征服の物語だとすれば、下巻は王位の継承をめぐる争いが主題の物語だということができる。が、王位の継承は順調には進まない。血なまぐさい争いがあちこちで起こる。思えば、『古事記』の撰録を発意した天武天皇が王位に即《つ》いたのも、兄・天智天皇の死後、天智の嫡子・大友皇子と戦い、これを死へと追いやるという過程

（壬申の乱）を経てのことだった。

『古事記』下巻の王位継承をめぐる争いは、安康天皇の条あたりから格段に熱を帯びてくる。安康天皇は仁徳天皇の皇子・大日下王《おおくさかのみこ》のもとに使いを出して、その妹を自分の弟・大《おお》長谷王子《はつせのみこ》（のちの雄略天皇）の妻にと所望する。大日下王は承諾するが、使者の讒言《ざんげん》を信じた安康天皇は大日下王を殺害し、その正妻・長田大郎女《ながたのおおいらつめ》を奪いとって皇后にする。大日下王と長田大郎女のあいだには目弱王《まよわのみこ》という子があったが、目弱王はふとしたことから父が安康天皇に殺されたことを知って、みずから刀を取って安康天皇の首を刎《は》ね、都夫良意富美《つぶらおおみ》の家に逃げ入る。兄殺害の報せを聞いた大長谷王子は二人の兄に相談するが、煮え切らない態度の二人に腹を立て、二人を殺した上で都夫良意富美の家に向かい、目弱王を都夫良意富美ともども死へと追いやる。さらに大長谷王子は王位継承のライバル市辺之忍歯王《いちのへのおしはのみこ》を狩猟に誘い出して惨殺し、こうして父の王位を継承して雄略天皇となる。……

2

以上が上・中・下三巻の概略である。虚実の混じり合う伝承や物語が、天皇による国家支配の正統性を根拠づけるという権力者の意志のもとにまとめ上げられたとき、歴史の過去がこのようなものとして浮かび上がったということだ。わたしたちはこの日本最古の史書にどのような思想性と文学性を読みとることができるのか。

が、思想性と文学性を読みとろうとすれば、『古事記』撰録を主導した国家の専制的支配者の意志を追うだけでは、どうにもならない。意志に包摂されつつ、意志に逆らい、意志を逸脱する物語のありように目を向けなければならない。作り手の意志とその意志をはみ出すものとのせめぎ合いのうちにこそ書物の思想性と文学性は宿るからだ。

下巻の初めに来る「仁徳天皇」の物語を例に取ろう。仁徳天皇は、その名の通り、仁慈にあふれた徳の高い聖帝としてその人物像が提示される。山に登って国見をしたらどの家からも炊煙《すいえん》が立っていない。人びとの貧窮を見てとって、三年間、人民の税と夫役《ぶやく》を免除するよう命令した。宮殿に雨漏りがしていても我慢して暮らし、修理しようとしなかった。そののち、国見で炊煙が盛んに立つのを見て、税と夫役を再開した、云々。歯の浮くような作り話で、天皇を儒教的な賢帝に仕立てようとする意図があらわだ。

こんな権力者本位の非現実的な話が続くようなら、『古事記』は手に取る者とて少ない、卑屈で興ざめな書となったろうが、そうはならなかった。聖なる仁徳天皇の話は早々に終わり、あとには皇后の嫉妬に悩む色好みの仁徳天皇の話が続く。色好みの話は『古事記』の随所に登場するが、ここでの皇后の激しく執拗《しつよう》な嫉妬も、その嫉妬をかいくぐって思いを遂げようとする仁徳の色好みも、人間味ゆたかで興味深い。聖帝の作り話に比べれば、同じ作り話でも、文学的・思想的に数段上まわるおもしろさだ。天皇支配の正当化と天皇賛美こそが撰録のねらいであることを考え合わせると、色好みをよしとする支配階層の社会通念がまずあって、その上に、多くの女性と関係を結び、悶着《もんちゃく》やら恨みやら嫉妬やらに悩まされながら、それらをうまくさばいて全体の調和を図るのが王者たるものの徳だ、とする支配者像が広く受け容れられていたろうが、その支配者像の背後に、さまざまな男女の動きを好奇の目でながめ、生き生きと語る物語作者ないしは伝承集団の力が働き、その力によって『古事記』の文学性と思想性が保証されたと考えられる。

下巻「允恭《いんぎょう》天皇」の条に出てくる軽太子《かるのおおみこ》と軽大郎女《かるのおおいらつめ》の物語は『古事記』の文学性と思想性の高さを示す高峰の一つだ。人の世を生きる切実さと喜びと悲しみが首尾の整った悲劇の形を取ってそこに示されている。

允恭天皇が死んで、軽太子が王位を継承する予定だったのが、同母妹の軽大郎女と密通したために人心が離れ、王位は弟の穴穂御子《あなほのみこ》（のちの安康天皇）に移った。迫害を恐れた軽太子は大前小前宿禰大臣《おおまえおまえのすくねのおおおみ》の家に逃げ、穴穂御子の軍勢がその家を取り囲んだ。大前小前宿禰大臣は軽太子を捕えて穴穂御子に差し出し、穴穂御子は軽太子を伊予に流した。流されるとき軽太子が詠んだ歌は、

大君《おほきみ》を　島に放《はぶ》らば　船余《ふなあま》り　い帰《がへ》り来むぞ　我が畳《たたみ》ゆめ　言《こと》をこそ　畳と言はめ
我が妻はゆめ（同右、三二四―三二五ページ）
（大君たるこのわたしを島流しにしても、必ず帰ってくる。だから畳はそのままにしておいてくれ。いや、畳というより、わが妻よ、そのままにいておくれ）

軽大郎女が軽太子に献上した歌は、

夏草の　阿比泥《あひね》の浜の　掻《か》き貝に　足踏ますな　明《あか》して通れ（同右、三二五ページ）

（あいねの浜の貝殻を踏んでけがをなさらないように。夜が明けてから行きなさいませ）

が、その後、恋い慕う思いに耐えかねた軽大郎女は、

君が往《ゆ》き　日長《けなが》くなりぬ　造木《やまたづ》の　迎へを行《ゆ》かむ　待つには待たじ（同右、三二五ページ）

（あなたがお出かけになってからずいぶん日が経ちました。これ以上は待てません。迎えに行きます）

と歌って伊予に向かった。再会を喜んだ二人だったが、やがてともに自害して果てた。色好みに寛大な古代といえども、同母の兄妹の恋愛は許されない。だから、その禁忌を犯した軽太子が人心の離反ゆえに王位を継承できなくなるのは当然のなりゆきといえる。そして、臣下の大前小前宿禰大臣が逃げてきた軽太子を捕えて穴穂御子に差し出すのも、これまた当然の政治判断であり政治行為だといえる。

が、道を外れたその行動を、『古事記』は一組の男女の恋愛としては忌《いま》わしいものと見ていないし、忌わしいものと表現してもいない。二人の恋心は歌によって表現されるが、表現された恋心は、『万葉集』の相聞歌《そうもんか》と同様、素朴な真率さにあふれている。以下に引用する二つの歌は、いずれも軽太子が軽大郎女と初めて共寝をしたときに歌ったものだ。

あしひきの　山田《やまだ》を作り　山高み　下樋《したび》を走せ《わし》　下訪《したど》ひに　我が訪《と》ふ妹《いも》を　下泣《したな》きに我が泣く妻を　今夜《こぞ》こそは　安く肌触れ（同右、三一九―三二〇ページ）

（山の田で水を引くために秘密の下樋いを走らせるように、人目を忍んでわたしが訪ね、声をひそめてわたしが恋い泣きする妻だが、今夜こそは心安らかにその肌に触れているのだ）

笹葉《ささば》に　打つや霰《あられ》の　たしだしに　率寝《ゐね》てむ後《のち》は　人は離《か》ゆとも　愛《うるは》しと　さ寝《ね》しさ寝てば　刈薦《かりこも》の　乱れば乱れ　さ寝しさ寝てば（同右、三二一ページ）

（笹の葉を打つ霰の音がタシダシと響くように、わたしたちがたしかに共寝をしたからには、あの人がわたしから離れていってもかまわない。いとしく思って寝さえしたなら、そのあとどう心が乱れてもかまわない）

自分たちの恋が道を外れた行為であることは、当人たちにも自覚されている。が、それが他人の目にどう映ろうとも、道ならぬ恋を完《まっと》うしようという覚悟が軽太子にはある。同じ覚悟が軽大郎女にも共有されていて、その覚悟が、そして覚悟を支える真率な恋情が、道ならぬ恋に人間的な輝きをあたえている。恋とは、社会的倫理の枠を超えてその外へと恋人たちを連れ出す力をもつことが、悲劇的な歌物語のうちに見事に形象化されている。王位継承の正統性を語る政治的な物語が、内面的心情に深く根ざした恋の人間性と交錯するところに、この恋愛悲劇の時代を超えた切実さがあり、そういう切実さを内包しえているところに、わたしたちは政治の書『古事記』に、政治を超えた文学性と思想性を読みとることができよう。

3

一組の男女の心理の動きを追う恋の物語が、国家の支配秩序や社会倫理に背を向けるようにして進行し、国家や社会とは別の次元で人間の生きる切実さを表現するのにたいして、悪と暴力の物語は、支配秩序や社会倫理と深くからみ合う形で進行する。悪と暴力は国家や社会と激しくぶつかりつつ、しかも一方的に排除されるだけでは済まぬ、社会の本質的な動力ないし威力としてあらわれる。すでに触れた、下巻の王位継承の争いにおける安康天皇や雄略天皇の果断なふるまいは、悪と暴力の臭気《しゅうき》を十分に発散するものだったが、ここでは神代に立ちもどって天照大御神《あまてらすおおみかみ》の弟・須佐之男命《すさのおのみこと》において悪と暴力がどう発現するのかを見ていきたい。

須佐之男命は、伊耶那岐命《いざなきのみこと》が最後に生んだ三貴子の一人で、伊耶那岐命から海原《うなはら》を治めよと命じられる。が、須佐之男命は命令に従わないで大泣きに泣く。（現代語に訳して引用する）

泣くさまは青山を泣き枯らして枯木の山とし、河や海の水をすっかりなくしてしまった。そのため、悪神たちの騒ぐうるさい声が地上に満ち、ありとあらゆる災《わざわ》いが起こった。伊耶那岐大御神《いざなきのおおみかみ》が「どうしてお前は命じた国を治めないで泣きわめくのか」と仰せられると、「わたしは亡き母の国・根之堅州国《ねのかたすくに》に行きたいと思うから泣くのです」と答えた。伊耶那岐大御神は大いに怒って、「ならば、お前はこの国に住んではならない」と仰せになって、ただちに追放なさった。（同右、五五ページ）

安定した秩序を作り出そうとする伊耶那岐の命令に須佐之男は従わない。それは正義に悖《もと》るふるまいとはいえるかもしれない。しかし、いわゆる権力欲のごときものは須佐之男にはない。海原を治めるだけでは不満で、もっと大きな権力が欲しいというのではなく、亡母の住む根之堅州国に行くのが願いだ、というのだから。実際、須佐之男と伊耶那岐とのあいだに感情のねじれがあるふうでもない。また、須佐之男を道徳的な悪へと導く要因は見当たらないし、実際、須佐之男は道徳的な悪人のようには表現されていない。

表現されているのは、むしろ、須佐之男の気性の激しさとエネルギーのすさまじさだ。海原を治めるのはいやだ、亡母の国へ行きたい、といって、青々とした山が枯木の山になるほどに泣きわめき、河や海の水をすべて吸いとってしまうのが須佐之男なのだ。悪の神というより、自分の感情やエネルギーをもてあます、いっそ子どもっぽいといいたくなるほど野放図な神が須佐之男だ。「そのため、悪神たちの騒ぐうるさい声が地上に満ち、ありとあらゆる災いが起こった」というが、それが須佐之男の意図するところだったようには読めないし、困った事態ではあるが、そこに悪の陰湿さは感じられない。須佐之男の内面だけでなく、その周囲にも荒々しいエネルギーがあふれているといわねばならない。

さて、追放された須佐之男は、根之堅州国に行く前に天照大御神に事の次第を話しておこうと思い、高天原《たかまのはら》へと昇っていく。天照大御神は弟が自分の国を奪うのではないかと身構える。邪心のない須佐之男は、「うけひ」という言語呪術によって自分の清心を証《あか》し立てようとする。「うけひ」の結果がどうなったかを『古事記』は明言しないが、自分の清心を証明されたと思った須佐之男は勝ちに乗じて暴力行為に出る。

勝ちに乗じて天照大御神の田の畔《あぜ》を壊し、溝を埋め、また、大嘗《おおにえ》のための御殿に糞《くそ》をして、まき散らした。しかし、天照大御神はその乱暴を咎《とが》めないで「糞に見えるのは弟の命《みこと》が酔って吐き散らそうとしたものだろう。畔を壊し溝を埋めたのは、土地がもったいないと思ってしたことだろう」と言いつくろったけれど、やはり悪いおこないはやまず、なんともひどかった。天照大御神が忌服屋《いみはたや》で神の衣を織らせていたとき、その服屋《はたや》の天井に穴をあけ、斑《ふち》入りの馬を逆剝《さかは》ぎに剝いで投げいれた。服織《はたお》りの女は驚いて、梭《ひ》〔横糸を通すための舟形の器具〕で陰部を突いて死んでしまった。(同右、六三ページ)

乱暴な行為に具体性が加わって、須佐之男が悪の道にやや踏みこんだと思えなくもない。が、「うけひ」の勝ちに乗じて乱暴に及ぶというのは、かえって邪気のなさを印象づける。天照大御神の取りなしを意に介さないのも無邪気な一途さのあらわれと思える。畔を壊し、溝を埋め、糞をまき散らし、馬を逆剝ぎにして投げ入れるといった行為は、まさしく悪業の名にふさわしいが、それも話の大きな流れのなかに置いてみると、須佐之男の悪辣《あくらつ》さ、卑劣さを示すというより、その粗暴さ、野蛮さを示すもののように思われる。

須佐之男が悪に徹するような人物でないことは、高天原を追われて出雲国に下ってきた場面でいよいよはっきりしてくる。須佐之男が斐伊川《ひいかわ》を上っていくと、娘をあいだにおいて老夫婦が泣いている。聞けば、八俣《やまた》の大蛇《おろち》が毎年やってきてすでに娘八人が人身御供《ひとみごくう》となっているのだが、同じ大蛇が今年もやってくるから、娘・櫛名田比売《くしなだひめ》を犠牲《いけにえ》に捧げねばならないのだという。八俣の大蛇を退治して櫛名田比売を救おうと決意した須佐之男は、老夫婦に強い酒を入れた八つの器を用意するよう命令し、八つの頭をもつ大蛇が八つの器の酒を飲んで酔って寝た隙《すき》をうかがって切りかかる。めでたく大蛇を退治した須佐之男は、

八雲《やくも》立つ　出雲八重垣《いづもやへがき》　妻籠《つまご》みに　八重垣作る　その八重垣を（同右、七三ページ）

と歌って櫛名田比売と結婚した。

ここでは、政治的・社会的な悪の影も道徳的な悪の影も、須佐之男につきまとってはいない。どころか、須佐之男は堂々たる善の英雄として登場している。かつての粗暴さや荒々しさがここでは非道で異形な怪物を打ちたおし、人の世に秩序と幸せをもたらす特別の力として働いている。

思い合わされるのは、本居宣長の「神」についての定義だ。すでに引用した文言の一部をもう一度引く。

人はもちろんのこと、鳥、獣、木、草や海、山その他どんなものでも、並外れた特別の威力をもち、畏怖せざるをえないものを神という。（特別のというのは、尊いこと、善いこと、手柄となることといった点で特別だというだけでなく、悪いもの、得体の知れないものについても、並外れたせまりかたをするものは神という。）

自然のただなかでその日その日を送り、自然の恵みと自然の恐ろしさを骨身に染みて感じ、自然に深い畏敬の念を抱いて生きるのが原始の人間の生活だ。古代の神話にはそうした原始の人間の自然観が神の物語として生きている。八俣の大蛇は『古事記』では神とは命名されないが、右の本居宣長の定義からすれば、神と名づけられる資格を十分に備えている。娘を人身御供に捧げねばならないほどの特別の威力をもっているのだから。

さて、自然界の動植物や海や川や山が特別の力をもつと考えられるとき、その力を一義的に善か悪かに振り分けることができるだろうか。むずかしいといわねばならない。場面場面で善か悪かはっきりしていることは少なくないが、自然物それ自体を善か悪かに色分けするのはむずかしい。たとえば川は、人に水を恵んでくれるとともに、氾濫《はんらん》して作物や家を押し流すし、人に危害を加える獰猛《どうもう》な野獣は、捕獲すればありがたい食料となる。自然のただなかで自然とともに生きるというのは、善でもあり悪でもあるような、あるいは善にも悪にもなるような、そんな自然物とつき合いつつ生きるということだ。

そういう原始的な自然観や自然信仰が息づいている世界では、人間もまた善か悪かに振り分けられない。須佐之男が伊耶那岐の前では命令に従わず、秩序の安定を乱すような、その意味でいささか悪に傾いた子どもっぽいきかん坊であり、高天原では、次々と悪業を働く一途な乱暴者であり、出雲国では、人びとの恐れおびえる怪物を機略縦横に打ち倒す勇者であるというのは、古代神話の世界ではけっして不首尾な、拙劣な人間像ではない。「須佐之《すさの》男《を》」の名が「荒《すさ》ぶ」に由来することからも知られるように、この人物の核をなすのは力の荒々しさ、エネルギーのすさまじさであって、その力やエネルギーは日常の生活習慣や生活倫理に照らせば、それらに沿うようにも逆らうようにも発現するものだったのだ。その意味で荒ぶる神・須佐之男は、荒ぶる自然と同様、恐るべき存在であるとともにありがたい存在であった。自然の力が善か悪かに枠づけできないように、荒々しい人物の力も善か悪かに枠づけできない混沌たる力であって、そういう人物たちが力を発揮し、秩序を作り出していくのが古代神話の世界だったのである。因《ちな》みに、『古事記』中巻で、大八島国を西に東に奔走して賊を征討する倭建命《やまとたけるのみこと》は、もう一人の、善悪の枠に収まらぬ荒ぶる英雄だった。

4

自然界にも人間界にも善悪の埒《らち》を超えて発現する荒々しい力が存在し、それが人びとの生活を大きく左右する。人びとは、その力が自分たちに有利に働くこと、不利に働くことのないのを願う。願いが共同の行事の形を取ったものが神祭りであり季節の祭りだ。祭りでは並外れた自然や神の力にたいして真摯な祈りが捧げられるが、それだけではない。人びとは手に負えない自然や神々にたいし、ひたすらに祈ったり恐れおののいたりするだけでなく、やがて笑いをもってこれとつきあうようにもなった。『古事記』に見られる笑いの多様さは、人びとの自然観や世界観にある種のゆとりと自立性が芽生えつつあることを感じさせる。

須佐之男の乱暴に閉口した天照大御神が天《あめ》の石屋《いわや》に隠れる場面では、笑いがこう表現される。現代語に訳して引用すると、

……天宇受売命《あめのうずめのみこと》が天《あめ》の香山《かぐやま》の日陰蔓《ひかげかずら》をたすきにかけ、真析葛《まさきかずら》を髪飾りにし、天の香山の

笹の葉を採物《とりもの》として手にもち、天《あめ》の石屋《いわや》の戸のところに桶を伏せて踏み鳴らし、神がかりして胸の乳をかき出し、裳《も》の紐を陰部にまで垂らした。すると、高天原は大騒動となり、神々がみんな大笑いした。

このとき天照大御神は不思議に思って天の石屋の戸をわずかに開いて、「わたしが隠れたのだから、天上界は暗くなり、葦原中国《あしはらのなかつくに》も真っ暗なはずなのに、どうして天宇受売は歌い踊り、神々はみな笑っているのか」とおっしゃった。そこで、天宇受売が「あなた様より貴い神がいらっしゃるので、大喜びで歌い踊っているのです」と申し上げた。そういっているあいだに天児屋命《あめのこやのみこと》と布刀玉命《ふとたまのみこと》が八咫鏡《やたのかがみ》を差し出して天照大御神にお見せすると、天照大御神はいよいよ不思議に思って少しずつ戸から出て鏡をのぞき見た。と、そのとき、隠れて立っていた天手力男神《あめのたぢからおのかみ》がその手を取って外に引き出すやいなや、布刀玉命が注連縄《しめなわ》を天照大御神のうしろに引き渡し、「これより内へはおもどりになれません」と申し上げた。こうして天照大御神はお出ましになり、高天原と葦原中国は当然ながら明るくなった。（同右、六五―六七ページ）

快適なテンポで話が前へ前へと進む、『古事記』有数の楽しくおもしろい場面だ。各人物の動きも簡潔に的確に表現され、情景がありありと目に浮かぶ。引用は天宇受売命の登場する場面から始めたが、実はその前段に、神々が集まって天照大御神を石屋から引き出す手立てを協議し、それぞれの神がそのための道具を準備する場面がある。そして、準備が整ったところで天宇受売命が満を持して登場し、滑稽で猥褻《わいせつ》な演戯に及び、神々がそれを見て哄笑するという話の運びだ。

わたしたちはこの話を文字に書かれたものとして読むしかないが、この楽しい物語は文字に書かれる以前に人前で演じられる演劇として、あるいは、聴衆に語りかける口誦《こうしょう》の話として伝承されてきたものであろう。演じ手や語り手も笑いをまじえて楽しく演じ語ったろうが、見る側や聞く側にも同じ笑い、同じ楽しさが共有されていたにちがいない。神がかりの状態であられもない滑稽な演戯に及ぶ天宇受売命を見て神々が笑う。神々の笑いは演じ手、語り手の笑いでもあるし、観客や聞き手の笑いともなる。そして、その笑いは石屋にこもる天照大御神にも通じ、女神の固くなった心をほぐしていく。善にも悪にも通じる特別の威力をもつ神々は、崇《あが》め、敬《うやま》い、ほめたたえるべき存在であるとともに、恐れ、畏《かし》むべき存在だ。そういう神々との関係に笑いを吹きこみ、笑いのなかで、笑いとともに神々と、あるいは精霊と交流する。古代人の精神の大らかさを示す笑いであり、ふるまいだ。その大らかさを、二一世紀の読者の笑いをも誘い出すような楽しい情景として書きことばに表現しえていること、そこに、『古事記』のもつ高い文学的価値を見てとることができる。

精神の大らかさを表現する笑いの場面として、（この場面を笑いと関係づける注釈書や研究書は見当たらないが）伊耶那岐《いざなき》・伊耶那美《いざなみ》の神話も読むことができはしないだろうか。淤能碁呂島《おのごろしま》に天降った二神の物語は次のように展開する。

伊耶那岐が妻の伊耶那美に「お前の体はどう出来上がっているのか」と尋ねると、伊耶那美は「出来上がって足りない所が一ヵ所あります」と答えた。そこで伊耶那岐は、「わたしの体は出来上がって余った所が一ヵ所ある。だから、わたしの体の余った所でもってお前の体の足りない所をふさいで国を生もうと思う。どうだろうか」と言った。伊耶那美が「それでいいでしょう」と答えたので、伊耶那岐は、「じゃ、二人でこの天《あめ》の御柱《みはしら》のまわりを回って出会い、交わろう」と言った。そう約束して、さっそく、「お前は右から回ってわたしに出会いなさい。わたしは左から回って会おう」と言って、柱を回り、伊耶那美がまず、「ほんにまあ、よい男よ」と言い、その後で伊耶那岐が「ほんにまあ、よい女よ」と言った。それぞれが言いおわったあとで、伊耶那岐が、「女が先にことばを口にしたのはよくなかった」と言ったが、ともかくも婚姻の場で交わって子を生んだ。その子がぐにゃぐにゃの水蛭子《ひるこ》だったので葦船に入れて流して捨てた。次に淡島《あわしま》を生んだが、これも子の数には入れなかった。(同右、三二―三四ページ)

女と男の身体的特徴を述べたところを、原文の音に忠実に示せば、女神イザナミは自分の身について「成り成りて成り合はざる処《ところ》一処《ひとところ》あり」と言い、それを受けて男神イザナキが「我《あ》が身は、成り成りて成り余れる処一処あり。……吾《あ》が身の成り余れる処をもちて、汝《な》が身の成り合はざる処を刺し塞《ふさ》ぎて、国土《くに》を生み成さむとおもふ。生むこといかに」と言う。ややもってまわったような、しかし、もののありようを客観的に述べようとする姿勢のはっきり伝わってくるもの言いだ。表現のその客観性が男女の性の関係の官能性にそぐわず、そのちぐはぐさが笑いを誘う。イザナミとイザナキの会話はそんなふうに読むことができるのではなかろうか。口頭で語られるのを聞いたなら、その場に笑いがはじけるのが聞き手の自然な反応ではなかろうか。

そんな笑いが国生みという国家の根幹をなす厳粛な行為のうちに平然と紛《まぎ》れこむ。古代神話の大らかさであり、おもしろさだ。古代人の世界は、日々の暮らしの場においても、また内外の敵とたたかいつつ共同体の秩序を維持していく政治の場においても、けっして大らかさやおもしろさを満喫できるものではなかったろうが、だからこそかえって、語り手がいて聞き手がいるような、あるいは演じ手がいて観客がいるような、共同の語りの場や演戯の場ではおもしろおかしい、大らかな笑いに浸りたかったろうし、浸ることができたのではなかろうか。

求愛の場の失敗譚にも笑いがつきまとう。男が先に声をかけ、女がそれに応じるのが通例なのに、女神イザナミが先に「あなにやし、えをとこを」と言い、男神イザナキが「あなにやし、えをとめを」と応じる。もうここで人びとは笑ったかもしれない。笑わないまでも、笑いの心準備はできていたはずだ。そして、心準備に応えるように、「くみどに興して〔事を始めて〕生める子は、水蛭子《ひるこ》」と単刀直入の説明がなされる。出来そこないの子の誕生にみんなが笑ったところで、「この子は、葦船に入れて流し去《う》てき」としめくくられて笑いが納まる。

天の石屋の笑いもそうだったが、ここの笑いも笑う対象を貶《おとし》めるような冷笑ではない。笑いの対象となるイザナミ、イザナキは笑われることによって威厳が損《そこ》なわれるようなことはないし、笑う人びともみずから優越の位置に立って笑うのではなく、また、劣等感を埋め合わせようとして笑うのでもない。笑うことによって共同の気分が昂揚し、人びとの絆が強くなる。それが古代神話の笑いの基本だ。古代人の生活の不如意と政治の苛烈さを思えば、そのもとで人びとが大らかな笑いを共有できるのは、古代人の精神の強靱《きょうじん》さを示すものだといってよい。

笑いの突飛さを示す例として、もう一つ、上巻（神代）から中巻（人代）に入ったばかりの所に出てくる戦闘歌謡「久米歌《くめうた》」の笑いを見ておこう。

宇陀《うだ》の　高城《たかき》に　鴫罠《しぎわな》張る
わが待つや　鴫《しぎ》は障《さや》らず
いすくはし　鯨《くぢら》障《さや》る
前妻《こなみ》が　肴《な》乞《こ》はさば
立ちそばの　実の無けくを　こきし削《ひ》ゑね
後妻《うはなり》が　肴《な》乞《こ》はさば
いちさかき　実の多けくを　こきだ削《ひ》ゑね
ええ　しやごしや

ああ　しやごしや（同右、一五三ページ）
（宇陀の高い砦に鴫《しぎ》を取る罠をしかけた　わたしが待っていると鴫はかからず　なんと、鯨がかかった　古女房がおかずを欲しがったら　肉の少ない所をたくさん削《そ》ぎとってやれ　かわいい若女房がおかずを欲しがったら　肉の多い所をたくさん削いでやれ　ええい、この野郎め　わあい、あの野郎め）

歌詞の内容からすると、思いつくことばを連ねただけの、なんともあっけらかんとした荒唐無稽の歌だ。最初の三行は、鴫をつかまえる罠に鯨がかかったという、常識外れの飛躍と転換の滑稽さをねらったもの。続く四行はガラッと変わって、古女房と若女房とを対比し、それぞれにたいする男の側の心のもちようを、おかずのあたえかたのちがいという卑近な事例のうちにおもしろおかしく表現したもの。そして、反《そ》りの合わぬ二つの歌柄を最後の二行の囃《はや》し詞《ことば》によってなんとか歌いおさめたのがこの歌だ。

「久米歌」とは、軍事集団久米氏の歌がのちに宮廷歌謡となったものだが、引用した歌は、戦闘歌謡と見ても儀礼歌謡と見ても、笑いを命とする歌であることにちがいはない。『古事記』では兄宇迦斯《えうかし》を倒したときに天皇が歌った戦勝の歌とされているが、戦闘の激しさや血なまぐさは歌詞にあらわれない。笑いが主眼だ。歌いながら一同が哄笑し爆笑することで、戦勝の気分はいやが上にも盛り上がったにちがいない。

高天原の天の石屋の前では神々が笑い、イザナキ・イザナミの国生みの話では語りの聞き手や演戯の観客が笑い、戦勝の宴の久米歌では歌い手と囃し手が笑う。どれもこれもはじけるような高笑いで、笑う神々、笑う人びとはだれもかれもがその場を楽しみ、ともに笑うことで人とのつながりを実感している。そういう闊達《かったつ》な笑いが『古事記』には随所にあらわれる。

笑いは対象となる人物や行動や出来事を受け容れるところにしか起こらない。そこには目の前の現実を肯定する精神が働いている。満座に広がる高笑いとなれば、目の前の現実が肯定されるだけでなく、現実を笑って生きる自分たちの生きかたまでが肯定の輪に引きいれられる。そういう笑いを随所に響かせる『古事記』のうちに、わたしたちは、まちがいなく、この最古の史書の現世肯定的な性格を見てとることができる。

5

『古事記』の現世肯定的な性格は笑いのうちに読みとれるだけではない。天の世界（高天原《たかまのはら》）と地の世界（葦原中国《あしはらのなかつくに》）とを対置する世界構想や、神の代から人の代へとつながりゆく歴史構想のうちにもそれはあらわれている。そこでは現世肯定的な性格が古代人の世界観を形成する精神として働くさまが見てとれる。

『古事記』が三巻に分かれ、上巻では高天原を舞台とする神の代の物語が語られ、中・下巻では葦原中国を舞台とする人の代が語られることはすでに言った。が、高天原と葦原中国、そして神代と人代とは完全な別世界ではない。高天原と葦原中国のあいだは昇ったり降りたりが可能で、人間の昇り降りはないが、神々は、たとえばスサノオのように、自由に昇ったり降りたりする。また、高天原が神聖な、清らかな世界で、葦原中国が俗にまみれた汚ない世界ということはない。高天原でイザナキ・イザナミは国生みの際に失敗するし、スサノオは乱暴狼藉を働くし、天の石屋の前では神々がアメノウズメの猥褻な演戯に笑い興じる。そんな場面では、神々は人間の手のとどかぬ高貴にして神聖な存在ではなく、人間くさい存在、人間と肩を並べるような存在である。実際、高天原を舞台とする上巻を読んでいるとき、物語が佳境に入ってダイナミックな展開を示せば示すほど、わたしたちはそこを地上の人の世に近いものに感じ、そこに住む神々を、崇拝すべき神聖な存在というより、親しみやすい同類と感じる。

空間的秩序として神々の住む天上界と人間の住む地上界があり、地上の国々の平定と秩序維持が神々の指示と配慮のもとにおこなわれているという構図は、天皇支配の正当化という『古事記』撰修の意図からして、なにを措《お》いても守らねばならないものではあったけれども、地上界にたいする天上界の超越と支配は絶対的なものではなく、出来上がった神々の物語は善悪を合わせふくみ、乱暴狼藉も失敗も笑いもある人間くさいものだった。伝承された猥雑な物語には古くからの言い伝えが原型として多くふくまれていたはずで、そうした伝承は、権力者たちも受け容《い》れざるをえないほどに、広く深く古代社会に行きわたっていたと考えられる。

天上界と地上界は空間的には上下の区別をもちながら、その内実からすると、聖と俗、純と不純といった明確な質的差異をもたないが、では、神の代から人の代へとつながる時間軸に沿った秩序についてはどのようなことがいえるのか。

『古事記』は語りの順序としては、神の代が終わって次に人の代が始まるという形になっている。神の代の話の最後で、邇々芸命《ににぎのみこと》が高天原から葦原中国に降りてきて木花之佐久夜毘売《このはなのさくやびめ》と結婚し、火照命《ほでりのみこと》と火須勢理命《ほすせりのみこと》と火遠理命《ほおりのみこと》を生み、三番目の火遠理命が海神の娘・豊玉毘売《とよたまびめ》命《みこと》と結婚して鵜葺草葺不合命《うがやふきあえずのみこと》を生み、鵜葺草葺不合命が玉依毘売命《たまよりびめのみこと》と結婚して神武天皇を生み、そこから中巻の天皇たちの物語が始まる。以後は一貫して地上の葦原中国が語りの舞台となるわけで、高天原の世界も、そこに住む神々も、もう語りのなかに登場することはない。

が、高天原の世界は消滅したわけではないし、神々も死んでしまったわけではない。『古事記』の読み手としては、中巻以降の人代の物語を追っていくとき、高天原の世界のことや神々の存在は忘れがちになり、忘れても筋を追う興味が殺《そ》がれることはないが、『古事記』の世界構想としては、地上の天皇支配の正当化と権威づけの源たる天上界が、地上の物語の始まりとともに消滅することなど許されるはずがない。話の表面に出てはこないが、神の世界は人代にあっても地上の世界を支えるものとして生きつづけねばならない。その点につき西郷信綱は『古事記の世界』でこう述べている。

それ〔神代〕は、この世のすべての秩序がそこに始源する絶対的過去であることによって、同時に魔術的に今としてあらわれるところの一つの神話的な無時間世界に外ならない。かかる時間の観念を具現し集約するのが、君主の新任式としての大嘗祭《だいじょうさい》で、そこでは時間は撥無《はつむ》され、新任君主は祖型ホノニニギとなって葦《あし》さやぐこの国土に降臨するという形をとる。(『古事記の世界』岩波新書、一九八ページ)

天皇神話と大嘗祭とを強く関係づけるのが西郷信綱の『古事記』理解の大きな特徴の一つだが、大嘗祭についてはあとで触れるとして、その前に、「絶対的過去」が「神話的な無時間世界」としてあるという世界構想の時間的なとらえかたに連なるものとして、大隅和雄『日本史のエクリチュール』の一節を引いておきたい。

神代の神々は、人皇の代に入っても、けっして死んでしまったり、消えてしまったりしたわけではない。神々はいわば不死の存在として、生まれたり死んだりする人間とは別であり、人間のいる歴史の世界を、無時間の世界としての神世が覆う形になっている。神代と人皇の代とは、神代が時代の一区切りとして終わり、つぎに人皇の時代になったという関係にはなく、人間の歴史が始まった後にも、神世はなくなってはいないのである。

歴代の天皇は、歴史の世界に生まれ、死んで行くものであり、当然、病や老から逃れることはできない。しかし、その系譜は神に発しているのであるから、遡っていけば、発端の所で神代に接することになる。従って、天皇の系譜を説明するためには、そのはじめの所で神世のことを語ることになるが、神々の世界は、無時間の世界として私たちの世界を常に覆っており、神々の世界の下で、人間の世の中が時代とともに移り変わって行くというかたちになる。(『日本史のエクリチュール』弘文堂、一七―一八ページ)

天皇が、まさしく高天原の天神《あまつかみ》の子孫であることによって葦原中国の君主たりうる、という支配の論理からすれば、神代は絶対的な過去であるとともに魔術的な今《いま》でなければならず、無時間の世界として人間の世界を覆うのでなければならない。天皇支配を正当化する国家的事業として『古事記』の撰修をもくろんだ天武天皇を初めとする支配階級には、そのことが明確に自覚されていた。が、その支配者の論理が物語の内実にまで浸透し、物語をつらぬく論理になったとは言いがたい。物語の流れからすると、天なる高天原が地なる葦原中国を超越して高く遠く大きい神聖な世界として存在するようには見えないし、神々も絶対的な存在として地上を睥睨《へいげい》し、有無をいわさぬ力をもって人びとに命令を下し、人びとを教え導き、支援し救済するようには見えない。世界の神話を広く見わたせば、神の――あるいは神々の――超越性は、まず物や人を創り、動かし、変える、絶対の物質的かつ精神的な力によって、次いで善悪、正邪、真偽を明確に弁別する絶対の規範力によって示されるが、『古事記』の神々は、絶対の物質的・精神的な力をもつものとしても、絶対の規範力をもつものとしても、形象化されてはいない。

となれば、神々の世界や神代が地上の人間世界や人代に超越するといっても、その超越は徹底性を欠くものとならざるをえない。人間世界の上に神々の世界が聳《そび》えたち、そこからこの世界の存在や出来事の生成と変化が、また神聖不可侵の善悪、正邪、真偽の規範が、やってくるというわけにはいかない。神々の世界や神代は、そのありさまを物語として語ろうとすると、身近に経験する出来事を首尾の整った形に仕立てた人間世界の物語に引き寄せられざるをえない。神々が人間に近づき、神の世と人の世、神の代と人の代がなだらかにつながるものとなる。すると、神の世界にたいする肯定観が人間の世界にも及び、神・人の連なる世界がともども肯定される。そこに『古事記』の現世肯定的な性格の根本がある。神々の世界の超越性の不十分さが、空間的にも時間的にも神々の世界と人間の世界をなだらかにつなぎ、物語の全体を善悪、正邪、真偽を合わせふくんだ現世肯定の物語へと向かわせるのである。

高天原と新任君主を結ぶ絆《きずな》として大嘗祭が大きな意味をもつという西郷信綱の『古事記』理解も、『古事記』の現世肯定的な性格を側面から照らし出すものということができる。神々が絶対者として君臨し、人間世界を支配し、指導し、庇護《ひご》し、救済するという観念が、――天皇個人にかんしていえば、神が天皇に地上の支配権を授与するという観念が、――物語として形象化されない『古事記』神話では、新任の天皇と天上界とのつながりが、絶対的な支配観念や倫理観念とは質を異にする、俗なる現世的行為として示される。新しい天皇の即位に際して催される大嘗祭がそれだ。儀式の中心は、新しい天皇が神殿（嘗殿《にえどの》）の神座《かみくら》に横になるという行為にある。その行為の意味を西郷信綱はこう説明する。

のでしかありえない。王は、聖餐《せいさん》のあと衾にくるまりここに臥《ふ》す所作をしたはずである。
嘗殿《にえどの》の中央の、衾《ふすま》を以て覆われた神座《かみくら》は何か。……装置からいってこれは寝《ね》るためのも
……そして、ここに臥すという所作を通じて彼は、天照大神じきじきの子となり、つまり
は日本国の支配力をもつ君主として再誕するのである。……彼は、稲の初穂を食するとと
もにこの嘗殿の神座に臥し、天照大神の子として生誕することにより、天皇としての資格
を身につけるのである。(『古事記研究』未來社、一四六―一四七ページ)

神座《かみくら》に横になることを通じて天照大神の子として生まれ直し、天皇の資格を身につける。権力の中枢で執りおこなわれる厳かな儀式にしては、その所作はなんとも素朴で実直なものというほかないが、神の超越性が見えにくく、神の世界と人間の世界との境界が判然とせず、二つの世界がたがいに入り混じりそうになる世界構想のもとでは、素朴で実直な意味づけを施してでも、神を具体的に――神座として――現出させ、その神と天皇を結びつけることによって天皇を聖化する必要があった。神の子としての生誕という素朴にして実直な神格化の所作に対応するものとして思い起こされるのは、中・下巻のすべての天皇について記される系譜的記事である。一人一人の天皇の記事を終わるに当たって、当の天皇が何人かの后妃とのあいだに生んだ皇子・皇女の名が列挙される。そして、その最後に、皇子女のうちの

一人を取り出して、その人物が天下を治めるようになった、という文言が置かれて、そのあとに次代の天皇の記事が始まる。判で押したようにそういう書きかたがなされる。高天原の神的権威は、理念や観念を通じて、あるいは契約や約束を通じて、思想性や精神性を通じ、徳や倫理を通じて新しい天皇に受け継がれるのではなく、なにより血のつながりによって具体的に確実に受け継がれる、ということだ。

系譜といえば、埼玉県行田市・稲荷山《いなりやま》古墳出土の鉄剣に金で象嵌《ぞうがん》された銘も、天皇に仕える地方の豪族が代々の先祖の名を列記するものだった。『古事記』の皇統譜も長く大切に伝承されてきたものであろう。素朴で実直な血統への思いが、どこかで天と地、神代と人代といった観念的な世界構想と結びつく。その結びつきが、論理的に筋を通そうとするとあちこちに綻《ほころ》びを露呈するのはいたしかたない。しかし、天皇支配の論理と現世肯定の物語という、ねらいも担い手も異にする論理と物語が随所で不協和音を響かせつつ共存し、そこに古代人の精神の矛盾に満ちた発露を見てとれるのが『古事記』という書物なのだ。

第七章　写経——漢字を尊ぶ

いまわたしたちは日本語を書くのに、一般に、漢字と平仮名と片仮名という三種類の文字を用いている。漢字は、中国人が中国語を書くのに用いていた文字を借りてきて日本語を書くのに利用したものであり、平仮名は漢字の草書体を崩して作った文字、片仮名は漢字の一部を取り出してきて作った文字である。三種類の文字を組み合わせて日本語を書き記した文のことを、「漢字仮名交じり文」という。わたしがいま書いているのも漢字仮名交じり文だ。

日本語を書くのに平仮名や片仮名が用いられるのは平安時代以降（九世紀後半以降）のことだから、前章で取り上げた『古事記』や、同時代の『日本書紀』『万葉集』などは、もともとは漢字仮名交じり文ではなく、漢字だけで書かれていた。『古事記』上巻冒頭の原文はこうだ。

　天地初発之時、於㆓高天原㆒成神名、天之御中主神。次高御産巣日神。次神産巣日神。此三柱神者、並独神成坐而、隠㆑身也。

漢字だけで書かれてはいるが、これは中国語を漢字で書いた漢文ではない。漢文と同じ漢字が用いられてはいるが、書かれているのは日本語だ。だから、声に出して読むときには、「あめつちはじめてひらけしとき、たかまのはらになれるかみのなは、あめのみなかぬしのかみ……」と読むのが正しい読みかただ。漢字の意味や音に通じ、その上に日本語に通じているのでなければ、このようには読めない。『古事記』は（太安万侶《おおのやすまろ》の「序」を除いては）音声・意味・文法のいずれにおいても漢文を逸脱している。「変体漢文」の名で呼ばれることが多い。

1

『古事記』や『万葉集』の書法は、日本語を漢字で書き記す工夫が完成の域にまで達したものと見なすことができようが、そこに至るには数百年にわたる前史があった。

古代の東アジアにおいて、文字をもつ国は中国しかなく、使用される文字は甲骨《こうこつ》文字ないし漢字しかなかった。紀元前後に朝鮮や日本は中国の冊封体制《さくほうたいせい》下に入ったが、中国との交通には国書による意志の伝達が不可欠で、そこから漢字の使用が始まった。有名な「漢委奴国王」の金印は中国皇帝から奴国《なのくに》の王に下賜《かし》されたものだが、それに応える漢字の文書が奴国王から中国皇帝に上表されたはずだ。

中国との外交で用いられた文字表現が、やがて国内でも用いられるようになる。そのもっとも早い例が江田船山《えたふなやま》古墳（熊本県）から出土した鉄刀の銘文や、稲荷山《いなりやま》古墳出土の鉄剣の銘文だ。五世紀に書かれたものという。「獲加多支鹵大王《わかたけるおおきみ》」（雄略天皇）とその臣下との関係を記した二つの銘文は、国内での文字の使用が王権の組織化と密接に結びつくものであることを示している。その後、『古事記』のもとになった「帝紀」と「旧辞」が六世紀なかばに成立したとされるが、それらは資料として残ってはいない。

文字資料が急激にふえるのは七世紀の後半からだ。とくに木片に漢字を墨書した木簡の出土がおびただしい。一九八八年の平城京長屋王邸宅跡の発掘では、ごみ捨て用の土坑から五万点近くの木簡が、さらに、南北の長大土坑から約一〇万点の木簡が出土した。そのほか、藤原宮、平城宮などでも大量の木簡が出土しているが、宮都を中心にした大量の木簡の出土は、七世紀後半に形を整えつつある律令国家が、文書にもとづく国家運営をめざそうとしていたことをものがたるものだ。

国の根本を定める律令そのものが、なにより文字に書かれてあるもの、文字に書かれねばならぬものであった。禁止条項、および、それに違反した場合の罰則を定めた「律」と、なすべきことを定めた「令」とからなる律令は、簡単に記憶できるものではなかったし、一度その内容を聞けば主旨が分かるといったものでもなかった。文字に書かれて初めてその全体を見わたすことができたし、場面場面に応じて該当項目に当たる必要もあった。文字に書かれて初めて確固たる存在となり、文字を読むことによって初めて運用が可能になるのが律令だった。中国にすでに律令が存在し、それを手本としつつ日本の国情に合わせて手直しをして作られたのが古代の律令だったが、文字に記された法規を国家の基本法としうるためには、支配層のうちに文字を――漢字を――読み書きできる一定数の知識人が存在しなければならなかったし、将来にわたって、支配層はもちろん、支配層以外のあいだにも、文字の読み書きの広がっていく可能性が信じられねばならなかった。

文書にもとづく国家運営をめざす律令国家の意志とは、文字の普及の可能性を信じ、可能性を現実のものたらしめようとする意志にほかならなかった。厖大な数にのぼる木簡は、大別すると、官人が事務連絡と記録のために作成した文書木簡と、貢進の物品にくくりつけられた付札《つけふだ》木簡とに分かれるが、いずれも、国家にかかわる人や物の動きを管理・運営するためのもので、その数の多さは文書体制を確立しようとする支配層とその周辺の人びとの強い意志を示している。これまで文字に親しんだことのない多数の人びとが、必要に迫られて外来の漢字を読み、書き、その意味するところを理解しようとする。そのことに厖大な知的エネルギーが注ぎこまれた。失敗も錯誤も不都合も多々あっただろうが、ひとたび始まった文書にもとづく国家運営の勢いは、もはやとどめようがなかった。外来の漢字を用いて日本語を書く、という書法を合理的・効率的なものにしようとさまざまな工夫が重ねられ、文書体制は広く深く定着していった。

木簡に見られる日本語表記の工夫の見やすい例としては、物品名の音仮名表記や表意漢字表記がある。音仮名表記としては、「伊加（イカ）」「伊委之（イワシ）」「佐米（サメ）」「乃利（ノリ）」などがあるし、表意漢字表記としては「年魚（アユ）」「鯖（サバ）」「水母（クラゲ）」「紫菜（ムラサキノリ）」「小豆（アズキ）」などがある。こうした工夫を凝らすことができるのは漢字・漢文に通暁したごく少数の知識人や渡来人に限られていただろうが、それ以外の人びとも、書かれた文字に身近に接するなかで、日本語を漢字で書くという営みにしだいになじんでいったにちがいない。もともとは中国で作られ、中国語を書き記すために用いられた漢字が、そのようにしてしだいに日本語のうちに取りいれられ、日本語を書き記すために用いられるようになったのである。

そのかぎりで、古代の日本人は中国の文字である漢字を借用して、あるいは転用して、日本語の表記に役立てたといっていいかもしれない。平仮名や片仮名が登場する以前の、漢字だけがずらずらと並ぶ木簡や『古事記』や『万葉集』を丁寧に見ていくと、日本語を漢字で記すという難題を解決すべく、さまざまな努力と工夫の重ねられたさまが見えてくる。文字の借用ないし転用が、文字の創造に劣らぬ集団の知と訓練の賜物《たまもの》であることが痛感される。

しかし、古代の日本人にとって、漢字は、借用ないし転用すべきもの、うまく使いこなすべきものとしてだけあるのではなかった。もっとずっと価値あるものとして人びとの前に置かれていた。中国の制度や文化が、学ぶに値する模範としてあるのに見合って、漢字は、その文化的な力を学びとるべき精神の高みとしてあった。役に立つ便利な道具という次元をはるかに超えた、それ自体が文化的な輝きを発する存在だった。

そのことを典型的に示すのが、七世紀後半から八世紀にかけて国家の主導のもとに盛んにおこなわれた写経という事業だ。

古代の律令国家は仏教の普及をめざして造寺・造仏の事業に邁進《まいしん》するとともに、仏典の読《ど》誦《じゅ》と書写に力を入れた。年譜をたどると、まず六七三年に飛鳥の川原寺で一切経の写経がおこなわれ、六九四年には『金光明経《こんこうみょうきょう》』一〇〇部が写経され、諸国に送付されている。八世紀に入ると写経はいよいよ盛んになり、東大寺や国分寺・国分尼寺の造営と並ぶ国家的な大事業となる。写経には紙が必要なわけで、七世紀には紙の生産量が急速に増加するのだが、七、八世紀においては、生産された紙の大部分が経典の書写に使われた。七一〇年から七七二年にかけて一切経の写経だけで一七回を数える。巻数の多いものとしては七一二年と七二八年の長屋王発願の『大般若経』の写経があり、それぞれ六〇〇巻の書写がなされている。

このような写経の隆盛について吉田一彦『日本古代社会と仏教』は次のように述べている。

古代においては、経典を熟読してその内容を理解することより、むしろその文字を写したり（写経）、あるいは読みあげたり（読経・誦経）することが重視された。実際に古代では写経が活発に行なわれたのであって、それは国家から民衆に至るまで一種のブームのように流行した。……人々は写経という行為それ自体に宗教的意味を求めていた。人々は、それを後に熟読しようと思って写したわけではない。書写という行為自体が信心なのであった。……また、読経・誦経も全く同様で、読みあげた文章の内容を理解することよりも、読みあげる行為そのものが信心なのであった。（『日本古代社会と仏教』吉川弘文館、二三一―二三二ページ）

写経は、漢字を書き記すという点では、木札に字を書くこと（木簡）や『古事記』を書き記すことと同類の行為だといえる。が、写経は漢字を用いて日本語を表記するものではない。漢字を借用ないしは転用して日本語を書くものではない。漢文で書かれた経文をそのまま別の紙に漢字で書き写す行為だ。徹底した模倣《もほう》の行為だ。中国語を書くための文字を用いて中国語とはまったく別の日本語を書く、という橋渡しの過程をぬきに、漢字で書かれた漢文をそのまま書き写す。それが写経だ。

そんな模倣の行為が国家の大事業として企画され実行されたのが、七世紀から八世紀にかけての日本社会だった。

漢字を、あるいは漢文を、そのまま書き写すということに、どんな意味があり、どんな価値があったのか。

2

なにより、漢字で書かれた漢文そのものに価値があった。

さかのぼって、文字をもたない民族に外から文字がやってきたところから考える。伝来の当初は文字がことばをあらわしていることさえ分からなかっただろう。縦横の線が交錯しつつ上から下へと流れる奇妙な図柄のように見えたことだろう。その形に慣れ、同じ形がなんどもあらわれることに気づいて、同じ形の背後に同じ意味が隠れているのではないかと思うようになる。話しことばの音と意味との関係と同じ構造が、文字と意味とのあいだにも成立していることが推察され、こうしてことばと文字が結びつく。話しことばの音のほかに文字というものがあり、その文字がことばをあらわすことが了解される。

その了解は大きな驚きをともなうものだったにちがいない。三本の縦線を隣合わせに並べた「川」が、まわりより一段低い地面を上から下へ速く、また遅く流れゆく水の流れをあらわす。また、左方向へはねる斜線と右方向へはねる斜線とが上部の一点で触れ合う「人」が、田野で働き、宮都で政務にいそしむ二足歩行の老若男女をあらわす。そんなふうに縦・横・斜めに走る数本の線の図形と、ありとあらゆるもののイメージとが結びつくのは、文字なるものを知らなかった人びとにとっては、目眩《めくるめ》く経験だったにちがいない。三本線の「川」と、暮らしに役立ち、荒れ狂うと危険でもある水の流れとは似ても似つかないし、二本の線が斜めに向き合う形の「人」と、それぞれに喜怒哀楽を感じつつその日その日を暮らす理性的な動物とは、これまた似ても似つかない。そういう似ても似つかぬものをあらわす線の図形が、次々に登場する。それが漢字というものだ。そんなことがどうして可能なのか。漢字の背後にもののイメージが潜んでいることを理解し始めた人びとは、霊妙な出来事にでも出会ったような思いで線の交錯する図形を見つめたにちがいない。

思い合わされるのは、ことばに不思議な霊威が宿るとする言霊《ことだま》の思想だ。古代人の信じる霊《たま》は流動つねなきものであり、どんなものにでも宿るから、霊がことばに宿ることになんのふしぎもない。そして、言霊《たま》信仰の古さを考えれば、言霊信仰は漢字伝来のはるか以前から存在していたはずだ。祈りのことばには霊威がこもっていて、心をこめてことばを発すれば、そこにこもる霊威が力を発揮する、と人びとは信じていたはずだ。

ことばに霊威を感じる古代人の共同の感性は、漢字とものイメージを結びつけてとらえる漢字受容の過程で、改めて呼びさまされ、新鮮な働きをなしたにちがいない。音としてのことばは瞬時に消え去るが、文字としてのことばは消えないで目の前にある。その文字に霊威が宿るとすれば、宿った霊威に持続性があたえられるとともに、文字に霊的な輝きが備わってくる。文字を機縁とした新しい言霊信仰の形といってよい。線の図形と、それとは似ても似つかぬもののイメージが結びつくとき、そのあわいに言霊を信じる共同の感性が大きく入りこみ、漢字を霊的な存在へと押し上げる。漢字がもののイメージに引き寄せられるのか、もののイメージのほうが漢字に引き寄せられて漢字にまといつくのか、そこはどちらとも決めがたいが、結びつきを習得する過程に霊信仰の感性と想像力が働き、そのことによって文字に神聖さが付与されたことはまちがいない。

漢字を読み、書くという営みは、古代において、霊信仰にまつわるそのような感性および想像力と切り離せるものではなかった。漢字に慣れ、漢字を転用して日本語の表記に役立てるといった過程は、信仰的な感性および想像力を離れて実用的・客観的に漢字と向き合う傾きをもつものだったが、それでもなお、漢字をまったくの手段ないし道具と見なすというところまで行くのにはまだまだ距離があった。

漢字を尊崇する心情に支えられ、尊崇の気持ちをさらに高めるものとして古代の写経という行為はあった。

写経においては、書き写す漢字が尊崇の対象となっただけではない。漢字に書かれているのがありがたいお経の文句だということが、目の前にある漢字をいっそう光り輝くものに思わせた。経文の内容を理解することは当時の教養の水準からして無理だったかもしれないが、内容は理解できなくとも、そこに書かれていることが大切なこと、崇高なことであるのは、中国文明や仏教に多少とも通じている人の話からしても、文書の扱われかたからしても、おのずと感じとれることだった。縦・横・斜めに流れる線の図柄のむこうには厳《おごそ》かな、神々しいなにかが隠されている。そのように感じられれば、目の前の漢字はいっそうありがたいものになった。

そのありがたい漢字を書き写すとなれば、当然のこと、書写台にむかう体にも、筆をもつ手にも、緊張が走らざるをえなかった。書写する体にも手にも漢字や経文の霊威がなにほどか乗り移らざるをえなかったし、霊威が乗り移ることは写経者の願うところでもあった。漢字一字一字の読みや意味がはっきりせず、漢字の列《つら》なりの伝える物語や思想はうまく受けとれなくても、心身を集中した写経行為のなかで、漢字や経文にこもる神々しい霊威がおのれの体と心に乗り移ることは、確かなこととして実感された。その実感こそが、七世紀後半から八世紀にかけて写経という国家的大事業を下から支える共同の幻想だった。「人々は写経という行為それ自体に宗教的意味を求めていた。……書写という行為自体が信心なのであった」という吉田一彦の言は、いまいう共同幻想のありようを別の観点から言ったものだ。

ありがたい物語や思想を内に秘めた神々しい漢字を書き写すとなれば、写された文字にも同じ神々しさを宿らせたい。写経をする人びとの、それは当然の願いだった。そしてそのためには、写された文字はできるかぎり元の文字に近いものでなければならなかった。元の文字に似ていれば似ているほど、写された文字にも神聖な霊威がこもるはずだからだ。一点一画をおろそかにしない書き写しにいよいよ力がこもる。模倣の正確さこそが信仰心の強さの証《あか》しだと考えられたのだ。写経が国家事業として進められた奈良時代には、官営の写経所が設置され、経師《きょうじ》（写経者）、校生《きょうしょう》（校正者）、装潢《そうこう》（表装者）の三者が協力して漢字仏典の作成に当たったのだったが、そこでは、経師の書き写した文字を原典と照らし合わせて誤写を発見する校生が専門職として置かれ、また、経師の書きちがえや書き落としについては罰則が設けられていた。写経において模倣の正確さがなにより重視されていたことを示す事実だ。

3

さて、現存する写経のうち、書写年代を確定できる最古のものが六八六年に書写された「金剛場陀羅尼経《こんごうじょうだらにきょう》」だ。経の末尾には「教化僧寶林」と筆者名も記されている。写経一般にいえることだが、一字一字がほぼ同じ大きさに楷書できちんと書かれ、列を乱すことなく縦

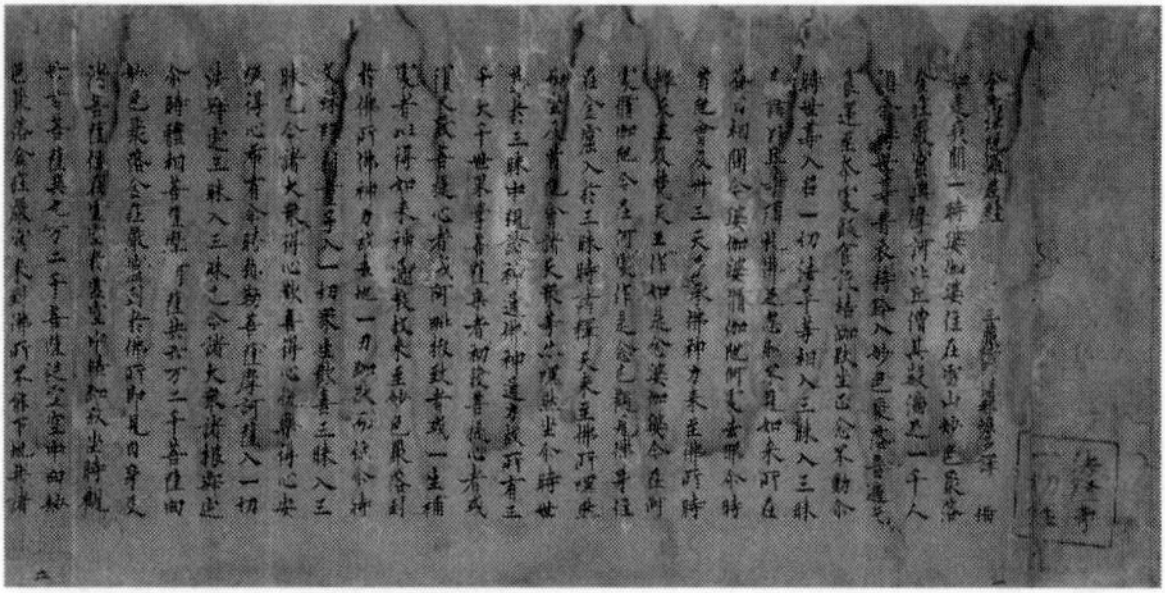

金剛場陀羅尼経［国（文化庁）所管］

横に並んでいる。なかにところどころ見慣れない漢字が混じるが、千数百年の時を隔てたいまのわたしたちにも、どんな漢字が書かれているかはおおよそ読みとることができる。

「金剛場陀羅尼経」の書法は中国初唐の能書家欧陽詢《おうようじゅん》・欧陽通《おうようとう》の書法によく似ているという。石川九楊《きゅうよう》『日本書史』によると欧陽詢・欧陽通の書法は、

一、横画に対して縦画が長く突き出す
二、二つの点が長く書かれる
三、そりをもち、流れるような縦画
四、冠《かんむり》の第一画が垂直気味に書かれる（『日本書史』
　名古屋大学出版会、五六—五八ページ）

などの特徴をもつというが、「金剛場陀羅尼経」にもそうした書法の特徴がはっきり見てとれる。書法の類似は、むろん、模倣《もほう》の結果だ。写経者は一字一字を正確にきちんと書き写すというだけでは足りず、筆の下ろしか

た、運びかた、撥《は》ねかたまでも模倣しようとしたのだ。経文の書写が終わったあとに、三行の奥書《おくがき》があって、書写の年月、書写の動機が記されているが、お手本のない自作文を書いたその三行も、やや字は小さいが本文とまったく変わらない書法だ。書法を自家薬籠中のものとするほどに模倣が徹底していたことを思わせる。

欧陽詢・欧陽通の書法ではないが、「金剛場陀羅尼経」と同様に一行一七文字の一字一字を正確に、端麗に書き写した上に、素紙墨書の「金剛場陀羅尼経」とちがって、紫紙《しし》に金泥《きんでい》でもって書かれた色あざやかな写経に「紫紙金字金光明最勝王経《ししきんじこんこうみょうさいしょうおうきょう》」がある。料紙の濃い紫色と金色の文字の列なりが見事な色彩のハーモニーを奏《かな》でる優品だ。

七、八世紀の写経は、漉《す》いたままの白紙や黄がかった紙に墨書されたものでも、気息を整え心をこめて書きつづられた一字一字が、襟《えり》を正した対峙をせまるような、品格のある美しさを保持しているけれども、紫と金が紙面の奥から神秘の光を放つかに見える紫紙金泥経となると、その美しさは格別だ。写経の制作に携わる経師《きょうじ》、校生《きょうしょう》、装潢《そうこう》たちにも、出来上がった経巻を目の前にする人びとにも、その類稀《たぐいまれ》な美しさはしかと実感できるものだったにちがいない。金字写経の場合には、料紙の表面を平滑にする必要があり、瑩生《えいしょう》という特別の職人が加わって猪《いのしし》の牙《きば》で紙面を磨くのだったが、文字の金色と料紙の濃い紫とが映発し合うその美しさは、面倒な手続きを踏んででも実現する価値があった。

わたしたちはすでに飛鳥・白鳳の仏像造形において、宗教心と美意識の融合するありさまを見てきているが、奈良朝写経の白眉ともいうべき「紫紙金字金光明最勝王経」に見てとれるのも、宗教心と美意識が交錯・融合するところに生み出された美しさである。

筆を進める写経者の心を占めるのは、漢字への敬意であり、経文への敬意だ。中国や朝鮮から渡来した経典は崇高な物語と思想を内に秘めた崇高な文書であって、それを書き写すことはその崇高さに身を浸す崇高な行為だと考えられた。一字一画をもゆるがせにしない筆の運びが、写経者の心事をよくものがたっている。模倣に徹するその心事は宗教心と呼ぶにふさわしく、写経者のその宗教心を支えるものとして、仏寺・仏像・仏典を媒介にして大陸渡来の仏教を尊崇する名もなき多くの人びとの宗教心があった。

その写経において、特別に染色した紫紙を使い、紙面を猪の牙で磨き、金粉を膠水《にかわすい》に溶かした金泥でもって字を書くといった手のこんだ趣向は、宗教心に相反するというものではなかったが、宗教心の枠には収まりきらぬ美への道へと踏み出すものであった。写経所では経師、校生、装潢の三者とも浄衣を着用し、五辛《ごしん》（にんにくなど臭みのある五種の蔬菜《そさい》）を口にせず、供奉礼仏を怠ることなく仕事に励んだというが、色あざやかな紫の紙に金色の字を書きつらねていくという作業は、仏教的な精進潔斎や礼拝とは質を異にする贅沢さや華やかさのつきまとうものではなかっただろうか。のちに、料紙を色美しく染めるだけでなく、蝶、鳥、草花、鳳凰《ほうおう》などの絵までをあしらった華美な装飾経のあらわれることが、そんなことを思わせる。

しかし、天平期の紫紙金泥の経は華美には流れない。美意識が宗教心を置き去りにして羽《は》搏《ばた》くことはない。白や茶色の紙に墨書したものに比べると紫紙金字経の華やかさは一目瞭然だが、紫の地に金色の文字が浮き上がるのでも沈むのでもなく、同一平面にしっかりと付着した紙面は、穏やかな気品を保っている。写経の制作者と鑑賞者の双方に働いた美意識は、仏教をありがたいものとして崇敬しつつ、それと調和する美を穏やかな気品として表現し、享受するような、そんな美意識だったように思える。

こうして、崇高な、ありがたい、外来の文字および外来の宗教が日本的な美意識に通じるものとなり、日本的な美意識に通じることによって、やや近しく感じられるようになった。第五章で見たように、外来の仏教が造寺・造仏を媒介にして受容されていく過程では、人びとの美意識が大きく働いたのだったが、写経を媒介にした経典の日本化の過程にあっても、美意識が大きく働いていたといわねばならない。古代にあって、外来の高踏な文化に接したとき、それを身近なところに引き寄せようとする人びとの精神の働きにおいて、美の意識、美を求める意識はけっして低い位置にあるものではなかった。写経の行為それ自体を宗教的だとする宗教心が、外来の文字や教え（らしきもの）や真理（らしきもの）を崇敬し、それに寄りそい、正確無比な模倣に身をゆだねようとするものだったとすれば、謹厳な尊崇の対象を美しく造形しようとする美意識は、外来の高踏な思想や文化を感覚的にもせよ日本的な心性になじみやすいものにする働きをもったということができる。造寺・造仏の場合も写経の場合も、そこに働く古代人の共同の美意識は、美を求めるというその姿勢において仏教の日本化ないし土着化の志向を内に秘めていた。

「紫紙金字金光明最勝王経」一〇巻は全長八メートル六六センチに及ぶ。それだけ長大な巻物を美しく仕上げるには一体どれほどの技術と労力が必要とされたことか。が、こと漢字を書き写すという基本中の基本作業においては、正確な模倣こそがなにより肝要だった。模倣に徹することが漢字とかかわることであり、漢字を学ぶことだった。その課題にあくまで忠実に従おうとするのが写経の精神だった。

古代人の漢字とのつきあいにおいて、忠実な模倣が一方の極をなすとすれば、他方の極には、漢字をうまく使って日本語を表記するという行為があった。漢字を崇《あが》め敬《うやま》うのではなく、便利な道具として使いこなすという行為である。七世紀後半から八世紀にかけて、古代人は二極に大きく分かれる漢字との接しかた、つきあいかたを二つながらに実行した。一方で漢字をそっくりそのまま受け容《い》れ、他方で自由に換骨奪胎する。驚くべき柔軟さといわねばならない。受け容れる側に相応の知性と文化なくしては望むべくもない柔軟さだった。

外来の漢字はさまざまな文書の形で日本にやってきたとき、高度に完成された書きことばとして巨大な体系をなしていて、それに匹敵する自前の書きことばの体系を新たに作り出すことは不可能な試みと思えたろうが、日本と同じく中国の辺境に位置する隣国朝鮮の先例にならって、漢字を自分たちの文字として活用しようと決意してこれと向き合ったとき、古代の日本人たちは、巨大な体系をなす漢字への讃歎の思いと、縦・横・斜めの線図形と音やイメージとが結びつく便利な道具をうまく使いこなすという機能主義的な技術を、二つながらに生かしつつ漢字とかかわることができた。漢字に向き合う時代精神の幅の広さを書かれた文字に象徴させるとすれば、その幅は「紫紙金字金光明最勝王経」の文字群と宮都から数千、数万の単位で出土する木簡の文字群とのあいだに横たわる隔たりの大きさに見合うものということができる。こんなにも幅広く多面的に漢字と接しえたからこそ、漢字を自分たちの書きことばに変じることができたし、漢字から片仮名や平仮名を作り出すことができたのだった。

外からすぐれた文化や文物の流れこむ日本は、独創よりも模倣の術に長《た》けているとよくいわれる。一面の真実を衝《つ》いていることは認めよう。が、一面は一面だ。中国語の文字である漢字を日本語の文字にするといった大変革事業が模倣の技術だけで達成できるはずがない。多くの人びとの数百年にわたる、独創ともいえるし模倣ともいえる、多種多様な技術と試行と経験が積み重なるなかから、ようやく漢字は日本語の文字として定着していったのである。

次章では、八世紀最大・最高の文書たる『万葉集』を取り上げる。かな文字があらわれる以前の、漢字のみで日本語を表記する試みが飽和状態に達した歌集である。

第八章　『万葉集』――多様な主題、多様な表現

『万葉集』は雑多な要素の詰めこまれた混沌とした歌集である。読みすすむうちにおのずと流れに乗った気分になれるような歌集ではない。全二〇巻の構成に一貫するものを見つけるのはむずかしいし、一巻中の歌の並べかたも、なぜこの歌の次にこれがくるのか、釈然としないことが多い。

が、見かたを変えれば、そこに『万葉集』の大きな魅力があるといえる。混沌の魅力だ。流れの筋道の定まらぬままにいろんな歌がぶつかり合い、そこに大小さまざまな渦や思いがけぬ波紋が生まれる。行き先さだまらぬ流れに無理に筋道をつけるよりも、具体的な形を取ってそこにある大小の渦や波紋を見つめるほうがおもしろい。見つめているうちに、混沌とした歌の集まりのもつゆたかさがしだいに感じられてくる。全体の統合力が弱いだけに部分が力をもち、部分と部分とがときに整合的に、ときに不整合に、場合によっては真っ向から対立しつつ結びつくのがおもしろく感じられる。『万葉集』が長く読み継がれてきたことは、全体的構成の堅固さよりも部分と部分のつながりの妙におもしろみを感じる文学意識が、日本人の精神的特質としてあり、読み継ぐなかでその特質がさらに奥深いものになったということでもあろう。

『万葉集』に収録された歌はおおよそ四五〇〇首。『古今和歌集』の一一〇〇首、『新古今和歌集』の二〇〇〇首よりずっと多い。歌の種類も長歌、短歌、旋頭歌《せどうか》と何種類かにわたる。『万葉集』以前の歌集としていまは名だけが知られる『柿本朝臣人麿歌集』や『類聚歌林《るいじゅうかりん》』（山上憶良編）などがあり、大伴家持《おおとものやかもち》がそれらを利用しつつ、みずから集めた歌をも加えて全二〇巻に編集したのがこの長大な歌集だという。それまで公的あるいは私的な場でさまざまな地位・身分・境遇の人びとによって歌われた歌が幅広く集められてなった歌集だ。代表的な歌を引用しながら、そこにこめられた作者の文学意識とそれを支える時代の精神を考えていきたい。

1

巻一の冒頭を飾るのは次の歌だ。

籠《こ》もよ　み籠持ち
掘串《ふくし》もよ　み掘串《ぶくし》持ち
この岳《をか》に　菜摘《つ》ます児《こ》
家聞かな　告《の》らさね
そらみつ　大和《やまと》の国は

おしなべて　吾《われ》こそ居《を》れ
しきなべて　吾こそ座《ま》せ
吾《の》にこそは　告らめ　家をも名をも（岩波・日本古典文学大系『万葉集 一』九ページ）

（あっ、籠《かご》だ、竹べらだ。すてきな籠と竹べらをもってこの岡で菜を摘《つ》んでいる娘さん、家はどこか言いなさいな。大和の国を隅から隅まですっかり治めているこのわたしにおっしゃいな、家がどこか、名はなにかを）

詞書《ことばがき》に雄略天皇の歌とある。それが事実だとすると、『万葉集』成立の時点から数えて三〇〇年ほど前（五世紀後半）の歌だということになる。そういう伝承があったわけで、編者は、過去へと遠くさかのぼろうとして、この古風な歌謡風の長歌を開巻冒頭にもってきたのであろう。

舞台の一場面が思い浮かぶ歌だ。春の野原に美しい娘がいて、左手に籠を、右手に竹べらをもって菜を摘んでいる。そこに王者らしき男が登場して「家はどこ」と娘に尋ねる。求愛のことばだ。口ごもる娘に、自分こそはこの土地の主《ぬし》だと名告《なの》り上げ、もう一度「家はどこ、名前はなに」と尋ねる。観客の視線はまず娘へと向かい、「そらみつ」で男のほうに移り、最終句で再び娘へと還っていく。

歌謡風ののどかな歌いぶりに見合って、舞台も明るく陽気な気分のなか、ゆったりと時が流れる。観客もくつろいだ気分で舞台をながめやることができる。

「籠《こ》もよ」「掘串《ふくし》もよ」と、いきなり菜摘みの道具が歌い出される。娘が手にしているもので、娘の仕事をさながらに象徴する道具だ。籠《こ》（かご）も掘串《ふくし》（竹べら）も娘の体によくなじみ、体の動きに寄り添って動くさまが思われる。娘に女の魅力を感じ、求愛のことばをかける男は、一帯を統治する王として、もはやみずから農作業に従事することはなかろうが、道具の動きが作り出す作業のリズムを体感できる程度には、労働の記憶が体に残っているはずだ。体に残る土との親しさが娘への呼びかけに実直さをあたえている。

呼びかける王と呼びかけられる娘とのあいだには階級差があって、二人の男女は対等な関係で向き合ってはいない。それは否定できないが、王はその階級差に居直っているのではない。階級差はあるが、一対の男女はたがいの魅力に引かれて相手に近づこうとしている。王の呼びかけは自然だし、菜を摘む娘も、自然体で王の呼びかけを聞いている。

舞台の一場面のような男女の交流がまわりの情景にゆったりと包まれているのが、この巻頭歌の特色だ。「この岳」と「大和の国」は歌中に名が出てくるが、それらをふくんでまわりに大きな自然が広がり、そのなかで娘は菜摘みに精を出し、王は娘の働くすがたを楽しそうにながめている。「籠《こ》」と「掘串《ふくし》」はその自然と人間とをつなぐ労働の道具であって、道具の動きの目に浮かぶ歌い出しが、人間と自然との親しさ、近しさを印象づける。さきに言ったように、娘の動きをとらえる王の視線も娘を外から客観的にながめるものではない。娘の動きに体の感覚がおのずと引き寄せられるようなところがあって、心身がいまだ自然になじんでいることが知られる。「おしなべて　吾こそ居れ　しきなべて　吾こそ座せ」という四句は、一見、威圧的とも見えかねない文言だが、前後の流れからするとけっして居丈高の表現ではない。なんにしろ、自然のなかで働く女性を美しいと見、その女性が自分になびいてくれないかと期待することばなのだから。おのれのもつ権力に言いおよぶとしても、権力者の誇りは一人の男性の自然な魅力に包まれているのでなければ、求愛の表現としては失格だ。明るい野原で若い男女が初めて出会う場面を想定すれば、「おしなべて　吾こそ居れしきなべて　吾こそ座せ」という気負ったせりふには、ユーモラスな響きさえ聞きとれるように思う。

王が自然に近い男として村娘に声をかけるという構図には歌の古風な素朴さがうかがわれるが、その一方、歌の古風さ素朴さは、長歌の音数の不ぞろいという形式面にもはっきりとあらわれている。長歌の音数は五音と七音が五・七・五・七……と続き、終末が五・七・七となって歌いおさめられるのが普通で、『万葉集』の長歌の大半はそれに従うが、巻頭のこの歌はちがう。試みに初句から末句までの音数を数字で示すと、三・四・五・六・五・五・五・四・四・七・五・六・五・六・六・六・三・七となる。歌は舞いや踊りや演劇から離れ、共同の祭礼や儀式から離れて独立の歌として意識され、さらには文字に記されることによってしだいに形式の整ったものになっていくのだが、「籠もよ　み籠持ち　……」の歌は、そうなる以前の古風な歌いぶりを多分に残している。この歌を巻頭にもってきた編者には、歌が歌われてきた長い時間の意識と、その時間のなかをはるかな過去へとさかのぼろうとする意志とがはっきりとあった。

2

雄略天皇作として伝わる巻頭歌に続くのは、舒明《じょめい》天皇の望国《くにみ》の歌だ。

大和には　群山《むらやま》ありと
とりよろふ　天《あま》の香具山
登り立ち　国見をすれば
国原《くにはら》は　煙《けぶり》立ち立つ
海原《うなはら》は　鷗《かまめ》立ち立つ
うまし国そ　あきづ島　大和の国は（同右、九—一一ページ）

（大和にはたくさんの山があり、それらを引き従えて天の香具山がある。そこに登り立って国を見はらすと、一面の平地には煙が立ちに立ち、水面には鷗《かもめ》が舞い立っている。いい国だなあ、大和の国は）

巻頭歌の作者とされる雄略天皇は五世紀後半の人だから、右の第二歌の作者・舒明天皇までに一五〇年の歳月が流れたことになる。五・七・五・七……と整った音数が続くことからも、第二歌が時を隔てた新しい歌であることは容易に推察できる。天皇はもはや大自然に包まれてある存在ではなく、自然をややぬけ出したところに自分の居場所を見つけているように思える。居場所を用意してくれたのが共同体の力であることにも自覚的だ。

歌は典型的な国見の歌だ。国見という行為の共同体的な意味について、国文学者・古橋信孝はこう述べている。

国見は一般的に農耕の豊饒予祝の儀礼として説明されているが、村立て・国立ての起源の表現としてみたほうがよい。始祖の神が村立てすべきよい土地を求めてさすらい、高いところから見下ろしてよい土地を見出した。それが国見である。その村立ての始源の世が神の世であり、神に見出された土地は豊かな土地である。それゆえ国見の儀礼は豊饒を予祝するものにみえるのである。(『万葉歌の成立』講談社学術文庫、七〇ページ)

国見をし、国見の歌を歌う舒明天皇が神の世につながる歴史意識をもっていたかどうかは断定を憚《はばか》られるが、歌が神の世へと人を誘うような大らかさをもつことは言っていいように思う。とくに、「国原は　煙立ち立つ　海原は　鷗立ち立つ」の四句の広闊《こうかつ》・澄明《ちょうめい》なイメージと、のびやかな歌いぶりが感銘深い。平地に煙が立つというからにはそこに多くの人が暮らしているはずで、当然、村立てや国立てからはかなりの時が経っていることになるが、にもかかわらず、表現のあざやかさが眼下に広がる一帯の土地を、初めて見るような新鮮な土地として浮かび上がらせる。だから、「うまし国そ」という国ぼめのことばも素直に受け容れることができる。

そういう大和の国に人びとが住みついたのは始祖の神に導かれてのことだったのかもしれない。が、眼下に広がるのは、家々から炊煙《すいえん》の立ちのぼる人びとの営みと暮らしであり、その営みと暮らしが周囲の山々や水面の鷗の群れと調和しているありさまだ。そういう共同の営みと暮らしなくしては国見はなりたたない。共同の営みと暮らしの奥深い意味を確認する儀礼として国見はある。大和の国を一望の下におさめる香具山の上に立って、舒明天皇は大和の自然のたたずまい――国原と海原――を讃美し、同時に、そこに出来上がっている人びとの共同の暮らしを讃美する。自然と共同体が密接に結びつき、自然を讃美することがそのまま共同体を讃美することであるような、そういう位相でこの歌は歌われている。初句から末句まで悠揚せまらぬリズムの保たれていることが、自然と共同体のしあわせな結びつきを印象づける。

むろん、自然が、共同体にとって、いつも恵みぶかいものであったはずはない。共同体に不幸や災厄をもたらす悪しき霊威が自然に宿るかに思えることも珍しくなかった。が、そういう不幸や災厄を経験しつつ、それを乗りこえて共同体が存続してきたのも事実だ。そして、共同体が続くかぎり、いつまた不幸や災厄が共同体を見舞うかも分からない。そんな危惧や不安があるからこそ、煙の立つ国原や鷗の立つ海原のしあわせな情景はいっそうありがたいものに思える。人びとのそうした思いを、共同体の長がなめらかな韻律に乗せて歌うのが国見の歌だ。歌う側の意識として、歌に霊《たま》がこもり、その霊が将来の不幸や災厄を押しとどめてくれるのを願うことに、なんの不思議もない。国見が共同体の思いを集約する儀礼である以上、国見の歌が予祝の意味をもつのは自然なことだった。

のちに見るように、『万葉集』の歌は時代が下るにつれてしだいに作者個人の感懐を表現する傾向が強まるが、国見のこの歌では、作者・舒明天皇は、個人としてではなく、共同の意識をおのれの意識として歌っている。自分の行為に言及した句としては「登り立ち」「国見をすれば」の二句があるだけで、しかも、この二句は自分を際立たせるというより、共同の儀礼にかかわる事実を客観的に述べるというに近い。国見という共同の儀礼の中心に位置し、それを歌に詠《よ》むのであるから、その作者を共同体の無名の一員ということはできないが、作者が共同の意識をしっかり踏まえて歌を詠んでいることは疑いを容《い》れない。歌の古代的な大らかさとのびやかさは、なだらかな韻律に乗って共同の意識が素直に表現されているところから生じている。

3

巻一の第三歌は、長歌に反歌一首が呼応する名歌だ。

やすみしし　わが大君の

朝《あした》には　とり撫《な》でたまひ
夕《ゆふべ》には　い倚《よ》り立たしし
御執《みと》らしの　梓《あづさ》の弓の
金弭《かなはず》の　音すなり
朝猟《あさかり》に　今立たすらし
暮猟《ゆふかり》に　今立たすらし
御執《みと》らしの　梓《あづさ》の弓《ゆみ》の
金弭《かなはず》の　音すなり

　　反　歌
たまきはる　宇智《うち》の大野《おほの》に　馬並《な》めて
朝踏《あさふ》ますらむ　その草深野《くさふかの》（岩波・日本古典文学大系『万葉集　一』一一ページ）

　現代語に訳す必要がないほど分かりやすい歌だ（「金弭《かなはず》」は弓の両端のツルをかける所が金属でできたもの）。「わが大君」は、前の歌の作者と同じ舒明天皇を指す。天皇が宇智の野に遊猟したときに歌われた歌だ。

　が、前の二つの歌とちがって、歌中に登場する人物がみずから歌うという形式の歌ではない。詞書《ことばがき》に「天皇、宇智の野に遊猟《みかり》したまふ時、中皇命《なかつすめらみこと》の間人連老《はしひとのむらじおゆ》をして献《たてまつ》らしめたまふ歌」とあって、作者が中皇命か間人連老か、説の分かれるところだが、いずれにせよ、天皇の近くにいる宮廷人が天皇の遊猟に際して歌ったものであることにまちがいはない。大勢の供をつれて猟に出かける勇ましい王者のすがたを、愛用の梓弓《あずさゆみ》に事よせて詩的に表現したのが右の長歌だ。「御執《みと》らしの　梓の弓の　金弭《かなはず》の　音すなり」のくりかえしが効果的だ。同じことばのくりかえしは俗謡や昔話に頻出するものだが、ここでも声調を整えつつ表現内容を強調する役目を果たしている。この四句について、西郷信綱『万葉私記』に見事な評言がある。(西郷信綱は四行目、五行目の「梓の弓の　金弭の」を「梓弓の　長弭の」と読むが、いまはちがいにこだわらない。)

弓の鳴る音がまるで耳もとにきこえてくるかのようなリズムである。……「御執らしの、梓弓の、長弭の」と「の」no 音をつみ重ね、それを「音」oto でうけとめ、「なり」と強く指定して段落せしめたのにもとづくらしい。普通の長歌構成なら五・七となるところを、「長弭の、音すなり」と五・五で突如止めている。五・七だと、意味の上で終止していても、音声の流れが自己運動的に次の五・七をよび起し、それへと連続してゆくのを防ぎきれないのであるが、「音すなり」と五音でうたいすてた強勢の終止は、音声上においても一の休止としてはたらく。しかも音声上のこの休止が、逆に弓絃の鳴る音を、というよりその音のみを集中的に躍動的にひびかせる否定的な力となっている。抑制と否定のもたらす一の高揚で、淀みなく流れてきた水流が、突如曲り目で瀬となって音を発し、その音だけがきこえるのに似ている。(『万葉私記』未來社、四一ページ)

音の細部にまで分けいってことばの力を感受しようとする犀利《さいり》・繊細な批評文で、付けくわえるべきものをもたない。読みおわっても低く鳴る弓弦の音が耳朶《じだ》に残るような長歌だ。くぐもった弓弦の音が響くなかに明るいア列音（「た」「ま」「は」）と鋭利なイ列音（「き」）の連続する枕詞「たまきはる」がやってきて、反歌が始まる。宇智の大野が目の前に大きく広がるような歌いぶりだ。その大野にいまし何十頭という馬が勢ぞろいする。馬上の勇者たちの手には大きな弓がしっかりと握られている。時は朝、東の空に陽が昇り、草は朝露に湿っている。はやりたつ馬と勇者の群れの前には草深い野原が広がっている。弓の音に耳を澄ますという形でためられてきた力が、反歌とともに情景を前へ、外へと大きく動かす。長歌の静にたいして反歌の動という対比が鮮やかだ。

とはいえ、動は解き放たれた動ではない。勢ぞろいした馬や人の動きは身近に感じられるが、人馬が一体となって疾走する遊猟本来の動きはない。反歌では、その動きが予感されるにとどまっている。「その草深野」という末句は「草深き野」をつづめた形だが、テンポを速める短縮形が、野へと向かう人馬の動きをそのかすかに思える。草深（き）野には獲物がたくさん潜んでいるはずで、勇壮な朝猟のあとには大きな満足感と喜びが待っていよう。

長歌から反歌へと受け継がれることばの流れをこのように追っていくと、この歌も、すぐ前の「大和には　群山ありと……」と同様、予祝の意味の強くこめられた歌だと分かる。十分な猟も農作業と同じく、自然を相手とする集団行動だ。自然の状況に大きく左右される。

成果を挙げるには、猟人たちの勇壮な集団行動に自然が好条件をもって応えてくれねばならない。歌にはそのことへの願いがこめられている。古代人の場合、自然への願いは自然にこもる霊への呼びかけの形を取る。歌でもって自然に呼びかけるとき、ことばにこもる霊と自然にこもる霊とが触れ合うと信じられたのだ。

反歌が「その草深野」と歌いおさめられたとき、草深い宇智の野が現実の情景とも想像上の情景ともつかぬものとして脳裡に浮かぶのは、二一世紀のわたしたちにも、自然に呼びかける作者の、祈りに似た切実な思いが読みとれるからだ。長歌でくりかえされる「御執《みと》らしの　梓の弓の　金弭の　音すなり」にしても、反歌の「馬並めて　朝踏ますらむ　その草深野」にしても、情景を外からながめた第三者の客観描写とは質のちがう生動性が感じられるのは、詩句の連なりに自然の動きを呼びさます新鮮な力があるからだ。自然は、客観的にながめ、客観的に語られる対象ではない。人間とのあいだに霊の交感がなりたつ存在であって、その交感のもっとも有力な媒介の一つが、ことば、とりわけ韻律をもつ歌のことばだった。これまで取り上げてきた三つの歌は初期万葉と区分けされる歌群に属する秀歌だが、人びとの共同の意識をしっかり踏まえて歌われる初期万葉歌には、自然に力強く呼びかける呪術的な歌が少なくない。

4

『万葉集』の巻頭から長歌、長歌、長歌・反歌と順に追ってきた目を大きく転じて、次に、巻二の中ほどに出てくる「挽歌《ばんか》」の冒頭の二首について考える。こんな歌だ。

有間皇子《ありまのみこ》、自ら傷《いた》みて松が枝《え》を結ぶ歌二首

磐代《いはしろ》の　浜松が枝を　引き結び
真幸《まさき》くあらば　また還り見む

家にあれば　笥《け》に盛る飯《いひ》を
草枕　旅にしあれば
椎《しひ》の葉に盛る（岩波・日本古典文学大系『万葉集　一』八七ページ）

有間皇子は孝徳天皇の皇子だ。六五八年に蘇我赤兄《そがのあかえ》にそそのかされて反逆を企てるが、その赤兄に裏切られて捕えられ、斉明《さいめい》天皇の行幸先、紀州・湯崎《ゆざき》温泉に連行され、皇太子中大兄に訊問されて、二日後、藤白《ふじしろ》の坂まで連れもどされて絞首の刑に処せられた。

歌は、紀州に連行される途中の磐代《いわしろ》で、皇子が自分の死を予感しつつ詠んだものだ。木の枝を結ぶのは身の安全を祈る呪法で、下の句「真幸くあらば　また還り見む（無事であったなら、もう一度これを見よう）」からすると、皇子は助かる可能性を多少とも信じていたかもしれない。

二首目は「家」と「旅」、「笥《け》（食物を盛る器）」と「椎の葉」の対比が眼目の歌だ。とくに「笥」と「椎の葉」は失意の旅の切なさを具体的な物の対比のうちに浮かび上がらせて印象的だ。また、第三句「草枕」が、前からの流れにわずかな切れ目を入れ、ひねりを加えて下へとつなぐ見事な働きをしている。

歌柄からすると、歌われる人物や事象が自然に大きく包まれてあることもなく、共同体に支えられ、共同体との交流が強く意識されてもいないという点で、これまで取り上げた歌とは大きく異なっている。このちがいはどこから来るのか。

死にまつわる歌だから自然との関係や共同体との関係が稀薄になった、と考えるのは近代的に過ぎよう。死者が自然に——たとえば、土に——帰るというのは古くから日本にある考えだし、死者を葬《ほうむ》ることは、古来、共同体の重要な営みだったのだ。死そのものが自然との関係、共同体との関係の稀薄な事柄だとは簡単にいえることではない。巨大古墳の例を思い起こすのがよい。死をいかに共同体のうちに取りこむかは、国家の命運を決しかねないほどの重大事だった。巨大古墳に祀《まつ》られる大王の死は、大自然に包まれ、共同体と強く結びつく死だったのだ。

有間皇子も権力の一角に位置を占める人物だが、二首の歌に表現されたその死は、巨大古墳に祀られる大王の死となんと隔たっていることか。大自然からも共同体からも見放されたようにして、その死はある。しかも、その死が美しく歌われる。自然との融和や共同体との調和を大らかに表現した歌に人間的な価値と美しさを認めるとともに、他方、自然からも共同体からも切り離されたような悲しい死にも、人間的な価値を認め、それを五・七・五・七・七の韻律に乗せて美しく歌うのが万葉人の共同意識だったといわねばならない。

一九歳の若さで絞首の刑に処せられた有間皇子の最期については、『日本書紀』斉明天皇四年に記事がある。大和朝廷やその周辺ではよく知られた事件だったのであろう。中大兄皇子の「何の故か謀反《みかどかたぶ》けむとする」という訊問に、有間皇子は「天《あめ》と赤兄と知らむ。吾全《おのれもは》ら解《し》らず（天と赤兄に聞くがよい。身に覚えのないことだ）」と答えたという。剛毅かつ果敢な答えだ。その答えを中大兄皇子がどう受けとめたか、『日本書紀』はその心理に踏みこんで記すことをしないが、翌々日に有間皇子を絞首させたという記事からすれば、有間皇子のふるまいを許しがたいものに思ったことは確かだ。

　歴史的事実としては、権力者たちのあいだに根深い対立と葛藤があり、それが謀反の計画にまで発展したが、計画は実行に移される前に露見し、首謀者の一人が断罪された、という経過が見てとれる。権力者のあいだではさほどに珍しくもない争いで、『古事記』や『日本書紀』に似たような事件がいくつか出てくる。書きかたもそれなりの客観性が保たれていて、問題の謀反事件の記述にしても、主要人物たる有間皇子、蘇我赤兄、中大兄皇子の三人のうち、とくにだれかに肩入れするものではない。少なくとも、有間皇子の死を悲しむ、死を悼《いた》むという書きかたにはなっていない。

　それが『万葉集』では大きく転換する。謀反事件という史実を踏まえつつも、権力者間の争いに目を向けるのではなく、死へと追いやられる人間の内面を文字に定着させようとするのが、巻二「挽歌」の冒頭の二首だ。

　謀反の企てが露見して逮捕された有間皇子が、中大兄皇子のもとに引き立てられていく途中、磐代の村を通る。そして、そこの浜松の枝を引き結んで、もし命永らえたならもう一度この松を見ようと歌う。また、旅の途上では食器もなく、食べものを椎の葉に盛って食べている、と歌う。権力闘争が背景に退いて、間近な死を見つめる有間皇子の失意と悲しみが大きく浮かび上がる表現の形だ。つかまって引き立てられる有間皇子はなおも権力者であり、だからこそ無きものにされねばならなかったのだが、二つの歌に表現されたそのすがたは、権力から遠く離れたところでおのれの死と向き合う一個人のすがただ。そういう一個人のすがたを浮かび上がらせることに人間的な価値があると考え、さらには、そのさまを五・七・五・七・七の韻律に乗せた歌に、表現としての美しさを見出したからこそ、この二首は巻二「挽歌」の冒頭を飾ることになったのだ。

　わずか三一文字の短詩形では死にまつわる事実をくわしく述べることはできない。いや、要点をかいつまんで述べるのもむずかしい。では、心情の表現としてはどうか。心情を述べるという点からしても、字数の少なさは表現にとって大きな制約とならざるをえない。三一文字の短かさでは、心情を縷々《るる》述べるというわけにはいかない。死の悲しみは何日も、何ヵ月も、ときには何年も続く。そして、そのあいだに悲しみの濃淡も、悲しみの耐えかたややり過ごしかたも、幾重にも変化する。そうした悲しみの情を五・七・五・七・七の音数律をもつ短歌の形式に表現するには、心情とことばとのあいだで激しい格闘が演じられなければならない。心情を分解し、切断し、削除し、突出させ、圧縮し、対比し、組み直してことばにしなければならないし、浮かび来ることばをあるいは却下し、あるいは短縮し、あるいは修正し、あるいは別のことばに変換しなければならない。心情とことばとのそのような格闘は、一人の歌人の内面において演じられるだけでなく、歌が作られ、歌われ、享受される共同の場で、さらには、歌が歌いつがれていく歴史的な伝統のなかでも演じられたものだった。

有間皇子の二首は、心情とことばがせめぎ合う挽歌表現の伝統のなかで、死の悲しみがくっきりとしたイメージとなって定着するに至ったことを示すものだ。引き結ばれた松の枝に、また、椎の葉に盛られた旅の食事に、死を間近にした人の心の痛みが纏《まと》いつく。結ばれた松の枝も、椎の葉に盛られた食事も直接に死と結びつくものではないが、有間皇子の刑死の事実を踏まえて二首に向き合えば、死と歌とは分かちがたく結びつくし、松の枝と椎の葉に盛られた食事に死の痛ましさが凝縮されていると感じられる。人びとはそのように二首の歌を受けとり、詠み伝え、そうしてこの二首が『万葉集』巻二の「挽歌」の冒頭を飾ることになったのだ。死にどう向き合い、死の悲しみをどう受けとめ、どう共有し、そこからどうぬけ出すかは、古今東西を通じてわたしたち人間の負わされた大きな課題だが、『万葉集』において「雑歌《ぞうか》」「相聞《そうもん》」と並ぶ三つの部立ての一つとして「挽歌」が成立し、死の悲しみを三一文字に凝縮して表現する形が出来上がったことは、精神史の観点からしても文学史の観点からしても深く重い意味をもつといわねばならない。

さきの二首のすぐ後に、『万葉集』の編者は磐代の結び松に因《ちな》む歌四首を列《つら》ねている。歌人たちの共同の思いと共同の作歌が挽歌という形式を確立していったといわんばかりに。

磐代の　岸の松が枝　結びけむ　人は帰りて　また見けむかも
（磐代の崖の上の松の枝を結んだ人は、無事に帰ってきて松を再び見たのだろうか）

磐代の　野中《のなか》に立てる　結び松　情《こころ》も解けず　古《いにしへ》思ほゆ
（磐代の野中の結び松と同様、わたしの心もすっきりしないまま昔のことが思われる）

鳥翔《つばさ》なす　あり通《がよ》ひつつ　見らめども　人こそ知らね　松は知るらむ
（皇子の魂はこのあたりを飛んで見ているのだろうが、人は知らなくても松はそのことを知っている）

後《のち》見むと　君が結べる　磐代の　子松がうれを　また見けむかも
（後に見ようと結んだ松の梢《こずえ》を皇子は再び見たのだろうか）（同右、八七―八九ページ）

有間皇子の「磐代の　浜松が枝を……」の歌はそれ自体が調子の整った、素直な、イメージ鮮やかな挽歌ではある。が、後代の歌人たちが、皇子の歌に死の悲しみを読みとり、死の表現に人間的な価値と美しさを見てとったことが、この挽歌にさらなる輝きをあたえていることを、忘れるわけにはいかない。

5

有間皇子は六五八年、謀反のかどで捕えられ処刑されたが、それから二八年経った六八六年、同じく謀反のかどで捕えられた大津皇子《おおつのみこ》が逮捕の翌日に処刑された。時に大津皇子二四歳。これまた、皇位継承をめぐる権力闘争が招いた死だ。

大津皇子の挽歌は『万葉集』巻三に収められる。

大津皇子、被死《みまか》らしめらゆる時、磐余《いはれ》の池の陂《つつみ》にして涕《なみだ》を流して作りましし御歌一首

百伝《ももづた》ふ　磐余《いはれ》の池に　鳴く鴨《かも》を
今日のみ見てや　雲隠《くもがく》りなむ（同右、一九九ページ）

「百伝《ももづた》ふ」は枕詞。百に至る途中に五十《い》があるというので「いはれ」にかけたのだという。「雲隠る」は死の詩的表現で、死人の魂が雲のかなたへとかけ昇っていくというイメージを下敷きにしている。歌の意味は、磐余の池では鴨が鳴いている。その鴨のすがたを見るのも

今日が最後で、自分は死んでいくのだ、といったところだ。

有間皇子の挽歌二首に比べて、死の切迫感がさらに強まった歌だ。死を示す「雲隠りなむ」が最後に来て歌をしめくくるとともに、その句が無心に池に鳴く鴨と鮮やかな対照をなす。生と死の対比でもあり、自然と人事（政治）との対比でもある。死にゆく大津皇子がみずから対照的なイメージを紡ぎ出し、それを詩的な表現にもたらしている。そういう死への向き合いかたが一人の人間の行為として気品あることに思われるし、そこに格調高い歌の生まれたことが人の心を動かす。有間皇子の挽歌から大津皇子の挽歌への移りゆきには、死がいっそう身近なものとして、いっそうの切迫感をもって内面的に歌われる、といった変化が見てとれる。変化の外的要因としては、政治状況のちがい、権力闘争の構図のちがい、二人の皇子の資質や性格のちがいなどさまざまな条件を挙げることができようが、挽歌のありようとしては、作者の意識がそのように心情的・内面的に死へと接近していくのは、必然的なことだといっていいように思われる。三一文字で死を表現しようとすれば、死の悲しみに沈潜しつつことばを紡ぎ出すことこそが、もっとも理にかなった表現法だと考えられるからだ。池に鳴く鴨と、天翔《あまが》ける（鳥のような）魂との響き合いも、死の悲しみに深く沈みこむことによって初めて得られたもののように思える。

大津皇子がみずからの死を見つめた挽歌は『万葉集』に右の一首があるだけだが、大津皇子の同母姉・大来皇女《おおくのひめみこ》が弟の死を悼《いた》んだ挽歌四首が『万葉集』巻二にまとめて載せられている。いまそのうちの後の二首を引用する。

大津皇子の屍《かばね》を葛城《かづらき》の二上山《ふたかみやま》に移し葬《はぶ》る時、大来皇女の哀しび傷《いた》む御作歌《みうた》二首

うつそみの　人なるわれや
明日よりは　二上山を　弟世《いろせ》とわが見む
磯《いそ》のうへに　生《お》ふる馬酔木《あしび》を　手折《たを》らめど
見すべき君が　ありと言はなくに（同右、九五—九七ページ）

「二上山に移し葬《はぶ》る」というのは、死んですぐに殯《あらき》の宮《みや》（本葬の前に死体を棺に納めて仮りに置く所）に祀《まつ》った遺骸を、半年から一、二年経って墓所に移し葬ることをいう。大津皇子の墓所は二上山の雄岳の山頂近くにあった。右の二首は、その移葬《ほうむ》のとき、大来皇女が改めて弟との別れを惜しんで歌ったものだ。

第一首は、この世に生きるわたしは明日からはあの二上山を弟だと思って見るだろうか、という意味だ。生身《なまみ》の弟に会うことはできないが、二上山のあたりに死者の魂がたゆたうことは信じられ、山を見ることで悲しみの和らげられることを願う歌だ。

第二首は、磯の上に生える馬酔木を手折っても、それをお見せするあなたはもういない、の意。小さい壺《つぼ》状の花が群れて咲く馬酔木は、人と人とのこまやかな情の交流を託すのにふさわしい。

有間皇子の挽歌二首と大津皇子の挽歌一首がおのれの死をみずから悲しむ歌であるのにたいして、大来皇女の挽歌二首は人の死を悲しむ歌だ。そして、いうまでもなく、挽歌なるものは人の死を悲しみ悼むのが一般的であって、みずから自分の死を悲しむという形は例外だ。例外がなりたったのは、人びとの心のなかに共同の意識が深く根を張っていて、歌を詠むのに際して、自分の死を多少とも他人の死のように悲しむことができたからであろうか。

さて、他人の死を哀悼する挽歌は、日本最古の歌集『万葉集』においてすでに大きな広がりと深まりを見せている。死者の地位、身分、年齢、境遇、死にかた、死の引き起こす波紋、等々に応じて、また、死者と挽歌の作者との間柄やつきあいかたのちがいに応じて、挽歌は大きく、また微妙に変化する。そういう大小の変化を無限にふくみつつ、すべての挽歌が人の死を悲しむという一点においてしっかりとつながっている。「挽歌」が「雑歌」「相聞」と並んで『万葉集』の三大部立ての一つをなすことは、死の悲しみがそれほどに強く古代人の心をゆさぶり、三一文字による哀悼の表現へと駆《か》り立てたというにほかならない。『万葉集』に収録された多種多様な挽歌のほかにも、歌われては消えていった数多くの挽歌があったにちがいない。

身近な人が死んだとき、人には悲しみの情が湧《わ》く。自然な心の動きだ。さらには、涙を流し、声を上げて泣く。それも自然な心と体の動きだ。しかし、悲しみの情を三一文字の短歌に表現するのは、けっして自然な心の動きではない。それが人びとのあいだで広くおこなわれているとすれば、それは自然を超えた文化に属する事柄だ。七世紀から八世紀にかけて人びとは死の悲しみを歌に表現し、もって死者を哀悼し、悲しみに耐え、悲しみの世界へと分けいり、悲しみをたがいに共有するという、そういう文化を作り上げようとし、実際に作り上げたのだった。死の悲しみや死者への思いは挽歌を唯一の表現体としたわけではなく、殯《あらき》の宮《みや》や墓所で営まれた種々の儀礼のうちに、あるいは、死の前後における周囲の人びとのさまざまな語らいのうちにも表現されたろうが、『万葉集』の挽歌群をながめわたすと、死にまつわる心情と観念が、挽歌のうちに多彩きわまる表現を得ていることは疑いようがなく、それを見つめることでわたしたちは死をめぐる古代人の精神世界の幅と奥行きを見さだめることができる。五・七・五・七・七という文学的形式に支えられることによって、死をめぐる精神世界は格段に広く深いものとなったといえる。

さて、さきに挙げた大来皇女の挽歌二首は、同母の姉が弟の死を悲しんで詠んだものだが、それとは別に、同じ大来皇女が大津皇子の生前に弟のことを気づかって詠んだ名歌が二首、『万葉集』に出てくる。

大津皇子、竊《ひそ》かに伊勢の神宮に下りて上り来まし時の大伯皇女《おほくのひめみこ》の御作歌《みうた》二首

わが背子を　大和へ遣《や》ると
さ夜ふけて　暁《あかとき》露《つゆ》に　わが立ち濡《ぬ》れし

二人行けど　行き過ぎ難き　秋山を

いかにか君が　独り越ゆらむ（同右、七一ページ）

巻二「相聞」の部に出てくる歌だが、恋の歌ではない。謀反の計画を胸に大津皇子が伊勢斎宮の姉を訪れる。「竊《ひそ》かに」というからには、謀反の話も出たかもしれない。訪問を終わって大津皇子は京へと帰っていく。その弟のゆくすえを案じて歌ったのが右の二首だ。第一首、「遣《や》る」という意志のこもった表現が、送り出したくない作者の心情を浮かび上がらせる。去っていく弟と夜露に濡れて立ちつくす姉との対比が哀切きわまる。第二首は、直接には帰途の寂しさと難儀を思いやる形を取りながら、帰り着いたあとの弟の危うい命運をも気づかうものとなっている。そう読めるのはむろん謀反事件という史実を歌に読みこむからだが、詞書が史実を示唆している以上、読みこみは編者が要求しているともいえる。

死の悲しみや死者への思いは、類別された挽歌の外へまでもあふれ出るほどの広がりをもっていたといわねばならない。

6

さてここで、『万葉集』中もっとも名のある歌人の一人、柿本人麻呂《かきのもとのひとまろ》を取り上げねばならない。

これまで取り上げた歌の作者が、いずれも権力の中枢に位置する天皇ないし皇族であったのにたいして、人麻呂はその身分からすると六位以下の下級官人だ。が、歌作りについては、天皇や皇族が、いうならば素人の歌人だったのにたいして、人麻呂は宮廷の必要に応じて歌を作る専門歌人だった。人麻呂が活躍したのは七世紀末から八世紀初めの二〇年ほどだが、持統朝から文武朝にかけての宮廷の生活と文化において、歌を詠み、歌を享受するという営みは専門の歌人を擁するほどに重要であり盛んだった。人麻呂はそういう世界のなかで腕を磨き、文学的才能を見事に開花させた人物だった。『万葉集』に採録された人麻呂の歌数は、長歌一八首、短歌六七首に及ぶ。

軽皇子《かるのみこ》の安騎《あき》の野に宿りましし時、柿本朝臣人麿の作る歌

やすみしし　わご大王《おほきみ》
高照らす　日の皇子
神《かむ》ながら　神さびせすと
太敷《ふとし》かす　京《みやこ》を置きて
隠口《こもりく》の　泊瀬《はつせ》の山は
真木《まき》立つ　荒山道を
石《いは》が根　禁樹《さへき》おしなべ
坂鳥の　朝越えまして

玉かぎる　夕さりくれば
み雪降る　阿騎《あき》の大野に
旗薄《はたすすき》　小竹《しの》をおしなべ
草枕　旅宿《たびやど》りせす
古《いにしへ》思ひて

短歌

阿騎の野に　宿《やど》る旅人
うち靡《なび》き　眠《い》も寝《ぬ》らめやも　古《いにしへ》思ふに
ま草刈る　荒野《あらの》にはあれど
黄葉《もみぢば》の　過ぎにし君が　形見《かたみ》とそ来《こ》し
東《ひむかし》の　野に炎《かぎろひ》の　立つ見えて
かへり見すれば　月傾《かたぶ》きぬ
日《ひ》並《なみしの》　皇子《みこ》の命《みこと》の　馬並《な》めて
御猟《みかり》立たしし　時は来向《きむか》ふ（同右、三三―三五ページ）

軽皇子は、後の文武天皇。日並皇子（草壁皇子）の子で、父の死後、その形見の地たる阿騎野に遊猟したとき、つき従った柿本人麻呂の詠んだのが、右の長歌一首、短歌四首である。

長歌の冒頭の四行は「わが大君、大空高く照らす日の皇子は、神として神らしいふるまいをなさるとて、宮殿のそびえる都をあとにして……」と、軽皇子を神に見立てるいかにも儀礼的な文言だ。宮廷に仕える専門歌人として公の行事を歌うとなれば、歌は政治とは無縁ではありえなかった。儀礼歌のなかでは軽皇子は神のごとき存在として表現されねばならなかった。

第五行の「隠口《こもりく》の　泊瀬《はつせ》の山は」以下には、儀礼歌であることを踏まえつつ、遊猟の情景を断片的にもせよリアルに浮かび上がらせようとする表現意志が働いている。遊猟の一行は泊瀬の山を越えて阿騎野へと向かうのだが、山は木が生い繁り、岩のごつごつした荒山道で、そこを越えると、薄《すすき》や篠《しの》の一面に群生する野原に出る。夕方そこに着くと折しも雪が降っている。その大野の一角に軽皇子は仮りの宿を作って休むのだが、父（日並皇子）の生きていた昔のことがしきりに思い出される。……

五・七の音数律に乗ってあたりの風景が変わり、時が流れる。日が落ちて人びとは眠りにつこうとするが、昔日の思い出が安眠を許さず、歌にも完結感をあたえない。リズム感のある描写に加えて、あとに尾を引くような歌のおさめかたが長歌の文学性を高めている。宮廷歌人の儀礼歌という水準をはるかに超える、人麻呂の冷静な観察眼と文学的な構想力がそこに働いている。

「旅宿りせす／古《いにしへ》思ひて」の未完結感を、思いさだめた力強い表現へと押しひらいていったのが後続の短歌四首だ。

第一首は、長歌の最終二行を直接に引き継ぐようにして、阿騎野に眠る旅人たちは昔の追憶ゆえにゆっくり眠れはしない、と歌う。いまの遊猟がかつての日並皇子の遊猟と強くつながるものであることを改めて確認する歌だ。人麻呂自身がそのことを実感しつつ仮りの宿に身を横たえていたにちがいない。

第二首は、時間的に少しさかのぼって、荒野を踏破してきたさまを歌ったものだ。「黄葉《もみちば》の」は「過ぎ」にかかる枕詞、「過ぎにし君」とは亡くなった日並皇子を意味するが、この歌でも第三句以下、かつての遊猟とのつながりが執拗なまでに表現されている。

第三首は、夜明けの自然を歌ったものだ。東の空に光がゆらめいて大自然が目を覚ます。人びとも目を覚ます。人麻呂は野原の真ん中に立って自然が大きく立ちあらわれるさまをながめやる。天地をはるかにながめわたして目が西の空へと行きつくと、淡い月が沈もうとしているのが見える。人麻呂の代表作の一つに数えられる短歌だが、評判に違《たが》わぬ雄渾・壮大な名歌だ。日の出とともに自然が息づき始め、その息吹きがいつしか作者の鼓動に重なっていくような歌だ。

第三首の雄大な自然賛歌を受けて、その自然を舞台におこなわれる勇壮な猟《かり》のイメージを現出させるのが第四首だ。日並皇子という固有名詞はここに初めて登場するが、これまでの歌の流れからして過去の父のすがたに子・軽皇子のすがたがぴったりと重なる。軽皇子の遊猟は大自然によって祝福されるだけでなく、過去によっても祝福される行為だというのだ。「御猟立たしし」といったん過去へと向かった表現が「時は来向ふ」と勢いよく現在へと還ってくる。そのうねるような表現が見どころだ。長歌の未完結がここに来て文句なく完結する。

以上、長歌一首、短歌四首からなる人麻呂の作歌は、貴人に歌を献ずるという儀礼歌の様式を踏まえつつ、歌人としての力量を十分に示したものだ。とりわけ、短歌四首の着眼の自在さと的確さ、ことばのつらなりの流麗さ、四首の構成の緊密さが味わい深い。律令による支配機構の再編が進行しつつあった古代国家は、神話的な自然観や人間観と、個に根ざした心情と思考と行動とが、相対立しつつ共存するような世界だったが、そんな古代国家の中枢をなす宮廷に下級官人として仕えた人麻呂は、共同性の表現に個の心情、思考が聞きとれる、独特の歌を作り出したのだった。

儀礼歌の多い人麻呂だが、儀礼を離れて個人的な感懐を歌ったものもなくはない。次の歌などがそうだ。

柿本朝臣人麿、石見国《いはみのくに》より妻に別れて上り来る時の歌

石見の海　角《つの》の浦廻《うらみ》を
浦なしと　人こそ見らめ

潟《かた》なしと　人こそ見らめ
よしゑやし　浦は無くとも
よしゑやし　潟は無くとも
鯨魚取《いさなと》り　海辺を指して
和田津《にぎたづ》の　荒磯《ありそ》の上に
か青なる　玉藻《たまも》沖つ藻
朝羽振《あさはふ》る　風こそ寄せめ
夕羽振《ゆふはふ》る　浪こそ来寄せ
浪の共《むた》　か寄りかく寄る
玉藻なす　寄り寝し妹《いも》を
露霜の　置きてし来れば
この道の　八十《やそ》隈毎《くまごと》に
萬《よろづ》たび　かへりみすれど
いや遠《とほ》に　里は放《さか》りぬ
いや高に　山も越え来ぬ
夏草の　思ひ萎《しな》えて
偲《しの》ふらむ　妹《いも》が門《かど》見む
靡《なび》けこの山

反歌二首

石見のや　高角山《たかつのやま》の　木の際《ま》より
わが振る袖を　妹見つらむか

小竹《ささ》の葉は　み山もさやに　乱《さや》げども
われは妹思ふ　別れ来ぬれば（同右、七九—八一ページ）

儀礼歌は人麻呂が持統朝と文武朝の宮廷に仕える立場で詠んだものだが、人麻呂は大和を離れて石見の国府に仕えていたこともあって、右の長歌一首、反歌二首は、石見を去って京にのぼるとき、ともに暮らした妻との別れを悲しんで詠んだものだ。儀礼歌のように身を低くして詠む必要はなかった。

「石見の海」に始まる長歌は、自分が後にしてきた石見の国の海辺の風景を叙述する形で進む。浦（入江）や潟がないように見えるが、浦や潟がなくても荒磯の上には青く美しい藻が生えていて、それに朝鳥の羽音のように風が吹きよせ、夕鳥の羽音のように浪が打ちよせてくる。その浪とともに玉藻はあちらに寄り、こちらに寄りするが、その玉藻のように寄りそって寝た妻を、と、ここに来てようやく眼目の主題が登場する。そこで、和歌の修辞学においては、初句「石見の海」から「玉藻なす」までの一二行・二三句を序詞と名づけ、装飾的な文言と考えるのだが、海が大づかみに浦も潟もないものととらえられたあとに、荒磯の玉藻へと視線が近づき、風にゆれ浪にゆれる玉藻が大写しになり、それが別れた妻との共寝の情景に重なっていく句の流れは、「装飾的」というだけで済まされるものではない。人びとが万物と霊的に交流しながら生きていた時代の神話的な世界観が、かすかながらそこに尾を引いているようにも思える。

さて、二四句目に「寄り寝し妹」が呼び出されたあとは、歌いぶりが自分と妹（妻）との関係を直接に歌うものへと大きく転換する。対象となる風景も海から山へと変化する。歌の表現としては、海から山へと場面が移るとともに、旅が妻との別れの旅であることが明確に自覚され、曲がりくねる山道の旅のつらさと、親しんだ妻との別れのつらさがからみ合って一筋の急迫の流れを作る。そして、「夏草の」（枕詞）以下、目の前の山道から悲しみに沈む故郷の妻へと想像が飛び、最後に「靡けこの山」という激越な命令形が来て、長歌は終わる。山に強く呼びかけるこの命令形には、ことばに霊がこもって自然を動かす、という呪術的な言語観が名残りをとどめているようにも感じられる。

反歌の第一首は、石見の高角山の木の際《ま》からわたしが振る袖を妻は見たであろうか、の意。袖を振るのは別れのしぐさだ。そのしぐさには別れてきた妻への思いがこもり、末句「妹見つらむか（妻は見ただろうか）」は、その思いが相手にとどくことを強く願ったものだ。

第二首は、山道に入って、もう思いがむこうにとどかないことを覚悟せざるをえなくなった歌だ。思いに導かれて相手のさまを想像するというのではなく、とどかぬものと分かっていてなお思いの募《つの》る、孤独な内面を見つめた歌だ。上三句で「さ」音を畳みかけて一面の竹の葉が風にざわめくさまを提示し、一転、下二句ではまなざしが内側へと向かい、そこにある別離の悲しみが歌われる。その対照が鮮やかで、前の歌よりも抒情《じょじょう》に深みが増している。

対照の鮮やかさは、いうまでもなく、人麻呂の文学的力量を示すものだが、見かたを変えれば、そこに共同性を基盤とする歌から個人の感情を表現する歌への転換のありさまを見てとることができる。山全体の竹の葉のざわめきは、かつては大自然の霊の動きと感じられ、人の心もそれに包まれ、それと響き合うものとしてあった。が、いまや歌人の心は大自然の動きに素直に同調しえなくなり、しかも、その違和感にあえて目を向け、そこでの心の動きを表現にもたらそうとしている。小竹《ささ》の葉のさやぎと妻への思いとはどうしても融和しない。「(乱《さや》げ)ども」という逆接語がその違和を端的に表現している。

その違和を自覚し、違和感を掘り下げることによって抒情的な相聞や挽歌の世界が大きく開かれたのだった。

7

一方で神話や民謡・俗謡に受け継がれてきた人びとの共同意識を踏まえつつ、個の心情や感傷に分けいって、そこにうごめくもろもろの想念やイメージや情調を独自の表現へともたらすことによって、柿本人麻呂は、奈良遷都(七一〇年)までの万葉前期を集大成する歌人となった。以後、歌は共同の場における共同の観念や幻想の表現という面が弱まり、個の内面を表現するものへと大きく傾いていく。

そういう傾向からやや外れるのが山部赤人《やまべのあかひと》の叙景歌だが、アニミズム的な大自然との融合の実感が失われてはいない人麻呂の自然詠《しぜんえい》に比べると、赤人のそれは、目の前の自然を突き放して客観的にながめやり、それを清明なことばで表現したものということができる。たとえば、吉野行幸《ぎょうこう》に従ったときの作、

ぬばたまの　夜《よ》の更《ふ》けゆけば
久木《ひさき》生《お》ふる　清き川原に
千鳥しば鳴く（岩波・日本古典文学大系『万葉集二』一三九ページ）

目の前の自然から久木、川原、千鳥の声を切り出してきて、それらを三一文字のうちに夜景として配置したのがこの歌だといえようか。大自然との感応をことばにしたというより、風景としてある自然をことばにすくいとった叙景歌という趣きが強く、その意味で、歌人が個としての風景に向き合っているといえるかもしれない。

が、『万葉集』における人麻呂以降の表現の多様な展開を見ていくには、赤人と同時代の山上憶良《やまのうえのおくら》と大伴旅人《おおとものたびと》にこそ目を向けねばならない。

まずは、山上憶良だ。『万葉集』巻三に次の歌がある。

山上憶良臣《やまのうへのおくらのおみ》、宴《うたげ》を罷《まか》る歌一首

憶良らは　今は罷《まか》らむ　子哭《な》くらむ　その彼《か》の母も　吾《わ》を待つらむそ（岩波・日本古典文学大系『万葉集一』一七七ページ）

宴会を途中で退座するときの挨拶の歌だ。わたしはこれで引き上げます、子どもは泣いているし、子の母はわたしを待っていますから、と。

地方官人として九州に暮らしていたときの作歌だ。時の大宰帥《だざいのそち》は大伴旅人で、二人は親しく交わった。『万葉集』ではこの歌のすぐ後に旅人の酒讃《ぼ》めの歌一三首が載せられていて、二人の対比を意識した編集ぶりだ。宴の主催者は旅人だった可能性が高い。

宴の途中で退席するのは昔も今も恰好いいことではない。二言、三言、詫《わ》びをいうか黙って消えるに如《し》くはない。が、憶良はそうしない。正面切って退出の正当性を主張する。選《よ》りに選って宴会に花を添えるべき歌という形式によって。

歌の底に流れるのは貴族的な奢侈《しゃし》にたいする抵抗の姿勢だ。そして、その抵抗が家で哭く子、家で待つ妻を思う、という生活者の立場に立って表現されているのが独特だ。現実とぶつかるなかで心に生じた想念を、作者が情感の高まりとして表現するのではなく、生活上の矛盾として表現しているところが独特だ。抒情的な歌というより思想的な歌と感じられるのはそのためだ。情に流れることを拒否するところに歌はなりたっている。

とはいえ、憶良は日々野良に出て働く農民のような生活者ではない。宴の席に列《つら》なる官人であり、歌をたしなむ教養人だ。生活者の立場に立つにはそういうおのれを多少とも否定しなければならない。「憶良らは……」の歌ではその否定が二重の形を取ってあらわれている。一つは貴族生活の雅《みや》びを象徴する宴の否定として、いま一つは貴族生活を彩る雅びの表現としての短歌の否定として。二重の否定は地方官人という憶良の公的地位にはそぐわぬものだったが、歌を作るに当たっては憶良はそのそぐわぬ位置に立ちつづけようとした。

憶良の立場が受け容《い》れられる上で、歌を競い合う旅人が大宰帥として北九州の貴族生活の中心にいたことが大きな助けとなった。「憶良らは……」の歌も憶良の性格を知る人びとには「またあの男が……」と笑いとともに受けとめられ、憶良もそれを当てこんで諧謔《かいぎゃく》の意をこめて歌ったのかもしれない。第四句の「その彼の母も」といった腰の定まらぬ措辞にも諧謔的な軽みが感じとれるが、諧謔の歌だと読んでなお、そこにある抵抗の姿勢は稀有《けう》のものだといわねばならない。

子どもへの愛情をもっとあからさまに表現したものとしては巻五の「子らを思ふ歌」がある。

瓜食《は》めば　子ども思ほゆ
栗食《は》めば　まして偲《しぬ》はゆ

何処《いづく》より　来《きた》りしものそ
眼交《まなかひ》に　もとな懸《かか》りて
安眠《やすい》し寝《な》さぬ
　反歌
銀《しろかね》も　金《くがね》も玉も　何せむに
勝れる宝　子に及《し》かめやも（岩波・日本古典文学大系『万葉集　二』六三ページ）

憶良が子どもにたいし並ならぬ愛情を抱いていたことは分かる。また、男女の愛を歌う恋愛歌が圧倒的に多い万葉の時代に、父が子を思う歌という新境地を開いた功績も認めてよい。しかし、歌は理屈ではない。理が勝てば歌を楽しむ気分が損《そこな》われる。「瓜を食べれば子どものことが思われ、栗を食べればいっそういとしく思われる」という長歌の歌い出しはまだしものんびりした気分が漂うが、以下は観念が空転するかのようだ。「子どもはどこから来たのか」という疑問は子どもへの愛が誘い出した疑問のようには思えないし、「子どものすがたが眼前にちらついて安眠できない」というのも、子どもを置き去りにした社会批判の言のように聞こえる。

反歌は、これはもう歌の形を借りた説教というしかない。銀や金や玉をもち出してきて、それと子どもとどっちが大切かとせまる、そのせまりかたがいかにも俗っぽい。

「子らを思ふ歌」は、貴族の生活や貴族の支配する社会への抵抗の姿勢が、歌の埒《らち》を観念的に踏み越えた例ということができようか。憶良の抵抗は内面の思いを抒情の流れに乗せて昇華するのではなく、内面の思いを胸に外界と向き合い、現実社会の矛盾を表現にもたらそうとするものだったが、そうした思想的態度は五音と七音を基本とする歌の形式にはおさまりにくかった。憶良の抵抗は、歌に表現しようとするかぎり、孤立した闘いを強いられざるをえなかった。

だが憶良は、社会の雅びに異議を申し立てる孤立した闘いから、生涯、身を退《ひ》くことはなかった。巻五に載る長篇「貧窮問答歌《ひんきゅうもんどうか》」は七〇歳を越えた憶良の作だ。

風雑《まじ》り　雨降る夜《よ》の
雨雑《まじ》り　雪降る夜《よ》は
術《すべ》もなく　寒くしあれば
堅塩《かたしほ》を　とりつづしろひ
糟湯酒《かすゆざけ》　うち啜《すす》ろひて
咳《しは》ぶかひ　鼻びしびしに
しかとあらぬ　鬚《ひげ》かき撫でて
吾《あれ》を除《お》きて　人はあらじと
誇ろへど　寒くしあれば
麻衾《あさぶすま》　引き被《かがふ》り

布肩衣《ぬのかたぎぬ》　ありのことごと
着《き》添《そ》へども　寒き夜すらを
我《われ》よりも　貧しき人の
父母は　飢ゑ寒《こご》ゆらむ
妻子《めこ》どもは　乞ふ乞ふ泣くらむ
この時は　いかにしつつか
汝《な》が世は渡る（同右、九九―一〇一ページ）

ここまでが長歌の前半だ。風が吹き、雨が降り、雪が降る寒い夜に、食べるものも着るものもろくにない貧乏人が、人としての誇りはもちつつも、飢えと寒さの耐えがたさを嘆く。その上で、自分より貧しい者の境遇に思いを馳《は》せ、飢えて寒がる両親と、食べたい食べたいと泣く妻子に囲まれて、お前はどう暮らしていくのか、と問うところで歌は一段落する。

憶良の歌う貧窮者の実生活のありさまが、『万葉集』中ほかに類を見ないほど暗く陰惨な題材であることが、第一に指を屈すべきこの歌の大きな特徴だ。が、それとともに、暗く陰惨な題材を表現する、その表現のしかたが歌の雅《みや》びとは鋭く対立する暗鬱なものであることを見のがしてはならない。この章の論述を進める上ですでに多くの教示を得てきた西郷信綱『万葉私記』は、この「貧窮問答歌」につき以下のように述べている。

まずは、語彙《ごい》の独自性について。

注意されるのは、堅塩とか糟湯酒とかいう語彙を、大胆にとりこんでいる点だ。堅塩は黒くかたまった粗悪な塩で、……古代の作者には憶良のほか誰もこれを使ったものがいない。糟湯酒は酒のしぼり糟を湯に溶かしたもので、貧民の飲みもの、多少アルコール分が残溜していて体は温まるだろうが、この語彙に至っては、史上、憶良一人が使っているのみである。ツヅシル、ススル、シハブク、などという日常語も、平安朝の物語類にぽつぽつ見え出す程度で、万葉で使ったのはやはり憶良一人である。(『万葉私記』未來社、二八六ページ)

日常語、俗語、卑語の類《たぐい》を憶良は避けなかった。いや、それらを積極的に取りこむことによって雅びならざる世界を構築しようとした。それが思想歌人憶良の表現意識だった。語彙の独自性と並んで西郷信綱の注目する言語表現上の特色は、声調がなめらかさを欠くことだ。

〔「貧窮問答歌」前半の〕十七行三十三句からなるこの間の部分をよんだだけでも、人麿の声調とのちがいがはっきり感じられるだろう。人麿のしらべは「波動的」「音楽的」「連続的」であり、よむものの心を呪文のようにゆさぶるのにたいし、憶良のそれは非連続的で、あえぎ気味であり、娑婆《しゃば》世界を観念が、かなり無器用に横切ってゆこうとしているところがある。……人麿の「波動的」「音楽的」「連続的」声調を以てしては、憶良の主題はとうてい表現できぬ、ごつごつとした散文的な何ものかであったわけで、しかもそのことを自覚していた点に、彼が人麿の糟をなめる亜流でなかったゆえんがある。（同右、二九〇ページ）

非連続の、ごつごつした声調は「咳《しは》ぶかひ　鼻びしびしに／しかとあらぬ　鬚《ひげ》かき撫でて／吾《あれ》を除《お》きて　人はあらじと／誇ろへど　寒くしあれば」の四行八句にとくにはっきりと感じられる。

さて、「貧窮問答歌」の後半は、前半の語り手よりもさらに貧しい男が、前半末尾の「お前はどう暮らしていくのか」という問いに答える形の歌だ。

天地《あめつち》は　広しといへど
吾《あ》がためは　狭《さ》くやなりぬる
日月《ひつき》は　明《あか》しといへど
吾《あ》がためは　照りや給はぬ
人皆か　吾《あれ》のみや然る
わくらばに　人とはあるを
人並に　吾《あれ》も作《つく》るを

綿もなき　布肩衣《ぬのかたぎぬ》の
海松《みる》のごと　わわけさがれる
襤褸《かかふ》のみ　肩にうちかけ
伏廬《ふせいほ》の　曲廬《まげいほ》の内に
直土《ひたつち》に　藁《わら》とき敷きて
父母は　枕《まくら》の方《かた》に
妻子《めこ》どもは　足《あと》の方に
囲《かく》み居《ゐ》て　憂へさまよひ
竈《かまど》には　火気《ほけ》ふき立てず
甑《こしき》には　蜘蛛《くも》の巣かきて
飯炊《いひかし》く　事も忘れて
鵺鳥《ぬえどり》の　呻吟《のどよ》ひ居《を》るに
いとのきて　短き物を
端切《はしき》ると　云へるがごとく
楚取《しもとと》る　里長《さとをさ》が声は
寝屋戸《ねやど》まで　来立《きた》ち呼《よ》ばひぬ
かくばかり　術《すべ》無きものか
世間《よのなか》の道

世間《よのなか》を　憂しとやさしと　思へども
飛び立ちかねつ　鳥にしあらねば（岩波・日本古典文学大系『万葉集　二』一〇一ページ）

下級官人とはいえ、宮廷に仕え、遣唐使の一行にも加わり、晩年には筑前守《ちくぜんのかみ》を務めた憶良が、長歌に歌われるような貧窮の生活に苦しんでいたはずはない。が、自分のものではない貧窮の生活に歌はよく肉薄しえている。貧しさに耐えて生きる人びとの、暮らしの細部に目が行きとどき、人びとの心の襞《ひだ》に触れている。憶良の社会的地位からすれば、貧窮の苦しむ人びとよりも里長《さとおさ》のほうが身近な存在だろうが、歌人憶良は里長に苦しめられる貧者の側にはっきり身を置いている。「貧窮問答歌」は、権力の末端を担う里長を登場させることによって、社会の矛盾に対立の構造をあたえることができたのだった。

社会の矛盾を客観的に見つめる冷静な観察眼と、矛盾に苦しむ人びとに寄せる身分を超えた共感とによって、憶良は思想的かつ倫理的な歌という稀有の境地を切り拓いたのだったが、歌の世界では憶良は異端たるをまぬがれなかった。憶良と同じ境地に立って歌の思想性や倫理性を追求する歌人は憶良以降の万葉歌人のうちにはあらわれなかったし、『古今和歌集』や『新古今和歌集』にもあらわれなかった。思想性や倫理性の対極をなす雅《みや》びの歌こそが、平安時代から鎌倉時代にかけて歌の世界を広く深く支配したのだった。その流れを思うと、『万葉集』が憶良の長歌一一首、短歌五三首をふくむことは日本最古のこの歌集の幅の広さと懐《ふところ》の深さを示すものといわねばならない。

8

大伴旅人《おおとものたびと》は、貧窮者への共感はもたなかったが、思想や倫理に相渉《あいわた》る歌人だという点で憶《おく》良《ら》と通じるところがあった。さきに述べたように、二人は都を遠く離れた九州の地で親交を結んだのだったが、二人に共通する点として、高齢に至って歌作りに熱を入れるようになったことと、中国の詩や思想に通じていたことが挙げられる。自然に包まれてある共同体の共同の観念や意識を顕彰し確認する歌から、個の内面に分けいり、そこにあらわれ出る変幻きわまりない感情を繊細に、的確に、表現する歌へと歌いぶりが変化していくなかにあって、抒情性を強める歌に普遍的な思想や倫理を盛りこむ上で、長い人生経験と異国の文学や思想への習熟が力強い支えとなった。また、中央を遠くに望む辺境の地に身を置いているという自己意識が、歌の主流を外れた思想的ないし倫理的な歌への関心をそそるということもあったかもしれない。

『万葉集』に採録された大伴旅人の歌は七十余首に及ぶが、主流を外れた歌という点では「酒を讃《ほ》むる歌十三首」の異色性が際立っている。以下、一三首を現代語訳とともに列挙する。

験《しるし》なき　ものを思はずは
一坏《ひとつき》の　濁れる酒を　飲むべくあるらし
（下手《へた》にあれこれ考えるより一杯の濁酒《どぶろく》を飲むのがいい）

酒の名を　聖《ひじり》と負《おほ》せし
古《いにしへ》の　大き聖の　言《こと》のよろしさ
（酒を聖人の名で呼んだ昔の中国の大聖人の呼びかたはよろしい）

古の　七《なな》の賢《さか》しき　人どもも
欲《ほ》りせしものは　酒にしあるらし
（昔の中国の七賢人も欲しがったのは酒だったようだ）

賢《さか》しみと　物いふよりは
酒飲みて　酔泣《ゑひなき》するし　まさりたるらし
（利口ぶってもの言うよりは酒を飲んで酔い泣きするほうがよろしい）

言はむ術《すべ》　為《せ》む術《すべ》知らず

極《きはま》りて　貴きものは　酒にしあるらし
（どう言ったものか、どうしたものか分からないが、この上なく貴いのが酒のようだ）

なかなかに　人とあらずは
酒壺《さかつぼ》に　成りにてしかも
酒に染みなむ
（いっそ人間などやめて酒壺になり、酒に浸っていたい）

あな醜《みにく》　賢《さか》しらをすと
酒飲まぬ　人をよく見れば　猿にかも似る
（ああ、見たくもない。利口ぶって酒を飲まない人の顔をよくよく見ると、猿にそっくりだ）

価無《あたひな》き　宝といふとも
一坏《ひとつき》の　濁れる酒に
あに益《ま》さめやも
（無上の宝珠といえども、一杯の濁酒ほどの価値はない）

夜光る　玉といふとも
酒飲みて　情《こころ》をやるに
あに若《し》かめやも
（夜光の玉といえども、酒を飲んで心を晴らすのには及ばない）

世の中の　遊びの道に　すずしくは
酔泣《ゑひなき》するに　あるべかるらし
（世間の遊興の道に楽しめないなら、酒に酔って泣くのがいいだろう）

この世にし　楽しくあらば
来《こ》む世には　虫に鳥にも　われはなりなむ
（この世で楽しく過ごせさえしたら、来世では虫になっても鳥になってもかまわない）

生ける者　遂にも死ぬる　ものにあれば
今あるほどは　楽しくをあらな
（生ある者は遂には死ぬんだから、この世にあるあいだは楽しく過ごしたい）

黙然《もだ》をりて　賢《さか》しらするは
酒飲みて　酔泣《ゑひなき》するに
なほ如《し》かずけり
（黙って利口ぶっているのは、酒を飲んで酔い泣きするのにはやっぱり及ばない）
（岩波・日本古典文学大系『万葉集　一』一七七―一七九ページ）

第二首に魏の故事――魏の太祖《たいそ》が禁酒令を出したのにたいし、酒好きが酒のことを隠語で聖人と呼んだという故事――を引き、第三首に竹林の七賢人をもち出しているところに、中国の詩文に通じる教養がうかがわれるし、第一一首の「来む世には　虫に鳥にも　われはなりなむ」には仏教的な輪廻転生《りんねてんしょう》の観念が影を落としている。が、ひけらかしと見えかねない教養や知識が、一三首の流れのなかでは、冗談めかした酒讃《ぼ》めの軽い調子に溶かしこまれて、嫌《いや》みになってはいない。憶良の世の中にたいする強い抵抗感と批判の意識に比べると、旅人のそれはずっとゆるく穏やかである。

一三首を並べて読むと、重複することばが少なくないし、趣旨の相似た歌もいくつかあって、投げやりな即興歌という印象が強い。そうした歌いかたは酒を飲むことのいい加減さに通じるもので、旅人自身、意識してそういうふうに歌ったのであろう。いい加減な歌いぶりのなかにユーモアがあり、諷刺《ふうし》がある。異色の歌として目を引くゆえんだ。

「酔泣《ゑひなき》」ということばが三回ばかり出てくる。旅人がよしとする酒の飲みかただ。酔って泣く。泣いて心のやるせなさを晴らす。晴らしてくれるのが旅人の考える酒の徳だ。酔いが醒めれば、やるせなさがもどってくるだろう。そのときは、また酒を飲んで酔い泣きすればよい。それが旅人のよしとする酒の飲みかたであり、処世法だ。

生ぬるい処世法だし、抵抗という点からすればいかにも中途半端な抵抗だ。が、そのことをもって讃酒歌自体を生ぬるいとか中途半端だということはできない。酔って泣くのが生ぬるい処世の法であり、中途半端な抵抗であるのに見合って、そこにこめられる思想性も生ぬるい、中途半端なものにならざるをえない。注目すべきはむしろ、その中途半端な思想性が中途半端なままに一三首をつらぬいていることだ。視点の一貫性が保たれているがゆえに、生ぬるい処世法や中途半端な抵抗意識を、ときにユーモアとして、ときに諷刺として読みとることができる。そこに歌人としての旅人の、力量が示されているといってよい。

さて、憶良の強い社会批判の姿勢は平安・鎌倉時代の歌に引き継がれることがなかったが、ゆるやかに思想と倫理に相渉る旅人の歌もまた、平安・鎌倉期に後継者を見出すことができなかった。雑駁《ざっぱく》ともいえる『万葉集』の歌の世界の大きな広がりは、さらに外へと広がるのではなく、限定され整序され純化されてのちの世に引き継がれたということができる。そこには文学表現という観点からしても、精神史の観点からしても大きな問題が横たわっているが、それについては『古今和歌集』や『新古今和歌集』を取り上げる際に論じることにしたい。

9

異色の歌人——山上憶良と大伴旅人——のあとに、万葉末期を代表する歌人・大伴家持《おおとものやかもち》を取り上げよう。

大伴旅人を父とし、すぐれた女流歌人・大伴坂上郎女《おおとものさかのうえのいらつめ》を叔母とする大伴家持は、歌を大切な教養とし、また欠くことのできぬ社交の道具とする貴族的な雰囲気のまっただなかで育った。加えて、父・旅人の時代から続く大伴氏の政治的凋落《ちょうらく》が、歌作りに熱を入れる方向へと家持を導いた。

歌への情熱は、奈良時代中葉の並みいる有名無名の歌人たちのなかにあって、家持を一頭地をぬく歌人へと押し上げた。

『万葉集』に収録された家持の歌は長歌・短歌を合わせて四七九首を数える。凡庸な類型歌も少なくないが、なかに名歌と称《たた》えられる傑作が交じる。多くの歌人や愛好家や研究者の挙げるのが、一九巻の初めの十数首と末尾の三首だ。衆目の一致する秀作といってよかろう。

まずは一九巻巻頭の歌をいくつか見ていく。

春の苑《その》　紅《くれなゐ》にほふ　桃の花
下照《したで》る道に　出で立つ少女《をとめ》（岩波・日本古典文学大系『万葉集　四』三一二ページ）

春の園に桃の花が紅色に美しく咲いている。木の下にその色が照り輝き、そこに乙女が立っている――そんな光景を歌ったものだ。一場の全体に明るさと色の鮮やかさが行きわたっていて、その点、濃厚な味わいの歌だが、語句もリズムも洗練されていて、うるさくはない。末句の体言止めが、いまそこに乙女が出てきたばかりという印象をあたえる。詞書には「春の苑の桃李《ももすもも》の花を眺めて作る」とあって、乙女には言及されない。実際に乙女がいたのか、それとも想像上の乙女なのか。どちらにしても、絵のように美しい光景だ。実景ならば絵のように美しい一齣《ひとこま》を現実の世界から切り出してくること、想像上の景ならことばによって絵のような美しい場面に仕立てること――そこに作者のねらいがあったように思える。

春まけて　物悲《がな》しきに
さ夜更《ふ》けて　羽振《ぶ》き鳴く鴫《しぎ》
誰《た》が田にか住む（同右、三二一ページ）

春になってもの悲しい思いでいると、夜更けて鴫が羽搏《はばた》きながら鳴いている。あの鴫はだれの田に住んでいるのだろうか。――春の華やかさを歌う前の歌と打ってかわって、春のもの悲しさが歌われる。作られる世界も目に見える絵のような世界ではなく、耳に聞こえる音の世界だ。夜更けの暗いしじまのなかを鴫の羽音と鳴き声が聞こえてくる。音でつながった鴫に、作者のもの悲しさが投影される。だれの田に住んでいるのだろうか、という疑問形が鴫の頼りなさを思わせ、鴫ももの悲しい世界の住人となる。「誰が田にか住む」という末句はいかにも感傷的だが、鴫の羽音と鳴き声を、みずからの孤独な心象風景となすところまで感傷表現を進めるのが家持の新しさだ。

物部《もののふ》の　八十少女《やそをとめ》らが　汲《く》み乱《まが》ふ
寺井の上の　堅香子《かたかご》の花（同右、三三一ページ）

「物部の」は「八十」にかかる枕詞。「八十少女」は、たくさんの少女たち。「汲み乱ふ」は、入り乱れて汲む。「寺井」は、寺の境内にある井戸。「堅香子」は、かたくり、早春に薄紫の六弁の花を咲かせる。

少女たちの楽しく話し合う様子と、可憐なかたくりの花との対比が鮮やかで、これまた絵のような情景といってよい。第一首「春の苑……」の濃厚さはなく、むしろ淡彩の美しさをねらった歌といえる。「八十少女らが」や「汲み乱ふ」といった措辞には神経が行きとどいている。歌の表現に共通の土台が出来てきたらしいこと、その土台に立って家持が訓練を積み重ねてきたことが思われる。ただ、表現の形式がこのように美しく整ってくると、歌の受け手の側に、美しい形を追求するだけでいいのか、という疑問がどうしようもなく湧《わ》いてくるのだが。

あしひきの　八峰《やつを》の雉《きぎし》　鳴き響《とよ》む
朝明《あさけ》の霞　見ればかなしも（同右、三二三ページ）

「あしひきの」は山にかかる枕詞だが、それを八峰にかけた。「八峰」はたくさんの峰。たくさんの峰で雉《きじ》が鳴き、その声があたりに響きわたる。そんな明けがたの霞の風景は見ると悲しくなる、というのが大意だ。

これも感傷的といっていい歌だ。家持の場合、宴席に列《つら》なってたがいに歌を交わす場ではなく、自分一人の場面で心境を歌にしようとするとき、悲しみの情にたいする思い入れがとくに強くなるように思える。一人静かに、そこはかとない悲しみの情に浸る、という歌境は、勢力の衰えつつある不遇な一族の当主が、歌の領域にかろうじて見出した慰めだったのだろうか。

朝床に　聞けば遥《はる》けし
射水河《いみづがは》
朝漕ぎしつつ　唱《うた》ふ船人（同右、三二三ページ）

作者は朝の寝床に伏したまま遥か遠く船人の唱う舟唱を聞いている。船人の唱とともに夜が明けていく爽《さわ》やかな光景だ。第二句「聞けば遥けし」で視界がぐっと広がるさまが鮮やかだ。くりかえされる「け」の前後二音がやや刺激的だが、それがかえって情景の静けさを印象づける。

流れる射水河も、川に浮かぶ船も、船を漕ぎつつ唱う船人も無心の存在といっていいが、床で目を覚ます家持は無心ではなく、もの悲しさから離れられていないように思う。直前の歌の下二句「……朝明《あさけ》の霞　見ればかなしも」のイメージが尾を引いていることもあるが、外へとさまよい出ていく作者の心に、なにかしら空虚なものが感じられることも否定できない。この境地から、家持の絶唱と評される『万葉集』一九巻末尾の「春愁三首」までの距離はそう遠くはない。

その「春愁三首」をまとめて掲げる。

春の野に　霞たなびき　うら悲し
この夕かげに　鶯《うぐひす》鳴くも

わが屋戸《やど》の　いささ群竹《むらたけ》　吹く風の
音のかそけき　この夕《ゆふべ》かも

うらうらに　照れる春日《はるび》に　雲雀《ひばり》あがり

情悲《こころかな》しも　独りしおもへば（同右、三八七ページ）

「夕かげ」は、夕暮れの光のこと。「いささ群竹」は、少しばかりの竹の群れ。
三首のいずれを取っても、ものごとが大きく憂愁に包まれ、作者の思いは底のない悲しみのなかに沈みこんでいくようだ。「春の野に　霞たなびき」や「うらうらに　照れる春日に」といった歌い出しは、一見のんきで温かそうで、陽気な気分へとつながっていく要素を十分にもちながらも、あとへと続く流れのなかで否応なく身の細るような愁いの気分に染められていく。そんなもの悲しい世界に引きずりこまれるのは、必ずしも心地よいことではない。が、作者がそういう心境から目を逸《そ》らすことなく、むしろ、その心境をなんとか三一文字に定着しようと心を砕いていることが、読む者の心を打つ。「春の野に……」の一首だけでは定着しきれず、「わが屋戸の……」の第二首が歌い継《つ》がれた。それでもおさまらず、（詞書によると）二日後にもう一首「うらうらに……」の歌が作られた。もの悲しい心境と叙景的な短歌表現が複雑にからみ合い、交響するなかで、万葉末期を代表する繊細・微妙な名歌が誕生したのだ。

　三首の歌のあとに家持は漢文で以下のように注記している。

　春日遅々鶬鶊正啼。悽惆之意非レ歌難レ撥耳。仍作二此歌一、式展二締緒一。（同右、三八八ページ）

（のどかな春の日に雲雀が鳴いている。痛み悲しむ心は歌によって払いのける以外にない。そこで、右のような歌を作って鬱屈した心を解きほぐすのだ）

歌によってしか払いのけることのできない悲傷の気分、そして、その気分を払うためにおのれの内面に深く沈潜していく歌作り、――家持が向き合っているのは、個であること、個として生きることを強いられた近代人ふうの気分であるように見える。その鬱屈した心を歌作りによってどこまで解きほぐすことができたのか。家持の孤独の深さが思われる。

近代人の孤独と見紛《みまが》う地点にまで行きついた歌人・家持の境地を見たところで、『万葉集』の編集者・家持に還って、『万葉集』の多様性を確認しておきたい。

歌を作るという場面では、しだいに孤独が深まり、孤独の心情の表現に新境地を拓いた家持だったが、『万葉集』の編集に当たっては、貴族階級を中心にさまざまな機会に制度的・慣習的に広く詠まれるようになった歌によく目を配り、一定の水準に達した歌はできるだけ多く採録する、という方針を堅持した。『万葉集』に採録された歌は、口で伝えられてきた歌、先行の歌集（『柿本朝臣人麿歌集』『高橋虫麻呂歌集』『類聚歌林』など）から採られた歌、家持の記録や日記に書き留められた歌など出所はさまざまだし、家持がどこまで編集にかかわったかも議論のあるところだが、『万葉集』が一〇〇年以上にわたって歌い継がれた古代の歌の一大集成たりえていることについては、歌の歴史と伝統に通じた家持の、視野の広さと集成への情熱が大きな力となったのはまちがいないところだ。繊細・悲傷な歌の境地を深めることと並んで、歌の伝統世界と広く大きくかかわることが家持にとって歌に生きるということだった。

孤独の心境を歌った三首の絶唱が末尾を飾る『万葉集』一九巻に続く、最終二〇巻には、防人《さきもり》の歌が数多く採録されている。ほとんどが七五五年二月の作で、坂東《ばんどう》から奈良朝最後の防人が徴発されたとき、徴発された東国人たちが詠んだ歌だ。兵部少輔《ひょうぶしょう》の役にあった家持が歌を作るよう命じ、作られた歌を選抜して載せたものだ。家持は地方の農民の歌をも『万葉集』に入れたかったのだ。なかで目を引く歌を何首か引用する。

わが妻は　いたく恋ひらし
飲む水に　影《かご》さへ見えて　世に忘られず（同右、四一一ページ）
（妻はわたしのことをひどく恋い慕っているらしい。飲み水に妻が映ってとても忘れることができない）

百隈《ももくま》の　道は来にしを
また更に　八十島過ぎて　別れか行かむ（同右、四一九ページ）
（曲がりくねる道をはるばるやってきたが、さらにたくさんの島を過ぎて行くのだろうか）

旅衣《たびころも》　八重着重ねて　寝《い》ぬれども
なほ肌寒し　妹にしあらねば（同右、四一九ページ）
（旅の衣を何枚も重ねて寝るけれど、やはり肌が寒い。妻ではないのだから）

家風は　日に日に吹けど
吾妹子《わぎもこ》が　家言《いへごと》持ぢて　来る人もなし（同右、四二一ページ）
（家のほうから毎日風は吹いてくるけれど、わが妻の伝言をもって来る人はいない）

わが家《いは》ろに　行かも人もが
草枕　旅は苦しと　告げ遣《や》らまくも（同右、四三九ページ）
（わたしの家のほうに行く人があればいいのに。旅は苦しいと知らせてやりたい）

東国方言も混じる歌いぶりで、宮廷人の歌に比べれば、いかにも素朴な歌だ。家を離れることなどほとんどない農民が、中央政府の命令で遠隔の地に赴く。妻子と別れるつらさ、旅路のつらさは骨身に沁みるものであり、歌わずにはいられないものであったにちがいない。素朴な歌の列《つら》なりから無名の農民の痛苦の想いが伝わってくる。

一四巻に収録される東歌《あずまうた》も、その多くが東国方言の混じる鄙《ひな》びたことばで地方民の素朴な心情を歌っている。古代の歌は貴族とその周辺の人びとを本体とする表現の世界ではあったが、地方民の表現や地方語の表現を冷たく排斥するものではなかった。身分差別の厳然と支配する社会にあって、歌の表現においては身分差別を超えた普遍性を求める意識が歌の作り手のうちにも受け手のうちにも働いていた。そうでなければ、防人歌や東歌が作られることはなかったし、『万葉集』に採録されることはなかった。土着の民の表現をも内にふくむことによって『万葉集』は古代の人びとの歌を集大成したものとなりえたのだった。

第九章　阿修羅像と鑑真和上像——天平彫刻二体

　奈良時代の後期（七七〇年ごろ）に成立したとされる『万葉集』は、宮廷貴族から下層農民に至る多様な人びとの作った、約四五〇〇首の歌を収めた厖大な歌集だが、仏教的なものの考えかたはそこにほとんど影を落としていない。六世紀の半ばに百済から伝来した仏教は、迂余曲折《うよきょくせつ》はありながらも、大きな流れとしては上層階級を中心にしだいに広く受け容れられ、奈良時代の中期には都に東大寺、地方に国分寺・国分尼寺の造営という国家的大事業が企てられるに至ったけれども、そうした仏教の事業が歌作りの場面に及ぶことはなかったし、歌を作るに際して歌人たちが仏教の思想や観念に思いを致すこともきわめて稀だった。「第七章　写経」でわたしたちは、経文を写すという作業がこれまた国家的大事業として推進されるさまを見てきたが、写経と『万葉集』編纂は漢字を書き記すという点で通い合う試みではあるものの、思想的にはほとんど触れ合うことがなかった。

　なぜそうなったのか。前章の議論を踏まえていえば、古代の長歌も短歌も理路整然たる思想や観念の表現にふさわしい形式ではなかったことが理由の第一に挙げられねばならない。歌いかたに大小さまざまな変動や変遷はあったにしても、山上憶良《やまのうえのおくら》と大伴旅人《おおとものたびと》を除けば、思想や観念を盛る器として長歌や短歌を活用する努力はほとんどなされなかった。共同体を生きる人びとの共同の願望や祈りや意志をも思想ないし観念と名づけるとすれば、そういう思想や観念が歌に表現される例は、ことに万葉前期の作品に少なくないけれども、個人が共同の意識に抵抗し対立してつかみとった筋道立った思想や観念が、歌に表現されることはきわめて少なかったし、そういう表現意欲は歌の場の定例化・習慣化とともにかえって減退していった。四季の叙景歌も、相聞歌も、挽歌も、作者の内面に萌《きざ》す心情や感傷に寄りそおうとしたのである。仏教者の側も、外来の思想ないし観念を知的に消化し、自前のことばで表現するという点では、いまだきわめて未熟な段階にあったといわねばならないが、かりに仏教の表現が一定の成熟度に達していたとしても、それが歌の表現として生きる可能性はきわめて小さかったといわねばならない。

七世紀末から八世紀にかけて盛んにおこなわれた写経の事業について、わたしたちはそれを思想の営みというよりむしろ、美しさを求める造形の営みととらえたが、この章で取り上げる天平《てんぴょう》彫刻《ちょうこく》も、飛鳥仏《あすかぶつ》・白鳳仏《はくほうぶつ》の流れにしっかりと棹《さお》さす、美の造形の営みだった。奈良時代の人びとにとって、言語表現の次元で仏教に近づくことは容易なことではなかったけれど、仏教への思いを仏像彫刻や肖像彫刻にこめること、そして、作り出された彫像のうちに仏教の精神性を感じとることは、困難なことでも迂遠なことでもなかった。天平の仏像彫刻は飛鳥仏や白鳳仏にさらに磨きをかけた完成品として作り出され、人びとはそれらのうちに仏教の高邁《こうまい》な精神性が明確な形を取って現前するのを見ていたように思われる。

そのような天平彫刻を代表する二作品として、ここでは、興福寺の阿修羅像《あしゅらぞう》と唐招提寺の鑑真和上像《がんじんわじょうぞう》を取り上げる。

1

七一〇年、飛鳥の藤原京から奈良の平城京へと遷都がおこなわれると、藤原京とその周辺にあった大官大寺、飛鳥寺、薬師寺などの大寺が次々と平城京に移転される。仏寺は宮都になくてはならないものだった。

興福寺は、権力の中枢に位置を占める藤原氏の氏寺として、七一〇年の平城京遷都と並行して造営が開始される。藤原氏の大勢力を背景に、唐の新しい建築様式を取りいれた、官寺に劣らぬ大規模な寺院として造営が進められた。中金堂と北円堂の建設に始まって、東金堂、五重塔と続き、阿修羅像のおさまる西金堂《さいこんどう》は七三四年に出来上がる。光明皇后が母・橘三千代の菩提《ぼだい》を弔《とむら》うために造営を発願した建物だった。

西金堂の堂内は、丈六の本尊・釈迦三尊像を中心に、梵天《ぼんてん》・帝釈天《たいしゃくてん》、四天王、十大弟子、八部衆がそのまわりを取りかこむ形に置かれ、像の数は合計二八体だった。阿修羅像は八部衆のうちの一つだ。（二八体のうち今に残るのは八部衆の八体と十大弟子中の六体の計一四体で、そのすべてが国宝に指定されている。）

八部衆とは、古代インドの異教の神々が、のちに、仏法の守護神として仏教に取りいれられたものだ。如来《にょらい》像や菩薩《ぼさつ》像に比べて仏像としての位置が低く、そのうちの一体たる阿修羅は人びとの注目を集めるような像ではなかった。阿修羅像は実際の作例も多くはなく、今に残るおもな天平仏としては法隆寺五重塔北面の釈迦涅槃《しゃかねはん》群像中の坐像と興福寺の像の二体を数えるにすぎない。法隆寺五重塔北面の阿修羅は、永遠の眠りにつく黒く大きい釈迦の足先の、ややうしろに引いた位置に坐るが、前方に位置して死別の悲しみに慟哭《どうこく》する十大弟子たちに比べると、ずっとひかえ目な像だ。

興福寺の阿修羅像も、西金堂の堂内に二八体中の一体として置かれているとき、五重塔北面の坐像と変わらぬ、めだたない存在ではなかったかと思われる。正面の本尊の二分の一ないし三分の一の大きさしかなく、似たような像が八体並ぶうちの一体だとなれば、多くの人びとの目がそこに引き寄せられたとは思えない。供養の場を華やかにし、光明皇后の権威を高めるという意味では一定の役割を果したろうが、それ以上の意味をそこから引き出すのはむずかしい。天平彫刻屈指の名作として、いや、日本の彫刻史上の稀有の傑作として、この像を見るのに慣れているわたしたちには、群像中のめだたぬ一体たる阿修羅像というありかたは想像しにくいけれども、奈良時代の精神史の一場面として阿修羅像を考えようとするなら、困難な想像にあえて立ち向かう必要があろう。

西金堂の建設が始まり、並行して大小二八体の仏像の制作が始まる。仏師として将軍万福《しょうぐんまんぷく》の名が知られるが、その指揮の下に無名の仏師たちが協力して制作に携《たずさ》わったのであろう。一年後に供養の式が催されているから、建設と造像は急ピッチで進められたはずだ。そういう造営の経過と、西金堂内における阿修羅像のめだたぬありかたは、紛《まぎ》れもない事実なのだ

阿修羅像［興福寺］

が、千数百年の時を経て今に伝わる三面六臂《さんめんろっぴ》の像を目の前にすると、完全無比といっていいその造形と右の事実との落差に驚きを禁じえない。

両足を左右にやや開いてまっすぐに立つ像は、厚い木の板に紐《ひも》のついたサンダル風の履物《はきもの》を履《は》いて、ゆるぎない姿勢でしっかりと立っている。腰で結んだ裳《も》が、膝《ひざ》より少し下までゆったりと下半身を包んでいる。裳には大きな蓮の花びらの模様が八つほどつけられている。上半身は裸形で、左肩から右の腰に向かって幅広の条帛《じょうはく》が貼りつき、ほかに首飾りと腕飾りが施されている。若者らしい引きしまった体が上下にすらりと伸びている。

八部衆のなかでは阿修羅の作りは異色だ。他の七体は——いや、七体のうち五部浄《ごぶじょう》は頭部と胸甲《きょうこう》が残るだけだから、厳密には六体は、といわねばならないが、——鎧《よろい》に身を固め、手《てっ》甲《こう》と脚半《きゃはん》をつけ、靴も足首までしっかり覆《おお》っていて、素肌が露出するのは首から上と手の部分に限られる。たいして、阿修羅は武具をまったく身につけず、上半身と脛《すね》から下が露出している。武者姿の七体（厳密には六体）に比べると、外界にたいして自然体でゆったりと構えている趣きがあって、像としてながめるときも、ほかの七体よりもやや近づきやすく感じられる。とくに、裸足のままで平たいサンダルを履いている足元は、阿修羅と外界との隔たりのなさを如実に感じさせる。阿修羅が当初は八部衆のなかの一体として作られながら、他の七体からぬきん出た別格の像のごとき扱いを受けるようになったのも、武者姿を取らぬ像の親しみやすさに負うところが小さくないだろう。

しかし、胴体と下半身のことを言うだけでは、阿修羅像について半分も語ったことにはならない。阿修羅像の特色はなによりも三面の顔と六臂《ろっぴ》の腕の造形にあるからだ。像の魅力を一枚のフィルムに定着しようとする写真家たちが、顔と腕をどこからどう撮ろうかと工夫に工夫を重ねているのも、ゆえなしとしない。

六本の腕は二本ずつ対《つい》になっている。

一対はやや肘《ひじ》を張るように二の腕が外に伸び、肘がぐっと曲がって両手が胸の前で合わせられて合掌形をなす。次の一対は、合掌形の腕の背後を二の腕がやや高めに外へと伸び、肘のところで直角に屈折したあと前傾気味に上方へと宙をつかむかのように伸びる。最後の一対は、肩のうしろのほうから水平よりやや上向きに二の腕が伸び、肘で屈折したあとはほぼ真上にむかって肘から先が伸ばされ、手首の所でもう一度屈折があって開いた掌が天を戴《いただ》くかのように上向きに水平に横たえられる。

六本の腕は見事な均衡を保ってのびのびと前へ、横へ、上へと伸び出しているが、写実的に作られてはいない。腕が六本というのがすでにして写実を超えているが、六本のどの腕も体の大きさに比べて長すぎるし、腕の形も肩から手首までほぼ同じ太さの円柱形で、筋肉のふくらみを感じさせない。六本の腕すべてについて、二の腕のまん中には二本線のやや複雑な腕飾りが、手首には単線の飾りがつくが、それも写実に近づくためというより、幾何学的に単純な腕の造形に一定のアクセントをつけようとするデザイン感覚にもとづく工夫というべきものだ。

実際、単純な円柱形の六本の腕が幾何学的な直線を描いて、前後・左右・上下に均衡を保ちながら伸びていくさまは、三次元の空間に抽象的な運動の軌跡を記すようで、見る側としては、その抽象的な運動を追っていくのが心地よい。腕のつけ根から手先のほうへと動きをたどっても、逆に手先からつけ根へと動きをたどっても、視線は三次元の空間を滑らかに進む。そして、そのように視線を動かしていくと、六臂のあいだに強弱の差はなく、六本がたがいにバランスを取りながらまわりの空間を自在に泳いでいるのが分かる。前にも後にも、上にも下にも、右にも左にも、六本の腕は軽やかに行き来している。

その自在さは、法隆寺五重塔北面の（釈迦涅槃群像中の）阿修羅像と比べると、さらにはっきりする。北面の阿修羅像の腕は、肩から左右にまっすぐ突き出し、肘で屈折してやや開き気味に上方へと向かう一対の印象が強烈で、他の二対とのあいだに均衡が保たれない。坐った膝の上に組まれる前方の一対にはそれなりの存在感があるが、そのうしろにくっつく一対は腕の長さも短かく、取って付けたような印象だ。まわりの空間との関係も、肩からまっすぐ左右に伸びる印象の強烈な一対が空間を上下に切り裂き、幾何学的な六臂が空間を自在に動くという印象からは遠い。思えば、幾何学的な直線が空間を切り裂くのは、抽象的な線と空間との関係からすればごく自然なことで、とすると、興福寺の阿修羅像の造形は自然を超えた自然らしさというべきなのかもしれない。

実際、興福寺の像の六臂は、空間に伸びてはいるが空間を切り裂いてはいない。六本の腕の伸びかたに一定のリズムがあり、そのリズムに乗って六本の腕がたがいにことばを交わし、その会話が外へと広がって、まわりの空間をも会話に誘いこむようなのだ。六臂の動きによって無機的な空間に有機的な生命があたえられるといってもよい。

そして、六臂の交響する空間の真ん中に、若々しい三面の顔がある。赤味がかった少年の顔が正面向きに一つ、左向きと右向きに一つずつついている。正面の顔は、ひそめた眉と見開いた切れ長の目のあたりに愁いの表情が見てとれる。鼻は小さめだがすっきりと鼻筋が通り、口は無理なく閉じられている。全体に丸顔の引きしまった顔立ちで、自然体のゆったりした胴体と下半身が、顔に向かって緊張を高めていくような作りだ。のびのびとした六臂の動きも、緊張感のある顔との対比によって生命の息吹きが増すかのようだ。しかし、清純な少年の顔には押しつけがましさはかけらもない。眉をひそめた真剣な顔つきは無邪気とか、あどけないとか形容できるものではないが、ながめているうちに親しみが増してくるような顔だ。

　向かって左側面の顔は下唇を噛《か》んでいる。怒りを抑えかねているといった顔だ。天平彫刻に限らず、日本の仏像彫刻で唇を噛むという形はほかに例がないように思う。正面と同じ顔にしたくないという仏師の意志ゆえの造形なのだろうか。ゆったりとした自然体の胴体と下半身、そして、幾何学的に見事な均衡を保つ六臂との対比でいうと、やや感情が強く出すぎたこの顔は、横顔だから許されるようにも思える。

　右側の横顔は他の二つに比べておとなしい。すっきりと整った顔立ちで、見る者の警戒心を解くような、表情の穏やかさがある。反対向きの顔との対照がおもしろく、これまた仏師のねらいとするところだったかもしれない。

　顔の微妙な表情は、乾漆《かんしつ》という造像の技法をぬきにしては考えられない。中国から伝わり、奈良時代に盛んにおこなわれた技法だ。脱乾漆《だっかんしつ》と木心乾漆《もくしんかんしつ》の二種類があって、阿修羅像は脱乾漆による。まず心木《しんぎ》を立て、そのまわりに粘土をつけて像のおおよその形を作る。粘土を十分に乾かしたところで、その上に麻布を貼り、漆《うるし》で塗りかためる。乾燥したらまた麻布を貼って漆で塗りかためる。これを何回かくりかえし、乾いたところで後頭部および背面を長方形の窓状に切りとり、内部の土を搔《か》きとる。土をすべて取り去ったあと、像の形が崩れないように内部に木枠を入れて固定し、窓をふさぐ。最後に金箔《きんぱく》や彩色を施して仕上げる。これが乾漆の工程だ。木心乾漆の場合は、粘土の代わりに木で像の形を作り、その上に麻布を漆で何回か塗りかため、（木を取りのぞかないで）金箔や彩色を施して仕上げる。

乾漆の工法は、興福寺の十大弟子像、（阿修羅像をふくむ）八部衆像、東大寺法華堂の不《ふ》空羂索観音《くうけんじゃくかんのん》像、唐招提寺金堂の盧舎那仏《るしゃなぶつ》像、薬師如来像、千手観音像、聖林寺《しょうりんじ》の十一面観音像など、数々の名作を生んだ。飛鳥・白鳳の時代以来、造寺・造仏を大きな推進力として進んできた仏教の土着化が、天平期にはさらに前進し、仏像の美しさが質的に深いものとなってきたのだ。乾漆像の傑作群は質的な深化を示すなによりの指標だが、そこには芸術的な要因と宗教的な要因が一体となって働いている。

芸術的要因としては、乾漆という新しい造仏技術の習得と活用がある。漆は高価な素材だが、天皇家と結びついて大勢力を張る藤原氏の支援を得て、興福寺西金堂の造営に際しては、堂内の二八体の仏像すべてが乾漆造となった。仏師たちは意気ごみ、工夫と努力を重ねたことであろう、今に残る十大弟子像六体と八部衆像八体はどれもこれも紛《まぎ》れもない秀作だ。それまでの一〇〇年以上にわたる木造と銅造の仏像制作において培われ、受け継がれてきた美意識と技術を生かしつつ、そこに乾漆造の繊細・微妙な表現技法を加味して出来上がったのが、わたしたちの目にする一四体の優品だ。

なかで随一と目されるのが阿修羅像だ。乾漆との関連でいえば、三面の顔の表情のちがいは、乾漆ならではの造形のおもしろさといえるかもしれない。どの面が先に作られたかは分からないが、かりに正面、左面、右面の順序だったとすると、愁い顔の正面を変化させて左面は下唇を噛んだ怒り顔にする。そして右面は、今度は愁いとも怒りともちがう、感情を抑えた穏やかな顔にする。麻布を漆で塗り固める技法は表面を柔らかく仕上げられるので、その特色を生かそうとすれば、三面の表情に変化をつけるというのはいかにも当を得た着想のように思える。三面に作るという造形上の制約を、芸術表現の場として三つの顔があたえられているととらえかえし、三つの表情の複合としての阿修羅という構想を実現したのがあの見事な三面だといえようか。

美意識の伝統を継承しつつ新しい技法をも駆使する、という芸術的な熱意とともに、土と布と漆で作る人間の形のうちに崇高にして不滅の精神性を表現する。そんな宗教的な情熱の感じとれるのが阿修羅を初めとする天平の乾漆像である。

さきにも言ったが、阿修羅像は衆人の目がおのずとそこに集まるように、それ一体が場の中心に置かれた、そんな像ではない。西金堂の中心には阿修羅像の何倍もの大きさの釈迦如来像が衆目を集めるべく置かれている。まわりに位置する諸像のうち、上位を占めるのは脇《きょう》侍《じ》二体や四天王像や金剛力士像などで、阿修羅像はそれらの後塵《こうじん》を拝する下位の像だ。

その像が間然するところのない崇高な名品として作り上げられている。腕の確かさ、デザイン感覚の秀逸さと並ぶ、仏師の宗教的精神の高さを思わないではいられない。

仏教の伝来以来、仏寺や仏堂の本尊をなす如来像や菩薩像は数多く作られてきた。経験を積むなかで造仏の技術は向上し、美意識は洗練されてきた。中国や朝鮮の様式に学びつつ、日本人の美的感覚に適合した尊像が作られるようになってきた。美しくも神々しい存在が目に見えるすがたを取って人びとの前に現出した。人びとはそこに人間を超えた人間のすがたを見た。宗教的な精神性は、教義や思想としてよりも、また仏道の実践としてよりも、目に見える像として人びとの前にあらわれたのだった。

本尊の体現する宗教的精神性は、当然、脇侍や四天王やその他の諸像にまで及ぶ。そうやって像の並ぶ堂内が聖なる空間となる。二八体の像の並ぶ興福寺西金堂は、まさしくそのような聖なる空間だった。造仏における技術の確かさと美意識の洗練と宗教的精神の高さは、二八体の像の一つ一つを美しく神々しい存在として造形しうる水準にまで達していた。

が、阿修羅像は、如来像や菩薩像や四天王像とちがって、作られることがきわめて少なく、見習うべき先例は無きに等しい。そんななかで美しく神々しい像をどう造形するか。その課題に仏師が見事に応えた結果が、いまわたしたちの見る阿修羅像だ。

六本の腕の自在な動きは空間に命を吹きこむ芸術的表現であるとともに、阿修羅の超人的な力と意志を伝える宗教的表現だ。が、阿修羅の超人的な力と意志は高圧的でも奮闘的でもなく、外界とのあいだに調和が保たれている。如来や菩薩の穏やかさに通じるものがそこにはある。腕の異常な長さも、見事に均衡の取れた、自在で、のびやかな腕の動きゆえに、穏やかなたたずまいを崩すことがない。

三面の顔の神々しさは六臂のそれに劣らない。法隆寺五重塔北面の阿修羅は少年の顔ではないから、阿修羅の顔は少年の顔と決まっていたわけではなかろうが、西金堂の仏師は少年の顔を選んだ。あどけない無邪気な顔をどれだけ精神的なものにできるか。少年の顔を選んだ仏師は、全精力を傾けてその課題に取り組んだにちがいない。三面を異なる表情にしたのも、一面一面に、少年には異例ともいえる厳しさをあたえたのも、像を宗教的精神性の表現たらしめようとするための試みだった。六臂が幾何学的に造形されているのに比べれば、三面の表情ははるかに写実的だ。一見、どこかにこんな顔の少年がいるかもしれないと思えるほどだ。しかし、ちがう。三つの顔はどれを取っても現実の少年の顔を写しとったものではない。像を見ているうちに、生身の人間からは感じとるべくもない崇高さと永遠性が感じられてくる。仏像が、本尊の周辺に配された下位の像といえども、人間を超えた人間の像であるゆえんだ。仏師は少年の顔を造形したかったのではない。少年らしさを備えつつ、そこに永遠の精神性の宿る、人間を超えた人間の像を作りたかったのだ。永遠の精神性はこれまで壮年のすがたを取る如来像や、壮年もしくは青年のすがたを取る菩薩像として表現されることが多かった。同じ精神性を少年のすがたを取る像として表現する。天平彫刻に至って、仏像はそこまでの広がりを見せ、仏師はそれだけの技術的・精神的な力量を手中にしていたのだった。

2

天平彫刻の代表作として取り上げたいもう一つが、鑑真和上像《がんじんわじょうぞう》だ。

周知のように、鑑真は入唐《にっとう》留学僧の招きに応じて渡日を決意し、五度の渡航失敗にも挫《くじ》けず、最初の計画から一二年経って（七五三年）、日本にやって来た唐の高僧である。鑑真和上像は鑑真の死の間際に作られたものだが、来日から死に至る鑑真の言行と周辺の動きは、当時の仏教のありようを示す鏡の一つだ。鑑真和上像について語る前に、鑑真の日本での動きを一通り追っておこう。

鑑真は、三師七証《さんししちしょう》（三人の主だった僧と七人の立ち会いの僧）を備えた正式の授戒を執《と》りおこなう戒師として、日本に招かれた。授戒は正式の僧になるための重要な儀式で、それまで日本では略式でおこなわれていたが、律令国家と仏教との結びつきが強まるなかで、中国にならった正式の作法を取りいれようとする気運が高まり、鑑真を招くことになった。来日する鑑真には、授戒の儀式を通して、本来の仏道に邁進《まいしん》する僧たちの集団を日本に育成し、もって日本社会に仏法を根づかせたいという思いがあった。五回の渡航失敗にもめげず、失明の障碍《しょうがい》をも乗りこえて来日した不屈の行為が、仏教に賭ける鑑真の熱意の大きさをものがたっている。

日本に着いて早々、鑑真は知り合いの僧良弁《ろうべん》に、「華厳経《けごんきょう》」その他の重要な大乗仏典の貸し出しを要請している。日本でどのような仏典が使用されているのかを自分で確かめたかったのだ。仏典の講読・講義に重きを置く姿勢で、仏法による国家の守護と秩序の安定を希求する奈良朝廷の支配意志とのずれが目を引く。

大歓迎を受けて鑑真は七五四年二月に平城京に入り、同年三月、授戒と戒律の伝習を一任する、という聖武太上天皇《だいじょうてんのう》の勅《ちょく》を受け、四月には東大寺大仏殿の前で聖武太上天皇、光明皇太后、孝謙天皇に戒を授け、引き続き四四〇人の沙弥《しゃみ》に戒を授けている。中国をお手本とした国家秩序の形成を願う政治権力者たちが、来日した高僧を権威と仰ぎ、その権威を利用して仏教勢力にたいする支配を強化しようとする意図の見え透《す》く儀式だ。式のおこなわれた東大寺大仏殿は、八年の歳月を費した国家事業として二年前に完成し、大がかりな開眼供養の挙行された大建造物だった。

七五五年の一〇月には東大寺の戒壇院が完成し、以後、ここが鑑真による授戒の式場となる。聖武太上天皇は七五六年に亡くなるが、聖武の死後も鑑真の殊遇《しゅぐう》は続き、死後二〇日あまり後に大僧都《だいそうず》に任じられる。聖武の夫人である光明皇太后や藤原仲麻呂《ふじわらのなかまろ》が鑑真の強力な支持者だった。

政治権力者による鑑真の引き立ては、当然にも、政治勢力と対立する仏教勢力の反発を招かないではいなかった。政治勢力と宗教勢力との対立や、対立の延長線上に生じた自分にたいする僧たちの不満と反発を身近に感じつつ、鑑真は大僧都として東大寺戒壇院での授戒の儀式を実行しつづけた。戒律の重要性を伝えたいという思いに変わりはなかったろうが、伝えることの難しさも痛感していたにちがいない。仏教が鎮護国家の思想として権力機構のうちに組みこまれている以上、僧の集団に権力意識が広がるのはどうしようもなかった。授戒の式も、僧としての自覚を深めるというより、官僧のコースに乗って高い地位に昇るための一階梯《いちかいてい》と見なされることが多かった。国家主導の下での授戒は、僧団を国家の支配から脱した自立した組織たらしめるという授戒本来のねらいとは裏腹に、僧の集団を国家の傘下に組みこむという働きを強くもった。中国にあって長く政治とは遠い場所で仏教の思想と実践に打ちこんできた鑑真にとって、日本で大僧都として授戒に携《たずさ》わるのは意に適《かな》うことではなかった。

七五八年、鑑真は大僧都の職を解かれ、大和上《だいわじょう》の名誉称号をあたえられる。翌年、唐招提寺が創建され、鑑真はそこに住んで、受戒した僧にたいし戒律の実践・修行を指導する役を担った。

授戒の式は、制度としては官僧コースの一階梯だが、仏道の過程としては、三師七証を前に戒律を守ることを誓い、実際に戒律に従った求道《ぐどう》の日々を送るべく意を新たにするという、区切りの儀式だ。式自体も大切だが、式ののち、戒を授けられた僧——比丘《びく》もしくは比丘尼《びくに》——として仏の道を追い求めることが式に劣らず大切だ。戒を授けられた僧がどう日々の生活を律し、仲間の僧とどう共同の生活を営み、経典をどう読誦《どくじゅ》・理解し、仏法をどう探究していくか、——そうしたもろもろが戒律の実践であり修行であって、唐招提寺において鑑真はそのような実践・修行の指導に当たったのだった。当時の日本の仏教界の思想水準からすると、鑑真の思いは伝わりにくく、実際、唐招提寺で実践・修行に打ちこむ僧の数は多くはなかったが、仏の道を生きぬこうとする鑑真の志はゆらぐことがなかった。そうした鑑真の精神性の高さをなによりもよくものがたるのが、鑑真和上像だ。

七五八年に大和上の称号をあたえられ、七五九年に唐招提寺に移り住んだ鑑真は、それから四年後の七六三年五月六日に同じ唐招提寺で七六歳の生涯を終える。鑑真和上像は死の直前に作られたものだが、造像の経緯について鑑真の伝記『唐大和上東征伝《とうだいわじようとうせいでん》』はこんな話を伝えている。

七六三年の春に弟子の忍基《にんき》が不吉な夢を見た。唐招提寺の講堂の柱が折れるという夢だ。その夢を鑑真の死を告げる前兆だと悟った忍基は、弟子たちに呼びかけて鑑真の肖像を作った。その年の五月六日、鑑真は西に向かって結跏趺坐《けっかふざ》の姿勢を取ったまま亡くなった。鑑真はつねづね弟子の思託《したく》に、死ぬときは坐ったまま死にたい、と言っていた。

結跏趺坐とは坐禅のときの足の組みかたをいうもので、右足の甲を左の腿《もも》の上に置き、左足の甲を右の腿の上に置く形だ。そうやって心を静め瞑想にふけるのは仏道修行の基本の一つだ。鑑真は死ぬ間際まで修行をつらぬこうと心がけ、実際につらぬいたのだった。

鑑真の人柄の高潔さをさながらに映し出しているのが鑑真和上像だ。忍基の呼びかけに応じて制作に携わった弟子たちの尊崇の念が、まっすぐに伝わってくる像だ。この像は日本の肖像彫刻の嚆矢《こうし》とされるが、生きたモデルを写そうとする彫刻が、そのまま人間の理想形の表現に到達していることに驚かされる。仏像制作の歴史のなかで培われてきた美意識と、織細にして精緻な乾漆の技術と、和上の人柄と言行にたいする限りない敬意とが、一つに融け合って生み出されたのがこの名作だ。日本の仏教の思想水準は、いまだ鑑真の戒律思想を理解するところにまで達してはいなかったが、仏像や人物像の造形においては、精神の崇高さや永遠性をそれとは比べようもないほど高い水準で表現できていたのである。

　鑑真和上像は正面から見ても、右側あるいは左側から、さらには背後から見ても、実に安定した落ち着きのあるすがたをしている。肩から背にかけてのゆるやかな丸みや、心もち前へと突き出す頭部の位置などが老齢を感じさせはするものの、老いが、弱さや衰えや脆《もろ》さに通じてはいない。閉じられた目と堅く結ばれた口、秀《ひい》でた眉、高く盛り上がる剃り上げられた頭が、不《ふ》撓《とう》不《ふ》屈《くつ》の意志を示している。顔には皺《しわ》がまったく刻まれていない。その頭部を太い首ががっしりと受けとめ、首から上を支える上半身には老体とは思えない安定感と力強さが具わっている。腕といい胴体といい、法衣《ほうえ》の内側に意志

鑑真和上坐像［唐招提寺］

の通う肉体が確かに存在すると感じさせる力強さだ。衣が肉体を覆《おお》い隠すのではなく、肉体がしかとあってその上になだらかに衣がかかっている具合だ。

法衣は坐る姿勢の腰から腿《もも》、膝、足にかけての全体を覆い、下半身は肉体がまったく露出しないが、折り曲げた膝のふくらみや、右足の甲を左腿の上に、左足の甲を右腿の上に置く結跏趺坐の足の組みかたは衣を通して見てとれる。乾漆の微妙な曲線が衣の下の体の動きを丁寧に追いかけている。写実の手法が見事に生きている。そのように細部はあくまで念入りだが、坐位を取る下半身の全体は大きくゆったりと台の上に乗っかっている。上半身も安定しているが、下半身はさらに安定している。結跏趺坐の腰、腿、膝、足が、数十センチの平らな台のごとき安定感をもって胴体と頭部と腕をゆったりと支えている。円満安坐の相とされる結跏趺坐が、この鑑真和上像では、絶対的ともいうべき安定感を像にあたえる形として練り上げられている。

死が近いと分かった上でこの肖像は作られた。制作にかかわった僧や仏師たちは鑑真の本当のすがたを像として残したかったのであろう。が、本当のすがたとはなにか。仏の道を歩みつづけ、死を間近にしてなお同じ道を歩み、いまや仏と見紛《みまが》うばかりの崇高さを身につけた求道の人――それが本当のすがたではなかったろうか。静謐《せいひつ》きわまるこの像に長く対面していると、そんな思いに駆《か》られる。この坐像が求道の人・鑑真のすがたであるとともに、仏となった鑑真のすがたでもあるように思えるのだ。作り出されるのは人間なのか、仏なのか。その区別がそれほど意味をもたないような境地で制作されたのが和上像であったように思われる。

写実の像であるとともに写実を超えた理想の像である、という像の性格も、制作者たる弟子たちの目に映じた、人とも仏ともつかぬ鑑真のイメージに由来するもののように思われる。さきに指摘した、膝から足にかけての体の線を追う衣文《えもん》の作りは、写実の極ともいうべき細《こま》やかさと柔らかさを示している。作り手の鋭い観察眼と的確な造形技術が、そこに遺憾《いかん》なく発揮されている。また、首から胸にかけての皮膚の表面の条《すじ》やふくらみやへこみ、肋骨《ろっこつ》の浮き出しの造形なども、鑑真の肉体の形がそのままそこに写されていると思える。

が、像の全体に行きわたるのは、写実に徹しようとする姿勢ではない。仏の道をあたうかぎり誠実に生きた高僧を目の前にして、その尊いすがたを乾漆像に再現したいという作り手の思いこそが全体をつらぬいている。そうした理想形を作り上げるには、なにより、ゆったりと安定した結跏趺坐の姿勢――その人が永遠にそこにいるかに思えるような姿勢――こそがふさわしい。肉体のありさまも、死を間近にひかえた体つきをそのまま写しとる必要はない。いや、死を超えて永遠にそこに存在しつづける無駄のない、力のこもった、不動の肉体こそがふさわしい。そして、顔となれば、そこには体以上に高い精神性が表現されねばならない。死とともに滅びゆく肉体を超えて生きのびるのは、なにはともあれ精神的なものなのだから。

像の顔は、穏やかさのなかに厳しさの混じる表情をしている。制作者たる弟子たちにとって、これがもっとも鑑真らしい顔立ちだったのであろう。頭、眉、目、鼻、口、耳、頬、顎などはそれぞれがモデルの形をそれなりに写し出したものではあろうが、像に対面するとき、わたしたちの目は顔の細部に深入りすることはなく、全体の穏やかで厳しい表情から離れられない。それが作り手の表現したかったものであり、そこに鑑真の精神が宿るからだ。さきに、顔のどこにも皺のないことをいったが、顔の造形は細部にこだわらず、おもだった特徴をくっきりと浮かび上がらせる作りになっていて、作り手の関心が鑑真の人格というか人柄というか、ひたむきに仏の道を求める精神的な姿勢に向けられていたのだと改めて納得される。像の顔も体も、見れば老年の顔であり、老年の体なのだが、じっと見ているうちにそれらが年齢を超えた、いつまでも続く顔、いつまでも続く体に見えてくる。そう見えてくるのは、そこに精神の崇高さが宿るからだといっていいように思われる。

前節で取り上げた興福寺の阿修羅像は、三面六臂の超自然の形に写実的な少年のすがたを組みこむことによって類稀《たぐいまれ》な美しさに達した像だった。阿修羅は如来でも菩薩でもないが、仏の世界にあって如来や菩薩を守護する仏の眷属《けんぞく》ではあるから、少年のすがたを取った興福寺の阿修羅像は、仏から人間へと近づくところになった像ということができる。たいして、鑑真和上像はその逆の道を――人間から仏への道を――歩んでなった像といえはしないだろうか。

鑑真が間もなく死ぬという時点で像の制作が始まった。生きたすがたをそのまま乾漆の像に写し、後世に残すための造像だ。元のすがたに《に》消ていることが絶対の条件で、だから写実が出発点となる。

像の形としては当然のごとくに鑑真の修行のさまを示す結跏趺坐のすがたが選ばれる。が、それは、悟りを開き、極楽に安らぐ如来の取るすがたでもある。仏教が日本に伝わって以来、都に、また地方に、次々と建てられた仏寺の本尊として、仏師たちは、結跏趺坐の美しい本尊を何体となく作り出し、そこに精神の高さと存在の永遠性をこめようとしてきた。そういう造仏の伝統は天平彫刻に至ってさらにゆたかな流れとなり、たくさんの優品を生み出した。鑑真和上像の制作もそうした流れのなかでの仕事だ。和上のありのままのすがたがそこに映し出されていれば事足りる、というわけにはいかない。生きた鑑真のすがたを映し出しつつ、そこに精神の高さが、存在の永遠性に通じるものが、具わっていなければならない。

そういう思いが写実のその先にある理想的な人間のすがたの造形へと向かわせる。鑑真の僧としての偉大さやその精神の高さは、像の制作者たちのつねづね感じとっていたところだったろうが、その感じとったところをどう像として造形するのか。それこそが課題だった。課題を胸に坐位の鑑真を見つめると、あるいは脳裡に思いうかべると、そこに精神の高さと存在の永遠性の具わったすがたが見えてくることもあったかもしれない。が、見えてくることと作ることとは別のことだ。生身の鑑真ないしイメージとしての鑑真に具わる精神の高さと存在の永遠性が、像のものとならねばならない。作り手にとって、像を作ることとそのことが、精神とはなにか、永遠とはなにかを考えることにほかならなかった。とすれば、弟子の僧たちにとって肖像の制作こそがもっとも深く仏道に参入することだったといえるのではないか。

かれらは何度となく鑑真の講義を聞いたことであろう。くりかえし経典を音読し、黙読し、写しもしたであろう。疑問点を仲間で議論したり、鑑真に直接質《ただ》しもしたであろう。戒律に従う禁欲的な規則正しい生活を心がけもしたであろう。思い通りにできなくて後悔することもあったであろうし、求道の生活を続けることに強い疑いが生じもしたであろう。僧坊での共同の生活にはそれなりの喜怒哀楽があり、僧として充実のときをもつことも不満足のときをもつこともあったであろう。——そういう僧院での生活すべてをもって仏道への参入の営みだと考えるとして、鑑真の像に魂を吹きこみ、精神の高さと存在の永遠性を体現した像を作り出すことは、それらのすべてに勝るとも劣らない、高邁な、誠心誠意の求道の試みだったのではないか。写実性と宗教的精神性が見事に融合した天平彫刻の名品は、そんなことを思わせる。

鑑真は鑑真で、弟子たちの熱意と熱気に応えるべく、せまりくる死に心を乱されることなく無心に穏やかに端座していたであろう。像を作る弟子たちが、鑑真の僧としての、また人間としての、理想のすがたを追い求めていたとすれば、静坐し瞑想する鑑真はいつものように仏道修行者として理想の境地を求めていた。像の作り手と鑑真とのあいだには、たがいの心が通い合う濃密な時間が流れていたように思う。その濃密な時間から生まれ出たのが、穏やかにして厳しい鑑真和上像だった。

第十章　最澄と空海と『日本霊異記』――求道と霊験

七九四年、桓武《かんむ》天皇は都を奈良から京都に遷《うつ》した。平安時代の始まりである。精神史の区切り目は必ずしも政治史の区切り目と一致するわけではないが、平安時代に入って精神史の上にもさまざまな変化があらわれる。以下、変化のおもだった波を時代順に追っていくが、まず取り上げるのが、平安初期に登場する二つの新しい仏教――最澄の天台宗と空海の真言宗――と一冊の仏教説話集である。

1

日本天台宗の開祖・最澄は、七六七年、近江《おうみ》国滋賀《しが》郡に生まれた。父方の三津首《みつのおびと》氏は漢人系の渡来氏族だったという。

一二歳で近江の国分寺に入り、大国師行表《ぎょうひょう》の弟子となった。一四歳で得度《とくど》し、僧となった。

一九歳の七八五年五月、東大寺戒壇院で具足戒《ぐそくかい》を受け、大僧《だいそう》（正式の僧）となった。受戒の三ヵ月後に最澄は比叡山に登って、厳しい山林修行の生活に入った。

近江国の渡来氏族の家に生まれ、少年期に国分寺の名僧のもとに弟子入りし、一四歳で得度し、一九歳で戒を受けるという経歴は、僧としてすこぶる順調な歩みということができる。受戒ののちは、南都の僧団か地方の大寺において重きをなすことが期待されていたと思われる。

その最澄が、受戒の三ヵ月後に突如、比叡山での禅行《ぜんぎょう》生活に入る決意を固め、実行に移す。以後、七九七年に宮中の内供奉《ないぐぶ》に任じられるまでの一二年間、比叡山にこもっての修学と修行の生活が続く。なにを求めての山ごもりであり、修学・修行の生活だったのか。

比叡山に入る頃の最澄の心境と決意のほどを記したものに「願文《がんもん》」と題された短かい文章がある。

前半は一般的に世の無常を嘆き、僧の怠惰と安逸を戒めた文が続き、そこから一転、おのれの過去への痛烈な反省へと向かい、五つの願いが発せられる。

自己反省に始まる後半部分を現代語に訳して掲げる。

振り返ると、自分は愚人のなかでももっとも極端な愚人だ。まったくつまらぬ最低の人間であって、諸仏の教えに違反し、国法に背反し、孝も礼も備わってはいない。ここに、迷狂の心のままに五つの願いを立てる。なにものにもとらわれず前へと進み、無上の仏法を実現しようとここに不退転の決意を固める。

〈その一〉 六根〔眼・耳・鼻・舌・身・意〕が清浄となる境地に至るまでは、わたしは下山して世間に出ることはない。

〈その二〉迷妄を脱して真理を見通す心を獲得するまでは、才芸に身を入れることはない。

〈その三〉戒律に従った生活をまっとうできるまでは、施主の施しによる法会《ほうえ》には関与しない。

〈その四〉悟りの境地に至るまでは、世間的な仕事に従事しない。感覚が清浄となった場合は別だが。

〈その五〉この世で自分の積んだ功徳《くどく》を自分だけにとどめるのではなく、すべての人びとに行きわたるようにし、だれもかれもが悟りの境地に達することができるよう努める。


ひたすら願うのは、解脱《げだつ》の境地で得られる安楽を自分一人が享受するのではなく、すべての人びとが同じような境地に達し、同じような安楽を享受することだ。もし願いがかなって六根が清浄になり、五つの神通力を得たならば、自分が悟りの境地にあることに満足せず、なにごとにも執着しない。生きとし生けるものすべてに及ぶ菩薩の四つの誓願に導かれて、広く世界に相渉《あいわた》り、仏の教えを広げ、人びとを悟りの境地へと導き、どこまでも仏法の実行に努める。（岩波・日本思想大系『最澄』二八七—二八八ページ）

青春の覇気が行間からせまってくるような文章である。

最澄の願いは大きく二つに分けて考えることができる。一つは、これまでの自分を「極愚《ごくぐ》（無学の極み）」「極狂《ごくおう》（修行欠如の極み）」と激しく糾弾し、今から心を入れかえ、山にこもって修学・修行に励み、なんとしても悟りの境地に至りたい、という願いであり、もう一つは、悟りの境地に至ったならば、その成果を自分で独り占めすることなく、普《あまね》く人びとに及ぼし、人びとを至福の悟りへと導きたい、という願いだ。いまのわたしたちの仏教観ないし宗教観からすれば、二つの願いともいかにも仏教者にふさわしい、まっとうな願いだと思えるが、仏教が伝来して以来二百数十年、仏道への専心と衆生《しゅじょう》の救済とが一人の仏教者の自覚的な決意としてこれほど明確に表明され、実行に移された例はほかになかった。

これまでの仏教はもっとずっと世俗の世界に行き通うものだった。政治権力者たちに崇仏か排仏かの選択をせまるものとして、あるいは仏寺・仏像の壮麗な美しさとして、あるいは病気を治し、苦しみを軽減してくれるものとして、あるいは漢文で記されたありがたいことばを一字一句正確に書き写すべきものとして、あるいは国家の安寧を守護してくれるものとして、あるいは知に秀でた者に立身出世を約束する制度として、仏教はその都度《つど》人びとの関心を引いたのだったが、そこに世俗を超えた真実の生きる道があると見定めること、いいかえれば厳しい修学・修行を通じて至上・至純の境地に到達しうる教説あるいは理論として仏教をとらえることは、ここに来てようやく可能となったことだった。最澄や空海を生んだ奈良朝の末期から平安朝初期の時代は、仏教が修学と修行という主体的な営みを通じてかかわるべきものとして明確に対象化された、画期的な時代だったのだ。

近江の国分寺で得度して僧となり、東大寺で具足戒を受けて大僧となった最澄は、近江にも奈良にもとどまらなかった。とどまることができなかった。近江で、あるいは奈良で、修学・修行の毎日を送ることはできなかっただろうか。

できないと思ったから最澄は人里離れた比叡山に入ったのだった。そして、六根清浄の境地に至るまでは下山して世間に交わることはすまい、と誓ったのだった。

仏教は、僧にたいしても俗人にたいしても、欲念や欲情に駆られることのない、清らかな生活を求める。僧にたいしてはとりわけ強くそれを求める。人間の体や心を悩まし、乱し、惑わす欲望、情念、愛憎その他は煩悩《ぼんのう》と総称されるが、とくに僧にとっては、煩悩から解放されて生きることが大きな目標となる。とはいえ、人びとの日々の暮らしはさまざまな煩悩に染められた暮らしだ。煩悩からの解放を求めるとなれば、俗世間から離れることが大切な心がけとなる。だから、僧の住まいとして多少とも世間から隔てられた寺が設けられるのは理にかなったことだった。

しかし、渡来の当初から権力と強く結びつき、世俗の利害とも密接に結びついた日本の仏教は、その後も長く僧の世界と俗界とを結びつける力が強く働き、隔たりを保つのがむずかしかった。世俗の権力や権威とは一線を画し、独立の精神世界を確立し、目先の利害を超えた崇高な理想をめざすという仏法の建前とは裏腹に、われから権力や権威に結びつこうとさえし、俗っぽい利害に振り回されるのを恥じないのが現実の僧団のすがたであり、仏教界のありさまだった。政府主導の大事業として地方に国分寺・国分尼寺が、奈良に東大寺が建立され、また、皇族や有力豪族が率先して写経の作業を推進するような、権力者の側からの仏教への接近が積極的に展開されるのに並行して、あるいはその結果として、仏教界の勢力が大きくなり、寺院や僧団にさまざまな特権や特典が付与されるようになると、さらなる勢力の拡大をめざして特権や特典を利用し悪用する傾向が仏教界の内部に確実に広がっていく。女帝孝謙と結んで太政大臣禅師《ぜんじ》となり法王となって権力を揮った道鏡は、仏教の世俗化と頽《たい》廃《はい》の極限のすがたを示しているといえるし、奈良末から平安初期にかけての光仁天皇や桓武天皇のたび重なる僧尼の綱紀粛正《こうきしゅくせい》や寺院財産の取締まりは、仏教勢力の肥大と専横が政治権力にとっても不都合なものになってきたことを如実に示すものだった。

そういう状況のなかで、最澄は、みずから比叡山にこもることを決意したのだった。「願文」で目を引くのは、比叡山入山が自分と向き合い、自分の生きかたを見きわめつつ決意されていることだ。

仏教世界の頽廃と堕落は最澄の目によく見えていたはずだ。その惨状ゆえに、最澄は、そこで大僧として生きるのを潔《いさぎよ》しとせず、あえて僻遠《へきえん》の山へと赴き、一二年の禅行《ぜんぎょう》生活に入ろうと決意した。

が、仏寺の俗化や僧団の頽廃を最澄は他人事とは見ない。自分もその渦中にあり、同じ俗化と頽廃に侵されていると考える。仏教界が俗化し腐敗し堕落しているとすれば、一二の歳からいままでその世界に暮らし、僧として順調な道を歩んで戒を受けるに至った自分が、その俗化や腐敗や堕落をまぬかれているはずはない。そう考えたとき、状況に向かって放った批判の矢は反転して自分をも突き刺すものとなる。他への批判は同時に自己への批判となる。「愚《ぐ》が中の極愚《ごくぐ》、狂《おう》が中の極狂《ごくおう》、塵禿《じんとく》の有情《うじょう》、底下《ていげ》の最澄」という激しい自己糾弾は、批判の矢が自分へと返ってきて、かえって鋭さが増すさまを示している。

批判がそこまで深まれば、当然にも、自分がどう生きていくかを問わざるをえない。僧として生きつづけるか否かをふくめて、生きかたを根本的に問わざるをえない。そして、その問いへの答えとして導き出されたのが、比叡山での禅行生活であり、五項目の誓願だった。

こうして、山ごもりの生活は、世俗に背を向け、うす汚れた仏教界に訣別《けつべつ》するという否定の意味を超えて、仏法の真実を体得するという理論的かつ実践的な意味を担うものとなった。一九歳の若き最澄には、悟りの境地がどういうものかを明確にイメージすることはむずかしかったろうし、そこに至る明確な方法論もなかったろうが、手さぐりで進む仏道の歩みをなまなかのことで放棄はすまい、という不退転の決意だけは確かなものとしてあった。その決意がしだいに肉付けされるものとして山修山学の一二年間はあった。

山ごもりの生活の実態を直接に伝える資料は現存しないが、関連するものとして、のちに天台宗の門弟たちの守るべき規則を定めた『山家学生式《さんげがくしょうしき》』のなかの次の項目がある。「八条式」と略称されるものの第四条に当たる項だ。(現代語に訳して引用する)

天台宗の僧は得度したあと、すぐに大乗戒を受ける。受けたあと一二年間は山門を出ることなく修学に励む。初めの六年間は聞くことを学習の中心とし、かたわら思索と実践もおこなう。一日のうち、仏教の学と仏教以外の学とを二対一の割合でおこなう。長時間の仏典講義と仏法の説諭をおこなう。後半の六年間は思索と実践を学習の中心とし、かたわら聞くことをおこなう。……（同右、一九七ページ）

一二年間、山門を出ることなく教えを聞き、思索と実践を重ね、仏教以外の教えをも学習し、長時間の講義や説諭をおこなう——、想像するだに息の詰まるような求道の日々だが、最澄がこんな厳しい規則を門弟に課すことができたのは、青・壮年期にみずから決意してこのような山修山学の一二年間を送り、もって仏道に深く参入しえたとのゆるぎない確信をもつことができたからであろう。このような苦行を義務として課すことには疑問なしとしないが、若き最澄の手さぐりの山籠《さんろう》生活が後から振り返れば、こんなふうに整理できるような日々であり、その苦行の日々をくぐりぬけることによって最澄自身が仏法の核心に触れ、仏教者として生きる自信を得たことは疑《い》いを容れない。時代の状況と鋭く対立する最澄において、脱俗と苦行の山籠生活は、仏教的な思索と実践の日々として見事に実を結んだといえよう。

山を下りた最澄を待っていたのは、新しい宗教思想にもとづく天台教団の確立に向けての、既成の宗教思想および南都教団との闘いだった。闘いは張り合い、競い合いの形を取って始まったが、しだいに鋭い思想的・理論的な対立の様相を帯びるものとなった。『守護国《しゅごこっ》界章《かいしょう》』『決権実論《けつごんじつろん》』『顕戒論《けんかいろん》』といった最澄の代表的著作は、いずれも思想的・理論的な対立のただなかで生まれた戦闘的な論争の書だった。

南都教団との対立は年とともに深まっていったが、たいしていえば、平安京の朝廷との関係は最澄の死に至るまで比較的良好だった。一二年間の山修山学を終え下山してまもなく、最澄は宮中の内道場に仕える内供奉《ないぐぶ》の職に任じられているし、八〇二年（最澄三六歳）には和気弘世《わけのひろよ》・真綱《まつな》の催す高雄山寺の法会《ほうえ》に南都の高僧とともに招請され、天台の教えを講義して天皇や東宮《とうぐう》を随喜させている。八〇四年、最澄が遣唐使の一行に混じって天台習学のため渡唐することができたのも、桓武天皇の計らいによるものだった。

唐の地で道邃《どうずい》、行満《ぎょうまん》、順暁《じゅんぎょう》の教えを受けた最澄は、帰国後、天台宗の普及と天台教団の南都旧宗からの独立に向けて本格的な動きを開始する。桓武天皇を初めとする朝廷の厚意を当てにできることが動きを進める上で大きな助けとなった。

帰国直後の目立った動きの一つが、八〇六年の正月に、年分度者《ねんぶんどしゃ》の各宗派への公平な割り当てを朝廷に申請し、それが僧綱《そうごう》の賛意を得て認可されたことだった。年分度者とは毎年正月の御斎会《ごさいえ》で得度を許される者のことで、それまで一〇名だった得度者を一二名に増やし、華厳《けごん》宗二名、天台宗二名、律宗二名、三論宗三名（成実《じょうじつ》宗一名をふくむ）、法相《ほっそう》宗三名（倶《く》舎《しゃ》宗一名をふくむ）とする、というのが最澄の申請内容だった。南都六宗と並んで天台宗にも年分度者の割り当てを得ようとするもので、天台宗の公的な認知を求める申請だった。南都教団の強い支配下にある僧綱が、最澄の申請に賛意を表したことからすると、最澄と南都教団のあいだにはいまだそれほどの対立関係が生じていなかったものと考えられる。

最澄と南都旧宗との対立がはっきりとおもてにあらわれるのが、会津在住の僧・徳一《とくいつ》との「三一権実論争《さんいちごんじつろんそう》」と、大乗戒壇の設立をめぐる南都の僧綱との論争である。二つながら、対立する両者が正面切って相手を論難する、日本仏教史上稀に見る熱のこもった論争だった。

まずは徳一と最澄の三一権実論争だ。

徳一はもともと奈良の東大寺で仏法を学び、二〇歳ごろに東国に移住した法相宗《ほっそうしゅう》の僧だ。その徳一が自著『仏性抄《ぶっしょうしょう》』のなかで法華経を批判したことから論争が始まった。田村晃祐『最澄』はその間の事情を簡潔にこう述べている。

現在知り得る限り、この論争の発端をなすものは、徳一の著した『仏性抄』である。……〔その内容は〕法華経は釈尊が、特定の意図をもって、すなわち真実の教えへ人々を導くための手段としての意味で説かれた権《かり》の教えであり、そこで、釈尊が自身の悟りをそのまま述べたものではなくて、教える相手に随って程度を落して説くことによって、相手を真実の立場へ引上げるための教えであるに過ぎない、というものであった。これは、法華経こそが、あらゆる仏教経典の中で最高の経典であり、ここに釈尊の真実の教えが説かれている、とする天台宗の教学とは正反対の見方であった。これは法相宗の伝統的な立場の表明である。

これに対して、最澄が東国旅行中に著した反論が『照権実鏡《しょうごんじっきょう》』一巻であった。(『最

澄』吉川弘文館・人物叢書、一六一―一六二ページ）

以下、論争は四年にわたって続き、徳一は『中辺義鏡《ちゅうへんぎきょう》』『遮異見章《しゃいけんしょう》』『慧日羽足《えにちうそく》』などを著して天台批判、一乗批判を展開し、最澄は『守護国界章』『決権実論』『法華秀句《ほっけしゅうく》』を著して法相批判、三乗批判を展開した。

論争の焦点は、「三一権実」論争という呼び名の示すように、三乗の教え（衆生をその素質・能力に応じて悟りへと導く三種の教え）と一乗の教え（一切の衆生を悟りへと導く唯一の教え）のうち、そのどちらが真実の教えであり、どちらが権の（仮りの）教えであるか、という点にあった。法相教学の立場に立つ徳一は一乗の教えは権《かり》の教えで、三乗の教えこそ真実だとし、天台教学に立つ最澄は三乗の教えが権《かり》で、一乗の教えこそが真実だと主張した。

対立する二つの立場の根底には、人びとがいかにして悟りに至るかについての、明確に異なる考えかたがあった。天台教学に立つ最澄は、一切衆生《いっさいしゅじょう》の悉皆成仏《しっかいじょうぶつ》を説く『法華経』に拠り、すべての人は悟りを開くことができ、仏となることができると考えたが、法相教学の徳一は、衆生には先天的に五種類の素質・能力のちがいがあって、悟りに三種の区別（三乗）があるのみならず、悟りに至りえない（仏性のない）人もあると考えた。相容れない人間観が真っ向から対立し、どちらも頑《かたくな》に自説を守ろうとするのだから、論争はどこまで行っても決着するはずがなかった。また、第三者の目から見てどちらかに軍配を上げることも、これまたできそうにはなかった。

が、勝ち負けこそ決まらなかったが、論争は仏教思想の対決として高い水準を示すものだった。なにより、深く厳しい思索をせまられた両当事者——徳一と最澄——が、経典に真摯に向き合い、自他のちがいを見定めつつ思考を重ね、表現の明晰さを求めて論理を磨《と》ぎすます、という対決姿勢を保持したことが大きい。論争につきものの貶称《へんしょう》や当てこすりがあちこちに見られはするが、徳一も最澄も、相手の主張に正面から立ち向かい、死力を尽くして相手を論破しようとする姿勢を崩すことがなかった。その姿勢があったればこそ、四年にわたってたがいに次々と論駁《ろんばく》の書を執筆できたので、論争は両当事者にとってこそ最大の思想的な意味をもったといいたくなるほどだ。一乗方便・三乗真実および五性各別という徳一の主義主張も、三乗方便・一乗真実および一切衆生悉皆成仏という最澄の主義主張も、論争の進展のなかで、ほかならぬ徳一と最澄にとってこそ、その意味するところがこの上なく切実に会得されていったものと思える。仏典の文言に思いを凝らし、論理的思考を働かせて文言と文言とをつなぎ合わせ、そこから統一的な世界観・人間観を浮かび上がらせようと両者が努力を重ねている点で、この論争は仏典を読むということにおいて一つの新しい境地を切り拓いたということができる。

徳一との思想的対決は現実的な成果と直接に結びつくものではなかったけれども、もう一つの、大乗戒壇の設立をめぐる南都の僧綱と最澄との論争はそうではなかった。比叡山に新たに大乗戒壇を設けるには勅許《ちょっきょ》を得ることがどうしても必要だったから、論争は勅許を得るという明確な現実的目的をもって闘われた。

比叡山に戒壇がないために、最澄は天台教団の運営上、苦い思いを重ねてきた。年二名の天台宗年分度者は受戒のためには東大寺に赴かねばならなかったが、その際、山を下りて南都に向かった僧が、身を立てるのに有利な南都の大寺にそのまま住みついてしまうことが多かった。せっかく養成した門弟が受戒を機にいなくなってしまう。天台教団にとっては由々しい問題だった。

が、比叡山に南都とは別個の戒壇を設けるとなれば、門弟の離散を防ぐという当面のねらいを超えて、そもそも仏徒にとって授戒（受戒）とはなにかが問われざるをえなかった。問いをそこまで深めていくのが最澄の思想的な構えというものだった。

比叡山における大乗戒壇設立の許可を朝廷に申請した文書が、『山家学生式《さんげがくしょうしき》』の名で一括される三種の文書だが、そこで最澄は、南都の小乗戒と質を異にする大乗戒の理念を強く打ち出してくる。徳一との「三一権実論争」を引き継いで、一乗真実の天台宗にふさわしい大乗戒を比叡山において授けようというのだ。南都の小乗戒が出家僧だけに授けられるのにたいして、最澄の大乗戒は出家・在家の区別なく授けられ、授けられた僧は一二年の山修山学が義務づけられた。また、みずから悟りを開くだけでなく利他の行に邁進することが強く求められた。長年の宗教的実践と宗教的思索に裏打ちされた簡潔明快な『山家学生式』を読むと、おのれの仏教思想にたいする最澄の自負と、それが社会的にも受け容れられつつあることへの自信のほどがうかがわれる。

『山家学生式』を受けとった朝廷では、それを南都の僧綱に示して意見を求めた。僧綱は最初の「六条式」と二番目の「八条式」は黙殺したが、最後の「四条式」については四条の一つ一つに反論を加え、大乗戒壇の設立に強く反対する意見を提出した。その意見書は最澄の閲覧に供され、それへの再反論の形で最澄がおのれの大乗戒の理念をくわしく論述したのが、『顕戒論』全三巻だった。

大乗戒をめぐる僧綱の見解と最澄の見解は真っ向から対立する。妥協の余地はない。僧綱も最澄もそのことを承知の上で、相手を徹底的に論難しようとしたのだった。「四条式」は正式には「天台法華宗年分度者回小向大式《えしょうこうだいしき》」というが、その意味するところは、比叡山で修行しようとする僧には小乗戒を禁じ(回小)、大乗戒を授ける(向大)定めとする、というものだ。南都の戒壇を小乗戒だと決めつけて否定し、大乗にふさわしい戒壇をここ比叡山に初めて設ける、と正面切って主張する論争の書だ。南都教団にたいするあからさまな挑戦状といってよい。

僧綱も負けてはいない。「四条式」に示された大乗戒の考えが仏教の理法に合わず、授戒の伝統に背くものであることを委細《いさい》にわたって論難する。その序文に当たる部分の後半を、現代語訳で引用する。

日本には欽明天皇の戊午《つちのえうま》の年に百済の王が仏法を伝えた。天皇の仏教崇拝は以後ずっと続いてきた。道照、道慈といった僧が唐に赴き、すぐれた師のもとで立派に学業を修めた。インドの菩提僊那《ぼだいせんな》や唐の鑑真などが感じるところあって来日し、教えを広めた。かれらは徳のぬきんでた人たちだったが、だれも戒律に異議を唱えることはなかった。ところが、僧の最澄は唐の都には行かず、周辺の地方にいただけで日本に帰国し、いまごろになって勝手に大乗戒の規則を作って朝廷に提示している。

文章は粗漏だし、筋道が通っていない。仏法を乱すだけでなく、僧尼令にも違反している。本人を召喚し、仏法にもとづいて正邪を判定すべきだ。そうすれば、玉と石、清と濁が弁別されることになろう。(岩波・日本思想大系『最澄』一五―一七ページ)

論争の一方の当事者の言だから額面通りに受けとるわけにはいかないが、言うべきことは言いえていると思う。南都旧宗の側からすれば、最澄の「四条式」は、インド、中国、日本に長く受け継がれてきた授戒の伝統を紊乱《びんらん》する、自分勝手な戒壇新設の構想であり、仏法に照らしてその非を明らかにできるものであった。

最澄には、おのれの大乗戒壇設立の構想が伝統的な戒壇のありかたや戒律のとらえかたに反するところがあるのは十分に自覚されていた。が、その一方、おのれの戒律思想と戒壇構想こそが、伝統的な戒壇や戒律以上に仏法にかなうものであるとの自負と自信が、最澄にはあった。最澄にとって、南都の僧綱の「四条式」論難は、おのれの戒律思想と戒壇構想を披《ひ》瀝《れき》する絶好の機会をあたえてくれるものでもあって、論難に応える『顕戒論』は、煩瑣《はんさ》な議論に相渉る論争の書ながら、最澄の大乗思想ないし天台思想を集大成する書物となってあらわれた。

いまはわたしたちは論争の細目には立ち入らないが、南都旧宗と最澄とのちがいをくっきりと示す議論として、当時通例となっていた宮中での得度出家にたいし、最澄がこれを強く批判した文を引いておきたい。

僧綱の上奏文に「なぜ宮中の出家は清浄ではないのか」といわれている。答えよう。宮中は徳の高い清浄な場ではあるが、しかし、出家を許された僧はまだ清浄とはいえない。比叡山の年分度者のなかにも、山林を嫌い安楽を求めるものがいる。教えに背いて仏法なき里に逃げ、真実の追求を怠り、来世での悪果を恐れず、富や名声を求めるものたちだ。そんな状態では釈迦の教えは埋没し、神聖な仏法が顕現することはむずかしい。……だからこそ、中国の五台山《ごだいさん》の五寺では出家僧を山に住まわせ、興善寺の両院では護国の経典の読誦を定めとしたのだ。得度以前に山に住んで山修山学に慣れ親しみ、得度後は一二年の籠山生活を送ることこそ清浄な出家といえよう。（同右、一三九ページ）

比叡山入山を決意した青年期の志が変わることなく保持されている。おのれの思想をつらぬくところに、新しい実践と真理に生きる仏者最澄の面目があった。そして、そのような思想性に支えられた最澄の議論は、平安初期の貴族や僧侶の世界にたいして一定の説得力をもったもののごとくで、最澄の死の七日後に、大乗戒による天台僧養成の制度が勅許された。

天台教団は名実ともに南都旧宗から独立することになった。

2

真言宗の開祖・空海は七七四年、讃岐国多度郡に生まれた。最澄の誕生の七年後のことだ。

一五歳で上洛し、外舅《がいきゅう》・阿刀大足《あとのおおたり》に就いて『論語』『孝経』等を学び、次いで、大学に入って『毛詩』『春秋左氏伝《しゅんじゅうさしでん》』『尚書』等を学んだが、そこで一人の沙門《しゃもん》に会い、虚空蔵求聞持法《こくうぞうぐもんじほう》なるものを教示された。虚空蔵菩薩を念じることによって超人的な記憶力を獲得する修法《ほう》で、空海はみずから修法を実践しようと決意し、大学の課程を中断して山林修行に身を投じ、阿波の大滝山や土佐の室戸岬などを巡歴し、激しい修行を重ねた。

最澄も試みた山林修行は、日本古来の山岳信仰と外来の脱俗的仏道修行とが重なり合うような修法だが、体を鞭打《むちう》って精神の集中力を高める修行を通じて仏教の卓越性を確信した空海は、二四歳の七九七年（平安遷都の三年後）に処女作『三教指帰《さんごうしいき》』を書き上げる。

「三教」とは儒教と道教と仏教の三つの教え、「指帰」は教えの示すところ。三つの教えの内容を比較し、儒教よりも道教がすぐれ、儒教、道教よりも仏教がすぐれていることを明らかにするのが空海の執筆意図だった。

原文は漢文で書かれた宗教の書だが、空海が自分の論を展開するという形を取らず、全体が対話形式の戯曲の形を取っている。舞台は兎《と》角公《かくこう》なる人物の邸。甥の遊蕩児・蛭牙《しつが》公子《こうし》に手を焼く兎角公が、やってきた儒教の亀毛先生《きぼうせんせい》に甥をさとしてくれるよう頼む。亀毛先生は忠孝や立身出世の儒教道徳を説き、聞いた蛭牙公子が改悛《かいしゅん》して上巻が終わる。中巻では、それまで愚を装ってそばにいた虚亡隠士《きょぼういんし》が口を開き、道教の立場から儒教の世俗道徳を批判し、永生を実現しようとする仙道を説き、聞いた亀毛、蛭牙、兎角の三人がその説に心服して中巻が終わる。下巻の語り手は仮名乞児《かめいこつじ》と呼ばれるが、この人物については、世捨人としてのその異様な風貌と、困苦の極にあるその暮らしぶりがまず紹介され、そののちに、世俗の名利や神仙による脱俗を否定し、仏教による解脱を衆生に働きかける実践活動こそが最高の徳だとする当人の論が展開される。居合わせた人みんながその所説に感服したところで、仮名乞児が全体の結びとなるような「十韻の詩」を唱えて下巻の幕が下りる。

　文章は中国の六朝から唐にかけて流行した四六駢儷体《しろくべんれいたい》が用いられ、要所には頌《じゅ》や詩や賦《ふ》が挿入される。空海がかつて学んだ漢文の知識が見事に生きている。三教を比較してその優劣を論じるという形式は中国の隋唐期に範を取ったものだが、人物の設定のしかたといい、論の内容のくだけかたといい、手本に拘束された窮屈さはなく、むしろ、空海の表現力の自在さこそが印象づけられる。その自在さは空海の早熟な天才ぶりを示すとともに、客観的な事実や、経験した事柄や、頭に浮かぶイメージや、心に抱く思想と感情を漢文で表現し理解する、知識層一般の表現力と理解力の水準の高さをも示している。

　時代はいまだ、自分たちの思うところを日本語で書き記す、という段階には至っていない。一音を一漢字で書き記す万葉仮名の書法だけは成立しているが、万葉仮名はもっぱら歌謡を書くのに用いられ、出来事や思いを散文で書きあらわそうとすれば、漢文によるしかなかった。日本語で話したり考えたりしたことをそのまま日本語で書くことはできなかった。日本語で話したり考えたりしたことを漢文脈に翻訳して書くか、初めから日本語を離れて漢文脈で考え、それを書き記すか、そのどちらかしかなかった。漢文を改変して日本語に近づけた『古事記』の書法は例外的であって――だから『古事記』の文体は「変体漢文」と呼ばれる――、『日本書紀』も『続日本紀』も『懐風藻』も『文華秀麗集』も、外来の書法たる漢文で書かれたものだった。前節で見た最澄の『決権実論』、『山家学生式』、『顕戒論』もそうだし、空海の数多くの著作もすべて漢文だ。最澄や空海が仏道修行に邁進《まいしん》する奈良末から平安初期の時代には、知的な貴族や僧侶のあいだでは表現と伝達の手段として漢文を用いることが一般的だった。

なかでも空海の漢文は華麗にして流暢《りゅうちょう》だという。漢文の読み書きに堪能なだけでなく、中国語を話せる人のリズミカルな文章だという。わたしは残念ながら文章のうまさを味わうだけの漢文の素養も知識もないが、読み下し文をたどるだけでも、若き空海が漢文を自在に操って対話劇を作り上げる文学的な手腕のほどは分かる。遊蕩児をどう説諭するかという形で論が始まるのは、思想を日常に近づける巧妙な工夫だし、語りの途中にさしはさまれる漢籍からの引用文は、地の語りとうまく照応して滞《とどこお》るところがない。また、論をなす亀毛先生、虚亡隠士、仮名乞児の三人は、それぞれの説く儒教、道教、仏教の内容にふさわしく、その人物像が造形されている。対話劇を少しでもリアルなものに仕立てようとする工夫だ。仮名乞児の論のなかに韻文体の頌《じゅ》や詩や賦《ふ》を挿入する技巧をもふくめて、そうした工夫には文章を楽しむ余裕のようなものが感じられる。空海は漢文を綴《つづ》るだけで精一杯という境地をぬけ出していた。

が、中国、朝鮮、日本においてそれぞれ多くの信奉者をもつ儒教、道教、仏教の三つを比較し、その優劣を明らかにする、という本の主旨からすると、『三教指帰』はそれほど成功した書ではない。思想書に不可欠の批判性と論理性が稀薄だからだ。

上巻では儒教が、中巻では道教が、下巻では仏教が論じられてはいる。が、それぞれの教えを擁する人物が固有名をもって舞台に登場していながら、そのうちのだれかとだれかが教えの是非をめぐって議論をたたかわせる、ということが絶えてない。上巻では三人の登場人物のうち二人は聞き役だから、亀毛先生の儒教論を聞き役の兎角公と蛭牙公子が称賛して終わるのはやむをえない。が、中巻で虚亡隠士が道教を論じるときは、上巻の三人がそのままその場に残っている。となれば、道教論の終わったところで儒教の立場からする亀毛先生の反論があってしかるべきで、その亀毛先生があとの二人といっしょになって虚亡隠士の前に跪《ひざまず》き、その説を称賛するというのは腑《ふ》に落ちない。下巻の終わりでも同じようなことが起こる。仮名乞児の仏教論を聞いて、亀毛先生も虚亡隠士も「孔子の儒教や老子・荘子の道教はなんと偏《かたよ》った浅薄な教えであることか」とあっさり矛《ほこ》をおさめてしまう。

儒教と道教を低きに置き、対比的に仏教を高きに置こうとする空海の意図は明々白々だが、相互批判のないまま一方が他方に屈服するという優劣の構図に、どれだけの思想的な意味があるのか。登場人物の配置の妙や修辞の自在さは楽しめるとしても、論の実質は、結論が先にあって、そこへと情緒的に読者を導こうとするものでしかない。最澄の『決権実論』が自説にたいする徳一の反論を提示し、それに再反論するという形を取り、『顕戒論』が南都の僧綱の大乗戒壇無用論を逐一引用し、それを再批判するという形を取ることを思うと、対立する論理が火花を散らすことのない空海の論の進めかたは、もの足りない。

とはいえ、『三教指帰』は仏教のみをよしとして他教をかえりみない狭量の書ではない。儒家（亀毛先生）が道教に情緒的に心服し、次に儒家と道家（虚亡隠士）が仏教に情緒的に心服するという対話劇の進行は、逆にいえば、道教が儒教を内に包みこみ、仏教が儒教と道教を内に包みこむという関係を示唆しているといえる。話の展開が情緒的で、批判精神の発露も論理の対決も見られないのは、思想書としての未熟と甘さを露呈するものというほかないが、空海ののちの思想的発展を視野に入れて考えると、いまいう包みこみの関係は空海の実践と思考の本質をなすもののごとくだ。ちなみに、日本精神史を広くながめわたすと、批判の論理を磨《と》ぎすます最澄の論法よりも、包みこむ・包みこまれるという空海の論法のほうが主流をなすといえるかもしれない。

さて、二四歳で『三教指帰』を著した空海は、その七年後の八〇四年、遣唐使の一行に交じって唐に渡った。一行のなかには最澄もいたが、唐では二人は行動を共にせず、空海は長安に赴き、恵果《けいか》に就いて密教を学んだ。

帰国後、空海は密教僧として天皇に重んじられ、八一二年、高雄山寺で結縁灌頂《けちえんかんじょう》（仏縁を結ぶ密教の儀式）をおこない、八一九年、高野山で金剛峯寺の建立に着手し、八二三年、嵯峨天皇から東寺をあたえられ、これを教王護国寺と名づけて密教の根本道場とした。八一二年の結縁灌頂には最澄も参加している。空海と最澄の親交を示す事実だが、最澄が空海に密教の経典の借覧を請うことで始まった二人の友好関係は、長くは続かなかった。友好から反目への過程にはあれこれ個別の事情がからんでもいるが、二人の宗教思想のちがいが友好関係の持続をむずかしくしたことは否定できない。

密教は、俗世間とのかかわりにおいては、現世利益《げんせりやく》をもたらす加持祈禱の仏教として尊敬と支持を集めた。加持祈禱の効験としては降雨、病気平癒、安産、降魔、国家安泰など種々雑多なご利益《りやく》がある。空海は、大学での勉学を中断して虚空蔵求聞持法の習得をめざし、僻《へき》遠《えん》の地で勤行《ごんぎょう》に励んだことから明らかなように、中国留学中に恵果から密教を学ぶ以前に、加持祈禱の類《たぐい》に親しんでいた。

が、密教は、現世利益を事とする加持祈禱の仏教といって済まされるものではない。加持祈禱の背後には雄大な形而上学的理念体系がひかえている。大日経と金剛頂経を根本経典とするその教義を、空海は唐の高僧・恵果から学び、それをみずからの血とし肉とすることによって真言宗を開いたのだった。

血となり肉となるさまをみずから言語化したものが即身成仏論《そくしんじょうぶつろん》だ。即身成仏とは、いまに生きる生身《なまみ》の体のままで悟りを開き、仏となることをいうが、空海はそのことが現実に可能だと考えた。いかにして可能か。その根拠を明らかにするのが『即身成仏義』だ。展開されるのは万物のありさまと人間の心身の動きを大きく視野の下におさめた、宇宙論であり精神論であり身体論だった。

まず、世界の構成原理が「六大《ろくだい》」――地・水・火・風・空・識――として呈示される。地・水・火・風・空の五つが物質的原理であり、識が精神的原理だ。そして、「六大は無礙《むげ》にして常に瑜伽《ゆが》なり」――六つの原理は自由自在に行き来し、つねに調和を保っている――という。万物が調和し、人間もそのなかに包みこまれてゆったりと安定した状態にある。それが全宇宙の本来のありようだという。これが第一の命題だ。

その調和したありさまを諸仏・諸尊の配合図として描いたものが曼荼羅《まんだら》で、それには四つの種類があるが、「四種曼荼《ししゅまんだ》おのおの離れず」――四種類の曼荼羅は相補って唯一無二の全宇宙を象徴する――といわれる。六大を本体、曼荼羅を現象と名づけるとすれば、本体と現象の統一をいうのが第二の命題だ。

第三の命題は、「三密加持すれば速疾《そくしつ》に顕《あら》わる」――三密（身《しん》・口《く》・意《い》の三つの玄妙な働き）が仏と衆生とのあいだで感応するようになれば即身成仏が完成する――というものだ。手に仏の印契《いんげい》を結び（身密）、口に仏の真言を唱え（口密）、心が仏の心境に達する（意密）なら、仏がおのれになり、おのれが仏になるという即身成仏が現実のものとなる、というのだ。

わたしたちは「第五章　仏教の受容」において、仏教の到来とともに、人間のすがたを取った崇高で美しい像を礼拝する、という信仰の形が新たに登場してくるのを見た。そして、日本の地に仏教が広がっていくなかで、仏の像がより美しく、より精神的なものになっていくのを見てきた。仏の像とそれを安置した仏殿・仏閣は聖なる空間として日常の生活空間からは明確に区別されていくのを見てきた。

空海の即身成仏論はそうした日本仏教の歴史的な流れに逆行するものといわねばならない。仏寺と仏像が聖化され、身をかがめてそれを崇拝するのがこれまでの日本仏教の基本的な信仰形式だったとすれば、空海の即身成仏論は、人間をもふくめた全宇宙を聖化し、聖なる仏と俗なる人間との距離を限りなく小さくする宗教思想だということができる。

その宗教思想は、真言密教の教主たる大日如来のありかたに集中的に示されている。大日如来は釈迦如来や薬師如来や阿弥陀如来などと同じように理想的な人間のすがたで――ただし如来形ではなく菩薩形で――図に描かれたり彫像に作られたりするが、それは仮りのすがたであって、本来は宇宙の原理こそが大日如来なのだ。つまり、地・水・火・風・空・識の六大がそのまま大日如来だし、六大の根源にあって、六大を動かし、調和させ、統一するのが、これもまた大日如来なのだ。宇宙の原理としての大日如来は世界の至るところに遍満しているわけで、とすれば、山川草木のすべてが――むろん人間をもふくめて――大日如来だということができる。

こういう大日如来のありかたは、仏像として表現された仏のありかたとは容易に結びつくものではない。むしろ、日本古来の信仰において感受された、流動する霊気のありかたにそれは近い。思い起こせば、霊気――霊《たま》――は宇宙の隅々にまで行きわたる変幻自在の存在であった。

霊《たま》信仰の場合、生きた人間に神霊が憑依《ひょうい》すればその人が神となるのだったが、即身成仏も似た構造を取る。「三密加持すれば速疾に顕わる」というのがそれで、生きた人間の主体的実践を通じて仏と人間の一体化――即身成仏――が実現するとされる。

特徴的なのは、主体の側の全身全霊を傾けた行為を通じて一体化が実現する、とされていることだ。そういう即身成仏の教義を唱える空海には、おのれと仏との一体化の実体験があったにちがいない。そのためには超人的な心身の集中力が必要だった。若い頃の山林修行も集中力のあらわれだが、唐から帰ったあと宮廷や貴族社会で厚遇されるようになっても、僻遠の高野山に道場を構え、密教の儀式において、薄暗い法会の場に図像や法具を所狭しと並べ、火を焚き、煙をくすぶらせ、音を響かせ、読誦の声を上げるといった演出を考案するところに、主体的な実践を重んじる宗教思想と、それに耐えうる空海の心身の集中力の大きさを見てとることができる。最澄の山修山学があくまで経典と教理に向かうものだとすれば、空海の山修山学は外へと、宇宙との合一へと、向かうものだった。

合一は、内部の生命力が外へ溢《あふ》れ出るという形を取る。溢れ出るには溢れるほどに内部の生命力が高まらねばならない。手に印契を結び、口に真言を唱え、心に本尊を観じるという三業《さんごう》はまさに内部の生命力を高める試みといってよい。その高まりが主体を外界との合一へと導く。そして、そこに無限の合一の可能性が感じられるとすれば、外界との合一は仏との

――宇宙の原理との――合一を実現するものということができる。空海はおのれの内部にそのような生命力の横溢《おういつ》を実感できる宗教思想家だった。即身成仏論とは、そのような一個人の特異な実感を普遍的な仏教理念にまで押し上げたものだ。大日如来が仏像という限定を超えて宇宙の隅々にまで広がり、宇宙の原理として改めてとらえ直されるという思考の過程は、空海の実感した内部の生命力の大きさのあらわれと見ていい。

『即身成仏義』が空海の生命力の横溢を印象づける著作だとすれば、晩年の代表作『秘密曼荼羅十住心論』（以下『十住心論』と略記する）は空海の観念的構想力の大きさを示す仏教書だということができる。真言宗の立場から、人間の心を一〇種類に分けて、低い段階から高い段階へと並べ、その一つ一つを解説するのが本の内容だ。一〇種類は以下の順序で並ぶ。

一、異生羝羊心《いしょうていようしん》――「異生」は凡夫。凡夫の心が羊のように愚かな状態。
二、愚童持斎心《ぐどうじさいしん》――愚かな子どもが人倫の道を守るようになった状態。
三、嬰童無畏心《ようどうむいしん》――いまだ子どもではあるが、天上での幸福を求めて修行する状態。
四、唯蘊無我心《ゆいうんむがしん》――五蘊（色・受・想・行・識）のみが実在し、実体的な自我は実在しないと信じる状態。
五、抜業因種心《ばつごういんしゅしん》――悪業を逃がれ、十二因縁を観じて、生死の苦を離れた状態。

六、他縁大乗心《たえんだいじょうしん》——みずから悟りを開くだけでなく、他の衆生をも救おうと慈悲の心を起こす状態。
七、覚心不生心《かくしんふしょうしん》——一切の存在は不生不滅であると悟った状態。
八、一道無為心《いちどうむいしん》——唯一絶対の立場に立ち、因縁によって形成された有為《うい》の世界を超えた状態。
九、極無《ごくむ》自性心《じしょうしん》——顕教《けんぎょう》における窮極の段階を指し、一切の存在の無自性を悟った状態。
十、秘密荘厳心《ひみつしょうごんしん》——自分自身が肉身のまま大日如来と一体化した状態。

一〇段階の最終「秘密荘厳心」が真言宗の求める悟りの境地で、衆生の心と仏教の世界がすべてそこへと流れこむように全体が秩序づけられている。具体的にいうと一、二、三は仏教以前の境涯で、しだいに倫理性・宗教性が高まっていく段階を示し、四、五が小乗仏教の声聞《しょうもん》の段階と縁覚《えんがく》の段階に相当する。六「他縁大乗心」以降の五段階がそれぞれ大乗仏教の五宗派の立場に対応し、六が法相宗、七が三論宗、八が天台宗、九が華厳宗、十が真言宗となる。

みずからが開いた真言宗の立場を宗教心の最高段階とするところには、空海の宗派心のごときものが感じられないではないが、『十住心論』の内実は、自派を高しとし他派を低きに置く党派心とはおよそ無縁の、人間の心のありようの客観的な探究となっている。『三教指帰』に見られた外へと広がる知的好奇心が、ここではさらに勢いと密度を増し、叙述が外へ外へと自在に延びている。執筆のきっかけは淳和《じゅんな》天皇が法相、三論、華厳、律、天台、真言の六宗にたいし、自宗の教義を記して提出するよう命じた勅命にあったが、仏教諸宗のあいだの比較を超えて、世俗の倫理道徳や、迷妄と悪の世界にも筆が及ぶところに、空海の知的好奇心の旺盛さと観念的構想力の壮大さを見てとることができる。しかも、仏教の外へとはみ出す論述が付録ないし余技の類に堕することなく、仏教を論じるときと同じ熱意と集中度を備えているところがいかにも空海だ。

試みに、迷妄と悪の世界を論じた「異生羝羊心《いしょうていようしん》」の書き出しの部分を現代語に直して引用する。

異生羝羊心とは、凡夫が善悪の弁《わきま》えなく迷い、愚か者が因果応報の理を信じないで物に執着する心をいう。いつも自分と自分の物とにこだわり、誤った判断で動いてばかりいる。かげろうをどこまでも追いかけ、燃える火を払いのけて火傷《やけど》をする。羊が草のことばかりを考え、幼な子が水に映る月を愛するのにそっくりだ。自我の本性が分からないのだから、どうして仏法の真実を認識できようか。認識できない以上、仏の教理に違反し、無明の世界に生きつづける。……

こうして水陸の美味に舌鼓を打ち、派手な生活にのめりこむ。鷹と犬を使って鳥を殺し食料とし、馬上に弓を引いて獣を殺し、味を堪能する。沢の水を涸《か》らして魚獲し、藪の木を倒して鳥をつかまえる。獲物を囲いこむのを楽しみ、収獲の多いのを手柄とする。網を解いて獲物を逃がす優しさはなく、罪人を見て泣いた夏の禹王《かおう》の仁愛などどこにもない。欲望は限りなく、毎日が楽しみに明け暮れる。他人の財産を掠奪し、人の妻や妾を犯す。妄語・両舌・悪口・綺語《きご》を恥じることなく、貪《とん》・瞋《じん》・痴《ち》の三毒に染まり、人の守るべき掟を誹謗《ひぼう》し、悪の種をまきちらす。毎日毎時間悪をなし、忠にも孝にも無縁で、義も慈も備わっていない。仁・義・礼・智・信の五常の教えをもってしてもつかまえられず、声聞《しょうもん》乗《じょう》・縁覚乗《えんがくじょう》・菩薩乗のどの乗物にも乗せることができない。邪師に従い、邪教に身を寄せる。煩悩を逃がれようと考えたことがなく、目の前のことだけに没頭している。そんな衆生のことを愚童羝羊というのだ。（岩波・日本思想大系『空海』一四―一五ページ）

「異生羝羊心」を簡潔に要約した文章だ。この後には、ここに出てくる仏教的な用語やものの考えかたの一つ一つについて、経典の文句を縦横に引用しながらの詳しい解説がある。現実と経典のあいだを自在に行き来する見事な文の連なりだ。空海の思考の柔軟性が遺憾なく発揮される。そして、第一段階の「異生羝羊心」について解説しつくしたところで、論は次の「愚童持斎心《ぐどうじさいしん》」へと移る。

空海の悠揚せまらぬ思考のありさまを示す好例として、「愚童持斎心」の総論部分を引用しておきたい。

愚童持斎心とは、人が善心へと向かい、凡夫が心の源に帰っていく第一歩を示すものだ。仏を求める永遠の種が春雷によってはじけ、善を願う気持ちが雨にうるおされて芽生えるのだ。食事を節制することに喜びを感じ、人に施しをするようになる。欲望を抑え、足るを知る心が生じる。徳の高い人を尊敬し、雅楽をもって供養をするようになる。過ちだと分かると必ず改め、賢者を見ると肩を並べようと思う。因果のめぐりを信じ、罪福の果報を受け容《い》れる。親に孝を、国主に忠を尽くす。『論語』にいう不及の善が生まれ、探湯《くかたち》の悪が消えていく。内にも外にも仏法僧に帰依する気持ちがあらわれ、人界と天界の十善をおこなうようになる。「大日経」に説く疱《ほう》・葉・華・果・受用《じゅゆう》・無畏《むい》・殊勝・決定《けつじょう》といった十心が次々と生じてくる。第一段階の羝羊が冬の樹だとすれば、そこに春菀《しゅんおん》が美しい花を咲かせるかのごとくであり、凡夫の石田に秋の稲穂が実るかのごとくだ。人界・天界の十心への道が初めて開け、声聞乗・縁覚乗・菩薩乗の三乗が次々と登場してくる。

（同右、六二ページ）

迷妄と悪の境地から悟りと善の境地へと百八十度の転換がなされたかに思いかねないが、空海の修辞の妙がそう思わせるだけで、右の境地は一〇番目にひかえる真の悟りの境地からすると、そちらになんとか目を向けはじめた第二の段階にすぎない。

が、空海はそれをつまらぬ段階と見ているわけではけっしてない。宗教的というより道徳的というのがふさわしいこの愚童持斎心の境地を、その限界をもふくめて委曲を尽くして解き明かそうとする。そして、それは『十住心論』全体をつらぬく文体の特徴となっていて、思えば、第一段階の、欲望と悪心と悪行の充満する異生羝羊心の境地についても、空海の観察眼は広く、また的確に事態を見つめ、筆は暢達自在《ちょうたつじざい》に前へと進んでいたのだ。

宗教的な心のありかたが本格的に登場する第三段階「嬰童無畏心《ようどうむいしん》」以降、いよいよ論は自在な展開へと向かい、かくて『十住心論』は人間の心の動きとありさまを包括的にとらえた、日本の思想書としては類稀《たぐいまれ》な体系的著作となった。空海がこれこそ仏教の真髄だとして信奉するのは、大日如来を宇宙の原理として掲げ、即身成仏をもって心身の究極の境地だとする真言宗なのだが、仏の教えや仏者の心を論じるとなると、空海は信奉する真言宗のもとにとどまってはいられない。論は華厳宗、天台宗、三論宗、法相宗に及び、さらには小乗仏教の声聞・縁覚の心境にまで及ぶ。それだけではない。旺盛な知的好奇心と包括的な観念的構想力は内外のさまざまな仏説と仏心を超えて、世俗的な倫理道徳や悪心・悪業の世界にまで触手を伸ばす。その一端は、異生羝羊心と愚童持斎心についての引用をもとに最前わたしたちの見てきたところだ。

そのように知的好奇心と観念的構想力が外へ外へと限りなく広がっていく空海の思索は、対立する旧仏教思想との激しい論争のなかでおのれの足元を固め、おのれの思想を磨《と》ぎすます最澄の思索とは鮮やかな対照をなすが、平安初期の二人の仏教思想家の思索のさまは、対照的な形を取りつつも、インドや中国の思想を手本と仰ぎ、それを祖述するという段階を、日本仏教がはっきり超え出たことを示すものであった。そして、二人の思索が天台教団と真言教団の礎《いしずえ》となったということは、二人のみならず、日本の仏教界がインドや中国の傘の下からぬけ出し、独自の仏教思想の世界を作りつつあることを示すものであった。最澄が実践的にも思想的にも他宗派との厳しい対立と抗争のなかに進んで身を置き、対立と抗争を発条《ばね》としておのれの思想を深め、確かめていったのにたいして、空海は、心身を極限の緊張に耐えうるまでに鍛え上げることによって、宇宙の全存在との融合・合一の実感に達するとともに、他方、知的な好奇心と構想力を自在に羽搏《はばた》かせることによって、仏教の枠を超え出るような思想体系を構築しようとしたのだった。

空海が晩年に東寺の近傍に建てた学校「綜芸種智院《しゅげいしゅちいん》」は、空海の知性の幅の広さをさながらに示している。その教育課程には仏教・儒教はもちろん、インドの諸科学や全東アジアの諸学・諸思想がふくまれ、それを僧俗共学の形で学ぶことになっていた。空海の活動はさらに、学問・思想の研究の外にも及ぶ。書家としては三筆の一人に数えられるほどの腕前だったし、文学者としては漢詩文を評論した『文鏡秘府論《ぶんきょうひふろん》』を著《あらわ》している。空海の知と思考と活動のスケールの大きさは、日本精神史上、類を見ないものだった。

3

最澄と空海は、その行動においても著作においても、仏法の真実を追いもとめ、心身をきびしく律し、仏者としての理想の境地に至らんとする知と行《ぎょう》の人だった。仏教が百済から伝えられておよそ二五〇年、日本仏教史は本格的な仏教思想家を生むところまで来たのだ。二人はすぐれた仏者として身を持しただけではない。おのれの知と行を人びとに伝え、同じように仏の道を歩もうとする仲間や弟子を率いて、一定の教義と規律のもとに共同の生活を営む教団を作り上げるところまで行ったのだった。海を越えてやってきたきらびやかな仏像に衝撃を受け、崇仏派と排仏派の政治的対立が崇仏派の勝利に帰したあとは、仏寺・仏像の造立や写経の活動を経て中央から地方へと広がった日本の仏教は、平安初期の段階において、多種多様な経典に正面から向き合い、教えの本質がどこにあるのかを問い、教えに従って生きるとはどういうことかを考えるに至った、ということができる。最澄と空海の登場は、修行と修学が仏教の中心に位置を占めるに至ったことを示す出来事だった。

が、それは、仏道への志が深く、仏法によっておのれの生活を律しようとする僧尼のあいだでの仏教のありようだった。仏道にそれほど思い入れのない俗人や、思い入れはあっても諸般の事情ゆえに僧尼への道をとざされた庶民は、最澄と空海の登場や、二人を思想の核とし、南都旧宗の僧尼たちや宮廷の貴族や知識人たちをも巻きこんで展開する仏教世界の動きを、身近な出来事として感じることはなかった。最澄における一二年に及ぶ禁欲的な山修学も、三乗・一乗の権実論争も、大乗戒壇設立をめぐる新旧の教団の対立も、空海における儒教・道教・仏教の優劣論も、即身成仏の教義や呪法も、顕教と密教の弁別と序列づけも、かれらにとっては遠い世界の出来事であるほかはなかった。

が、それらとは別に、庶民大衆がずっと身近なものとして感じることのできる仏教の形があった。仏教説話と呼ばれるものだ。高度な観念性と体系性を備えた仏教の教義は、庶民大衆にとっておいそれと近づけるものではなかったが、庶民の日常生活から自由に取材し、興味本位に話を脚色し、なるほどと思わせるような教訓をもうまく配合し、笑って聞いているうちになにがしかの生きる力をあたえてくれるような説話は、肩肘を張らずにつきあえるものだった。仏寺や仏像はなにやらありがたいものとして手を合わせ、お経の文言は意味も分からないまま呪文のごとく唱える人びとが、説話を聞くときには、なるほど仏教の教えとはこういうものかと親近感を抱くことができた。

そういう仏教説話を集成したのが、最澄や空海と同時代の薬師寺の僧・景戒《けいかい》の著した『日《に》本霊異記《ほんりょういき》』である。

景戒は、最澄や空海のような高僧ではない。歴史上は『日本霊異記』の著者という以外に知られるところがなく、生没年も明らかではない。薬師寺の僧となる前は私度僧――官許のないまま勝手に出家した僧――として人びとと接していたらしい。律令には私度僧を禁じる条項があり、禁を破った者の刑罰（杖《じょう》一百）まで定めている。法で禁じられるほどだから、その数はけっして少なくなかったろうが、当然ながら私度僧は官度僧に比べて僧の世界で確固たる地位を占めることがむずかしく、その分、庶民大衆に近いところで生きていたと考えられる。『日本霊異記』が普通の人びとのあいだに生きる仏教のすがたを伝えているのも、景戒のそういう経歴と深くかかわることだった。

『日本霊異記』は正式名称を『日本国現報善悪霊異記《にほんこくげんぼうぜんあくりょういき》』という。「現報」とは（来世ではなく）現世で報いを受けることを意味するから、正式名称全体の意味は、善いこと悪いことをなした報いをこの世で受けるありさまを記した日本国のふしぎな物語、ということになる。著者景戒は序文で、「善悪の報いが生じるありさまを示さなかったら、どうして悪心を正し、おこないの是非を判定できようか。因果の報いを明らかにしなかったら、どうして悪心を改め、善の道に励むことができようか」(岩波・日本古典文学大系『日本霊異記』五五ページ)と執筆のねらいを説明している(現代語訳)。

が、人びとを善導しようという著者の意図はそれとして、この日本最古の仏教説話の魅力は、庶民の生活に即《つ》かず離れずの形で語られる話のおもしろさにある。人びとの生活のなかにこういうふうに仏教が生き、人びとはこういうふうに仏教を受け容れ、仏教を生きようとしたことが、確かなこととして感じられるのが『日本霊異記』の楽しさだ。

たとえば、上巻の「第三十一」はこんな話だ。(現代語に訳して引く)

御《み》手代東人《てしろのあずまびと》は聖武天皇の時代に吉野山で修行し、福を求めた。三年経ったところで観音菩薩の名を唱え、礼拝して「どうか銅銭を一万貫、白米を一万石、好ましい女をたくさん恵んで下さい」と言った。ちょうどその頃、従三位《じゅさんみ》の粟田朝臣《あわたのあそん》の娘がいまだ未婚の身だったが、広瀬にある実家で急病にかかり、なんども痛みと苦しみに襲われ、回復しそうになかった。粟田朝臣は八方に使いを送り、出家僧や在俗僧の助けを請ううち、東人を見つけ、鄭重《ていちょう》に迎えいれて呪文を唱えてもらった。娘は呪文の効力で病気が直った。娘には東人を愛する気持ちが生まれ、契りを結ぶに至った。娘の親族は東人を縛って櫓《やぐら》に閉じこめた。娘は愛する気持ちを抑えることができず、泣いて恋しがり、その場を離れることがなかった。親族は相談の結果、東人の縛を解き、二人を夫婦にし、家の財産をすべて譲ってやった。また、官に五位を奏上して賜与された。その後数年経って女が死にそうになった。そのとき、女は妹に向かって、「わたしはじきに死にます。お願いが一つあるが、聞いてくれますか」と言うと、妹は、「聞きとどけてあげましょう」と答えた。そこで姉は、「わたしは東人の恩を受けたことをいつまでも忘れられない。あなたの娘に東人の妻となってもらい、家の面倒を見てもらいたい」と言った。妹は女の遺言の通りに自分の娘を東人にあたえ、家の財産を管理させた。東人はこの世で大変な福徳を得た。それもこれも修行のたまものであり、観音菩薩の威徳によるものだ。信じないでいられようか。（同右、一四七―一四九ページ）

これをしも仏教説話というのだろうか。

なるほど僧らしき人物が登場し、吉野山で修行し、呪力を獲得したことになってはいる。が、その僧の願いが「銅銭を一万貫、白米を一万石、好ましい女をたくさん」というのは、およそ仏教的ではない。そんな願望を胸に三年間の修行を重ねたというのは、それはそれでほほえましくもあり、実際にそんな修行僧もいたにちがいなかろうが、仏教の理念からすればその欲深さはとても推奨できるようなものではない。その人物がその呪力によって未婚の女の病を直し、女に愛され、財産も地位も得てしあわせな結婚生活を送る。その上、死を間近にした女の遺言によって、女の妹の娘を新しく妻に迎え、のちのちまでしあわせに暮らしたという。

なんともあっけらかんとした話だが、こののん気さは仏教説話としてはやはり異色で、『日本霊異記』全一一六話を見わたしても、ここまで調子のいい話は例外としなければならない。仏の力で危機を脱する場合でも、仏罰によってひどい目に遭う場合でも、状況はもっと深刻・苛烈だし、仏の力は超自然・超人間の奇跡を引き起こすものとして存在するのが通例だ。

が、見かたを変えれば、仏の教えにそぐわないこのあっけらかんとした俗っぽさが、この話の生命力とおもしろさの源だといえる。最澄や空海が仏法の高みに登ろうとする強靱《きょうじん》な意志をみずからの活力としていたとすれば、庶民大衆に語られる仏教説話は俗なる庶民の生活と心の動きのなかから活力を得てくるものだからだ。

とはいえ、仏教説話はただの説話ではない。仏の教えを説くことを目的とする説話だ。庶民の生活と心理に深くかかわりつつ、同時に、仏の教えの崇高さを知らせ、分からせるのでなければならない。求められるのは、庶民の生活と心理のうちに息づく俗っぽい生命力と仏の教えの崇高さとをどう融合し統一するかだ。語り手の思想的・文学的力量が問われるところだ。

引用した説話は、仏法の崇高さを覆《おお》いつくさんばかりに庶民生活の俗っぽさが張り出した話だ。謹厳な仏者からすれば失格と見えかねないほどの俗っぽさだが、しかし話はおもしろく楽しい。

僧と女が病をきっかけにして出会う。病を直してもらった女は僧を愛し、親族の妨害を乗りこえて結婚にこぎつける。死に際まで病気平癒の恩を忘れぬ女の計らいで、女の死後も僧は金運にも女運にも恵まれる。

出来すぎた話ではあるが、女のふるまいの自然さが筋の展開に生気をあたえている。女の、恩義に厚い心と、情愛の深さと、性格の素直さは、短かい文からも伝わってきて、読者はこんな女に愛されたいと思うし、愛された僧をうらやましく思う。女の妹が女の死後、娘を僧の妻にしたのも、女の素直さがそのまま妹に引き継がれた結果なのだと思える。話の最後に来て、そんな女に出会い、そんな女に愛された男の福運を、「修行のたまものであり、観音菩薩の威徳による」というのは、まさしく取ってつけたような理屈というものだが、それはそれとして、ここに観音菩薩の名が出てくると、男を深く愛した女が、観音に通い合う清らかさをもっと感じられる。

「銅銭を一万貫、白米を一万石、好ましい女をたくさん」というのは、あからさまな現世利益《げんせりやく》だ。そして、現世利益にあずかるためだけに仏にすがり、仏に祈ることは仏の道にかなうことではない。しかし、経典や義疏《ぎそ》の説くところは分からないまでも、仏寺・仏像の美しさと崇高さや仏教儀式の謹厳さから、仏なるものの偉さ、ありがたさを感じとった庶民が、仏に祈願することによってなんらかの現世利益がもたらされることを期待するのは、いかにも自然な心の動きだ。そこに、仏と俗人とが触れ合う初源の場の一つがあるといってよい。仏の教えを広めることを使命とする仏徒が、そうした人びとの期待に応えるよう努めるのは、これまたいかにも自然な心の動きだと考えられる。『日本霊異記』に語られるのは、そういう自然な心の動きによって生み出された仏教説話だ。

そんな説話のなかで、仏教の理念と庶民の生活や心情とがたがいにゆっくりと歩みよっていった。似たような話が次々と生まれ、しだいに形が整っていき、語りやすく聞きやすくなる。胸にせまる話も笑いたくなる話も数多く作られたはずだ。経験の積み重ねは、語る側にも聞く側にも話を楽しむゆとりと自由をもたらした。さきの説話に見られる、仏教の理念を置き去りにしたかのような俗っぽい欲念の表出も、そこまで俗っぽさに染まってもなおそこに仏教的な味わいを加味できる、という語り手の余裕のあらわれと見られなくない。『日本霊異記』の説話の多くが、禁欲・節制を旨《むね》とする仏教思想とは異質な大らかさを——いいかえれば、いい加減さを——備えているが、その大らかさ、いい加減さは、語り手・聞き手の双方に語りを楽しむ余裕がないかぎり、生み出されることのないものだった。

全一一六話を収録する『日本霊異記』の話柄は実に多様な広がりを示す。以下、目につく話を二つ、現代語訳にして引用する。一つ目は中巻「第八」の話だ。

置染臣鯛女《おきそめのおみたいめ》は、奈良の登美寺《とみでら》の高位の尼・法邇《ほうに》の娘だった。仏道に打ちこみ、男と交わったことがなかった。日々熱心に菜を採り、徳の高い行基のそばを離れなかった。ある日、山に入って菜を採っていると、大きな蛇が大きな蛙を飲みこんでいた。鯛女は大蛇に向かって「その蛙をわたしに下さい」と言ったが、蛇は言うことを聞かず、さらに飲みこんだ。そこで、「わたしはあなたの妻になってあげるから蛙を下さい」と言った。大蛇はそれを聞いて、ぐっと頭を上げて女の顔を見つめ、蛙を吐き出した。女は蛇に、「七日経ったらいらっしゃい」と約束した。そして、約束の日がやってくると、家に閉じこもって穴をふさぎ、身を固くしてじっとしていた。蛇は約束通りにやってきて尻尾で壁をたたいた。女は恐くなって次の日に行基に事情を話した。生駒《いこま》の山寺に住む行基は、「逃げるすべはない。戒律を堅く守るしかない」と言った。そこで、三宝に帰依し五戒を受けて引き返した。帰り道に見知らぬ老人が大きな蟹をもっているのに会った。「どなたですか」と尋ね、「どうぞ蟹をわたしに下さい」と言った。老人は、「摂津国の兎原《うはら》に住む画問邇麻呂《えどいのにまろ》というもので、七八歳になります。子も孫もなく、生計の立てようがない。難波に行って偶然この蟹を手に入れたのだが、先約があるからあなたにあげるわけにはいかない」と言う。女は上衣を脱いであたえたが、老人は蟹を手放さない。さらに裳《も》を脱いであたえると、ようやく渡してくれた。その蟹をもって家に帰り、行基に来て拝んでもらい、蟹を放してやった。行基は「立派なよいことをなさった」と感心した。さて、八日目の夜も蛇がやってきて屋根に登り、葺《ふ》いてある草のあいだを通って中に入ってきた。女は恐れおののいたが、床の前ではね上がるばたばたという音がしただけだった。次の日に見ると、大きな蟹がいて、大蛇はずたずたに切りきざまれていた。助けた蟹が恩返しをしてくれたことと、戒を受けた効果があらわれたことが分かった。真偽を明らかにしたくて名前を手がかりに老人を探したが、そんな人はいなかった。かくて、老人が尊者の化身であることが確かめられた。なんともふしぎな出来事である。（同右、二〇一—二〇三ページ）

動物報恩譚といわれる説話で、蛇、蛙、蟹のどれにも人間的な感情が盛りこまれず、ぶっきらぼうな客観描写に終始しているのは、古風な語りの形をとどめたものといえるかもしれない。

歴史上の人物として奈良時代の僧・行基が登場しているが、私度僧の代表格のような行基は作者景戒にとっても親しみのもてる高僧だったろうし、民衆の教化や社会事業に尽くした行状からして庶民にも身近な、仏教説話に登場させるにはお誂《あつら》え向きの人物だったのであろう。『日本霊異記』のあちこちにその名が見える。

筋立てのおもしろさは、蛙を助ける場面と蟹を助ける場面のくりかえしを土台に、別々の二場面として語られた出来事が思いもかけぬからまり合いを示し、一方の助命行為で苦境に立たされた娘が、他方の助命行為によって窮地を脱する、というところにある。蛇と蟹との格闘場面は描かれないが、場面のイメージははっきりと脳裡に浮かぶ。

ちなみに、話に登場する三種の動物——蛇、蛙、蟹——は古代人が身近に目にする動物であって、そのことが説話を親しみやすいものにしている。話のなかでは蛇が邪悪な強者、蛙と蟹が捕われの弱者という役回りだが、それも、ふだん目にする蛇、蛙、蟹の生態や動きから無理なく浮かび上がるイメージだったにちがいない。

仏法に矛盾する土着性は鯛女《たいめ》にも分有されている。鯛女は蛙を助けようとして、蛇にたいし守る気のない結婚の約束をし、約束の日に蛇がやってくると戸締まりを厳重にして中に入れようとしない。妄語（嘘）を戒める仏教の論理からすると許しがたい行為だが、鯛女に罪の自覚はかけらもないし、相談を受けた行基も鯛女の約束違反を咎《とが》めない。邪悪な強者という蛇の土着イメージが大きくせり出してきて、不妄語戒の論理を背後に押しやっている按配だ。そこがおもしろい。論理的に割り切れなさが残るだけに、かえって土着のイメージの凶々《まがまが》しさが強く印象づけられる。そして、その凶々しい強者を、弱者のはずの蟹がずたずたに切り裂く、というイメージの転換によって話の幕が下りる。

仏教と日本固有の信仰が結びつくことを一般に「神仏習合」の名で呼ぶが、『日本霊異記』に見てとれる、仏教の理念と土着の世界（庶民の生活と心情）との接近と融合は、神仏習合へと向かう心の動き、あるいは神仏習合を受け容《い》れる心の動きを、イメージの持続と転換のうちに映し出すものということができる。人びとはイメージの持続と転換を楽しみつつ受け容れたのであって、楽しめる説話はのちのちまで語り継がれていったのだった。鯛女・蛇・蛙・蟹の説話は、そっくりの話が『日本霊異記』の中巻「第十二」に出てくるばかりでなく、『三宝絵詞《さんぼうえことば》』（九八四年）『法華験記《ほっけげんき》』（一〇四〇—一〇四四年）『今昔物語集』（一二世紀前半）『古今著聞集』（一二五四年）『元亨釈書《げんこうしゃくしょ》』（一三二二年）などに延々と語り継がれている。

もう一つ、仏恩を語るこれまでの説話とは逆の、仏罰の説話を引用する。下巻「第三十六」に記された話だ。

正一位《しょういちい》・藤原永手《ながて》は光仁天皇の時代に太政大臣だった。延暦《えんりゃく》元年（七八二年）頃、子の従四位《じゅしい》上・家依《いえより》が悪夢を見て父に言った。「見も知らぬ兵士が三〇人あまりやって来て、父上を引っ立てました。悪い前兆だから、お祓《はら》いをすべきです。」そう言って注意を促したが、父は頓着しなかった。やがて父は死んだ。さて、子の家依は長患《ながわずら》いをし、出家僧や在俗僧を招いて呪文を唱えさせたが、病気は回復しない。看病する高僧の一人が誓って言うには、「仏法に帰依して修行するのは他人の命を救うことがなによりのねらいだ。いまは、わたしの命を病人の身代わりにさしあげよう。仏法が本当に存在するのなら、病人の命は続くはずだ。」そう言って命がけの祈禱をした。手の上に赤く燃えた炭火を置き、その火で香を焚き、仏のまわりを歩き、陀羅尼《だらに》を唱え、急に走り出して転んだ。そのとき、病人に霊が乗りうつって言った。「わたしは永手だ。わたしは法華寺の幢《はたほこ》を倒し、次いで西大寺の八角の塔を四角にし、七層の塔を五層に減らした。その罪のため、閻魔大王《えんまだいおう》がわたしを引っ立て、火の柱を抱かせ、折りまげた釘を手の上に立て、尋問しながら打ちこんでくる。いま大王の宮殿内に煙が満ちてきて、大王が『何の煙だ』と尋ねたのに答えて、『子の家依が病気に苦しんでいて、呪文を唱える高僧が手の上で香を焚いた、その煙がこれだ』と言うと、大王はわたしを赦《ゆる》し、この世に追い返して下さった。しかし、わたしの肉体が亡んで、霊魂の落ち着く所がないため、宙に迷っている」と言った。これを聞いて、ものを食べなかった病人が飯《めし》をくれといって食べ、病気が直って立ち上がった。そもそも幢は転輪王《てんりんおう》になる果報をもたらすものだし、塔は仏舎利を過去・現在・未来にわたっておさめる場所なのだから、永手は幢を倒し、塔の高さを低くしたための罪を負ったのだ。恐るべきことだ。これは近頃あった話だ。(同右、四二五—四二七ページ)

『日本霊異記』は古い時代の話から新しい時代の話へと順を追って並べているから、終わりから数えて四番目のこの説話は、ごく近年の出来事を語ったものだ。作者・景戒は、長く語り伝えられてきた話としてではなく、出来て間もない新鮮な話として採録したはずだ。また、なかに登場する藤原永手・家依は藤原房前《ふささき》(北家)の子と孫で、永手は(引用文中には「太政大臣だった」とあるが)生前は左大臣正一位にまで昇進し、没後、太政大臣を追贈《ついぞう》された政治権力者だった。とすると、仏の力が政権の中枢にまで及ぶことを現実のこととして人びとは受け容れていたのだ。

寺の幢《はたほこ》を倒したり、塔の形や高さを変更したりは、権力者にしかできることではない。時の権力者にも罰を下しうるほどに仏の力は大きいし、因果応報の理は貴賤上下《きせんじょうげ》の別なく平等に過去・現在・未来を支配している、——人びとがそう信じるほどに仏教は社会に広く浸透しつつあった。

永手の倒した幢が法華寺の幢であり、設計案を変更した塔が西大寺の塔だった、と、細部にこだわる説話は、地獄の責苦では「火の柱」や「折りまげた釘」といった具体物に言及するし、祈禱僧のふるまいを描く場面では、「手の上に赤く燃えた炭火を置き、その火で香を焚き、仏のまわりを歩き、陀羅尼《だらに》を唱え、急に走り出して転んだ」と、くっきりと情景が浮かぶ描写となっている。話にめりはりをつけて聞き手の心を引きつける工夫であるのはいうまでもないが、この説話では、その工夫が物語をおもしろくするだけでなく、話を現実にぐっと引き寄せる力になっている。祈禱僧が火傷《やけど》の痛みに耐えて入魂の呪法を執りおこなうことは現実にあっただろうし、それに誘われて病者にとりついた霊が地獄の責苦のさまを語るというのは、現実に十分にありうると思われていた。具体的でリアルな語り口は、仏教にまつわるそういう現実と現実観にうまく適合し、仏の力の現実性をいよいよ強く実感させる働きをもったにちがいない。そして、その流れに乗って話を追っていくと、閻魔大王庁に満ちた煙が祈禱僧の掌の上の香の煙だという奇異な話も、なにやら現実めく事柄に、あるいは現実であってほしい事柄に思えてくる。仏法を海のむこうからやってきたありがたい教えとして拝受する古代の人びとにとって、その思いはけっして不自然なものではなかった。仏教は、古代にあって、日常を超えた想像の世界へと人びとを導くとともに、現実世界を支配する精神的・物質的な威力として畏怖と崇拝の対象となってもいたのだった。

最澄や空海の実践と理論を平安初期の仏教の頂《いただき》とすれば、『日本霊異記』の語る仏教と現実世界との交流は、頂の下方に広がる裾野をなすものということができる。裾野の大きさとゆたかさは、『日本霊異記』に収録された、古今・遠近・貴賤に及ぶ多様な説話群のうちにおのずと反映されている。仏教伝来以降の二五〇年の歴史は、仏教が古代社会に着実に浸透し根づいていく歴史であって、その勢いが『日本霊異記』の多彩な説話群のエネルギーの源であった。とともに、そこで得たエネルギーを未来に向かってさらに大きく解き放とうとする若々しさが『日本霊異記』にはある。藤原永手・家依父子をも仏法の支配下に置かないで措《お》くものか、といった若々しさだ。現実の権力闘争の場では暴力や陰謀と結びつきかねない若々しさだが、庶民生活の大らかさといい加減さのたっぷり染みこんだ仏教説話は、つねに健全なユーモアを内にふくんでいる。この時代、仏教は庶民生活に潤《うるお》いをあたえるものとして存在していた。少なくともそのような一面をもつものとして人びとに受け容れられていた。

第十一章　『古今和歌集』と『伊勢物語』——王朝の雅び

最澄も空海も思うところを書き記すのに、漢字だけがずらずらと続く漢文で書いた。『日本霊異記』も民間に流布した説話を漢字・漢文を用いて書き記したものだった。九世紀の半ばにはいまだ平仮名が作られていなかったから、思想や物語を書き記すには漢字・漢文（または、変体漢文）によるしかなかった。

それが、一〇世紀の初めに至ると、漢字に平仮名を交えた書きかたで日本語を書き記した書物があらわれる。『古今和歌集』だ。この歌集の成立したのが九〇五年だから、九世紀の後半には漢字の草書体から平仮名が生まれ、その平仮名と漢字を組み合わせて日本語を書く方法が、漢字・漢文とは別個の書法として出来上がっていた。漢字の「男手《おとこで》」にたいして平仮名は「女手《おんなで》」と呼ばれ、また、漢字の「真名《まな》」に一歩譲る形で「仮名《かな》」と名づけられもしたのだったが、ひとたび出来上がったとなると、漢字・仮名交じりの書きかたは日本語の表現を未知の世界に向かって大きく切りひらくものとなった。

その可能性を強く確信し、みずから未知の世界へと大きく踏み出したのが、『古今和歌集』の撰者の一人でもある紀貫之《きのつらゆき》だった。『古今和歌集』は、ほぼ同じ内容の事柄を漢字・仮名交じり文で書いた「仮名序」と、漢字・漢文で書いた「真名序」の二つをもつが、その

「仮名序」の執筆者が紀貫之だ。和歌（やまとうた）とはどういうものであり、どう作られてきたかを論じた文章だ。大きな視野のもとに歌の意味と価値を論じ、前世代の六歌仙（遍照、在原業平、文屋康秀、喜撰、小野小町、大友黒主）の歌いぶりを特徴づけ評価する論の内容も覇気に満ちているが、それを漢字・仮名交じりの日本語文に乗せて主張する表記法も、それに劣らず気概に満ちている。これまで漢字・漢文でしか表現できなかった内容を、身近な日本語で――といっても、話しことばと書きことばのあいだに相当の距離があるのは否定しえないが、それでも異国の表記法ではなく、自前の表記法で――書き記すという、前代未聞の試みに出る緊張感と喜びが、行間から伝わってくるようだ。

　紀貫之の新しい書法への愛着と、書法の可能性開拓の意欲は、その後も持続していたもののごとくで、「仮名序」から三〇年後の『土佐日記』の書き出しに、「をとこもすなる日記といふものを、をむなもしてみんとてするなり」と記し、みずから女の振りをした上で、これまで漢字・漢文で書かれていた日記の全篇を女手（仮名文）で書き通したのだった。それを受け継ぐようにして、以後、『蜻蛉日記』（藤原道綱母）、『和泉式部日記』、『紫式部日記』、『更級日記』（菅原孝標女《すがわらのたかすえのむすめ》）などが女性の手によって書かれていった。『古今和歌集』と『伊勢物語』は平仮名が広く使われているという歴史事実を前提として、その上に成立した歌集であり、物語だった。

1

『古今和歌集』は、『万葉集』が世に出てから一三〇年後に、『万葉集』以降の歌を集めた勅撰和歌集として編集された。撰者は紀友則《きのとものり》、紀貫之、凡河内躬恒《おおしこうちのみつね》、壬生忠岑《みぶのただみね》の四人である。

集められた歌はおよそ一一〇〇首、それが全二〇巻に分類して配列される。主体となるのは春・夏・秋・冬の季節の歌と、恋の歌だ。『万葉集』が、上は天皇から下は農民、防人《さきもり》に至る雑多な階級の歌を集録し、儀礼的な、また叙事的な長歌を多くふくみ、東国方言の混じる歌をも採録しているのに比べると、『古今和歌集』は、行きとどいた歌の選択と配列のもと、均質な美意識の支配する歌集という印象が強い。読む側からすれば、『万葉集』は流れがつかみにくく、読みすすむのに骨が折れるが、『古今和歌集』は読むうちにリズムが生まれて、前へと進みやすいとはいえる。その分、退屈したり、勢いだけで前進することにもなるのだが。

巻頭を飾る紀貫之の「仮名序」は高い調子で歌の価値を称揚するところから始まる。書き出しの一段落を現代語訳で示すと、

> 和歌というものは、人の心をもととして、さまざまな事柄がことばとなったものだ。世の人びとはたくさんのことを経験するのだから、なにかを見るにつけ、聞くにつけ、心に

思うことを表現するのだ。花に鳴くうぐいす、水に住む河鹿《かじか》の声を聞くと、生きものはすべて歌を詠《よ》むのが分かる。力を入れることなく天地神明を動かし、目に見えぬ鬼神をも感動させ、男女の仲をもやわらげ、勇猛な武者の心をも慰めるのが歌というものだ。（岩波・日本古典文学大系『古今和歌集』九三ページ）

勅命によって歌集を編む撰者の心意気が感じとれる書き出しだが、集中の歌は、ここにいうような堂々たる力強い歌よりも、繊細で優美な歌のほうがずっと多かった。それが平安前期の歌人たちの歌風であり趣味だった。『万葉集』の「ますらおぶり」にたいして『古今和歌集』の「たおやめぶり」がいわれるゆえんだ。その歌風と趣味をよく示す歌を「巻第一春歌上」から三つばかり引くと、

春たちける日よめる　　紀貫之

袖ひぢてむすびし水のこほれるを　春立つけふの風やとくらん（同右、一〇五ページ）

（夏に袖をぬらしながら手にすくった水が冬に氷ったのを、立春のきょうの風が溶かしているだろうか）

寛平《くわんぴやう》御時《のおほんとき》きさいの宮の歌合《うたあはせ》によめる　　源むねゆきの朝臣

ときはなる松のみどりも　春くれば　今ひとしほの色まさりけり（同右、一〇九ページ）

（常緑の松も春がやってくると一段と色鮮やかだ）

なぎさのゐんにてさくらをみてよめる　　在原業平朝臣

世中にたえてさくらのなかりせば　春の心はのどけからまし（同右、一一四ページ）

（この世に桜がなかったなら、のん気に春を過ごせるだろうに）

二つ目の源むねゆき（宗于）の朝臣の歌の詞書に「歌合《うたあはせ》によめる」とあるが、『古今和歌集』の時代、貴族のあいだでは歌合が盛んにおこなわれた。歌合の基本は、参加者が左右に分かれ、左方と右方から一首ずつ歌を出してその優劣を競うというものだが、『古今和歌集』の時代の歌合は多くの貴族の集まる晴れの儀式として、形式や段取りのしっかり整った、しかも遊興の気分にあふれる華やかな会合だった。歌は、文芸としてすぐれているだけでなく、遊宴の場をなごませるものでなければならなかった。『古今和歌集』の四人の撰者（紀友則、紀貫之、凡河内躬恒、壬生忠岑）はいずれもいくつもの歌合に名を列ねる有力な歌人だった。

『古今和歌集』の優美繊細な歌風は、歌合の集団的遊宴の気分と切っても切れない関係にあった。さきに引いた三つの歌も、歌の調べの高さと貴族社会の遊宴性が高い水準で統一された歌ということができる。夏に袖をぬらしてすくった水が冬になって氷り、それが春になって溶ける、という季節感は、自然の推移を美的に観照する、いかにも貴族的な鑑賞態度のあらわれだし、常緑の松の、その緑の艶《つや》の微妙なちがいに注目したり、落花のはかなさを嘆くといった擬態のもとに桜の美しさを表現したりというのも、対象とじかに向き合うのではなく、あえて距離を取って隙間《すきま》に美意識をすべりこませる遊び心のあらわれである。素朴で直情的な『万葉集』とは趣きを異にする歌の境地で、比べていえば理知的とも技巧的ともいえる歌いぶりだ。集中には理の勝ったような歌も珍しくなく、たとえば、以下の二首などはその典型といえよう。

みな月のつごもりの日よめる　　みつね

夏と秋の行きかふそらのかよひぢは　かたへすずしき風やふくらん（同右、一三五ページ）

（夏と秋がすれちがう空の通路では一方に涼しい風が吹いているのだろうか）

としのはてによめる　　はるみちのつらき

昨日といひけふとくらして　あすかがは　流れてはやき月日なりけり（同右、一六七ページ）

（昨日はきょうに、きょうはあすになる。月日の流れはあすか川のように速い

ことだ）

二つながら、暦をもとに生活を律していく人為的な都市生活が成立していることをうかがわせる歌だ。暦の上で夏から秋へと移ることを確認した上で、秋の側には涼しい風が吹いているだろうと想像力を働かせる。また、いよいよ一年が終わるという日に「あすか川」と「明日《あす》」を懸けて月日の流れの速さをいう。同じような意識をもって都の生活を送る、貴族たちの共感と賛同を期待した歌といえようか。生活感覚と生活意識を共有する人びとのあいだでは、理の勝ったように見えるこれらの歌も案外すなおに受け容れられていたかもしれない。

そう思えるほどに『古今和歌集』の歌は強い共同感覚と共同意識に支えられている。異質な歌がぶつかり合ってあちこちで不協和音を立てる『万葉集』とはそこが大きくちがう。だからこそ歌合のような遊宴も可能だったろうし、歌合を重ねるなかで共同意識がさらに拡大し深化していったのでもあろう。貫之の「仮名序」には六歌仙の一人一人についてその特質と問題点を述べた簡潔にして鋭利な評言があるが、『古今和歌集』を流れに乗って読んでいくと、六歌仙一人一人の歌の特異な個性よりも、時代の空気に染まった共通性のほうが強く印象づけられる。六歌仙に限らない。撰者四人の歌にしても、個性のちがいは、歌風と趣味の共通性という土台の上になんとか読みとれるという以上のものではない。その点で三一文字という和歌の短かさは決定的で、歌人たちも自分の歌を個の意識の表現というより、共同の意識の表現だと考えるほうに傾いていたのではなかろうか。歌合で二首の歌の優劣を競うというのも、和歌とはこういうものだ、という共同意識が人びとのあいだに広く存在していたからこそ可能だった。

生活感覚と趣味の共通性は歌に遊び心をもちこむことを可能にした。遊び心を分かり合えるたがいの近しさのなかで、貴族たちは気楽に遊ぼうとした。たとえば「巻第八　離別歌」に次のような歌がある。

題しらず　　　　　　　在原行平朝臣

立ちわかれいなばの山の峯におふる　松としきかば今かへりこむ（同右、一七四ページ）

（わたしはいまお別れして因幡《いなば》の国に行きますが、そこの山に生《は》える松《まつ》よろしく皆様がわたしを待っていて下さるなら、すぐにも帰ってまいりましょう）

あひしれる人のこしのくににまかりて、としへて京にまうできて、又かへりける時によめる　　　　凡河内みつね

かへる山なにぞは　ありてあるかひは　きてもとまらぬなにこそありけれ（同右、一七八ページ）

（かえる山って一体なんだ。そんな名がついていたのは、帰ってきてくれると

いうのではなく、こっちに来てもすぐにむこうへ帰っていくということだったのか）

貴族が地方官に任じられて都を離れるのは珍しいことではなかった。巻第八にはその別れに際しての歌が数多く採録されている。なごり惜しい別れではあったろうが、右の二首では機知の表現によって別れのつらさをやわらげようとする配慮がなされている。「いなば（因幡）」と「いぬ（往ぬ）」、「松」と「待つ」は常套《じょうとう》の懸詞だが、一首では意味の二重性がつらい心情に軽く覆《おお》いをかける働きをしている。二首目の「かへる山……」については、カッコ内の語釈だけでも句のユーモアを感じることができよう。二句の途中に意味上の区切りが入るのは、洒落《しゃれ》た技巧といえるかもしれない。

ユーモアを盛りこんだ歌は受けとる側も笑いをもって受けとるはずで、そこに気楽で愉快な社交がなりたつ。歌はそんな社交の具ともなりえた。その典型例ともいうべき対話体の二首を以下に引用する。

むねをかのおほよりが、こしよりまうできたりける時に、雪のふりけるをみて、おのが思ひはこのゆきのごとくなんつもれるといひけるをりによめる　凡河内みつね

きみがおもひ雪とつもらばたのまれず　春より後《のち》はあらじとおもへば（同右、三〇〇

ページ）

（思いが雪のように積もったとおっしゃるが、ならばその思いは頼りにはなりませんね。春が来たら消えてしまうのですから）

返し　　　　　　　　　　　　　　　　　　　　宗岳大頼《むねをかのおほより》

君をのみ思ひこしぢのしら山は　いつかはゆきのきゆるときある（同右、三〇〇ページ）

（あなたのことだけを思って越《こし》の国からやってきましたが、越路の白山の雪は消えるときなどありませんよ）

『古今和歌集』の作者のほとんどは下級貴族と僧侶と宮廷の女性だが、その作者たちのあいだで一定の歌心と遊び心が共有されていたとすれば、四季の歌と並んで大きな位置を占める恋の歌は、どのような表現としてなりたつのか。

恋の歌は全体の三分の一弱の三六〇首が、「恋歌 一」から「恋歌 五」の五つの巻に配される。似たような措辞や趣向の歌が近接するのを見ると、一定の意図のもとに編集されたと推測されるが、その意図は四季の歌の場合のようには明確に見えてこない。主観的な心情の表現に重きが置かれる以上当然だともいえるが、多種多様な恋が変幻自在に歌われているという印象が強い。『万葉集』が素朴で直情的だとすれば、『古今和歌集』は恋の歌でも、いや、恋の歌ではとくに、理知的で技巧的だといえるかもしれない。恋する気持ちや、恋の成就した喜びや、恋に傷ついた悲しみをまっすぐに歌う『万葉集』にたいして、恋する気持ちに疑いや不安が混じり、喜びに悲しみが混じるのが『古今和歌集』なのだ。優美繊細な表現ともいえるが、不確定・不分明な表現ともいえる。それが平安初期の歌人たちの目に映った恋のすがたであり、かれらが歌おうとした恋のすがただった。

「恋歌二」の冒頭の二首を引く。

題しらず　　　　　　　　　　　　小野小町

思ひつつぬればや人のみえつらん　夢としりせばさめざらましを（同右、二一三ページ）

（あの人のことを思って寝たから夢に見たのだろうか。夢と分かっていたら目を覚まさなかったのに）

うたたねにこひしき人をみてしより　ゆめてふ物はたのみそめてき（同右、二一三ページ）

（うたたねで恋しい人を見てからは、夢を頼りにすることになってしまった）

恋と夢との行き交いと重ね合わせが『古今和歌集』らしい。夢がはかないように恋ははかなく、夢が確かなように恋は確かだ。小野小町はそんなふうに恋を見つめ、恋を歌っている。歌うことによって恋は成就に近づくのか、遠ざかるのか。恋心は募るのか、衰えるのか。どちらとも決めがたい心境のなかで恋は見つめられ、歌われる。見つめること、歌うことによってかえって恋はとらえがたいものに、不分明なものになっていく。その存在すら怪しいものになっていく。そんな危うさが『古今和歌集』の恋歌にはつきまとっている。小野小町はとりわけそういう恋歌に秀でていたが、恋のはかなさ、危うさは多くの歌人に共有されるイメージだった。たとえば、

秋風にかきなすことのこゑにさへ　はかなく人のこひしかるらむ
ただみね　（同右、二一八ページ）

人しれぬ思ひのみこそわびしけれ　我《わが》なげきをば我《われ》のみぞしる
つらゆき　（同右、二二二ページ）

秋風に乗って聞こえてくる琴の音に恋心のはかなさをたぐえたのが壬生忠岑《みぶのただみね》の歌だ。「こと（琴）」「こゑ（声）」「こひし（恋ひし）」の三つの「こ」音が、琴と恋との結びつきをい

っそうなだらかなものにしている。

紀貫之の歌は下の句「我なげきをば我のみぞしる」における「我」の重ねが独特だ。「わが」も「われ」も和歌ではよく使われることばだが、「自分の嘆きを自分だけが知る」といったように明確な反省意識の表現として使われる例は珍しい。理知的・技巧的な歌いぶりが「わが」「われ」といった身近な語にまで及んだ実例の一つといえようが、客体化された自分と主体的な自分とが分裂するといった近代的な反省意識のありさまをそこに見てとる必要はあるまい。見てとるべきは、むしろ、恋の嘆きが相手には伝わらず、自分だけでかかえこむしかないという、恋心の不安定さだ。その不安定さは、けっして近代的な反省意識や近代的な自我に特有のものではなく、『古今和歌集』の歌人たちが広く深く共有していたものだった。いや、共有していただけではない。歌を詠むという行為を通じて、かれらはその不安定さを自分たちの共同の意識として確立し、自分たちの恋心をそういう方向に向かってさらに深めようとしていたもののごとくで、「我なげきをば我のみぞ知る」といった独特の表現も、そういう共同の意識と感性を土壌として生み出されたものだった。

恋の頼りなさ、はかなさ、わびしさを歌った小町や忠岑や貫之の歌のその背景には、この世を生きる「もの憂さ」とでもいうべきものが漂っている。そして、その気分は、『古今和歌集』全体を通じて聞きとれる通奏低音だといってよい。この勅撰集の、四人の撰者を初めとする歌人たちの共同の意識なるものにこれまでわたしたちは注目してきたが、その共同の意識の根っこにあるのが「もの憂さ」だ。下級貴族、僧侶、宮廷女性を主体とする歌人たちの実生活がもの憂さに大きく覆《おお》われたものだったかどうか、そこは断定が憚《はばか》られる。もの憂さの対極をなす晴れやかさもかれらは相応に感受していたようではある。しかし、数百年の伝統をもつ和歌の表現のモチーフとしては、かれらにとって、晴れやかさよりももの憂さのほうが格段にふさわしいものに感じられた。かれらの美意識は、もの憂さの表現に向かって大きく開放されていき、その表現領域において、鋭敏にして繊細な感受性を働かせ、多彩な表現力を発揮することが、歌の本道だと考えられた。遊びや社交に類する歌も、基調をなすのはもの憂さの気分だった。

もの憂い気分をたっぷり盛りこんだ秀歌を幾首か引用する。

さくらの花のちるをよめる　　　　きのとものり
久方のひかりのどけき春の日に　しづ心なく花のちるらむ（同右、一二〇ページ）

小野小町
花の色はうつりにけりな　いたづらに我身世にふるながめせしまに（同右、一二四ページ）

つらゆき
吉野河岸の山吹ふく風に　そこの影さへうつろひにけり（同右、一二六ページ）

題しらず　　　　　　　　　　　読人しらず
世中はなにかつねなる　あすかがはきのふのふちぞけふはせになる（同右、二九一ページ）
いく世しもあらじ我身を　なぞもかくあまのかるもに思ひみだるる（同右、二九一ページ）
鴈《かり》のくる峯のあさぎり　はれずのみおもひつきせぬ世中のうさ（同右、二九一ページ）

前の三首は「春歌 下」からの飛び飛びの引用であり、後の三首は「雑歌 下」の巻頭の三首だ。どの一首にも憂愁の気分が漂っている。

時が流れ、世が移る。その流れや移りゆきはくりかえし歌われる。が、それは新しいなにかが生まれ、新しいなにかが経験されるような、そんな流れや移りゆきではない。なにかが消え、なにかが散っていく時の流れであり、世の移りゆきだ。消えていき散っていくのは喜ばしいことではないが、といって流れや移ろいはとどめられるものではない。とどめようのない時の推移をじっとながめやる。そのとき心に萌《きざ》すのがもの憂さの気分だといえようか。

咲いたと思うと散る桜は、もの憂さの気分にまさにお誂《あつら》えむきの花だった。季節のめぐりとしては、冬枯れが終わって地上に生命の息吹きが広がっていくのが春だが、歌人たちはくりかえし桜を歌うことによって、春にももの憂さを感じとろうとした。桜への思い入れは、花といえば桜のことであり、桜といえばはかなさの象徴であるとする定型を生むまでに至った。その一方で、田や稲や農耕が歌の題材となることがほとんどないのも注意を引く。都会に住む歌人たちが田や稲を縁遠いものに感じていたことが最大の理由だろうが、人びとの生活の基盤をなす田や稲や農作業が、もの憂さの気分やはかなさの情調をもってしては容易に近づきえない世界であり営みであることも、歌の主題になりにくい小さからぬ理由だったように思われる。

歌数の少なさという点でもう一つ注目すべきは、『万葉集』の「挽歌」に当たる「哀傷歌」の数が少ないことだ。同じく『万葉集』の「相聞」に当たる「恋歌」が三六〇首を数えるのにたいして「哀傷歌」はわずかに三四首、一〇分の一以下だ。歌の内容も、その場しのぎというか、逃げ腰というか、真率さに欠けるものがほとんどだ。『万葉集』以降、しだいに集団的な遊興や社交の傾向を強めてきた歌作りの境地を思うと、死の悲しみを歌う「哀傷歌」はその境地とはおよそ折り合いのつかない心理表現だといわねばならない。のみならず、一見死の悲しみに通じるところのありそうな、もの憂い気分やはかない情調も、気分や情調として人びとに共有されているかぎりでは、身近な個人の具体的な死に向き合い、そこでの思いを三一文字にくっきり表現する、という果断さとはやはり異質の気分であり情調であったといわねばならない。

もの憂い気分やはかない情調には、恋歌のほうがはるかに近しかった。

2

『古今和歌集』に見てとれる、貴族社会の集団的な遊興や社交の雰囲気、さらには、もの憂さの気分やはかなさの情調、——それらを引き継ぐようにして作られた歌物語が『伊勢物語』である。一二五段からなる短かい話の寄せ集めで、恋の話が中心をなす。六歌仙の一人・在原業平《ありわらのなりひら》とおぼしき人物を主人公とする一代記の形を取っていて、その男が上下・貴賤・老若・都鄙《とひ》のさまざまな女性とのあいだにくりひろげる恋が語られる。一段一段は『古今和歌集』その他の歌集から一首ないし数首の歌が取ってこられ、その前後に歌にまつわる出来事が散文で記されるという体裁を取る。出来事を説明する散文は、和歌の詞書《ことばがき》程度の短かいものから、数十行に及ぶやや長いものまである。制作年と作者については諸説あるが、現段階ではいずれも推定の域を出ず、正確なところは不明とするしかない。

第一段は、男が十数歳という若い時代の話だ。全文を現代語訳で示す。

むかし、男が成人になって元服し、奈良の春日野《かすがの》の領地に鷹狩に行った。その里には、とても当世風な姉妹が住んでいた。その姉妹を男がちらっと見てしまった。さびれた旧都に似合わぬ新鮮な美しさに、心をゆさぶられた。男は着ていた狩衣《かりぎぬ》の裾を切り、それに歌を書きそえて贈った。着ていたのは信夫《しのぶ》摺《ず》りの衣だった。

春日野の若紫《わかむらさき》のすり衣《ごろも》
しのぶのみだれかぎり知られず

（若く美しいあなたがたゆえに、わたしの心はこの信夫摺りの衣の乱れ模様のように限りなく乱れます）

と、すぐに歌を贈ったのは、大人びたやりようだった。
歌を贈るのにお誂《あつら》え向きの状況だと思ったのであろうか。

みちのくのしのぶもぢずり誰《たれ》ゆゑに
みだれそめにし我ならなくに

（あなた以外のだれのせいで心が乱れ始めたわたしでもないのですのに）

という古歌の気持ちを踏まえて詠んだのだ。昔の人は、このように情熱的な風流のふるまいに出たものだった。（新潮日本古典集成『伊勢物語』一三―一四ページ）

末尾の一文は、原文では「むかし人は、かくいちはやきみやび〔雅び〕をなむしける」で、物語の作者が文中の若い男のふるまいを雅《みや》びな――都会風に洗練された優雅な――ふるまいと称賛する結びとなっている。その「雅び」は、『伊勢物語』の全篇を通じて推賞される、価値ある態度、姿勢、物腰、心もち、なのだが、では、引用した第一段の若い男のどんなふるまいが「雅び」だとされるのか。そこを考えるところから始めよう。

元服したばかりの少年貴族が旧都の野に狩りに行く道すがら、鄙《ひな》には稀な美しい姉妹のすがたを垣間見《かいま》る。ドキドキしてそのままやりすごせず、歌を贈ろうと考える。着ていた信夫摺りの狩衣に目をとめて、その裾を切り、源融《みなもとのとおる》の有名な信夫摺りの歌にちなむ歌を添えて姉妹に贈った。——それが第一段の語る男のふるまいだ。

都会風の美女に心ときめかせ、自分の思いをただちに歌に詠んで相手に伝えようとする。それが雅びだとされる。色好みが推賞されているのだ。貴族たるもの、おとなの仲間入りをしたその日から、異性の美しさに敏感に反応することがよしとされる。そういう色好みの気風によって、世界が華やかになり賑《にぎ》やかになるのだから。

が、相手への働きかけは積極的でさえあればいいというものではない。そこに、都会風の洗練された趣向が具わっていなければならない。少年貴族の場合でいえば、着衣の信夫摺りと有名な古歌とを結びつけ、古歌を踏まえて即興の歌を巧みに作り上げ、その歌を裾の切れ端とともに相手に贈るという入り組んだ手続きをさりげなくやりおおせる。それが都会風の洗練——雅び——なのだ。いかに平安時代とはいえ、一〇代前半の少年がそんな手の込んだふるまいに出るのは不自然の感を拭《ぬぐ》えないが、男女間の交情にかんしては、不自然なまでの早熟もうるわしいこととして許されたのである。

色好みと歌心の二つが「雅び」の基軸をなすことは、第一段からして早くも明確に打ち出された王朝貴族の美意識であり、文学思想だが、二段、三段を経て、在原業平の秀歌に取材した第四段に至って、その美意識ないし文学思想が際立ってくる。

むかし、東の京の五條に皇太后の住居《すまい》があったが、その邸《やしき》の西の対《たい》に住む人があった。その人を不本意ながら深く愛してしまった男が、西の対をよく訪問していたところ、正月の一〇日ごろ、女は別の所に移ってしまった。どこにいるかは聞いたけれども、普通の人の行き来できる所ではなかったから、会えないままつらい恋心を抱きつづけていた。次の年の正月、梅の花の盛りのときに一年前のことを思い出し、西の対に行って立ったり坐ったりしてみたが、去年とはまるで様子がちがっている。涙にくれて、吹きさらしの板敷に月の傾くまで横になったまま、去年のことを思い出して詠んだ。

月やあらぬ春やむかしの春ならぬ
　わが身ひとつはもとの身にして

（月は昔のままの月だろうか。春は去年のままの春だろうか。自分の身だけが元のままで、すべては変わってしまった）

そう詠んで、ほのぼのと夜の明けるころ泣きながら帰っていった。（同右、一六―一七ページ）

『古今和歌集』の歌の基調をなすもの憂さとはかなさがそのまま文章の全体に及んだ、なんとも切ない名文だ。

通いなれた女が高貴な場所に居を移したため、会いにいくことができなくなる。しかし、恋しい気持ちを振りすてることができない。梅の咲く初春に様変わりした女の旧居を一年ぶりに訪れた男は、恋しさに耐えかねて板敷に長く身を横たえ歌を詠む。——場所の設定といい、季節のめぐりといい、人物の配置といい、雅びのお手本のような作りだ。そして、見事にしつらえられた状況のなかで恋に苦しみ、恋に身もだえする男のふるまいが、これまた雅びの極致かと思えるほどに隙《すき》がない。荒れた旧居の板敷に泣き伏す貴族のすがたは、イメージとして思いうかべようとすれば、雅びな一幅の絵としておのずと浮かび上がるといったふうだ。

そして、雅びの画龍点睛《がりょうてんせい》として「月やあらぬ春やむかしの春ならぬ……」の名歌が来る。恋の不如意を嘆く歌ながら、相手の女性は歌の表面にはあらわれず、歌われるのは月であり、春だ。主人公が泣く泣く歌うという作歌の状況にふさわしく、月も春もはかない時の移ろいを映し出すわびしい月であり、春だ。月や春が歌われることで、恋の苦しさが自然のなかへと溶かしこまれ、美しい情景へと昇華される。そこに雅びの美意識がある。下の句「わが身ひとつはもとの身にして」は内面がそのままおもてに出てきた直情的な表現だが、上の句の月と春のわびしさに包まれて読者の心にやわらかく受けとめられる。主人公は真情を強く訴える男としてではなく、やや距離を取って自分の心を見つめるもの憂い男としてイメージされる。その男のすがたは雅びそのものだ。

散文と歌が見事に照応するこの第四段を読むと、歌を詠むという行為のもつ、貴族社会にとっての意味の大きさが改めて思われる。身分ちがいの高貴な女性と心を通わせていた男が、住まいを移した女のもとに通えなくなって恋心をもてあまし、旧居を訪ねて昔を思い出し涙にくれる。短文ながら要所を押さえた心引く恋の物語だが、しめくくりに「月やあらぬ……」の歌が配されていなかったとしたらどうか。話の実質にさほどの変化はないにしても、歌がなかったら、恋物語は華やいだ匂いを失い、色褪《あ》せた、さびしいだけの話になってしまうだろう。男からも貴族らしい風情が急速に失われるように思う。歌は物語のなかでそれほどに大きな位置を占め、男の雅びなふるまいは歌を詠むという行為によって完結した像を結んでいる。『古今和歌集』の数々の和歌が歌の規範を実作の羅列によって示しているとすれば、それを受けとめる貴族にとっては、現実の社会においてそういうすぐれた歌をそれにふさわしい場面で詠むことが雅びだったのである。『伊勢物語』の主人公はそういう雅びの典型として造形されたのだった。

とはいえ、わずか三一文字の和歌が雅びの根幹をなすためには、それなりの状況設定が必要だった。四季の移りゆきを美しくもはかない舞台背景として、男女の色好みと恋情が筋立ての中心になるよう状況が設定されねばならなかった。

いまの第四段でも、「皇太后」とか「西の対《たい》に住む人」というだけで固有名を出さないのは、名前にまつわる俗事に読者の関心が引き寄せられるのを避ける工夫と見られなくない。女の移住した先を具体的に示さないのも同じ配慮に出たものかもしれない。ただ、そこが「普通の人の行き来できる所ではなかった」ことは、ここでの男女の間柄と恋のなりたちにくさを示すためにどうしても言っておかねばならないことだった。同じく、翌年の正月の西の対の情景——梅の盛り、吹きさらしの板敷、月の傾き、など——は、男の色好みと恋心を浮かび上がらせるのに不可欠の舞台装置だった。

いうまでもないが、平安朝の貴族社会は色好みや恋心や歌詠みを本位とする社会ではない。社会構成上、皇族や貴族は大多数の農民や漁民の上に立つ特権的な支配層をなしていたが、その特権性は色好みや歌によって支えられていたのではなく、制度化された権勢や政治や経済機構や俗事によって支えられていた。『古今和歌集』や『伊勢物語』が成立する時代は、摂関家たる藤原氏にしだいに政治権力が集中してくる時期に相当するが、藤原氏と他氏族の抗争も、藤原氏一門の内訌《ないこう》も、色好みや歌詠みとは遠く離れた、政治権力をめぐる抗争であり内訌だった。

そういう抗争や内訌が『伊勢物語』にまったくといっていいほど影をとどめていないのは、歌物語から政治や俗事をできるかぎり排し、純粋な雅びをつらぬこうとする文学的美意識が強く働いたからだ。周知のように、摂関政治は、おのれの娘を天皇の后《きさき》とし、生まれた子が天皇となったとき、その後見として政治の実権を握ろうとするもので、摂関家にかぎらず、政略結婚は貴族のあいだでは門閥繁栄のきわめて重要な政治手法であったが、『伊勢物語』の色好みは、一族の繁栄や政治的栄達に背を向けるようにして恋の優雅な美しさを追求する。

次に引くのは第六九段、『伊勢物語』の「伊勢」の名がここに由来するとされるほどの、有名な段だ。

むかし、男がいた。伊勢の国に狩りの使い〔朝廷用の鳥獣を狩猟するのに合わせてその国の情勢を視察する使者〕として出かけた。そこには伊勢神宮に斎宮《さいぐう》として仕える女がいたが、その女の親が、「いつもの使者よりも大切に扱いなさい」と言ってきたので、斎宮は、親の言うことだからとても鄭重《ていちょう》に男に応待した。朝には狩りに出かける世話をして送り出し、夕方帰ってくると自分の所に迎える、といったふうに労をねぎらった。二日目の夜、男が「是非ともいっしょに寝よう」と言う。女のほうも絶対に共寝はすまいと思っていたわけではないが、人目が多いので共寝をすることはなかった。正使に当たる人だったから、寝所は遠くはなかった。女の寝室に近かったから、女はみんなを寝静まらせて、真夜中ごろに男の所にやってきた。男のほうも、眠られないままに外のほうに目をやって横になっていると、ぼんやりとした月明かりのなかに小童《こわらわ》を先に立てて人が立っている。男はとても喜んで自分の寝所に女を引き入れ、深夜の零時から三時頃までいっしょにいたが、まとまった話をする間《ま》もなく女は引き上げていった。男はとても悲しくて寝ないで過ごした。翌朝、女のことが気にかかるが、こちらから使いを送るわけにはいかないので、いつ使いが来るかと待っていると、夜が明けてしばらくすると、女のもとから和歌だけが贈られてきた。

君や来《こ》し我や行きけむおもほえず

夢かうつつか寝てかさめてか

（あなたが来たのか、わたしが行ったのか、分かりません。夢だったのか現実だったのか、寝ていたのでしょうか、覚めていたのでしょうか）

男は激しく泣いてこう詠んだ。

かきくらす心の闇にまどひにき

夢うつつとはこよひ定めよ

（涙にくれて心が暗闇を迷っています。夢だったのか現実だったのかは今晩来て確かめてください）

そう歌を贈って狩りに出かけた。

野原をかけまわっていても心は上《うわ》の空で、今夜だけは人を静まらせて早い時間から共に過ごそうと思っていた。ところが、国司で、斎宮寮の長官でもある男が、京から狩りの使者が来ていると聞いて一晩中酒宴を張ったので、女にはまったく会うことができなかった。明くる日は尾張の国に出発することになっていたから、男はひそかに血の涙を流したけれど、会うことはかなわない。だんだん夜が明けようとする頃、女のほうから杯《さかずき》の皿が贈られてきて、見ると歌が書いてある。

かち人の渡れどぬれぬえにしあれば

（徒歩で渡っても濡れないぐらいの浅い江〔縁〕だったから）

と書かれて、下の句がなかった。男はその皿にたいまつの燃えのこりの炭で書き継いだ。

また逢坂《あふさか》の関は越えなむ

（もう一度逢坂の関を越えて逢いに来ましょう）

と書きおくって、次の日は尾張の国へと出かけた。（同右、八三—八五ページ）

さきの第四段が終始、男の側に立ち、男のふるまいと心情を追う形を取るのにたいして、この段は、男の側に重きを置きつつも、要所では女の動きや心理にも筆が及んで、その分、話の懐《ふところ》が深くなっている。前半のしめくくりをなす「君や来し我や行きけむおもほえず……」と「かきくらす心の闇にまどひにき……」の歌の贈答も、こめられた心情といい歌いぶりといい、熱のこもった男女の心の行き交いを示して間然するところがない。翌日の不運・不調をかすかに予感させるという点でも歌のあしらいは申し分がない。

そして、文全体のしめくくりとなる歌は、女が上の句を詠み、それに男が下の句をつけるという凝った構成だ。話のなかで女に応分の位置があたえられ、女の色好みも描かれることからして、共同作業によって一首が成立するというしめくくりは、恋の切なさと遊びの気軽さを巧みに融合する鮮やかな構成だといえる。そして、そこに平安朝の貴族たちが雅びを感じとっていたことは改めていうまでもない。

さて、話に登場する女が伊勢の斎宮であることには注目せざるをえない。斎宮は制度上、性的なタブーを厳しく張りめぐらされた存在だからだ。斎宮にかぶせられた制度の鎧《よろい》がどのようなものであったかを知るために、いま、『国史大辞典』の「斎宮」の項から要点をぬき出して引用する。なお、この文では斎宮は「伊勢大神宮斎王」（略して「斎王」）と表記される。

〔伊勢大神宮斎王は〕天皇即位の初めに未婚の内親王の中から卜定《ぼくじょう》され、まず宮城内の……初斎院《しょさいいん》で約一年間、続いて宮城外の……野宮《ののみや》で約一年間、おのおの潔斎につとめた。卜定後三年目の九月、天皇に別れを告げ、監送使以下数百人を従えて伊勢に群行《ぐんこう》した。それに先立って日本国中で大祓《おおはらい》を行い、京畿内と路次国での仏教的な行事を一ヵ月間禁じた。……〔伊勢では〕斎王は平生……多気《たけ》御所《ごしょ》で潔斎生活を続け、神宮の三節祭《さんせつさい》には、外《げ》宮《くう》と内宮《ないくう》に参り、太玉串《ふとたまぐし》を捧じて拝礼する大役をつとめた。このように斎王は、天皇に代わってひたすら皇祖天照大神《あまてらすおおみかみ》を奉斎する至高の巫女であり「大御神の御杖代（みつえしろ）」とも称された。したがって、群行までに丸二年も潔斎を重ね、斎王宮諸門には常に賢木《さかき》を樹《た》て注連《しめ》を張り、仏事や身体の不浄を避けるために日常言語も必ず「斎宮忌詞」を用いるなど、斎戒は他に例をみないほど厳重を極めた。任を解かれるのは、原則として当代天皇の譲位か崩御によるが、父母の死去や本人の過失なども罪けがれとなり、退任せねばならなかった。（『国史大辞典6』吉川弘文館、一四四—一四六ページ）

制度は制度であって、それが実際にどこまで守られたのかは別の問題ではある。が、そうはいっても、未婚であることを基本条件とし、任に就く前も就いてからも厳重きわまる潔斎生活が求められる斎宮の制度と、『伊勢物語』第六九段の語る、恋した斎宮の屈託のない自然なふるまいとの隔たりは、異とするに足る。これほどの落差は語り手の積極的な意志の働きなしには生じようがない。色好みのふるまいと心情に、そして、恋の一情景を三一文字の快い調べに集約する歌の贈答に、王朝の雅びの粋《すい》を見ようとする語り手の美意識が、ここでは、政治的な制度や宗教的なタブーを食いやぶって、そのむこうに人間本来の生きるすがたを造形すべく働いているのだ。

男は朝廷から遣わされた使者、女は皇祖天照に仕える巫女、というのが第六九段の男女関係の出発点だ。外見上は容易に近づけそうもない間柄の設定だ。そこで、近づける手引きとして斎宮の親の言がもってこられる。

が、ひとたび男女が近づいたとなると、もう政治制度も宗教的タブーも二人の関係を掣肘《せいちゅう》し規制する力をもたない。恋心が生まれるとともに、二人は使者として、巫女として、たがいに関係するのではなく、恋する男、恋する女として相手に向き合う。男が契りを結ぼうと決意する二日目の夜からは、語り手の視点は男女の内面の恋心と、そこからおのずとあらわれ出るふるまいとの描写に照準が合って、公的な身分や職務とはかかわらない。二人の共寝が妨げられるのも、身分や職務のゆえではなく、「人目が多いので」と、恋する男女ならだれかれなく経験する理由にもとづく。そしてそのあと、人が寝静まって、女が小童を先に立てて忍んで来、二人が契りを結び、しかし十分に語らう間《ま》もなく女が去り、男が心残りに感じる、という一連の経過も、身分や職務にかかわらぬ、恋する男女の恋ゆえの行動であり心の動きであると素直に納得できる。

性的関係への接近を強く禁制された巫女と、朝廷から遣わされた公式の使者とのあいだにも自然な色好みの情が育《はぐく》まれ、人間的な交流がなりたつ、と、そう考え、そのさまを歌物語の形に仕組んで人びとに提示する。そこに、『伊勢物語』の表現思想と美意識をうかがうことができる。

同時代の制度のありさまや、政治の動きや、権威の消長を、『伊勢物語』の作者が具体的にどう見ていたかは分からない。斎宮が狩りの使いの境遇や職務をどう見ていたかも分からない。が、制度や身分や職務や権力の動向に縛られて生きる貴族のあいだにも、政治権力や社会制度をぬけ出した一対一の男女の関係が成立し、その関係のなかで生きる歓《よろこ》びや性の歓びが生まれる、というゆるがぬ確信が歌物語の作者にはあった。狩りの使いと斎宮の交情は、政治的・宗教的な観点からすれば道に外れたふるまいかもしれない。が、『伊勢物語』における雅びの美学は、そういう倫理意識にわずらわされない強さをもっていた。なによりも、恋を生きる斎宮と使いのけれん味のなさが美学の強さをものがたっている。二人が示すのは、いつしか芽生えた恋を生きることがそのまま生き甲斐《がい》であるような、そんなすがただ。一夜の逢瀬《おうせ》のあと、女も男もあれは夢だったのか現《うつつ》だったのか、と歌に詠む。とくに女の歌は、心の昂《たか》ぶりを抑えかねるような急調子の歌いぶりだが、その昂ぶりが生きる歓びとしっかり結びついている。そこに歌の格調の高さがある。そして、生きる歓びは、心残りのままに女を送り出した男にもまちがいなく共有されるものだったから、男は涙とともに歌に共感しつつ、余裕をもって再会を期すことができている。

さて、色好みを生きる歓びとする『伊勢物語』の主人公——在原業平とおぼしき男——は、さまざまな土地に住むさまざまな階層・境遇の女性と交わりを重ね、次々としめくくりの歌を詠んでいくのだが、一二五篇の歌物語は恋と恋歌一色に染められているわけではない。『伊勢物語』を色好みの雅びとはちがった角度からとらえるべく、これまでの三段とは趣きの異なる歌物語にも目を向けておきたい。第八三段の全文を現代語訳で引用する。

むかし、水無瀬《みなせ》によく行き来していた惟喬《これたか》の親王《みこ》が、いつもの狩りをしにいくのに、馬頭《うまのかみ》〔馬寮《めりょう》の長官〕をしている翁がお供について行った。何日も狩りをして親王は宮中にお帰りになった。翁は親王を送っていって早くおいとましようと思ったが、酒がふるまわれ褒美《ほうび》を下さるというので、帰してもらえなかった。馬頭は気が急《せ》いて、

枕とて草ひき結ぶこともせじ
　秋の夜とだに頼まれなくに
　（旅寝の草枕を結ぶのはしないでおきます。秋の夜長ならゆっくりもできますが）

と詠んだ。時は三月末のことだった。親王はその夜は寝に行くことなく過ごされた。

こんなふうにお仕えしているうちに、親王が思いがけず髪を剃って出家なさった。翁が正月の挨拶に行こうとして山城国の小野に出かけると、比叡山のふもとなので雪が降りつ

もっていた。苦労して侘《わび》ずまいに参上してご挨拶すると、手もち無沙汰で大変にさびしげな様子なので、ゆっくりと腰を落ち着けて昔の思い出話に時を過ごした。このままずっとそばにいてあげたいと思ったけれど、宮中の行事があってそうもいかず、夕暮れに帰るとき、

忘れては夢かとぞおもふ思ひきや
　雪ふみわけて君を見むとは
(現実が現実を離れて夢かと思われます。雪を踏みわけてはるばるあなたを訪ねるなんて考えもしなかったことです)

と歌って、泣く泣く帰ってきた。(新潮日本古典集成『伊勢物語』九九—一〇〇ページ)

色好みの気配を読みとろうとすれば、気が急く馬頭が「枕とて草ひき結ぶこともせじ……」と詠んだ歌に、早く愛人と枕を交わしたいという意味を読みこみ、そう訴えられた惟喬親王が徹夜の酒宴によって馬頭をじらしたとする読みかたができなくはない。が、そう読むにしても、その話はこの段の主流をなすものではない。一つ前の第八二段も惟喬親王と馬頭のやりとりを描いていて、その段から続くこの段の主旨は、皇族の男とそれに仕える男との友情を語るところにある。色好みを匂わせるエピソードも、二人の男の打ちとけた間柄を象徴する一場面として描出されている傾きが強い。

二人のあいだに、私事・私情をおもしろおかしく話題にできるほどの親しさがなりたって

いるがゆえに、後半の、落魄《らくはく》した親王を馬頭が訪れる場面が、いっそう切ないものに感じられる。感情に溺れることは雅びの美学に反することだから、惟喬親王も馬頭も溢《あふ》れ出る感情を押しとどめ、一首の歌をしめくくりとして別れていくのだが、「泣く泣く帰ってきた」という末尾のことばには、感情への惑溺《わくでき》からかろうじて身をかわしえた安堵《あんど》感《かん》のようなものが感じられなくはない。感情への惑溺を押しとどめるのが、ここでは、雅びの美学ではなく、感情の波立ちを心に覚える当人の主体的な力なのだと感じられる。

これを別の面からいえば、登場人物が一定の輪郭を備えた一個の人格として像を結ぶように思える、ということだ。『伊勢物語』で一貫した登場人物といえば、固有名をもたず、この段の「馬頭」のようにほんのときたま役職名で呼ばれるほかは、ただ「男」と抽象的に記される主人公がいるだけだが、この抽象的な「男」が、読みすすむうちに一定の人格をもつ一個人らしきものに思えてくるということだ。

一定の人格をもつ人物像の形成という点では、散文による物語の記述という形式が決定的な意味をもった。三一文字の和歌の表現だけでは——作歌の事情に言及する詞書が付け加わったにしても——、そこに統一的な人物像が浮かび上がることは望めない。『古今和歌集』から六歌仙の、あるいは紀貫之や凡河内躬恒《おおしこうちのみつね》の、人物像を造形するのは無謀な試みに近い。あたえられたその場での気分の昂揚《こうよう》に大きく左右される和歌は、当人の生きかたやふるまいかたを主軸とする人物像に簡単に組みこまれるものではないからだ。

比べていえば、散文は一人物の生きかたやふるまいかたにずっと近く寄りそうことのできる表現形式だ。固有名を排した抽象的な「男」を主人公に設定し、その男と多種多様な女性との交情のうちに雅びの諸相を断片的に呈示する、といった体裁の書物でも、一人物の信念と意志と感情と行動とを散文で書きすすむとなると、そこに一定の人格を具えた人物像が浮かび上がってくる。その男は在原業平をモデルとするといわれ、実際、業平は詠んだ歌からしても、その行状からしても雅びの美学によくかなう下級貴族だし、物語の作者は業平にまつわる史実や伝承から多くの材を得てきているのだが、それだけで一定の人格を具えた人物像が出来上がるわけではない。雅びの美学を踏まえ、史実や伝承に材を取りつつ、明確な意志と感情をもってこの世を生きる一人物を造形しようとする散文精神が働かなければ、人物が統一的な像を結ぶことはありえない。

男が「馬頭」として登場し、惟喬親王と男同士のこまやかな友誼《ゆうぎ》を結ぶ第八三段は、男の人物像が色好みの外へと進み出て、しかもその統一性を失わないさまを示すものだということができる。女性との交情のうちに、世俗的な関係や価値意識や倫理観をぬけ出した、生きる歓びと美しい情感を感じとる男は、男性との友情のうちにも同質の歓びと美しさを味わうことができている。男自身、世俗的な権威や栄達に背を向けるようにして雅びな色好みの世界を生きているのだが、友誼の相手たる親王が、なんらかの事情で出家を余儀なくされ、正月にも一人寂しく暮らすような零落の生活を強いられているのは、主人公の友誼の相手にいかにもふさわしい設定だということができる。

男の成人式に始まった『伊勢物語』は、男の死をもって雅びの幕を閉じる。

むかし、男が病気になり、そのまま死んでしまいそうな気がしたので、こう詠んだ。

つひにゆく道とはかねて聞きしかど
きのふ今日《けふ》とは思はざりしを　（同右、一三六ページ）

（だれでも最後には行く道だと聞いてはいたけれど、まさか昨日今日のことだとは思ってはいなかったなあ）

第十二章　浄土思想の形成——仏を念じて極楽に往生する

この世にたいしてあの世がある。現世にたいして来世がある。

そして、あの世（来世）には地獄と極楽があるという。地獄は苦しみと不幸と恐怖に満ちた世界であり、極楽は喜びと幸福と安楽に溢《あふ》れた世界であるという。

1

宗教の思い描く見取図としてはごく自然な世界の構図だが、日本の仏教においてこの世とあの世、地獄と極楽が明確な対立構造をなすものとして思い描かれるのは、そう古いことではない。あの世に地獄とは正反対の極楽があり、仏に導かれて人は死後にそこに赴き、そこに住むことができると一般に信じられるようになるのは、平安時代も中頃のことだと考えられる。そうした信仰が社会に広がりつつあるという状況を踏まえ、人びとの極楽浄土への思いに明確な方向性をあたえようとした書物が、天台宗の僧・源信の『往生要集《おうじょうようしゅう》』だった。世に出たのは四〇〇年にわたる平安時代のほぼ中間時点、九八五年のことだった。

前々章で取り上げた最澄と空海の仏教思想は、あの世や極楽に深くかかわるものではなかった。最澄が仏者の真の実践として自他に課した厳しい山修山学は、極楽往生のためというより、この世で悟りを開くための修行であり修学だったし、法相宗の僧・徳一との論争や大乗戒壇独立の運動も、来世の世界像やあの世での幸・不幸にかかわるというより、この世での仏教や仏者や僧団のありかたを問うものだった。

空海もその点は変わらない。虚空蔵求聞持法《こくうぞうぐもんじほう》の獲得をめざす僻遠《へきえん》の地での山林修行や、密教風の厳しい肉体鍛錬は、この世で効能を発揮する超自然の呪力の獲得や、肉身《にくしん》のままで完璧な宗教的人格に至る即身成仏をねらいとするものだったし、体系的な思想書『十住心論』もこの世とあの世の関係を問うというより、この世における人間精神の種々相を網羅的に論じようとするものだった。現実世界における仏教の俗化や仏者の腐敗・堕落に目を凝らし、既成の教説や制度や組織を超える新しい仏教や仏教集団のありかたを模索することこそが、最澄と空海の基本的課題だった。

源信の『往生要集』は、それとは立場を異にする。『往生要集』は人間が生まれてから死ぬまで生きる現実の世界よりも、死後に生きるあの世に目を据えてものごとを考えていこうとする仏法書だった。

その第一章は「厭離穢土《おんりえど》（汚れた現世をきらい離れること）」と題され、地獄その他の穢土の惨状がこれでもか、これでもか、と畳みかけられる。地獄には八つの種類があるとされるが、その八つめ、「無間地獄《むけんじごく》」とも「阿鼻地獄《あびじごく》」とも称される地獄は次のようなものだという。（現代語に訳して引用する）

阿鼻地獄の城は……七重の鉄城、七層の鉄網を備え、下部には一八の隔壁が設けられ、刀の林がめぐらされている。四つの角には身の丈《たけ》四〇由旬《ゆじゅん》〔一由旬は約一二キロメートル〕の銅の狗《いぬ》が配置されている。目は電《いなずま》のようで、牙は剣のよう、歯は刀の山のよう、舌は鉄の刺《とげ》のようだ。すべての毛穴から猛火を出し、その煙はたとえようのない悪臭がする。獄卒は一八人いて、悪鬼のような頭をし、夜叉《やしゃ》の口をしている。六四の目があって、そこから鉄球が飛び散り、まがった牙が上に伸びて高さ四由旬、牙の先端から火が出て阿鼻城を満たしている。獄卒の頭上には八つの牛頭《ごず》がつき、一つ一つの牛頭に一八本の角があって、一つ一つの角の先端から猛火が出ている。さらに、七重の城のうちには七本の鉄の幢《はた》が立っていて、幢の先には泉がたぎるように火が踊り、その炎が四方八方に流れて城内を満たしている。四つの門の閾《しきみ》の上には八〇の釜が置かれ、どろどろの銅が湧き出して城内を満たしている。一八の隔壁の間ごとに八万四千の鉄の大蛇がいて、毒を吐き火を吐いてその身が城内を満たしている。その大蛇の咆哮《ほうこう》は百千の雷鳴のごとくで、吐き出される鉄球が城内を満たしている。五〇〇億の虫がいて、一つ一つが八万四千の嘴《くちばし》をもち、その先から火が雨のごとくに降ってくる。虫が降下するにつれて獄の火はいよいよ燃えさかり、八万四千由旬四方を照らし出す。八万億千の苦中の苦がそのなかに集まっている。

（岩波・日本思想大系『源信』二四―二五ページ）

漢訳仏典の文章を要約して地獄のありさまを描き出したものだが、平安朝の人びとはこんなおどろおどろしい世界が死後に自分たちを待ちうけていると信じたのだろうか。だれもかれもが信じたわけではなかろうが、悪事を働いた罰としてこんな地獄に送りこまれると信じた人は少なくなかったと思う。怨《うら》みを抱いて死んだ人間の祟《たた》りを恐れ、死者の怨霊《おんりょう》をなだめるための祭り――御霊会《ごりょうえ》――を盛んにおこなった時代のことだ。死後の霊のゆくえが気にからないはずはなく、そして、この世での悪事・悪業があの世の地獄と結びつく因果のつながりは、道筋としてたどりやすいものだったにちがいない。

『往生要集』の地獄図は人びとのそういう共同の心理を前提とし、それに寄りそうようにして描き出されたもののように思われる。引用した一節は阿鼻地獄のほんの一部分をぬいてきたもので、阿鼻地獄だけでもそれに数倍する記述がなされ、さらに八つの地獄を合計すると、その数十倍の量へと記述はふくれあがる。それだけ大量の苦患《くげん》の描写を読みすすむのは、その世界への――あの世への――強い関心なしにできることではない。書く源信については、そのことがもっと強くいえる。人並み外れたあの世への関心なしには委細《いさい》を尽くした地獄図の描写は不可能だったであろう、と。

さらにいえば、源信の人並み外れたあの世への関心は、地獄図を精彩あるものにする文学的な力にもなったと考えられる。さきの引用を見ても、地獄は恐ろしいもの、凄惨なもの、厭離すべきものとして描かれてはいる。目を背けたくなるような装置、場面、光景が次から次へと出てくる。が、その一方、源信はいうならば文学的な喜びをもって仏典からの引用を重ね、地獄の図を迫力のあるものに仕上げていっている。文学性ゆたかな想像力の発揮が『往生要集』を日本の浄土思想上、画期をなす書物たらしめていることは疑いを容《い》れない。

地獄に興味をもつことと、地獄を厭離することとは、一見、矛盾するように思える。源信は矛盾を自覚しつつ筆を前へと進める。矛盾のあることが、かえって『往生要集』を魅力あるものにしている。地獄に興味をもつことが文学的なことであり、地獄を厭離することが宗教的なことだとすれば、『往生要集』の魅力は文学と宗教がせめぎ合うところに醸成されたものということができる。

「厭離穢土」に続く第二章「欣求浄土《ごんぐじょうど》（浄土に往生することを心から願うこと）」では、浄土の安楽が十に分けて讃《たた》えられる。ここではその第四「五妙境界《ごみょうきょうがい》の楽（五官の対象のすばらしさ）」の一部を現代語に訳して引用する。

その世界は地面が瑠璃《るり》で出来ていて、道の両側には金の縄が張られている。地は平坦で高低がなく、広々とどこまでも広がっている。明るく輝いて清々《すがすが》しい。地面には妙なる衣が敷かれ、すべての人や神はその上を歩く。

たくさんの宝で出来た国土の一地域ごとに五〇〇億の名宝からなる宮殿・楼閣がある。高低のさまは心にかない、広さは思い通りだ。もろもろの宝を置く台座には美しい布が敷かれ、まわりを七重の手すりが取り巻き、一〇〇億の豪華な幢《はた》が立ち、珠を列ねた瓔珞《ようらく》〔垂飾り《たれかざり》〕が垂れ、上には宝の天蓋《てんがい》がかぶせられている。宮殿の内部では、楼の上にたくさんの天人が集まって伎楽《ぎがく》を奏し、如来のために歌っている。

講堂・精舎・宮殿・楼閣の内外左右にはたくさんの池がある。金の池の底には銀の砂が敷かれ、銀の池の底には金の砂が敷かれ、水晶の池の底には瑠璃の砂が、瑠璃の池の底には水晶の砂が敷かれている。珊瑚《さんご》・琥珀《こはく》・硨磲《しゃこ》・馬瑙《めのう》・白玉《はくぎょく》・紫金《しこん》の池や砂もある。効験あらたかな水が池を満たし、宝の砂がその水に映えている。

前後左右の回廊はさまざまな宝を組み合わせて作られ、宝の花が池一面に咲いている。青蓮には青い光が、黄蓮には黄色い光が、赤蓮・白蓮にも赤と白の光があって、微風が吹くと花の光が揺れうごく。花の一つ一つには菩薩が、光の一つ一つには化仏《けぶつ》が坐している。

池の面を小波《さざなみ》がめぐって、たがいにぶつかり合う。穏やかにゆったり動いて速くも遅くもない。その声音は微妙で、仏法さながらだ。苦・空・無我の教えや、悟りを開く教えを説き、仏の智恵と自信と特質を示す。大慈悲の声でもあれば、真理を悟った不動心の声でもある。聞いていると限りない喜びに満たされる。清浄と寂滅の真実のありかたにかない、菩薩と声聞《しょうもん》の修行の道にかなう音色だ。小波の音だけでなく、鳧《かも》・雁《がん》・鴛鴦《おしどり》・鵜《う》・鷺《さぎ》・鵝《がちょう》・鶴《つる》・孔雀《くじゃく》・鸚鵡《おうむ》・迦陵頻伽《かりょうびんが》など、種々の宝鳥が一日に六回、典雅な声で鳴き、仏を念じ、法を念じ、僧侶を念じる行動を讃嘆し、正しい仏道修行を称賛する。三途の川の苦難は名ざされることさえなく、自然のままの快い音だけが聞こえてくる。

そこに住むたくさんの菩薩や声聞衆《しょうもんしゅ》は、宝の池に入って水浴するときには、それぞれに浅く思い、深く思い、心が乱れることがない。心の垢《あか》を洗いながし、清らかになる。水浴を終わると、各自水から出て、空中に昇ったり樹下に行ったりする。経を講じる者、誦《じゅ》する者、受講する者、聴経する者、坐禅する者、経行《きょうぎょう》する者など、さまざまだ。小乗の聖者の位を得ていない者はその位を得、阿羅漢《あらかん》の境地に至っていない者はそこに至り、不退転の階位を得ていない者は得、こうしてみんなが望みの境地に達し、喜びを感じる。

きれいな川も流れている。川底には金の砂が敷かれ、深さも水温も人の好みに合わせてある。多くの人が遊覧し、また川辺に集まっている。（同右、五七—五九ページ）

「五妙境界」の描写はまだまだ続く。金銀財宝、七珍万宝が惜しげもなく使われた山紫水明・金殿玉楼のなかで人びとが妙音・妙香・妙味を楽しむさまがことばを尽くして語られる。

地獄の描写もそうだったが、この極楽の描写にも文学的な想像力が生き生きと働いていることが分かる。文章は無量寿経、観無量寿経、阿弥陀経、称讃浄土経などの引用文からなるが、引用に当たって、一極楽世界の統一的なイメージを呈示しようとする意図が強く働いている。美しく飾り立てられた文章であるのはまちがいないが、丁寧に読んでいくと、美辞麗句の連なりのむこうに、ゆったりと時の流れる和やかな極楽が、まとまりのある一つの世界として像を結ぶ。部分部分には贅《ぜい》を尽くした風物や建物・家具・調度や装飾品が配されるが、それらをふくむ空間の全体は、落ち着いた雰囲気のもとで澄明な爽やかさを保っている。

が、「厭離穢土」の地獄図と「欣求浄土」の極楽図は、『往生要集』の本旨からすれば前置きをなすものにすぎない。中心は、地獄を逃れ、極楽に往生するための念仏の方法を説く、第四章「正修《しょうしゅ》念仏」、第五章「助念の方法」、第六章「別時《べつじ》念仏」に――とりわけ第四章「正修念仏」に――ある。

「念仏」というと、いまでは一般に、「南無阿弥陀仏《なむあみだぶつ》」の名号《みょうごう》を唱えることをいうが、源信のいう念仏はそれとはちがう。少なくとも、名号を唱えることは本来の念仏ではない。

源信の「念仏」とはどういうものか。漢字の原義にもどって「仏を念じる」こと、それが源信の念仏である。「念じる」とは深く思うこと、心を寄せて思うことだから名号を唱えることもそのなかにふくめていいが、源信においては、あるいは源信の時代においては、名号を唱えることは念仏の基本要素となってはいない。

かわりに念仏の中心に来るのは、仏を観じること、仏を観想すること、くだいていえば、仏のすがたをありありと思い浮かべることだ。第四章「正修念仏」では極楽往生の修行として五つの行法が説かれるが、なかで源信がもっとも力を入れて説くのが、仏を明確に観想する方法たる「観察門《かんざつもん》」だ。

説かれるのは仏の相好《そうごう》を――仏の顔と身体の特徴を――ありありと思い浮かべる色相観《しきそうかん》だ。それには別相《べっそう》観と惣相《そうそう》観と雑略《ざつりゃく》観の三つがあると源信はいう。別相観とは相好の一つ一つをしっかりと思い浮かべること、惣相観とは全体を総括的に思い浮かべること、雑略観とは特定のものに限って思い浮かべることだ。

別相観では思い浮かべるべき相好のありさまが四二項目に分けて詳細に説明される。いま、その何項目かを摘記すると、

一に、頭上の肉髻《にくけい》〔頭頂の肉の隆起〕はよく見えない。高く突き出て円形をしている点は天蓋《てんがい》に似ている。……仏の頭上には大いなる光明があって千の色が具わっている。一つ一つの色が八万四千に枝分かれし、枝の一つ一つに八万四千の化仏《けぶつ》が置かれている。化仏の頭上からも光が放たれ、光は次々と上方の無量世界に向かっている。上方界には化《け》の菩薩がいて、雲の如くに下ってきて諸仏を囲んでいる。

二に、頭上の八万四千の髪はみな上に向かって右に巻いて生えている。いつまでもぬけることがなく、乱れもしない。色は紺青《こんじょう》で、すきまなく生え、いい香りがして清潔で細く軟らかい。……

……

四に、耳は厚く広く長く、耳たぶがたっぷりしている。……七本の巻き毛があって、そこから五つの光が流れ出ている。光には千の色があり、色ごとに千の化仏が置かれ、化仏からは千の光が放たれて十方《じっぽう》の無量世界を照らしている。

……

六に、顔はふっくらとして、光沢があり、柔和である。すっきり整って、清潔で、秋の月に似ている。左右の眉のきりっとしたところは帝釈天《たいしゃくてん》の弓に似ている。顔の色はほかに比べようがなく、紺瑠璃の光を放っている。

七に、眉間《みけん》の白毫《びゃくごう》は右巻き回転し、兜羅綿《とらめん》〔綿糸に兎の毛を混ぜて織った舶来の織物〕のように柔らかく、雪よりもなお白い。……（同右、一一九—一二一ページ）

こうした身体各部の記述が数にして四二、顔から頸《くび》、頸から肩としだいに下に降りていって足にまで及ぶ。その一つ一つをありありと思い浮かべ、その一つ一つを限りなくありがたいものに思い、そうやって阿弥陀仏に帰依するのが、念仏——仏を念じること——だ。四二項目もの相好を遺漏《いろう》なく観想するわずらわしさに耐えられない初心者には、大雑把《おおざっぱ》に全体を観想する惣相観や、眉間の白毫のみを観想する雑略観が用意されるが、それらとて、簡略化されているとはいえ、阿弥陀仏の相好をありありと思い浮かべる行為であることに変わりはない。

精粗のちがいはあれ、そういう行為が極楽往生のためのなによりの方法であるという。観相こそが最大の宗教行為だという。そこに『往生要集』の宗教思想の根本がある。わたしたちはそれを〝イメージ〟の宗教思想と名づけたいと思う。

イメージといえば、最初に引用した阿鼻地獄の解説文も、次に引用した五妙境界の解説文も、すぐ前に引用した別相観の解説文も、イメージに満ちあふれた文ということができる。

本の構成からすれば、地獄図と極楽図は本論に入る前の準備段階に属し、すぐ前の別相観の引用は本論の中心部分をなすものだが、イメージの連なりという点では前の二つと三つ目とは驚くほどよく似ている。二番目の五妙境界の極楽図に示された、地面や宮殿や池や川のイメージに、三番目の引用文にある阿弥陀仏のイメージをもってくれば、二つはぴったりと符合する。準備段階においてもイメージの躍動する『往生要集』は、〝イメージ〟の宗教思想書というにふさわしい文体を備えている。

しかし、仏を念じることによって——仏のイメージをありありと思い浮かべることによって——極楽に往生する、という考えは分かりやすいものではない。分かりやすいという点では、正しく生きることによって、あるいは、人のために尽くすことによって、あるいは、悟りを得ることによって極楽に往生する、といった考えのほうがはるかに分かりやすい。正しく生きる、人のために尽くす、といったことは倫理的な行為であり、悟りを得るというのは思想的な行為であって、極楽往生という宗教的成果が、そういう倫理的な努力や思想的な努力と結びつくことは納得できる。が、仏のイメージをくっきり思い浮かべるという行為は容易に極楽往生とは結びつかない。イメージを思い浮かべる行為が、倫理や思想に相渉《あいわた》るものではなく、いうならば、美的な行為とでもいうべきものだからだ。美にかかわる行為は倫理や思想の行為ほどには宗教に近くないと思われるのだ。

仏を念じるには、心の緊張と集中が要求されるのは確かだ。それなりの修練を積む必要もあろう。が、世俗的な欲望を断つべく厳しい戒律をおのれに課し、難解な経典や注釈書に取り組んで仏道の真理をきわめ、悟りの境地に至ろうとすることと、仏の相好の一つ一つを明確にイメージし、荘重で美しく清らかなそのイメージに包まれることによって、死後、極楽の住人になろうとすることとは、とうてい同列に扱えるものではない。源信は比叡山に学んだ天台宗の僧侶だが、『往生要集』の浄土思想は厳しくおのれを律する最澄の天台思想の延長線上にあるものではなく、そのねらい（極楽往生）も実践の方法（念仏）も最澄のそれとは大きく異なるものだといわねばならない。

仏独特の頭上に盛り上がった肉髻《にくけい》に始まって、上方へと突っ立つ右巻きの髪、髪の生え際に輝く光明、広く長くたっぷりした耳、広く平らな額《ひたい》、円満・柔和な顔、柔軟にしてあくまで白い白毫、整然と生えそろった睫毛《まつげ》、……と、仏の顔や身体の各部を経典の指示に従ってこまかく思い浮かべていく。想像力が持続的・集中的に働けば、仏の相好がしだいに明確な像を結ぶようになる。慈悲にあふれた堂々たる仏のすがたが目の前に浮かんでくる。そういう像の現出が仏を念じる行為のめざすところだ。仏を念じることは仏を見ることに限りなく近い。

さて、仏のすがたがありありと見えてきたときに感じられるのは、いうならば心身の充実感と喜びだ。荘重にして清らかな仏の像をみずからの想像力によって思い浮かべることのできた充実感と、偉大なる存在を現に目の前にしている喜びだ。人間の精神性に深くかかわる充実感であり喜びだが、その心事に目を凝らすと、それはやはり純粋に宗教的な充実感と喜びであるよりも、宗教と芸術に跨《また》がるような充実感であり喜びであるといわねばならない。人間の精神性にかかわる事柄をかりに真・善・美の三つに分けて考えると、一般的にいって宗教は真と善をねらいとし課題とするのにたいして、仏のすがたがありありと見えてきたときの充実感と喜びは、真よりも善よりも美に深くかかわる充実感であり喜びであると考えられる。仏のすがたがありありと見えてきた充実感と喜びは、難行苦行の末に悟りの境地に達した仏僧の充実感と喜びであるよりも、たび重なる失策や不手際ののちにこれでよしという像を造形した仏師の充実感と喜びに近いと考えられる。

そういう宗教と美の接近を、わたしたちは、宗教の道に反することだというつもりはない。美との親和性の強さを日本の仏教の大きな特質としてきちんと押さえておかなければ、と思うばかりだ。仏教の伝来から奈良時代中期まで、造寺・造仏の事業や写経の営みを通じて仏教は人びとの美意識と深くかかわり、新しい美の形を作り出していった。そのあとに来る天台宗と真言宗は、求道心と思考力に秀でた開祖——最澄と空海——のもと、倫理と思想の領域へと深く入りこみ、美とのかかわりは稀薄になったが、平安中期に、仏を念じて極楽に往生するという浄土思想があらわれるに及んで、かつての美と宗教の結びつきが、イメージの宗教として再現されているのだ。

仏を念じる行為が、想像力によって美のイメージを現出させる美的な試みだというだけではない。念仏の目的たる極楽往生がこれまた美と深くかかわる。極楽は、五妙境界の引用文からも分かるように、どこを取っても美の粋を集めた安楽土なのだ。みずから選んで行くというより、仏や菩薩に導かれて行くところだから、仏を念じる行為にともなうような充実感はもちにくかろうが、極楽の隅々にまで行きとどく端麗な美しさを思えば、そこに赴く人はあふれる美を五官に受けとめて喜びに浸ることになるはずだ。

こう見てくると、念仏に始まり極楽往生に終わる『往生要集』の浄土思想は、終始、美と宗教が足並みをそろえて進む道行きだということができる。五妙境界の極楽図と、別相観によって思い浮かべられる阿弥陀仏のすがたとが過不足なくつながるのも、そこに同質の美意識が働き、一貫した美のイメージを紡ぎ出しているからだ。阿弥陀仏にも極楽浄土にも美のイメージがあふれている。そのイメージを宗教上の支えとし力とするのが、源信の浄土思想にほかならなかった。

『往生要集』を撰述した源信は、比叡山の横川首楞厳院《よかわしゅりょうごんいん》の僧侶二五人を結縁衆《けちえんしゅ》とする念仏結社「二十五《にじゅうご》三昧会《ざんまいえ》」の中心人物であった。極楽往生こそ阿弥陀仏の功徳の最たるものであり、その功徳に与《あずか》る根本の方法が念仏であるとして、源信は、そのやりかたをくわしく解説しただけでなく、みずから極楽に往生することを切実に願い、志を同じくする人と結んで念仏の行に打ちこんだのだった。

二五人の結衆《けっしゅ》のうちに、平安朝有数の文人・慶滋保胤《よししげのやすたね》がいた。保胤は仏道帰依の思いが強く、やがて出家するが、出家の前後、『往生要集』とほぼ同時期に『日本往生極楽記《にほんおうじょうごくらくき》』を著した。極楽往生のための正しい念仏の方法を指南する『往生要集』にたいして、念仏のおかげで実際に極楽に往生した四〇人あまりの伝記を集めたものだ。仏を念じることによって本当に極楽に往生できるかどうかを疑う人にたいして、疑いを晴らすべく往生の事実を証拠として提示しようとする書物だ。四十余人の一人に、比叡山を離れ、京を中心に布教して歩き、市聖《いちのひじり》とか阿弥陀聖《ひじり》とか呼ばれた空也《くうや》上人がふくまれるが、その往生のさまはこう記される。（現代語に訳して引用する）

上人は亡くなる日に、法衣を着て香炉を手にもち、西方に向かって正坐し、弟子たちにたいして「多くの仏や菩薩が迎えにきて連れていって下さる」と言った。息絶えたあとも香炉を手にもったままだった。このとき音楽が空に聞こえ、部屋は香気に満たされた。上人は布教の仕事を終えて極楽に帰られたのだった。（岩波・日本思想大系『往生伝　法華験記』二九ページ）

『往生要集』に比べればことばはずっとひかえ目だが、ひかえ目なりに美しく清らかな臨終のイメージを呈示しようとする配慮がなされている。死の苦しみや死の穢《けが》れとは無縁の、安らかな死のイメージがここにはある。阿弥陀仏のすがたをありありと思い浮かべることも、極楽の情景を思い描くことも、それぞれに美と密接に結びつく宗教的な営みだったが、浄土思想にとっては、この世とあの世の境い目に当たる死も、美と深くかかわるものでなければならなかった。

空也上人が極楽に往生したことを証拠立てる直接の事象としては、多くの仏と菩薩が来迎したという上人の語り、息絶えたあとにも香炉をささげもっていたこと、虚空《こくう》に聞こえる音楽、室内に満ちた香気の四つを挙げることができる。ほかの往生伝の場合も、臨終の道具立ては似たり寄ったりだ。こまかく見ていけば、香炉をもつ代わりに定印《じょういん》を結んだり、音楽と香気に加えて紫雲がたなびいたり、死を告げる夢を当人か近親者かが見たり、死体の腐乱しなかったことが確認されたり、といった異同はあるのだが。

が、そうしたこまかい変化や補足は死の美しいイメージをふくらませこそすれ、それを壊したり傷つけたりするものではない。読む人は心温まる思いで安らかな美しい往生のさまを思い浮かべ、自分にもそのような美しい往生の訪れることを願ったにちがいない。

2

前節では『往生要集』を題材に、浄土思想における宗教と美的イメージの結びつきの強さを見てきたが、浄土思想の強い影響下に造営された浄土庭園や阿弥陀堂となると、宗教と美とのかかわりは、たんにイメージとして思い浮かべられるという次元を超えて、物としての具体性を帯びてくる。ここで取り上げる平等院鳳凰堂《びょうどういんほうおうどう》と浄瑠璃寺《じょうるりじ》は『往生要集』の撰述からは時の隔たった平安後期の建物や庭だが、浄土思想の宗教的特質を映し出すものとして、あえてこの章で考察の対象としたい。

まずは、平等院鳳凰堂だ。造立《ぞうりゅう》したのは藤原頼通だが、その父・藤原道長は壮年の頃から仏教への思いを深め、造寺・造仏の事業に精力を傾けた。もっとも大がかりな事業が法成寺《ほうじょうじ》の造営で、いまは焼失して跡形もないが、『栄花物語』や『大鏡』には事業の規模の大きさと出来上がった建造物の豪華さがくわしく記述されている。『大鏡』には、「極楽浄土のこのよ〔世〕にあらはれけるとみ〔見〕えたり」という讃嘆のことばがある。道長はこの法成寺で死を迎えるが、その死は宗教的にも美的にも極楽浄土を間近に感じての死だったと思われる。

道長が死んだのが一〇二七年、その二五年後には暗い末法の世が始まるとされていた。時あたかも、貴族の支配にさまざまな矛盾が生じ、貴族や知識人層のあいだにしだいに不安が広がりつつあった。仏を念じることによって極楽に往生する、という浄土思想が人びとの心をとらえたのも、そうした不安を背景にしてのことだった。『往生要集』の書き出しで、

それ往生極楽の教行《きょうぎょう》は濁世末代《じょくせまつだい》の目足《もくそく》なり。（岩波・日本思想大系『源信』一〇ページ）

（極楽に往生する教えと修行は、世も末の濁れた時代に生きる人びとにとって、目となり足となるものだ）

と断じられているのが示唆的だ。ここにいう「末代」は、一〇五二年の末法の始まりを直接に意識したものではなかろうが、世の中一般の乱れや不安を意識しつつ、それを超え出るものとして極楽が思い浮かべられていたことはまちがいない。家柄に恵まれた上に、早くから

政治家としての才覚を発揮し、一門内の政争にも勝利して、内覧から摂政へと権力の絶頂をきわめた道長でさえも、濁世末代の醸し出す不安と無縁ではありえなかった。財を注《つ》ぎこんで造営された法成寺は、濁世末代のこの世にあって、それとは次元を異にする浄土だった。その法成寺はすでにないが、末法に入った翌年の一〇五三年に完成した平等院鳳凰堂は、平安中期の人びとの浄土のイメージを具体的に示す建造物としていまに残っている。

平等院は藤原頼通が父・道長から伝領した宇治の別荘を仏寺に作り変えたものだ。その一角に作られたのが鳳凰堂で、なかに定朝《じょうちょう》作の阿弥陀如来を安置する。

鳳凰堂の前には大きな池があって、池のこちら側から鳳凰堂をながめると、真ん中に大きな屋根のついた中堂があり、そこから左右対称に翼廊が伸び、翼廊の左端と右端は前へと折れ曲がるとともに、上方に向かって楼が突き出ている。左右に伸びる建物の線が優美な形を描く。全体を視野の下におさめつつ、左から右へ、右から左へとゆっくり視線を移動させるのが心地よい。建物の全体が浄土曼荼羅の宝楼閣《ほうろうかく》を模したものというが、左右対称の安定したすがたが、池に映って上下にも対称のすがたを示し、見る者の心に安らぎをあたえる。末法の世に生きる人びとにとって、こうした安らぎこそもっとも必要とされるものだったかもしれない。

池のこちら側から堂を見る。中堂の中央から垂直線を引いた、その線上に身を置くとき、鳳凰堂はもっとも整ったすがたを示すが、そこに視点を固定するのは楽しいながめかたではない。右に左にゆったりと伸びる建物の美しさを楽しむには、見るほうも右に左にゆったり

鳳凰堂［平等院］

と動いて見るのがよい。建物そのものがそういう動きを使嗾《しそう》しているように見えるのだ。『往生要集』の極楽図の描写からしても、極楽浄土の美しさはなにより視覚に訴え、視覚を楽しませるものではあったが、しかし、求められているのは一点に目を凝らすような視覚ではない。あたり一面に美しさがあふれていて、その美をさまざまな角度から自由に享受するのが極楽でのものの見かたというものだ。池の輪郭がどこを取っても幾何学的に単純な線を描かず、気ままに出たり入ったりし、その不定形な輪郭に沿って歩行用の道がつけられているのも、自由な動きを重んじる工夫だ。庭と建物の施主であり持主である頼通は、父・道長と同様、政治権力の絶頂をきわめた人物だが、池とその周辺には特権的な座が設定されてはいない。贅《ぜい》を尽くしたその造作からして、頼通が権力とは無縁の衆生《しゅじょう》としてこの場に身を置いたとはとうてい思えないが、極楽はやはりこの世とまっすぐはつながらず、世俗の権力がそのまま通用するのでないことは、権力者といえども認めざるをえなかったのだ。池のほとりには松や桜を初めとする樹々が配されるが、水と土と木の織りなす清浄な空間は権力性の稀薄な美的空間だ。

鳳凰堂のなかに入ると、空間の様相が一変する。そこにあるのはゆったりとした気分で自由に歩きまわれる空間ではない。堂の中央に定朝作の見上げるような丈六の阿弥陀仏像が安置される。金箔はあちこち剝がれてはいるが、慈悲をたたえた堂々たる偉容はいささかも損われてはいない。日本の数ある阿弥陀如来像のなかでも、完成度の高さでは一、二を争う名品だ。堂のなかでは蓮弁のさらに下方から見上げるしかないから、上方に聳《そび》える像の威圧感は拭いがたいが、顔を正面から撮った写真で見ると、目は半眼、眉は大きく湾曲し、鼻筋は通り、唇はやや厚く、耳は大きく垂れ、顔の全体は横長のふっくらとした温容だ。極楽往生を願う人にとっては、だれかれの区別なく温かく迎えいれてくれる慈悲の存在と見えたにちがいない。

仏の台座の蓮弁も、大きく上へと伸びる飛天の光背も、結跏趺坐《けっかふざ》の丈六像と調和して間然するところがない。四枚重ねの蓮弁が上下に間隔を取って並べられていることや、飛天の光背が背後へと視線の通じる透かし彫りになっていることが、緊密な空間に少しく開放感をあたえているように見える。

堂内では、祈るにしろながめるにしろ、まずは本尊の阿弥陀仏としっかり向き合うことが要求される。仏を念じて極楽に往生するという浄土思想からすれば、仏が現に目の前にいて、まわりの空間も限りなく極楽に近く設《しつら》えられた場面で、人はどうふるまうべきなのだろうか。

仏を念じる方法として『往生要集』は別相観、惣相観、雑略観の三つに分けてイメージを思い浮かべる法を説いたが、理想的な像が現に目の前にあるとすれば、イメージを思い浮かべるのではなく、像をしっかり見ることが仏を念じることであろう。そして、極楽ふうに設えられた空間に現に身を置いているとなれば、極楽にいるように感じることが極楽往生を願うことと重なることになろう。

丈六の阿弥陀仏は、しっかりと見つめ、極楽にいると感じるようそこに置かれているのだが、極楽にいるように感じさせる造形品は阿弥陀仏だけではない。堂内の扉や壁や柱には死者を極楽へと導く色彩ゆたかな聖衆来迎図《しょうじゅらいごうず》が描かれ、長押《なげし》の上の白壁には五二体の雲中供養《うんちゅうくよう》菩薩像《ぼさつぞう》が並べて掛けられている。扉絵と柱絵は色も形も不明瞭で、創建時の華麗さを思い描くには想像をたくましくするほかないが、上方の壁に掛けられた一メートル足らずの菩薩群像は、色はほとんど残らないが、形は一〇〇〇年前そのままだ。五二体が上下二列にずらりと並ぶ。大きさも作りも区々《まちまち》で、その不ぞろいな感じが自在感を高めている。一体一体の菩薩は雲の上にあるいは立ち、あるいは坐って、仏具を手に供養したり、打楽器を鳴らしたり、管楽器を吹いたり、弦楽器を弾いたり、歌ったり、踊ったりしている。水平面に置く立体彫刻の場合、置いたときの重力の均衡が配慮されるから、像が安定した姿勢を取らざるを

定朝工房　雲中供養菩薩（南20号）［平等院］

定朝工房　雲中供養菩薩（南８号）［平等院］

えないが、壁に引っ掛ける掛け仏の場合は、置いたときの安定感は考慮の必要がなく、雲の形も像の姿勢も、軽やかに奔放に造形できる。ただ、自在さが昂《こう》じると奇を衒《てら》ったいびつな形や不自然な姿勢を招きかねないが、堂の掛け仏はそうなってはいない。定朝に率いられた仏師たちの技量の確かさを示す群像だ。

歌ったり踊ったり楽器を演奏したりする菩薩たちは、見るからに楽しそうだ。悟りを求めて修行しているはずの菩薩が、歌舞音曲にこんなに楽しそうに興じていいものかと思うほどだ。群像を彫り上げていく仏師たちも楽しい気分を共有していたのだろうか。身のこなしに官能性の感じられる像がいくつもあって、平安朝貴族の雅びがこういう形で宗教的世界にも入りこんでいるかもしれないとも思う。貴族のみならず一般の民衆にとっても、極楽浄土はけっして謹厳・静謐《せいひつ》な世界ではなく、楽しく賑やかな世界だったのだ。『往生要集』の五妙境界には、耳を楽しませる、自然の、また人工の、妙音が、高く低く鳴り響いていたが、中堂内に身を置く人にも同じような妙音が耳に鳴り響いていたのかもしれない。

こうして、鳳凰堂はその内部空間も外部空間も極楽のイメージの現実化をめざすものとなっている。庭師も石工も大工も仏師も絵師も、極楽世界をこの世に出現させるべく力を尽くしている。そして、かれらの高度な技術が宗教と美の絶妙な融合をもたらしている。

しかし、この世に現出した極楽世界は仏教の説く極楽そのものではない。平等院鳳凰堂の内外の空間と『往生要集』の説く――あるいは、そのもととなった無量寿経、阿弥陀経その他の説く――極楽浄土とは同じものではない。一方は目で見、手で触れ、身をそこに置くことのできる現実の建造物であり空間だが、他方は見ることも触れることも身を置くこともできない非現実の建造物であり空間だ。当然ながら、鳳凰堂の庭を散策したり、堂内で阿弥陀仏に手を合わせたり、仏画や雲中供養菩薩の群像をながめたりすることと、死後、極楽に往生し、安らかな楽しい日々を過ごすこととは同じことではない。

そのことを藤原頼通や、鳳凰堂の作り手たちや、同時代の貴族や民衆が知らなかったはずはない。極楽浄土が死者のためにある死後の世界であるのにたいして、鳳凰堂がこの世にある現実の空間だという区別を、平安中期の人びとが弁《わきま》えなかったはずはない。そして、この世の現実空間をどのように美しく造形し装飾してみても、それはあくまでこの世の現実空間であって、あの世の極楽浄土たりえないことは、これまたかれらの弁えるところだった。仏を念じることによって、死後、極楽に生まれ、苦しみのない安楽な日々を送ることこそ人びとの真に求めるところだったとすれば、鳳凰堂で阿弥陀仏に手を合わせたり、まわりの聖衆来迎図や雲中供養菩薩をながめたり、池のまわりや樹々のあいだを散策したりして極楽の気分に浸ることは、擬似体験というしかないものだった。

にもかかわらず、一一世紀の貴族や知識人層は、阿弥陀堂や浄土庭園の造営に異常なまでに力を傾けた。末法思想の広がりという時代背景が熱意のあと押しをしたことはすでに述べた通りだが、それだけではなかった。豪華にして優美な堂や庭園を作り出すことそれ自体が、心を奪う魅力的な営みだったのだ。

極楽浄土の豪華さ、優美さについては浄土経典にありあまるほどの記述があり、それらを再編した『往生要集』の記述もある。それをもとに心のなかで仏を念じ、極楽のさまをありありと思い浮かべる方法も僧たちの広く説くところとなっている。

しかし、極楽の様子を文字で読み、話に聞き、それをもとにそのありさまをありありとイメージすることと、現実の定まった空間のうちに極楽を模した建物や情景を作り出すことはまったく別のことだ。イメージを思い描く観想はじっとしていてもおこなえるが、造営・造設はじっとしていてはかなわない。多くの人が体を動かさねばならず、作り上げるのに時間もかかるし、費用もかかる。綿密な計画が必要だし、高度な技術が必要だ。建設途上に生じるさまざまな障害や不都合も克服していかねばならない。そのように手間隙《てまひま》をかけ、金をかけて作り上げていくのが、現実の阿弥陀堂であり浄土庭園だ。そうやって理想の楽園ともいうべき豪華で優美な空間を作り上げていくのだ。

時間をかけてゆっくりと出来上がっていく堂や庭園が美の理想にしだいに近づいていくことは、施主や工人たちの実感できることだった。そして、完成した堂と庭園は極楽浄土そのままとはいえなくても、極楽浄土に近いものだと考えることができた。いや、これこそ極楽浄土だと感服した人も少なくなかった。宇治の平等院鳳凰堂を誉めたたえる児童歌に、

極楽いぶかしくば宇治の御堂を礼《いや》ふべし（岩波・日本思想大系『往生伝 法華験記』六六九ページ）

（極楽を信じられないようなら平等院を極楽と思えばよい）

という一節があるぐらいなのだから。

誉めたたえられているのは、なにより平等院の美しさだ。宗教意識と美意識の密接なつながりは児童歌にまで及んでいるのだ。

見逃してならないのは、論理の上では截然《せつぜん》と区別されるほかないこの世の阿弥陀堂・浄土庭園とあの世の極楽浄土が、美を媒介にしてなだらかに連続するものとなっていることだ。死のこちら側にある阿弥陀堂・浄土庭園と死のあちら側にある極楽浄土は論理的には次元を異にする別の空間だが、美しさという点ではたがいに似通う空間と考えられているのだ。むろん、美の領域に現世・来世の区別の論理をもちこんで、この世の美とあの世の美を別ものとすることはできる。平等院鳳凰堂の体現する美は擬似的な美で、あの世の極楽浄土の美こそが真正な美なのだ、と。が、そういったとたん、極楽浄土の真正な美はつかみどころのないものになってしまう。「真正」という観念だけが残って形のないものになってしまう。そして、美しさがなにより五感に訴え、五感の受けとめるものであることからすれば、つかみどころなく形のない美は美の名に値しない。実《じつ》のない美を真正な美と称しているにすぎない。

美がなにより五感に訴え、五感の受けとめるものだとすれば、極楽往生を願う人びとが鳳凰堂で阿弥陀仏を拝んだり、庭園を散策したり、外から庭や建物をながめたりするとき、みずからの感受する美しさを、それこそ極楽浄土の美しさだと思うのは不自然なことではな

ことになるが、美にかんしていえば、鳳凰堂での美的体験は限りなく真正体験に近いといえるのだ。

とすれば、美しい阿弥陀堂や浄土庭園の造営を発願《ほつがん》する貴族や、共同で造営に携《たずさ》わる工人たちが、この世に極楽浄土を現出させるのだ、と思ったとしてもふしぎではない。堂や庭園はまちがいなくこの世のものでありながら、その美しさにおいてあの世の極楽浄土と通い合うものだからだ。浄土思想が社会に広まっていく一一世紀から一二世紀にかけて、次から次へと阿弥陀堂や浄土庭園が造営されたが、造営にかかわる人びとはむろんのこと、造営を外からながめやる人びとにとっても、新たな美的空間の出現は、その分だけ極楽が近しいものに感じられる出来事だったにちがいない。

この世の阿弥陀堂・浄土庭園とあの世の極楽浄土とをなだらかに接続する媒介として、わたしたちは宗教的空間に体現される美とそれを感受する美意識に目を向けてきたが、もう一つ、この世とあの世の連続性を媒介するものとして、日本人に広く行きわたった自然観がある。

が、それを論じる題材としては平等院鳳凰堂よりも、同時代の名庭・名堂たる浄瑠璃寺のほうがふさわしい。

3

平等院鳳凰堂が宇治川のほとりに建立《こんりゅう》された「里の極楽」だとすれば、浄瑠璃寺は僻遠《へきえん》の地に建立された「山の極楽」である。

北の山門を入ると、目の前に池があり、池を隔てて向かい合うようにして右手に横長の本堂が、左手の丘の上に正方形の三重塔が建っている。本堂は正面一一間で、長さ二五メートル。長く横に伸びた一間一間に木の格子戸がはまり、格子の隙間を白い障子がふさいでいる。両端は下半分が漆喰壁《しっくいかべ》、上半分は黒っぽい連子窓《れんじまど》となっている。そのように中央から左右に横長に広がる柱間《はしらま》一一間の空間を、瓦葺《かわらぶき》の大きな屋根がたっぷりと覆《おお》っている。簡素な作りの落ち着いた堂だ。形といい色といい、平等院鳳凰堂の華麗さ、優美さからは遠い。

本堂に向かい合って立つ三重塔は、京都一条大宮（上京区）から移建されたもので、本堂とは対照的にまっすぐ上へと伸びる軽やかな建物だ。木造部分の朱色と、漆喰壁の白色と、檜皮葺《ひわだぶき》の屋根の暗褐色が目を引く。しかし、塔は小ぶりだし、まわりを緑の樹々が囲んでいるから、色にきらびやかさはなく、あるのは地味な輝きだ。正面には十数段の石段がつけられていて、塔は石段の奥にひっそりと立っている。

塔と本堂のあいだには、くずれた正方形の池がある。真ん中に小さな島があり、周辺にも小さな半島が池のなかへと突き出ていて、綿密に計算された人工の池であるのは明らかだ。

本堂［浄瑠璃寺］

しかし、中島や半島の祠《ほこら》や灯籠の古びかたといい、池の周辺を覆う雑草の生えかたや苔《こけ》のむしかたといい、人工の池を自然に引き寄せる力が随所に働いている。池の水はとろんと濁っている。

平等院鳳凰堂が都会風の華やかな美しさを湛《たた》えた浄土寺院だとすれば、この浄瑠璃寺は古さびた、落ち着いた、静かな美しさを湛えた浄土寺院だ。地形からだけでなく、その雰囲気からしても「山の極楽」というにふさわしい。平等院なら人が大勢集まって賑やかに過ごすのも似合わなくないが、浄瑠璃寺はそういう場所ではない。一人か少ない人数かで静かに時を過ごすことこそこの寺にふさわしい。

本堂に安置される九体の阿弥陀如来にも華麗さはない。九体がずらっと並ぶさまは壮観だが、飾りの少ない、薄暗い堂のなか

阿弥陀如来坐像（全９軀）［浄瑠璃寺］

に鎮座する九体は、極楽の華やかさを象徴する存在には見えない。阿弥陀如来は極楽浄土の教主で、それが九体もそろってこちらを迎えてくれるのは贅沢なことだが、どれか一体と向き合っても、中央に坐って九体と向き合っても、自分が現に華やかな、心躍る極楽世界にいる気はしない。五官が心地よくゆすぶられて体の全体におのずと喜びが湧いてくるというわけにはいかない。阿弥陀仏は経典に説く種々の相好《そうごう》を具えた、荘厳なすがたを取って目の前にありはするのだが、それを見つめることが感覚の喜びへとはつながらない。見つめていると、こちらも静かな瞑想へと引きいれられるようなのだ。仏を念じて極楽に往生する、という『往生要集』の浄土思想を一歩進めて、壮麗優美な仏と極楽をこの世に現出させ、もって擬似的にもせよ極楽浄土の雰囲気に浸る、という美意識主導の浄土観は、この簡素な堂のなかではなりたちにくい。

堂内の簡素で清浄な雰囲気は堂の外の庭園にまで広がる雰囲気ではあるが、外に出て池のまわりのせまい歩道を散策していると、堂内で感じたような、自分の内面へと押しかえされる気はしない。人工の本堂や池や三重塔を大きく包むまわりの自然に、庭を散策する自分もまた包まれてあると感じられるからだ。自然に包まれて安らぐ心は自分の内面へとは向かわない。

山に立地する浄瑠璃寺は樹々の生い茂る森に囲まれている。とくに、本堂の背後には空へと高く伸びる緑の樹々が鬱蒼《うっそう》と茂っていて、この地が人里離れた、大自然のなかの一角であることを印象づける。本堂の全体を正面からながめるには、向かいの三重塔の近くが恰好《かっこう》の視座だが、塔の前にある石段の下から見たときと上から見たときとでは、本堂の見えかたが変わる。柱・縁側・格子窓と屋根との均衡にそれとはっきり分かる変化が生じる。が、背後の森には変化が生じない。石段の下から見ても上から見ても、高い樹々の連なりが左右に、また背後に続いている。そちらの方角は山が下り斜面になっているらしく、背後に山が聳《そび》えるということはないが、高い樹々の連なりの先にも大小の山や丘がずっと続くと想像される。山中にあるわずかな平坦地を利用して作り上げたのがこの山寺なのだろう。当時もいまも、まわりの自然はそのすがたを変えることなく寺を大きく包んでそこにあると思える。

人工的な造作・造営とまわりの自然との無理のない穏やかなつながりこそが、浄瑠璃寺を

「山の極楽」と思わせる根本の条件だ。比べていえば、「里の極楽」たる平等院鳳凰堂はそんなふうに大きく自然に包まれてはいないし、人工的な造作・造営が、自然を意識しつつも自然からの独立を志向して企てられている。

が、二つのちがいを、極楽としてどちらがすぐれているかという、優劣の問題として考える必要はない。二つながらこの世に極楽を造形しようとする意志に貫かれた試みであり、それぞれにまわりの自然のありかたに見合った、自然との調和をめざしているのだから。浄瑠璃寺に身を置くときのほうが自然との調和が強く意識されるとすれば、それは浄瑠璃寺を包む自然のほうが規模が大きく、堂や池や塔に自然のすがたが強く影を落とすということだ。

実際、浄瑠璃寺の場合、本堂もそうだが、朱塗りの三重塔もまわりの自然に寄りそうようにして静かに立っている。寺院の塔の多くが、屹立《きつりつ》するといった立ちかたをするなかで、背後に山をひかえ、間近まで樹木のせまるこの三重塔は、屹立するというより樹々のなかに混じってそれなりの存在感を示す、という立ちかたをしている。奥ゆかしい立ちかただ。

堂や塔や庭園がそのようにまわりの自然と調和して作られることによって、人手の加わった堂や塔や庭園が美しい作品となるだけでなく、まわりの自然も見る者の目を引く美しい自然となる。塔の朱色は土の茶色や樹々の緑や空の青を背景に、自然にはない色の美しさを示し、逆に、朱の色との対比によって茶や緑や青の自然な美しさがそれとして意識される。また、まっすぐ上へと伸びる塔の、幾何学的な左右対称の形態や、柱・壁・戸・梁《はり》・垂木《たるき》・軒《のき》・屋根・九輪《くりん》などのこれまた幾何学的な直線と曲線は、不定形な自然にたいしておのれの人工的合理性を主張しているが、その一方、そういう塔との対比のもとに自然をながめると、一見、不定形で無秩序に見える自然が、人工的な文物とは別種の定形や秩序を具えていること、もっといえば、自然が人工的・幾何学的な形態や線を内に包みこむだけの、ゆたかで奥深い形や線の複合体であることが見えてくる。

そのように自然と調和した浄瑠璃寺の美しさは、平等院鳳凰堂の華麗な美しさとは趣きのちがうものといわねばならない。華麗ではなく、穏やかな美しさであり、心躍る美しさではなく、心を和らげる美しさだ。が、その美しさにもあの世の極楽へと通じる道がついている。自然を媒介にした道だ。それはどのような道なのか。

樹々に囲まれた浄瑠璃寺の庭は、人の声や足音のしない場所に身を置くと、森閑、と形容するにふさわしい静けさに包まれる。自然のもつ静けさだ。樹々が、山が、森が、どこまでも続いているように思える静けさだ。町中の寺では、この静けさに身を包まれることはない。自然とのつながりが稀薄だからだ。たいして、山の寺では自分の身を置く自然がどこまでも広がっているかに感じられる。無限ということを厳密に論理的に考えれば、自然とて無限であるはずはないが、自然が人間世界をゆったりと包む存在として——「大」自然として——イメージされるとき、その広がりを「無限」の名で呼ぶことにさほどの違和感はない。「大」自然の大きさには人間の分別や尺度を超えたものが確かにあって、森閑とした山寺を包む自然はそうした「大」自然に通じているのだ。思えば、日本古来の自然崇拝や自然信仰も自然を無限のものと感じる「大」自然観にまっすぐ通じるもので、とすれば、「山の極楽」の作り出す自然との調和は仏教思想の次元を超えて、はるか縄文時代にさかのぼる日本精神史に深く根ざすものということができる。山の寺で大自然に包まれているとき、わたしたちは仏教の浄土思想と日本古来の自然崇拝とが接する地点に立っているのだ。わたしたちの生きる世界が大自然に包まれてあるという古来の自然観が、外来の浄土思想に出会うことによって生命を吹きこまれ、新たな形の自然崇拝ないし自然信仰を呼び起こすのだ。

無限に通じる「大」自然は、この世のものでありつつ、この世をはみ出す大きさをもつものとしてイメージされる。大自然が信仰や崇拝の対象となるゆえんだ。事柄の核心は、あくまで、自然の無限の大きさにある。浄土庭園を包む大自然が無限の広がりをもつとすれば、その無限はこの世とあの世の境界を廃棄すると考えられる。無限の大きさはこの世を超えてあの世にまで広がると考えられる。無限の自然は、無限であることによって、この世からあの世へとつながる大きな一つの自然となる。

かくて、森閑とした静けさのなかで大自然の広がりを感受しているとき、人はこの世にあってこの世を超えた境地にある。この世にいながら極楽浄土の静けさに浸っている。目の前の堂や庭園がそのまま極楽浄土ではないが、それがまわりの自然とつながり、さらに、まわりの自然が無限の広がりをもつ大自然としてその場を包んでいることを感受するとき、自分のいる世界がこの世を超えた大きさ、ゆたかさ、崇高さをもつと思えるのだ。浄瑠璃寺を「山の極楽」と名づけるゆえんだ。

神さびたとでもいうべき浄瑠璃寺のたたずまいは、これもまた極楽の美を――平等院鳳凰堂の豪華絢爛《けんらん》の美とは別種の、清浄にして穏和な美を——映し出しているといってよい。その美が大自然とかかわる以上、技術の粋を集めて美の極致を造形しようとする「里の極楽」とはちがう美しさがそこに求められるのは当然だ。どちらがいっそう極楽的か、という問いは無用だ。あちらに一つの極楽があり、こちらにもう一つの極楽がある、というのでよい。いろいろな美を具えたいろいろな極楽が存在することは、仏を念じて極楽往生をめざす浄土思想に、けっして矛盾する事態ではない。

4

浄土思想を表現する代表的な建築と彫刻が阿弥陀堂・浄土庭園と阿弥陀如来像だとすれば、浄土思想を表現する代表的な絵画は阿弥陀聖衆来迎図《あみだしょうじゅらいごうず》である。

来迎図とは、死者を西方の極楽浄土に連れていくために阿弥陀如来が、ときにただ一人で、ときに観音・勢至の二菩薩をともなって、ときに二十五菩薩（聖衆）を引きつれて、死の床に迎えに来てくれるさまを描いたものだ。一一世紀から一三世紀にかけて盛んに描かれたが、作例としては阿弥陀如来と大勢《おおぜい》の菩薩がやって来る賑やかな聖衆来迎図がもっとも多い。

いまに残る来迎図としては、平等院鳳凰堂の板扉に描かれた上品上生《じょうぼんじょうしょう》から下品下生《げぼんげしょう》に至る九枚の絵がもっとも古い。剝落が甚だしく形も色もさだかではないが、多少とも保存のよい絵をよくよく見ると、山水や馬などの描かれた自然のなかを、大勢の聖衆がやって来る情景が見えてくる。長押《なげし》の上の雲中供養菩薩《うんちゅうくようぼさつ》と上下に連なるさまを想像すると、堂内を楽しげな音と動きが包んでいたことが思われる。自然描写は和風山水の趣きがあって、仏の世界と大自然のつながりの強さが改めて確認されるとともに、中国伝来の仏教思想の和風化が進み、情景が大和絵ふうのイメージとして定着しつつあることが納得される。

が、来迎図は絵として楽しく賑やかであればいいというものではなく、死者を極楽に連れていってほしいという切実な願いのこめられた仏画だ。源信の『往生要集』に「臨終の行儀」として、仏の画像を枕元に置き、五色の細長い布をもって仏の手と死にゆく者の手を結ぶ、とあるが、来迎図は、その即物的な作法にこめられた極楽往生の願いを、楽しく賑やかなイメージとして視覚化し、もって人びとに冥福を約束し、安らかな死を迎えさせようとするものだった。『続本朝往生伝《ぞくほんちょうおうじょうでん》』によれば、源信自身、仏の手から伸びた縷《いとすじ》を手に取って息を引きとったというが、文献にあらわれたかぎりでも、阿弥陀仏の糸を手に臨終を迎えるという例は少なくない。辻善之助『日本仏教史 第一巻 上世篇』に列挙されたものを、人名と歿年だけ以下にぬき書きすると、天台座主延昌（九六四年）、比丘尼釈妙（九九二年）、阿闍梨聖全（一〇一五年）、定秀聖人（一〇七六年）、高野山阿闍梨維範（一〇九六年）、出雲沙門行範（一一〇二年）、阿闍梨教真（一一〇九年）、上野介高階敦遠妻（一一一一年）、輔仁親王（一一一九年）、入道左大臣俊房（一一二一年）、高野山小田原谷経暹（一一二三年）、武将源義光（一一二七年）、平重衡（一一八五年）、建礼門院（一二一三年）といった具合だ（『日本仏教史　第一巻　上世篇』岩波書店、六三一—六三五ページ）。京都黒谷《くろだに》・金戒《こんかい》光明寺《こうみょうじ》の山越《やまごえ》の弥陀および地獄極楽図三曲屏風、そして禅林寺《ぜんりんじ》の山越弥陀幅には、本尊の手につないだ糸の実物が残っているという。

『栄花物語』には、藤原道長がみずから建立した法成寺の阿弥陀堂に、極楽往生を願って、村濃《むらご》に染めた蓮糸を設置するさまが述べられている。（現代語に訳して引用する）

蓮の糸をよって紐にし、村濃に染め、その組紐を九体の阿弥陀仏の手に通し、中尊仏の手に集め、そこから道長の念仏の座へと東方向に糸が引かれている。道長はこの糸のことをいつも心にかけて、念仏の志が途絶えることがない。臨終の際にはこの糸をしっかり握って極楽往生するつもりらしい。（岩波・日本古典文学大系『栄花物語 下』八七ページ）

実際に道長はこの蓮糸を手にして死を迎えるのだが、糸を握って死ぬのが極楽往生の有力な手立てであることは道長のみならず、当時の多くの人びとに広く信じられていたことだった。『栄花物語』の作者も、現世で栄華をきわめた道長の、浄土信仰への深い思いいれを示す事実として、蓮糸にまつわる話をなんの疑問もなく書きすすめている。事態を冷静にながめれば、糸を握っての往生が即物的にすぎることは否めないが、その一方、現世利益《げんせりやく》とも結びつくそういう即物的な作法が日本的な信仰の大きな特徴をなすこと、そして、心情の面からすれば、即物的な作法にこめられた信仰心と願望がけっして俗悪なものではなく、心のこもった切実なものであったこともまた、疑いえない。
そして、来迎図の傑作に見られる格調の高い構想のうちにも、人びとの切実な信仰心と願望が投影されている。ここでは、一二世紀の後半から一三世紀の後半にかけて描かれた三点の名作を手がかりに、来迎図と浄土思想のかかわりを見ていきたい。

最初に取り上げるのが、縦二メートル余、横四メートル余の大作「高野山聖衆来迎図」だ。

中央正面に、唇だけ赤く塗った、大きな金色の阿弥陀如来が、ゆったりとした姿勢で蓮の台座の上に坐り、そのまわりを雲に乗った三一体の如来と菩薩が取り囲む。まわりの仏たちは、印を結び仏具を捧げる仏と、さまざまな楽器を奏する仏とに大別される。顔立ちは白か淡黄の肌に眉、目、鼻が黒くくっきりと描かれ、切れ長の目と対照的に、丸みを帯びて小さく彩色された赤い唇が、強いアクセントとなっている。どの仏も表情は穏やかで、奏楽の仏たちの体つきには右に左に自然な動きがあり、表情には喜びの色が交じる。口を開いて笑っている仏もいる。

三一体の聖衆《しょうじゅ》は中央の阿弥陀の左右にほぼ同数がバランスよく配置される。が、全体の動きは左右対称にはおさまらず、左半分のほうが動きが大きい。仏たちを運ぶ雲が左半分で長く裾《すそ》を引いてうねっているからだ。比べると、右半分の雲は動きがゆるやかだ。が、左半分の強い動きも、全体のまとまりを崩すほどではなく、左の動と右の静の対照が仏たちの表情

阿弥陀聖衆来迎図［高野山有志八幡講十八箇院］

やしぐさと相俟《あいま》って、闊達自《かったつじ》在《ざい》な空間秩序を作り出している。

雲の下は大きく水面が広がり、画面の左下には切り立つような山が描かれる。山には曲がりくねる樹々がまばらに生え、一ヵ所だけ、紅葉に赤、橙《だいだい》、白の彩色が施される。この山景は左半分の大きな雲の動きに呼応するものとなっている。

聖衆の種々雑多な姿勢やしぐさ、左右非対称な雲の動き、雲が風に吹きのけられて見えてきた岸辺の山の風景、——そうしたさまざまの動きを集約し統一するものとして中央の阿弥陀如来の堂々たるすがたがある。まわりの仏に比べて何倍もの大きさをもつ如来だが、全体を取りまとめるにはこの大きさが必要なのだと思われる。まわりの仏たちは、一つ一つを見ていくと、それぞれがばらばらに動いているように見えるが、正面の中尊と関係づけて考えると、動きが中尊の包む大きな空間を乱すことはない。聖衆の多彩な身振りや演奏する楽器の目新しさに引かれて、ついそちらに目が行くが、やや身を退《ひ》いて全体をながめると、中央にゆったりと坐す阿弥陀如来が画面の主役であるのは明らかだ。かつては多彩な色が施されていたというが、唇と輪郭線にわずかに赤が残り、ほかは光背、蓮台をふくめて茶褐色にくすむ現在のすがたでも、円形の頭光《ずこう》と身光《しんこう》を背後に、来迎印を結び、じっと静かに正面を見つめる落ち着いたたたずまいは、まわりの三一体に優に匹敵する力を具えている。絵に描かれた数ある如来のなかでも、これほどの威厳をもつ図像はそうあるものではない。

その阿弥陀如来を真ん中に、大勢の仏たちが雲に乗ってやって来るさまを描いたのがこの来迎図だ。画面の大半を雲上の仏で埋めつくしつつ、動と静の均衡を保った雄渾《ゆうこん》な構図、細部まで行きとどいた華麗・繊細な描写、雲の表現にとくに顕著な、伸びやかで勢いのある筆致、――だれしも来迎図の傑作として指を屈したくなる名画だ。

が、来迎図とは、死にゆく一個人を迎えにくる阿弥陀や聖衆を描くものだ。それにしては、この図は華麗にすぎはしないか。賑やかすぎはしないか。そんなことが思われる。絵が表現するのは、むしろ、来迎という運動の形を取った、極楽世界の壮麗にして豪華なありさまだ。中尊・阿弥陀如来と三一体の聖衆は、死者を極楽浄土に導くためにここにこうしてやって来たというより、仰ぎみる天空のどこかに寄り集まって極楽の賑やかさと楽しさをさながらに映し出している、といったふうなのだ。ちょうど平等院鳳凰堂が、建物と庭園の壮麗優美な造形によって極楽浄土を現出させようとする試みであるのに似て、見る者を圧倒するこの堂々たる来迎図は、阿弥陀仏と聖衆と雲と水景と山景の華麗・細密な描写によって、二次元の平面に極楽浄土を現出させる試みだといえるように思う。いいかえれば、この来迎図は、死者を浄土に導くというその用途によってではなく、豪華絢爛たる極楽世界のイメージを長大な画面に定着する、という宗教的かつ美的な営みによって浄土思想の絵画たりえているのである。

次に取り上げる禅林寺の「山越阿弥陀図《やまごえあみだず》」では、死者を浄土に導くという用途とのつながりがもう少し強くおもてに出てくる。

画面中央やや上よりに、落日のような大きな円光を背にした阿弥陀如来が描かれる。山脈《やまなみ》のむこうに上半身の見えるさまは、おっとりとした阿弥陀さまが山のむこうからぬーっとあらわれ出た趣きだ。如来の背後には海が広がり、前方には単純で大ぶりな上下の波線で描かれた山脈が五つ六つと続いている。山を越えたこちらには、雲に乗った観音・勢至の二菩薩が斜め前方を向く立ちすがたで左右対称に描かれ、その下方の地上には、四天王が遠く離れて左右対称に二体ずつ、持幡《じばん》の二童子がぐっと近づいて左右対称に一体ずつ描かれる。四天王と持幡童子は描かれかたが小さく、端役の位置しかあたえられていない。

たいして、主役の阿弥陀如来と脇役の観音・勢至二菩薩は、二等辺三角形の三つの頂点をなす位置に据えられ、確かな存在感を示している。壮麗豪華からは遠いが、三体のつながりにはゆったりとした落ち着きがあり、それが見る者の心にも安らぎをあたえる。観音・勢至の二菩薩は雲に乗っている。雲は鮮やかな白色で描かれ、渦を巻き、裾は蛇行しつつ長く尾

山越阿弥陀図［総本山 禅林寺］

を引くが、運動感はない。上に乗る菩薩が、やや腰の曲がった静止の姿勢を取っているからだ。二菩薩の安定した体つきは、雲の上にあるというより、地面に両足をつけて立っているかに見え、そう見ると、白い雲は渦巻き蛇行する雲状の敷物と見えなくもない。曲がりくねる白い雲の形は、画面の左右に動きよりも柔らかさをあたえている。

二菩薩を先触れとして、上品中生《じょうぼんちゅうしょう》の印を結んでむこうの山の鞍部《あんぶ》に上半身をあらわす阿弥陀如来は、その位置からして見る者にさらなる動きを予感させずにはいない。苦もなく山を越えてこちらにやってくる。そう感じられることが仏の大きさであり、仏の仏らしさだ。この仏はもはや、高野山の豪華絢爛な来迎図の阿弥陀仏ではない。華麗きわまる美しさと賑やかさによって見る者を圧倒するのではなく、静かな落ち着いた雰囲気のなかで見る者になにかを語りかけようとする仏だ。語られる内容は易しくはなさそうだが、極楽往生を願う人の、その願いはかなえてくれそうに思える。それが仏の慈悲だとすれば、この「山越阿弥陀図」は仏の慈悲を二次元の画面に定着しえた名画だということができる。

慈悲の名画たらしめている要因として忘れてならないのが、仏たちと自然とのあいだの見事な調和だ。山のむこうから大きく上半身をあらわす如来は、大自然に包まれてある存在ではない。大自然から立ちあらわれつつ、大自然を超えた自由の存在としてある。が、大自然と切れてあるわけでも対立してあるわけでもなく、大自然と無理なくつながっている。山のこちら側に位置する二菩薩も、その下方に描かれる四天王や二童子も、同じように無理なく自然とのつながりを保っている。

その自然だが、写実的に描かれてはいない。波形に起伏する山稜の線と、山肌を覆う緑の帯からしてそうと知れるが、画家は実際の山のすがたを再現しようとする気はなく、画面の下半分を山らしく見えるよう描いているにすぎない。山脈《やまなみ》が幾重にも重なるその風景は、現実的な山というより象徴的な山の風景だ。なかに三本、五本と花や葉をつけた木が描かれるが、それとて山を写実に近づけるものではない。ここにあるのは、どこかに現に存在する特定の山の景色ではなく、どこにもないが山とはこんなふうなものだと思わせる、そんな山の景色だ。象徴的な山ともいえるし、模様的な山ともいえる。雲が模様的に見えるのも、山に引かれてそうなった面がなくはない。

もともと非現実的な仏が象徴的な山に配されて、来迎の情景は幻想性の濃いものとなっている。が、強く往生を願う信仰者は幻想的な情景こそが本来の来迎のさまだと信じて手を合わせたくなるかもしれない。静けさを湛《たた》えた画面は、壮麗豪華でも賑やかでもないだけに、かえってそこに宗教的な精神性の高まりが感じとれる。

宗教的な精神性は、山のむこうに描かれた海の風景によって、いっそう高められる。手前に荒波が立ち、途中から波が消えて広々と海面が続く風景は、これまた象徴的というべき海だが、どこまでも続くかに見えるその大きさが、如来の背後の大きな円光と相俟《あいま》って画面に神秘的な雰囲気をあたえている。阿弥陀仏の住む極楽浄土は十万億土のかなたにあるというが、その浄土はこの広々とした海のむこうのどこかにあるにちがいなく、如来と二菩薩はそこからはるばるやってきて、いまどこか近くの山を通過しつつある。絵から導かれるのはそういう思いだ。そして、山のこちらにも海のむこうにも大自然が果てしなく広がることを思うと、来迎の仏たちはその大自然のなかからあらわれて、大自然のなかへと帰っていく、そういう存在に思われる。この絵に感じとれる宗教性や神秘性は、大自然の宗教性や神秘性と通い合うものであって、仏たちと大自然との調和こそがこの来迎図の精神的な格調と親しみやすさの源をなしているように思う。

来迎図の代表作として最後に取り上げたいのが「早来迎《はやらいごう》」と通称される知恩院の「阿弥陀二十五菩薩来迎図」だ。

禅林寺の「山越阿弥陀図」が見る者の心に安らぎをあたえる来迎図であるのにたいして、こちらは見る者の心を興奮へ導くかのような来迎図だ。「早来迎」という通り名は絵の特徴をよくとらえている。スピード感が絵の生命なのだ。

縦横一五〇センチの大画面を左上から右下に向かってすさまじい勢いで雲が走り、阿弥陀を中心とした大勢の聖衆が険しい山々のはるか上空を一気に駈け下りてくる。ゴーッと風を切る音が聞こえてきそうな気さえする。仏たちはほとんど全員が金色に彩色された立ちすがただ。手に楽器をもつ仏も少なくないが、疾走するこの来迎場面では楽器の演奏は主題とはならない。降下のスピードに負けないようバランスを取ることが第一で、その上で演奏や踊りにも気を配るといったふうだ。仏たちの立ちすがたも、演奏のためというより、前へと進むスピード感を強調するための姿勢だ。先頭に立つ観音菩薩は、水辺で臨終を迎える僧のす

阿弥陀二十五菩薩来迎図［知恩院］

ぐそばまで来ている。

その僧は、唐破風《からはふ》の屋根を戴く、蔀《しとみ》のついた部屋に端坐し、数珠《じゅず》を手に合掌している。雲上の群像が動だとすれば、こちらは建物も人物も静の形を取るが、この静は小さくまとまりすぎて、動のダイナミズムに張り合う力はまったくもたない。画家の関心がもっぱら来迎のスピード感に置かれていることはそんな所にもあらわれていて、臨終僧の端坐合掌《たんざがっしょう》は、極楽往生を願う図というより、来迎の運動の終点を示す目印というに近い。仏を念じて極楽に往生しようとする僧がいて、その願いに応えて聖衆が来迎する、という浄土思想の天地呼応のさまは、この来迎図からは読みとりにくく、仏たちはみずからの内発的な勢いによって一気呵成に地上の一地点に向かうかに見える。

来迎の動きのダイナミズムに張り合うのは、むしろ、雲の左下に広がる峨々《がが》たる岩山の風景だ。画面の左の端には上から下へ滝や川の流れが描かれるが、この水の動きは雲の動きに比べればおとなしく、山の全体は静の風景といってよい。が、曲がりくねって上へと伸びていく岩山の連峰といい、その岩肌に根を張る満開の桜といい、しっかりと枝を張る緑の松といい、静の山景に力がこもっている。雲や聖衆の動きがどんなにスピード感に溢《あふ》れていても、山の自然はその動きに巻きこまれることなく、自然のままにしっかりとそこにある。険しい峰々が自然のままにしっかりとそこにあることによって、雲と聖衆の動の力強さが増す。絵の運動感に賭けた画家の心意気と練達の技量が思われる。

が、その一方、ダイナミックな動きへの画家の強い関心と思いいれが、この絵を、仏を念じて極楽に往生する、という浄土思想からはやや外れたものにしたことは認めねばならない。見る者の胸を高鳴らせるこの絵は、運動感の激しさゆえに宗教的な崇高さからやや遠い。見る側としては、芸術的表現の極致として向き合うほうが絵のおもしろさをよく味わえるように思う。

絵が仏たちのすがたを横から描いた来迎図であることが、その思いを強める。見る者は横向きの阿弥陀仏や菩薩にまっすぐ向き合うわけにはいかず、横からながめやることになる。動きのダイナミズムをとらえるにはそれが絶好の視角だ。が、その視角に立つと、絵に感情移入するのが難しく、絵を外からながめるしかない。臨終の僧に向かう聖衆の来迎を第三者の目でながめることになる。浄土思想の宗教心からは逸脱することになるが、そうやってこの来迎図にみなぎるスピード感を存分に楽しむ。「早来迎」は鎌倉中期の作とされるが、浄土思想の広がりは画家にも鑑賞者にもそういう逸脱を許すところまで来ていたといえようか。

第十三章　『枕草子』と『源氏物語』——平安朝文学の表現意識

京都を都とする四〇〇年の平安時代において、『枕草子』と『源氏物語』は最高の水準に達した文学作品と考えられる。一方は、そのときどきの感想・感懐や身辺の出来事を短かい断章の形で書き記し、それを一つにまとめた随筆集であり、他方は、宮中とその周辺において一人の貴公子——あるいは三人の貴公子——を軸に展開する、貴族社会の恋と栄華と零落の物語であって、二つの作品は内容からしても形式からしても大きく異なるが、その言語表現の質の高さにおいて二つながら長く文学の典範と仰がれてきた。日本精神史の観点から二つの文学作品の意味と価値はどのように見定められるのか。そこを考えるのがこの章の課題である。

1

『枕草子』は三〇〇篇に及ぶ短文を並べて本の形にまとめたものだ。一篇一篇は作者・清少納言の見聞・経験・感想を気ままに綴ったもので、多岐にわたる雑多な内容が盛りこまれるし、一篇から次の一篇への移りゆきも内容的あるいは形式的に明確なつながりを見つけにくいものが多い。随筆なるものが一般にそうだといえるが、『枕草子』もその例に洩《も》れず、まとまりのよい書物ではない。

まとまりのなさは読みにくさにつながりもするが、反面、気ままで雑多な文の連なりのうちに、書き手のものの見かた、感じかたの本性や、現実との距離の取りかたの巧妙さや、文の作りかたの特質を探っていくというおもしろさもある。平安朝文学を代表する『枕草子』はそういう探究に十分に応えてくれるし、探究を促していさえする。実際、多くの古典学者・古典研究者たちは、気の向くままに綴られた多種多様な文章群のうちに明確な理路を見出そうとして努力を重ねてきたのだった。

『枕草子』の全体をつらぬく特徴が連想にあることは多くの論者の認めるところだ。わたしたちもそこから出発する。

連想の主体は、いうまでもなく、清少納言だ。清少納言がある事柄を思い、それを書き記し、そこから意識的に次の思いを導き出し、また、無意識のうちに次なる思いが導き出されてくる。それが連想だ。

連想を大きく三つに類別するのが『枕草子』研究の通例だ。類想と随想と回想の三つだ。連想の一つ一つを三つのうちのどれか一つに厳密に帰属させるのは無理だが、大まかな区分けとしては当を得た分類だ。

類想とは似たもののあいだを渡りあるく思考の形だ。「〇〇は」として、〇〇に当たるものを並べる文章がその典型をなす。たとえば、『枕草子』第一〇段の書き出し。

山は、をぐら山。かせ山。三笠山。このくれ山。いりたちの山。わすれずの山。するの松山。（岩波・新日本古典文学大系『枕草子』一八ページ）

ここまでは山の名が羅列されるだけだが、以下では、出てきた山に作者がときに短かい評言を付している。類想から一歩、随想へと踏み出すものだ。

かたさり山こそ、いかならんとをかしけれ。〔身を引く（かたさる）山とはどんな山かと興味がもたれる。〕いつはた山。かへる山。のちせの山。あさくら山、よそに見るぞをかしき。〔神楽歌に「昔見し人をぞ我はよそに見し朝倉山の雲居はるかに」とあるが、昔の恋人に知らん顔をする山、というのはおもしろい。〕おほひれ山もをかし。臨時の祭の舞人などの思ひ出でらるるなるべし。〔石清水・賀茂の臨時祭で舞人退出の際に唱われる東遊歌に「おほひれ山」の名が出てくるから。〕三輪の山、をかし。たむけ山。まちかね山。たまさか山。みみなし山。（同右、一八—一九ページ）

類想による名前だけの羅列にも、深読みすれば連想のおもしろさをうかがえなくはないが、作者の評言の加わった随想ふうの文のほうが内容ゆたかなのはいうまでもない。

類想、随想と並ぶ回想の文（過去の経験に思いが及ぶ文）としては、たとえば第七七段を挙げることができる。全文を現代語訳して掲げる。

仏名会《ぶつみょうえ》の次の日、帝が地獄絵の屛風《びょうぶ》をずっと広げて中宮にお見せになった。なんとも気味の悪い恐ろしい絵だった。「ほら見てごらん、見てごらんよ」とおっしゃるけれど、まったく見ないで、気味悪いから小部屋にじっと隠れていた。

雨がひどく降って退屈だというので、帝が殿上人を弘徽殿《こきでん》の上御局《うえのみつぼね》に呼んで管弦の遊びをなさった。道方《みちかた》の少納言の琵琶が大変にすばらしく、済政《なりまさ》の箏《しょう》の琴や、行義《ゆきよし》の笛や、経房《つねふさ》の中将の笙《しょう》の笛などもすてきだった。一通り演奏して琵琶を弾き終わったときに、伊周《これちか》大納言が白楽天の琵琶行の一節「琵琶、声やんで、物語りせんとすること遅し」を朗誦なさったので、じっと隠れていたわたしが出ていくと、「地獄の絵に目をふさいで音楽や詩に引かれるのは仏罰ものだけれど、すばらしいものには我慢ができないようだね」とみなに笑われた。(同右、八八ページ)

宮仕えを始めたばかりの一日を回想した文章で、屛風の地獄絵を気味悪がって小部屋に閉じこもるといったかわいげなふるまいには、のちの才気煥発な、宮中の男たちと知的に張り合って臆することのない清少納言からは、想像しにくい一面がのぞいている。とともに、好奇心一杯で過ごした宮仕え当初の宮廷生活のありさまが、短かい文章のうちに印象深くとらえられている。清少納言が、随筆の作者にふさわしく、若いときから旺盛な好奇心と冷静な観察眼をもっていたことを示す一段だ。その二つにもう一つ、自在な連想を加えれば、その三つが清少納言の筆を前へと進める原動力となっていたように思われる。さらにいえば、清少納言にとって、そのようにおのれの資質が躍動することは、書く喜びの核心をなす事柄だったにちがいなく、清少納言の書く喜びは一〇〇〇年の時を隔てて『枕草子』を読む読者にも確実に伝わってくるのである。

右にいう資質が存分に力を発揮した段として、以下に、やや長いが、「にくきもの」について述べた二五段全体の現代語訳を掲げる。

　憎たらしいもの。急ぎの用事があるときに、来て長々と話をする客。身分の低い者なら「あとでまた」と追い返すこともできるが、いい加減な扱いのできない人の場合は、憎たらしくてどうしようもない。

　硯《すずり》に髪の毛が入ったまま墨を磨《す》るのは、毛が憎たらしい。墨に砂粒が入っていて、きしきしときしむのもそうだ。

　急病人が出て加持祈禱《かじきとう》の僧を呼ぶが、いつもの所にいない。あちこち探してやっと見つかって来てくれたはいいが、喜んで祈禱をさせると、近ごろ方々で物《もの》の怪《け》の調伏《ちょうぶく》を頼まれて疲れているのか、坐ったとたんに眠り声になる。それがとても憎たらしい。

　なんの取り柄もない人がへらへら笑って長話をするのは憎たらしい。火桶《ひおけ》の火や炭櫃《すびつ》などに伸べた手を何度も裏返し、さすったりしながらあぶっているのもそうだ。若い人がいつそんなことをするだろうか。老人のなかには、火桶の端に足をもたげ、おしゃべりしながらさすったりする人までいる。そういう人は、他人《ひと》の所に来て坐ろうとするとき、まず扇でもってあちこちあおいで塵《ちり》を掃きちらし、じっと坐ってないであちこちふらつき、狩衣《かりぎぬ》の垂れ衣を股ぐらに巻きいれもする。こういうことは、取るに足りない身分の者がすることかと思うけれど、式部の大夫といった少しましな身分の者がしていたのだった。また、酒を飲んで喚《わめ》き、口をぬぐい、生やした鬚《ひげ》を撫《な》で、盃を他人に押しつけるさまは、とても憎たらしく見える。もっと飲めというのだろう。体をゆすり、頭を振り、口をへの字にし、童歌《わらべうた》の「こう殿にまいりて」を歌うような恰好をする。そんなことを立派な身分の方がなさるのを見たので、ああいやだと思ったのだった。

人のことを羨《うら》やみ、自分の身を嘆き、他人の噂をし、ほんのちょっとしたことまで知りたがり、聞きたがり、話してもらえないのを怨み、また、ちょっと聞きかじったことをもとから知っていたかのように調子に乗って他人にしゃべるのも、大変憎たらしい。

人の話を聞こうと思っているときに泣く乳呑子《ちのみご》が、憎たらしい。烏が集まって飛びちがいながらがあがあ鳴きたてること。そっとやって来る恋人を見つけて吠える犬。無理な場所にかくまっておいた恋人が、待ちくたびれていびきをかいて眠ること。長烏帽子《ながえぼし》をかぶって忍んできた男が、それでも人目をはばかってあわてて部屋に入ろうとして、なにかにぶつかってガサッと音を立てること。かけてある伊予簾《いよす》に烏帽子をひっかけてガサガサと鳴らすのもとても憎たらしい。帽額《もこう》の簾《す》の場合は、簾の下端が敷居に当たって立てる音が耳につく。そっと簾を上げて入れば音がすることはないのだ。遣戸《やりど》を荒っぽく開閉するのも納得できない。ちょっともち上げるようにして開ければ鳴ることはない。乱暴に開けるから、障子などもがたがたとうるさい音を立てるのだ。

眠いと思って横になっているとき、蚊が小さな声で細々と鳴きながら顔のそばを飛びまわるのが憎たらしい。羽がわずかながら風さえ立てるのがとても憎たらしい。

ギシギシ鳴る車に乗ってあるく者。耳が聞こえないのかと大変に憎たらしい。自分が乗っている場合は、乗った車の持ち主までが憎たらしい。また、人と話をしているときに、脇から口を出して自分勝手に話の先をしゃべる者。なんにせよ、出しゃばりは大人も子どももとても憎たらしい。

ちょっと遊びに来た子どもに目をかけ、かわいがり、喜びそうなものをやったりすると、慣れて入りびたり、家具や道具を散らかすのがとても憎たらしい。

家にいるときでも宮仕えのときでも、会いたくないなと思う人が来て空寝をしていると、召使いの女が起こしにきて、寝坊なんかして、といったふうにゆり動かすのがとても憎たらしい。新参の召使いが差し出がましく、知ったかぶりをして教訓めいたことを言い世話を焼くのも、とても憎たらしい。

自分と恋仲になっている男が、以前に関係のあった女のことを口に出してほめたりするのも、遠い過去のことではあっても、やはり憎たらしい。まして、現在関係している女のことなら、どんなに憎たらしいことか。とはいえ、そんなに憎たらしく感じないという場合もなくはない。

くしゃみをして呪文を唱えるのが憎たらしい。一般に、大家の男主人でないかぎり大声でくしゃみをするのは憎たらしい。

蚤《のみ》も大変に憎たらしい。着物の下を跳ねまわってもち上げるような動きをする。犬が声をそろえて長々と鳴いているのは、不吉な感じさえして憎たらしい。

出入口の戸を閉めない人はとても憎たらしい。（同右、三三―三六ページ）

憎たらしいものを羅列していくのだから、不快な経験を思い起こし、不快なさまをことばに掬《すく》いとっていくのが作者の仕事となる。硯《すずり》や墨や牛車など道具の不快から、蚊や蚤などの虫の不快、鳥、犬など鳥獣の不快、そして、子どもから大人、召使いから貴族に至るさまざまな人間たちの不快、――書き記される憎たらしさの間口の広さと質の多様さにまず目を奪われるが、とともに、それら不快な経験や事柄を書きつづるのに、清少納言が不快さに引きずられて沈みこむのではなく、連想の糸をたぐって表現を展開することに喜びを感じているように思えることが目を引く。喜びは読む者にも伝染する。文中「憎たらしい」という形容語が何度となく出てくるが、斬新な切口のもとに憎たらしい事象が次々と提示されるのに接すると、読者は次はどんな憎たらしさが出てくるかと期待したくなるのだ。たとえば、眠ろうとするとき顔のまわりを蚊が飛び回る憎たらしさを述べた一節。左に、原文のまま引くと、ねぶたしと思ひて臥《ふ》したるに、蚊の細声にわびしげに名告《なの》りて、顔の程に飛びありく。羽風さへその身の程にあるこそ、いとにくけれ。(同右、三五ページ)

だれしも経験したことのある不快な場面だが、ブーンという羽音がわずらわしいというだけで終わらず、顔の間近で飛ばれて、ほんのわずかな空気の振動(羽風)が伝わると、それがまた安眠の妨げになる、というところまで表現されると、蚊の不快さよりも表現の新鮮さと細やかさに心をゆすられるのだ。そこには紛れもなく、ことばに触発されて世界を見つめ直す文学の楽しさがある。作者と読者の共有する文学の楽しさがある。

そして、その楽しさが随筆という表現の形を一つの文学形式としてなりたたせる母胎となる。憎たらしいもののもつ人間的な意味の考察へと人を導く力が、楽しさのうちに秘められているからだ。憎たらしい事柄を鮮明に的確に表現することに作者が喜びを見出し、読者はその喜びを共有しつつ憎たらしい事柄に新たに目を向ける。そのとき、憎たらしい事柄は生《なま》のものとして目の前にあるのではなく、その事柄を生みだし、ときに必要ともし、また、それに背を向けもする人間世界とのつながりを示唆しつつ、そこにある。類想や随想や回想を発条《ばね》とする文章表現が、憎たらしいものと人間世界との重層的な関係の考察へと作者を導き、その考察にもとづく簡潔・繊細な文章が、今度は読者を人間世界の考察へと導くのだ。

そう見れば、「にくきもの」を羅列する第二五段は、そのどこをとっても人生の一端に触れているということができる。
たとえば、冒頭近くの一節。(原文で引く)

にはかにわづらふ人のあるに、験者《げんざ》もとむるに、例ある所になくて、外《ほか》に尋ねありくほど、いと待ち遠《どほ》に久しきに、からうじて待ちつけて、よろこびながら加持せさするに、このごろ物怪《もののけ》にあづかりて困《こう》じにけるにや、ゐるままにすなはち眠《ねぶ》り声なる、いとにくし。(同右、三三二ページ)

急病人が出て、いまなら救急車を呼んで病院に運びこむところだが、一〇〇〇年前のこと、験者(行者)を呼んで病気平癒の加持・祈禱をしてもらおうとしたところ、尋ねあぐねてようやくやってきた行者が、物怪調伏にあちこち出向いていたためか、加持の声も眠たそうだ。それが憎たらしい。……

急病人を囲んでハラハラしている人びとと、大儀そうに病魔折伏《しゃくぶく》の修法《しゅほう》に取りかかる験者の対照が短かい文章のうちに鮮やかに浮かび上がる。いかにもありそうな人の世の一齣《ひとこま》だ。験者を憎たらしいと評する以上、清少納言が病人を気づかう側に身を置いているのは明らかだ。が、その側に貼りついてはいない。そこからもちょっと身を引き離して、験者と病人の身内との関係を客観的に観察しようとしている。それが情景を文字に書き記そうとする者の位置だ。そういう位置に立つからこそ客観的な表現が可能になるともいえるし、逆に、客観的に表現しようとしてあえてそういう位置に立つのだともいえる。

そういう位置に立って事態を表現するとき、表現された事態はそれこそが人の世のありさまだと納得できるようなおもしろさに包まれる。験者が憎たらしいことに変わりはないが、そういう憎たらしさを不可欠の要素として人の世があり、それが人の世のおもしろさだと思えてくる。

清少納言の冷静な観察眼と客観的な筆の運びは、清少納言自身をつねにそういう境地へと誘うものだった。『枕草子』全体に行きわたる澄んだ明るさはそこからくる。『源氏物語』が「あはれ」の文学であり、「涙」の文学であるのにたいして、『枕草子』は「をかし」の文学、「笑い」の文学であるという。納得のいく対比だが、いうところの「をかし」と「笑い」は、いまいう澄んだ明るさにまっすぐ通じるものだ。思えば、眠たげな声の験者も、なるほど憎たらしい存在ではあるが、見ようによっては笑える存在でもある。験者だけではない。第二五段に取り上げられた「にくきもの」は、例外なく笑えるものでもある。不快なものを次から次へと俎上《そじょう》に載せながら、それらを核に笑いを誘う人の世の一情景を構想・提示する、清少納言の練達の表現手腕には、舌を巻かずにはいられない。

その表現手腕が繊細な心のゆれに寄りそうのが、「にくきもの」の次に来る第二六段（「心ときめきするもの」）だ。短かい全文を現代語訳で掲げる。


胸のどきどきするもの。雀の子の飼育。赤んぼを遊ばせているその前を通るとき。

いい香りの薫物《たきもの》を焚いて一人で横になっているとき。舶来の少しくもった唐鏡《からかがみ》に顔を映したとき。貴公子が車をとめ、従者に取り次ぎを乞わせ、なにか尋ねさせているとき。

頭を洗い、化粧して、香を焚きしめた衣を着たとき。とくにだれかが見ているというこ とがなくても、当人の心のうちはやはり興味深い。恋人を待っている夜には、雨の音や風がものを吹きゆるがす音にも胸をつかれる。（同右、三七ページ）

女心の機微に触れた一段といえようが、その女心が清少納言自身の心理とも他の宮女たちの心理とも読めるような、そういう位相で書かれているところが独特だ。その点はのちに、『枕草子』における作者と読み手の共同性の問題として改めて取り上げるとして、ここではもう一点、第二五段から第二六段へと移るときの、視角の転換の鮮やかさに言及しておきたい。


憎たらしいものを相手にするときのこちらの心持ちは、そこに多少のユーモアの混じることはあっても、基本は腹立たしさだ。実際、第二五段には腹立たしさに声を荒らげ、またチッと舌打ちしたくなる場面がいくつも描かれる。試みに段の終わりのほうの憎たらしいものをいくつか列挙してみると、もの知り顔に説教ふうの口をきく新参の宮仕え女、恋仲の女にかつて関係したり、いま関係している女の話をする男、人前はばからぬくしゃみ、着物の下を跳ねまわる蚤、声を合わせて長々と鳴く犬たち、出入口を開けたままにしておく人。

不快さを抑えがたい場面の連続のあとに、段が変わって今度は期待や不安で胸がどきどきする場面が来る。大事に育てたい雀の雛《ひな》、這《は》い這いして遊ぶ赤ん坊のそばを通る場面、薫物《たきもの》を焚いての一人寝、暗い唐鏡《からかがみ》に映った自分のすがた、貴公子の訪問……。騒がしくて苛々《いらいら》する場面から、そっとなにかを待ちうける静かな場面への転換だ。これまで見てきた観察の細やかさと表現のしなやかさ、綿密さに加えて、滑らかな筆の運びで一定の情感をもつ一段ないし数段の流れを作り出したその後に、それを思いがけぬ方向へと転調してみせる、軽業《かるわざ》的とでもいうべき感受性の動きが清少納言には備わっていた。『枕草子』以前に随筆の名で呼ばれる文学形式が存在しなかったことを思うと、清少納言は、散文によって人の世の真実にせまる、というみずからの作業が実地に教えてくれる手法として、転調の妙を会得していったと考えられる。随筆という文学形式に生命力と活力をあたえる上で、軽やかな、乾いた転調は、欠くことのできない手法だった。

さて、残された問題として、『枕草子』における作者と読み手の共同性のありかたを考えてみなければならない。

さきに、恋人を待つ女心のときめきについて、その心理が清少納言のものであるとともに宮中の女官たちの心理でもあることを述べたが、そこに限らず、『枕草子』の各段は宮仕えする女性たちの共同意識をしっかりと踏まえて書きつづられている。そのことを国文学者・渡辺実は「みんなの文学」ということばを使って次のように解説している。

畢竟《ひっきょう》、『枕草子』は、……みんなの文学なのである。中宮定子の許に召された女房たちが、中関白家《なかのかんぱくけ》の醸し出す雰囲気に主導されて同化しあい、主従一如のごとき空気が作り出されていたのであろう。その中で、宮仕え女房集団のリーダー格として振舞ったのが清少納言であって、その述作は、散文作者の孤独な文章行為の軌跡と見るべきではなくて、仲間のみんなに支えられた文章行為の軌跡と見るべきものだと思われる。(同右、三八九ページ)

「仲間のみんな」といえば、日々ともに過ごす宮仕え女房集団みんなのことだろうが、『枕草子』の読み手というところまで視野を広げると、女房集団のかかわりをもつ宮廷社会を大きく「みんな」の及ぶ範囲と考えていいかもしれない。清少納言は自分の文章行為がそういう「みんな」に支えられて成立することをはっきりと自覚していた。『枕草子』の回想的章段は時間的順序を無視して前へ後へと連想が自由に飛び移るが、宮仕え以前の出来事を、時間的な枠のなかでこのときのことと限定して回想する文章は、まったくといっていいほど見られない。宮廷のみんなに支えられ、宮廷みんなに向けて書く文章に、みんなとの共同性がいまだなりたっていない時代の回想を記すのは、似つかわしくなかった。身近に一定の教養と美意識を具えた女房集団があり、その外に雅びな貴族社会が広がっている。清少納言にとってそういう場こそが生きるに値する場であり、目を凝らして観察し、文字に書き記すに値する場だったのだ。

とはいえ、紙に文字を書きつける文章行為が一個人の行為であることに変わりはない。みんなに支えられた行為ではあっても、いざ書くとなると、みずから考え、みずからことばを探し、見つけ、また書き直さなければならない。そのとき、みんなと自分とのあいだに生じる距離を——自他のちがいを——いやでも意識せざるをえない。それは書くという行為の宿命といってよい。清少納言はそのことにも自覚的だった。自他のちがいにさりげなく言及した段章として、以下に、第一二四段の全文を現代語訳で掲げる。

九月のこと、一晩中降った雨が今朝はやみ、朝日がまぶしいほどに射しこむなか、庭の植え込みの露がこぼれるほどに葉や枝を濡らしているさまは、なんとも風情《ふぜい》がある。竹垣の上部の菱形文様《ひしがたもんよう》や軒の上などを見ると、壊れた蜘蛛の巣に雨がかかり、白い玉を糸が貫いているようで、そのさまに興趣をそそられる。
ややし日が高くなって、重たそうに垂れていた萩が、露の落ちるたびに枝がちょっとずつ動き、人が手を触れないのにいきなり上へ跳《は》ね上がったりするのがおもしろい。と、自分ではそんなふうに言っているのだが、他人の心には全然おもしろくないだろうと思うと、それがまたおもしろい。（同右、一六七ページ）

自然の美しさを細部にこだわって表現した文章で、『古今和歌集』や『伊勢物語』の雅びの美学にまっすぐつながるものといってよい。蜘蛛の糸に露の玉がかかる情景など、『古今和歌集』巻四「秋歌 上」、文屋朝康《ふんやのあさやす》の「秋の野に置く白露は玉なれや貫きかくる蜘蛛の糸筋」をそのまま散文表現に移したようなこしらえだ。「みんなの文学」とは、階層的にいえば貴族の文学であるほかはなく、とすれば、文学の質においても『枕草子』は『古今和歌集』や『伊勢物語』と同じ流れに棹《さお》さすものだった。細かな自然観察と的確な情景表現に裏打ちされた右の短かい段章から立ちあらわれるのは、王朝の雅びな世界以外のなにものでもない。

その世界は、いうまでもなく、清少納言やまわりの女房集団が現に生きている世界だ。が、そこにあるおもしろさについて、清少納言だけがそれに関心をもち、まわりの女房たちは無頓着だということが起こる。ものを書く人間として清少納言はそのことに気づかざるをえない。が、「それがまたおもしろい」といっていることからすると、かの女自身、自他のちがいにこだわってはいなさそうだ。女房集団や貴族社会の共同性が、自他の感性のちがいを許容しつつ、ちがいを超えてあるものと信じられているからだ。

そのようにちがいが共同性に包まれてあることが、『枕草子』を明るく、開放的な書物たらしめているのだと思う。萩の枝についていた露が落ちて軽くなると、それまで頭《こうべ》を垂れていた枝がひとりでに跳ね上がる。そのおもしろさに他人は気づかぬだろう、と清少納言はいうが、自分がそのことを書き記せば、読む女房たちもそのおもしろさを分かってくれるだろうとは信じることができた。そのおもしろさは雅びの美学を外れるものではないからだ。

第一二四段に限った話ではない。同じ世界を生きる読み手への信頼は『枕草子』の全篇に底流している。みんなの文学、共同性に支えられた文学ということを、書き手の意識に即していえば、「みんな」に分かってもらえる文学というにほかならない。そして、読み手への信頼感は、書き手と読み手をつなぐことばへの信頼感に通じていた。明るく開放的な『枕草子』の世界は、読み手への信頼感、ことばへの信頼感なしにはなりたちようのないものだった。

くりかえしいえば、『枕草子』が書かれ読まれる貴族社会には『古今和歌集』や『伊勢物語』をつらぬく雅びの美学が伝統として生きていた。その伝統を踏まえつつ、それをさらに広い表現世界へと解き放つのが『枕草子』の歴史的な役回りだった。雅びの美意識を三一文字の和歌に表現したのが『古今和歌集』であり、色好みを主題とする歌物語に表現したのが『伊勢物語』だとすれば、それを四季の変化や社会の実相や人間心理の襞《ひだ》を映し出す類想的・随想的・回想的な散文表現へと拡大し、細密化していったのが『枕草子』だということができようか。清少納言は、和歌にも歌物語にもない理知的なことばで四季折々の魅力を、また人の動きの種々相や心の揺れを、写しとっていく。ことばが自然と嚙《か》み合い、社会と嚙み合い、心理と嚙み合って、和歌にも歌物語にも掬《すく》いとられることのなかった自然のすがたや、社会のありさまや、人情の真実が、表現へともたらされる。主題といい、文体といい、文章構成法といい、頼りにできる先例のない作文行為は、緊張やとまどいなしには済まないものだったろうが、その一方、貴族社会に行きわたる雅びの美学が、四季の美しさや人の世のおもしろさを簡潔な散文に表現するおのれの試みに共感し賛同してくれることについては、清少納言は確信をもつことができていたにちがいない。『枕草子』の明るさと開放感は清少納言のそのような創作意識の投影でもあるように思われる。

さて、最後に、雅びの美学をもってしては包みかくすことのできない卑小な階級意識の露出について言っておかねばなるまい。『枕草子』にふと顔を出す、下層の人びとを蔑視する文言には、読んでいて引っかからざるをえない。時代のしからしむるところではあるが、そうと分かっていても素直に呑みこめない。次の一一七段などはその代表例といえようか。

(現代語に訳して引用する)

みすぼらしく見えるもの。六、七月の真昼間に汚ならしい車を痩せ牛に引かせてがたごと行く者。雨が降っていないのに筵《むしろ》で屋根を覆《おお》った車。酷寒や酷暑のときに身なりの悪いげす女が子どもを背負っているさま。年取った物乞い。小さな板葺《いたぶ》きの家の、黒く汚らしいのが雨に濡れているさま。また、ひどい雨降りのとき小さい馬に乗って行列を先導する者。冬はまだいいが、夏ともなると、上と下に着ているものが雨と汗で一つになって肌にへばりついてしまっている。(同右、一六一ページ)

散文は社会生活から離陸した独自の一表現世界をなす。だから、社会生活上の価値観がそのまま散文の世界に流れこむのではなく、価値観がいったん作者の意識に受けとめられ、作者の価値意識に染められて、表現世界にあらわれ出る。社会生活上の強者が矮小《わいしょう》なすがたをとり、社会的弱者が価値ある存在として表現されるのも珍しいことではない。そこに散文の人間性の重要な一面がある。しかし、右の散文で、清少納言は社会生活上の価値観を離脱してはいない。怜悧《れいり》な清少納言にしても、貴族社会の階級意識を冷静に対象化するのはむずかしかったということだろうか。

下層民の境遇には共感も同情ももたないのが、女房集団や貴族社会の共同意識のありようだった。そして、その共同意識を正直に映し出している点でも、『枕草子』は「みんなの文学」だった。

2

『枕草子』は、貴族社会を生きる場とする宮仕えの女性が、そこでの見聞や想念を明るい開放的な批評のことばに写しとったものだ。たいして、『源氏物語』は、同じく貴族社会を生きる場とする紫式部が、雅びの美学をしっかりと踏まえつつ、ゆたかな想像力に導かれて社会上層の男女の織りなす恋、栄華、策略、嫉妬、罪責、絶望、死の世界を、時間とともに進みゆく一つの壮大な物語に仕立て上げたものだ。五四帖に分かれる大長篇物語で、前の四分の三が光源氏を主人公とする物語、残りの四分の一が光源氏死後の、薫大将《かおるだいしょう》と匂宮《におうみや》を中心とする物語となっている。前の四分の三をさらに二つに分けて、第一帖「桐壺」から第三三帖「藤裏葉《ふじのうらば》」までを第一部、第三四帖「若菜 上」から第四一帖「幻」までを第二部とし、残りの第四二帖「匂宮」から第五四帖「夢浮橋《ゆめのうきはし》」までを第三部とするのが、いまでは広くおこなわれる部立てだ。第一部と第二部の切れ目は、光源氏が権力と栄華の絶頂に昇りつめるまでが第一部、以後、不如意と苦悩の深まるなかで死へと向かう悲劇的な晩年が第二部という形を取る。そして、光源氏死後の第三部では、登場人物も舞台も変わって、暗くぐもる新たな悲劇が展開する。

桐壺帝の第二皇子として生まれた光源氏は、欠けるところなき理想の男性として物語の中心に置かれる。生まれの高貴さはいうまでもなく、容姿は輝くばかり、知力や才芸に秀で、色を好み、女性の心を惹きつけるだけでなく、衆人のなかにいてもみんなの目がついそちらに行ってしまうような人物だ。雅びの美学の完璧な体現者とでもいえばいいのか。

が、美的には非の打ち所なく仕立て上げられた源氏だが、道徳的には完璧からはほど遠い。とくに、物語の主軸をなす男女の恋愛関係において、源氏のふるまいは奇矯とか異様とかと形容したくなるほど並外《なみはず》れている。とくに青年期においてその異常さが際立っている。例として、源氏の生涯の伴侶となる紫上《むらさきのうえ》がまだ一〇歳の少女のとき、世話をしていた尼君がなくなって実父のもとに引きとられることになり、そうなるともう会えなくなるのを恐れて、源氏が強引に紫上を自分の邸に拉致《らち》する場面を現代語訳にして引く。文中に出てくる少納言は紫上の乳母《うば》だが、源氏が紫上を拉致しに来たとはむろん思っていない。

門をたたかせると、事情を知らない者が戸を開ける。そこで車を引きいれさせて従者の惟光《これみつ》が妻戸を鳴らして咳《しわぶき》をすると、少納言が聞きつけて出てきた。「源氏がいらっしゃいました」と言うと、「幼い方は寝ていらっしゃいます。どうしてこんな夜更けにいらっしゃったのですか」と言う。なにかのついでに立ち寄ったと思っているのだ。「父宮のもとへいらっしゃるそうで、その前にちょっとお話をしようと思って」と源氏が言うと、「どんなことでしょう。しっかりご返事なさるといいのですが」と笑っている。

源氏が部屋まで入ってきたので、少納言は困惑して「老女房たちがだらしなく寝ていますから」と言う。源氏は「まだ目覚めていらっしゃらないのですね。わたしが起こしましょう。こんなに朝霧の降る時刻なのに知らないで寝ているなんて」といって部屋に入る。少納言は止めることができない。紫上が無心に寝ているのを抱き起こすと、姫は目を覚まし、父宮が迎えにきたのだと寝ぼけて思っている。髪を撫でて直したりして、「さあ行きましょう。父宮のお使いでわたしが来たのです」とおっしゃると、父宮じゃないのだとびっくりして、恐ろしがる様子。源氏は「いやですね。父宮と同じですよ」といって姫を抱えて出てくる。惟光と少納言は「どうなさるので」と言う。

「ここにはいつでも来るわけにはいかないから、もっと気安い場所にお迎えしよう、と言っていたのだが、なんと父宮の邸に移られるという。そうなったらいっそう不便だから、いま迎えにきたのです。だれか一人ついていらっしゃい」とおっしゃると、少納言はあわてて、「今日というのは困ります。父宮がおいでになったらなんといえばいいのか。自然に時が経ってうまく行くようなら、なんとでもできますが、先の分からぬことですから、侍女たちも困ることでしょう」と言う。源氏は「わかった。なら人は後から来ればよい」

と言って車を寄せさせるので、侍女たちはなんとまあどうしようと思っている。姫君もわけが分からなくてお泣きになる。少納言はとめようがないので、昨夜縫った姫の着物を手にもち、自分も身なりを整えて車に乗った。（岩波・新日本古典文学大系『源氏物語 一』一九二―一九三ページ）

長く引用したのは、源氏のふるまいの強引さを実地に見ておきたいのと、紫式部の叙述の細やかさを確認したかったがためだ。源氏のふるまいは、紫上の乳母や女房たちがあきれはてるだけでなく、自身の従者までがええっとびっくりするような、常軌を逸したふるまいだ。作者（紫式部）はそのありさまをあくまで冷静に、客観的に叙述する。一場の情景が、くっきりとした輪郭をもって読者の前に提示される。叙述の細やかさに導かれて、読者は、源氏のふるまいの無軌道さをなかば忘れ、事のなりゆきを固唾《かたず》を呑んで追いかける。物語を読む醍醐味だ。源氏のふるまいは当時の社会常識からしても一般的な倫理意識からしてもけっして誉《ほ》められたものではないが、細部を丁寧に追う迫真の叙述によって、理想化された男性の青年期の果断さと色好みの奔放さのやむにやまれぬ発現として、当の人柄のうちに内在化され、さらには、物語の大きな流れのうちに組みこまれる。しかし、幼い少女を親の手から奪いとった事実は、事実として残る。源氏と紫上との恋愛関係が強引きわまる拉致によって始まったことが、その後の二人の関係に長く影を落としつづけることになる。

ところで、さきの引用文に示された客観的で行きとどいた叙述は、物語と随筆という表現様式のちがいを超えて、『枕草子』の文章を想い起こさせる。一方が情緒の文学なら他方は理知の文学、一方が「あはれ」の文学なら他方は「をかし」の文学、と対立的にとらえられることの多い『源氏物語』と『枕草子』だが、事態を的確に精密に記述するという文章作法の基本は、ともにしっかりと踏まえられている。漢字仮名交じり文が書かれるようになってからおよそ一〇〇年後に成立した散文文学の二大傑作は、貴族社会が、一〇〇年の文学的習熟を経て、事柄を的確に綿密に表現するというまさにそのことにおもしろさを感じるところにまで至ったことを示している。清少納言と紫式部は、そのおもしろさをもっとも深く感じとり、作品を通じてそのおもしろさを社会に定着させていった卓抜な表現者だった。『枕草子』でも『源氏物語』でも、細部に分けいって事柄を丁寧に追っていくとき、作者が、文を綴るそのことに瑞々《みずみず》しい喜びを感じているのが分かる。だれかがすでに歩いた道を二度目、三度目に歩くのではなく、社会的に認知され、形を整えてきた漢字仮名交じり文を用いて、未知・未到の表現へと向かう喜びが見てとれる。平安中期の同時代の読者にとっては、二人の作家の文章に接することは作者の瑞々しい喜びを共有することでもあったにちがいなく、そういう形で王朝文学の二つの代表作は新しい文学の地平を切り拓いたのだった。

光源氏に話をもどそう。

紫上を略取したとき源氏は一八歳。突飛な行為が青年期の生命力と覇気の発現でもあることはすでに述べたが、この行為だけではない。若き源氏は何人もの女性にたいして奇異な行動に出る。たとえば、若い人妻・空蟬《うつせみ》が肌も露わな女君・軒端荻《のきばのおぎ》と碁を打つすがたを垣間見《かいまみ》た源氏は、その夜、空蟬の寝所に忍びこむ。それと察した空蟬は小袿《こうちぎ》の薄衣《うすぎぬ》を捨てて外へと逃げていく。源氏は、そばに寝ていた軒端荻に言い寄り、契りを交わす。そして、空蟬の残した小袿の薄衣をもちかえり、翌朝、空蟬に歌を贈るが、軒端荻には贈らない。また、素姓の知れぬ夕顔との、夕顔の突然死をもって終わる交情も、さらには、醜女の末摘花《すえつむはな》や好色の老女・源典侍《げんのないしのすけ》との交情も、尋常一様のものではない。思いもかけぬ形で沸きおこる愛欲の衝動の不思議さと不気味さの形象化であるとともに、ぬきん出た容姿、知能、才芸を具えた男がさまざまな女とのあいだに交わすさまざまな恋の形をパノラマ風に示そうとする意図をも感じさせる展開だ。王朝の物語文学は貴族社会の娯楽の道具であるという一面を強くもっていたが、『源氏物語』はそうした社会的効用にけっして背を向けるものではなかった。が、物語の進展とともに、その世界は娯楽のおもしろおかしさを超えて、生きる苦しみと悲しみを内に抱えこむものとなっていく。

苦悩の色に染められた恋の典型が源氏と藤壺との恋だ。藤壺は源氏の父・桐壺帝が源氏の母・桐壺女御の死後に后として迎えた女性だ。源氏にとっては継母に当たるわけだが、実母の面影を宿している藤壺に源氏は強く引かれる。こうして父と子が同じ女性を愛するという悲劇の構図がすがたをあらわす。情念を抑えきれぬ源氏はついに藤壺と密通し、藤壺は源氏の子を身ごもる。藤壺は源氏との交情を運命の痛恨事として受けとめ、その罪責感は源氏にも伝わっていく。源氏は心の底にうごめく思慕の情と罪責感との板挟みのなか、しだいに苦悩する人間の様相を呈してくる。

とはいえ、その過程は事実の細部に相渉る客観的なことばで記されるのではない。密通の現場が細叙されるようなことはない。即物的な性描写は雅びの美学とおよそ相容《あいい》れないのだ。好色物語の先達たる『伊勢物語』においても、性行為の場面が直叙されることはなかった。源氏と藤壺の密通も、行為そのものはそれとなく仄《ほの》めかされるにとどまる。

しかし、藤壺にとって、また源氏にとって、それが重たい意味をもつ行為であることに変わりはない。そして、その重たい意味は恋するものの心情の屈託として、不安として、悲哀として、悔恨として、執拗に追求される。紫式部が駆使するのは、事実の細部に分けいる客観的な理知のことばではなく、内面の心の動きを追いかける情感のことばだ。情感のことばの躍動する場面として、最初の密会のあとしばらくして、藤壺が病気で里下りしている所に源氏が訪れて密会を重ねる一節を現代語に訳して引く。

藤壺の宮が病気になり、宮中を出て里に退出なさった。桐壺帝が心配して嘆いていらっしゃるのを、源氏は気の毒なことだと思いながらも、いまなら藤壺に会えると心も上の空で、どこにもお出かけにならない。内裏でも自邸でも昼はぼんやりともの思いにふけり、日が暮れると藤壺の女房の王命婦《おうみょうぶ》に手引きをせまるばかり。命婦がどううまく計らったのか、どうにか会うことができたのだが、源氏にはその逢瀬《おうせ》ですら現実とは思えなくて、なんともつらい限りだ。

藤壺の宮も、過去の一夜の過ちを思い出すだけでも一生の悩みの種で、もうあれだけで終わりにしようと心に決めていらっしゃった。なのに、こうして会う羽目になったのが情けなく、耐えがたい顔色をなさっているのだが、やはり優しく愛らしく、とはいえ打ち解けたふうではなく、奥ゆかしく気品のある態度が保たれていて、こんな人はほかにいないと思われる。源氏は、どうしてこう欠点のない方なのか、と、恨めしく思ったりもする。思いの丈《たけ》はとうてい語りつくせるものではない。いつまでも夜が明けないようにと思うけれど、あいにくの短夜《みじかよ》で、かえって逢わないほうがよかったと思うほどだ。別れに当たっての源氏の歌、

見てもまた逢ふ夜まれなる夢のうちに
　やがてまぎるるわが身ともがな

（せっかく逢っても、また逢う夜はめったに来そうもない。それならむしろ、めったにない夢のなかにそのまま紛れこんでしまいたい）

と、涙にむせんでいらっしゃるありさまがかわいそうで、藤壺はこう返した。

世語りに人や伝へんたぐひなく
　憂き身を覚めぬ夢になしても

（この上なくつらい運命を負ったこの身を、覚めることのない夢だと思っても、語り草として人びとは伝えていくのではないでしょうか）

宮が煩悶《はんもん》なさるのもまったく当然で、畏れ多いことだ。……（同右、一七五―一七六ページ）

引用はここで打ち切るが、挿入された源氏と藤壺の和歌は、道ならぬ恋に陥った男女の深い悲しみを秘めた切ない秀歌だ。紫式部は歌人としての力量にも並ならぬものがあった。

振り返れば、恋する男女のはかなくも美しい交歓のさまが一首または二首の歌によってしめくくられる、というのが『伊勢物語』の基本的な物語作法だった。恋の喜びと悲しみを歌へと昇華することによって一篇をおさめ、韻律ゆたかな歌にこめられた余情を楽しむ。それが『伊勢物語』における雅びの美学だった。

『源氏物語』においても恋の物語と歌との結びつきは深く強く、その点で、雅びの美学が踏まえられてはいる。が、恋の物語が歌に昇華されてそれで一件落着とはいかない。歌の詠嘆と余情によって話に文学的なまとまりがあたえられることはない。いま引用の場面でも、歌で話が終わるのではなく、後続の散文において藤壺と源氏の苦悩と煩悶はさらに話題になるし、いったん話が終わって別の話題に移っても、折あるごとに話の続きが語られたり、過去の事実が蒸《む》しかえされたりする。詠嘆と余情をもって終わる『伊勢物語』とは、物語にたいする構えかたが根本的にちがうといわなければならない。

紫式部は恋の苦悩と煩悶をどこまでも追いつづけようとする。藤壺と源氏が密会を重ね、挙句《あげく》に藤壺が身ごもり、不義の子を生み、その子が東宮となり天皇となる、というのは、雅びの美学からすればけっして美しくはなく、むしろ醜悪に類する事柄だが、紫式部の筆はひるまない。事柄の経緯をこと細かに追うというのではないが、事柄にかかわる源氏と藤壺の心の動きについては、さきの引用がその一例だが、粘りづよく精細に追いかけていく。『源氏物語』が雅びの世界を超えた暗さと奥深さをもつのはそのためだ。

恋の苦悩と煩悶になぜ紫式部はそんなにも執着するのか。おそらくはそこに、たんなる男女一対の関係を超えた、人の世の真実を見る思いがしたからだと思われる。紫式部が生きた時代は、藤原氏が娘を天皇の后とし、みずから天皇の外戚として政治権力を揮《ふる》う摂関政治の全盛期だったから、上流貴族のあいだでの男女の関係は、政治的・社会的な栄華と陰に陽に結びつかざるをえず、『源氏物語』のさまざまな恋も、縦横に張りめぐらされた権力関係の網の目のなかでしか具体性を帯びるものではなかったけれども、しかし権力の消長や政治的・社会的な栄枯盛衰がそのまま恋の本質をなすのではなく、恋する男女の苦悩と煩悶が内的な生命として心を揺り動かすところにこそ恋の本来のすがたがある。華やかな関係の内側に苦悩や悔恨がわだかまり、苦悩や悔恨にうち沈みつつ、人はみずからの仕合わせや一族の繁栄を遠望する。紫式部にとって、それが生きた人間の恋であり、表現に値する恋だった。

恋を、恋する男女の苦悩・煩悶・悔恨と大きく重ね合わせてとらえることによって、恋を中心主題とする『源氏物語』は、人の世の闇に目を凝らし、そこに人間の生きる真実のすがたを追い求める作品となった。

闇を見つめる作者のまなざしは、貴族社会の通念や価値観や美学をそのまま受け容《い》れることができず、それらを突きぬけたところに人間の真実を探りあてようとする。源氏の奇矯な行動や異様なふるまいにも人間らしい愛欲の情が働き、それゆえに苦悶と心理的葛藤なしには済まないことがしだいに明らかになるし、相手となる女たちの、嫌厭《けんえん》を内にふくんだ受容、受容に交じる疑念や後悔の念も巻を追って深まっていく。上流貴族といえども、また、上流貴族に愛されて一見仕合わせそうに見える女たちといえども、その内面に錘鉛《おもり》を下ろしてみれば、そこには苦渋・苦悶・悲哀・悲痛がうごめいている、と、そう考えるのが紫式部の人生観だった。

そういう人生観が『源氏物語』を、時代を超え、国境を超えて読まれる奥深い作品にしていることはいうまでもない。恋にまつわる政治的・社会的な権勢や栄光の影と、内面的な苦渋や悲哀のありさまとをともども表現することによって、『源氏物語』は人の世の、外への広がりと内への深まりに相渉る類稀《たぐいまれ》な豊饒《ほうじょう》さをもつ文学作品たりえている。人の世の外界と内面の矛盾・対立・抗争・葛藤のうちに人間の真実が宿る、というその人生観・人間観は、雅びな恋物語を人間の普遍性の探求へと押し上げる力をもっていた。逆に、こういってもいいかもしれない。恋する男女の幸と不幸、成功と失敗を雅びの物語にまとめ上げることに満足せず、そこに人間としてこの世を生きる真摯なすがたを追い求めようとする思想的な感性と想像力に恵まれていた紫式部は、貴族社会の表と裏をともども視野におさめるような人間観察・社会観察に導かれたのだ、と。人の世の闇を見つめるそのまなざしは、『源氏物語』を希望と絶望、喜びと悲しみの複雑に交錯する奥の深い作品へと導く強力な武器となった。

雅びな社会における外界と内面の矛盾・対立・抗争・葛藤は、恋する男と女の身の上のこととしてあらわれるばかりではなく、物語の構成の上にもあらわれる。

『源氏物語』を三部構成とし、「桐壺」巻から「藤裏葉」巻までの三三帖を第一部とするのが一般的な理解であることはすでに述べた。主人公の光源氏が、途中で都を離れる不遇を余儀なくされつつも、それが決定的な傷とはならず、再度、陽の当たる道を歩み、遂には自分の娘（明石の姫君）を東宮に入内《じゅだい》させることに成功し、みずからは天皇に准ずる准太上天《じゅんだいじょうてん》皇《のう》の位に昇り、贅《ぜい》を尽くして建立《こんりゅう》した大邸宅・六条院に冷泉帝《れいぜいてい》と朱雀院《すざくいん》を迎えるという、栄《えい》耀栄華《ようえいが》の絶頂を終点とする三三帖だ。紫式部は貴族社会の位階構造を踏まえて、源氏の栄達の過程を筋道だけははっきりとつけていく。が、その一方、ひたすら政治的・社会的な栄達を求めるのでも、逆に権力や栄光にただただ反発するのでもない、源氏や周辺の女性たちの独自の心の動きを、こちらはまさしく物語の主題として丁寧に追っていく。恋する者たちの暗くよどむ心は、権力や栄光の輝きによっても容易に晴れることがない。「須磨」「明石」の巻のあと、都に還って再び栄達の道を歩む源氏の日々は、明るく描かれてもおかしくはないがそうは描かれない。人の世の暗部を見つめずにいられない紫式部の目は、癒《いや》されることのない恋心の悲哀と苦悩をどこまでも追いかけていく。明るくはない色調のうちに人としてこの世を生きる切なさの浮かび上がるのが、『源氏物語』第一部の後半だといっていい。

生きる切なさが浮かび上がる一例として、以下に玉鬘《たまかずら》と源氏の複雑な心の陰影を追う一節を現代語に訳して引く。その昔、若き源氏は夕顔という名の女性と交渉をもった。夕顔の急死によって関係は終わるが、夕顔は源氏との交渉の前に別の男（頭中将《とうのちゅうじょう》）とのあいだに女児を生んでいて、それが玉鬘だ。二〇年近く経って、偶然そのことを知った源氏は玉鬘を養女として迎えいれる。やがて源氏の心に玉鬘への恋情が芽生え、それが自身にとっても玉鬘にとっても重荷となる。引用するのは、源氏が恋心を仄《ほの》めかす歌を歌ったあと、玉鬘に近づいていく場面だ。

雨がやみ、竹が風に鳴り、月が照って趣きのあるしんみりした夜に、まわりの人びとは親子の親密な対話に遠慮して離れた所にいる。いつも会っている間柄だが、こんないい機会はめったになく、源氏はつい恋心を口にした一途さのゆえか、着なれた上着を音のしないように上手に脱いで、そばに横になられたので、玉鬘はなんとも情なく、人も変に思うだろうと悲しくなった。実父のもとにいたならば、大事にはされなくても、こんないやなことにはならなかったのにと思うと、つい悲しみの涙がこぼれてくる。そのつらそうな様子を見て、「そんなふうに嫌われるとは情ない。赤の他人でさえ男女の仲として一般に許されていることなのに、こうやって長年親しくしている以上、添い寝程度のことをなんで嫌《いや》がるのですか。これ以上のことをするつもりはないのですよ。忍びがたい恋心を慰めるだけのことです」と、心をこめてあれこれお話しになる。こんなふうにしていると、昔の夕顔とのことが思い起こされて感無量なのだった。

自分のことながら、突然の軽率なふるまいだとは分かっているから、反省心の強い源氏は、人が不審に思うことも考えて、夜の更けないうちに退出したのだった。「わたしを嫌われるとしたら、本当につらいことです。わたし以外の人ならこうも夢中になることはないはずです。わたしの情愛は底知れぬ深さなのですから、人に非難されるようなことはいたしません。ただ、昔の人が恋しいのを慰めようと他愛のないことをいうこともあるでしょうから、あなたも同じ気持ちで返事ぐらいしてください」とこまごまとおっしゃる。が、玉鬘はわれにもあらぬ様子で悲しそうにしているので、源氏は「あなたの気持ちがそんなにもつれないとは思っていなかった。本当にわたしを憎んでいらっしゃるのですね」と嘆息し、「人に気づかれることのないように」といって退出なさった。

玉鬘は、年を取ってはいるけれども、男女の仲については未経験である上に、経験者の様子を見たり聞いたりしていないため、もっと睦《むつ》び合う間柄があるとは思いも及ばない。自分の身の上をとんでもないものだと思って悲嘆にくれ、気分の悪そうな様子なので、女房たちは「ご病気になられたようだ」と心配している。(岩波・新日本古典文学大系『源氏物語 二』四一六―四一八ページ)

このとき源氏は三六歳。若い頃の不羈奔放《ふきほんぽう》な行動者ではもはやない。太政大臣の地位に昇りつめ、大邸宅の六条院には春の町、夏の町、秋の町、冬の町と四季の美しさを取りこんだ四つの区域を設営し、町の一つ一つに、住むにふさわしい女性を配置している。玉鬘についても、どう縁づけるか、養父として配慮をめぐらしている。が、若く美しい玉鬘を見ると、恋しい思いを抑えがたい。自制心は働くが、それゆえにかえって思いが募るふうでもある。

玉鬘は二二歳。幼時から長く九州での暮らしが続いたため、年の割には世慣れておらず、男女の関係にも疎《うと》い。だから、養父の立場を踏みこえた源氏の恋のしぐさとことばには、うぶな戸惑いをもって応えるほかはない。

社会的な位置や実力からしても、恋愛経験のゆたかさからしても、大きな隔たりのある二人だが、にもかかわらず、引用文に見られるように、そのあいだに恋の関係はなりたつ。相思相愛からは遠く、二人の意識においても周囲の目から見ても、ぎこちない、割り切れない関係なのだが、恋の間柄であることに変わりはない。男の自制心を食いやぶって恋のしぐさとことばがあふれ出、女が処女の恥じらいをもってそれに応対する。それがここでの恋の形だ。二人の間柄からしてこの恋がたがいに満足のいく方向へと発展する可能性は小さいが、だからといって、ここでの源氏の歯痒《はがゆ》い思いや玉鬘の嫌悪と恥じらいの交じる割り切れぬ思いを、恋の情ではないといい切ることはできない。養父と養女のあいだにも恋らしきものは芽生え、芽生えたとなると、恋心は真率な切ないものとなる。そのような手に負えない恋心の展開こそが紫式部の表現意欲をかきたててやまないものだった。

恋する者たちの内面に目を据えると、社会的な位階秩序においては上下にかけ離れた源氏と玉鬘が、対等な恋の当事者として同じように恋の関係に引きこまれ、同じように苦しむように見える。この二人だけではない。源氏と夕顔、源氏と藤壺、源氏と紫上、さらには、柏《かしわ》木《ぎ》と女三宮《おんなさんのみや》、夕霧と雲居雁《くもいのかり》、の関係についても同じことがいえる。恋を主題とする『源氏物語』が人間の普遍的なすがたを表現するところまで行けたのは、恋する男女が、その内面的な心情の面からとらえられることによって、たがいに対等な主体的存在として向き合うことができたからだ。貴族社会にあっては、男女の結びつきと世俗的な栄華とは切っても切れない関係にあるが、紫式部はその切っても切れない関係に恋愛の本質を見なかった。相手のその場その場の言動に突き動かされて、大きく、また微細に揺れ動く内面的心情にこそ恋愛の本質があるととらえ、その揺れを人間的に価値あるものとして表現するのが紫式部の立場だった。必要とされるのは、歓びと哀しみに広く深く相渉る一人一人の内面を掘りおこすことばだった。

恋する男女が主体的に向き合うとき、どちらかがどちらかを一方的に支配することはありえない。関係には不確定、不安定な要素がつきまとい、それが社会的不安定の要素ともなりかねないから、恋する主体はおのれの心情に誠実であればあるほど、深い悩みをかかえこむことになる。権力と栄光の階段を確実に昇っていく源氏とて、例外ではない。玉鬘との関係もそうだが、六条院の四つの町に住む四人の女性との関係も、どれ一つとして心安まるものはない。気を許すと、いつ壊れるか分からないものばかりだ。栄耀栄華の政治生活の内側に、喜び、楽しみよりも悩み、苦しみの多い、緊張と危機をはらんだ主体的な恋愛生活がある。それが、紫式部のとらえた人の世のすがただった。

苦悩と悲哀に色濃く染められた恋のありさまは、さながらに人の世の生きづらさと暗さを示すものだったが、同じことを別の面から示すものとして、登場人物の多くが出家したり、出家願望を懐いたりする事実を挙げることができる。源氏と交渉をもった女のうち、六条御息所《ろくじょうのみやすどころ》、空蟬、藤壺、朧月夜《おぼろづきよ》、女三宮の五人が出家している。一見しあわせそうな紫上までが強く出家を願い、源氏に聞きいれられないため、在家《ざいけ》のまま死を迎えている。

出家とは、仏教にちなむ作法で、俗世間を捨て、仏の道に生きることをいう。さきの五人の女も、出家後はそれまでとちがって、世俗の交わりから身を退きひっそりと暮らす。が、『源氏物語』における出家は仏教的な色彩が薄い。出家後の仏道修行がいかなるものかはほとんど描かれない。仏を念じて極楽往生を願う浄土思想は社会に広がりつつあったが、『源氏物語』に影を落としてはいない。悟りの境地を描くことが文学的課題とされているわけでもない。出家はもっぱら、それまでの生きかたと社会的関係とを断念し放棄する決意としてあらわれる。紫式部の目は、出家と仏道修行とのつながりにではなく、俗世間と出家とのつながりかた、切れかたに、注がれている。出家をそのむこうの仏門の側からではなく、手前の俗世間の側から見ている。

人の世の暮らしが、心浮きたつ恋愛関係においても苦悩と悲哀に色濃く染められているとすれば、人びとの心が——とりわけ男女の仲を人生の重大事と心得る貴族たちの心が——出家へと傾くのは不自然なことではない。出家後の暮らしは公的生活においても私的生活においても、それ以前とは大きく異なった隠遁《いんとん》の暮らしとなるが、出家を決意する人にとっては、いまある日々がなんとしてもそこから逃げ出したいほどに煩わしくつらい日々であり、まわりの人びともその決意を受け容れる程度には当人の煩わしさ、つらさを了解できていたということだ。出家の話があちこちに出てくる『源氏物語』を読むと、仏教的な生きかたとしてあった出家が、仏道修行や仏教信仰とは直接かかわらぬ、この世を生きる生きかたの大きな転換として社会的に認知され、制度として根づいていたことが納得される。俗世間を捨てる行為が、俗世間とのかかわりを最小限にする行為として俗世間に許容されているのだ。それは、追いつめられた人にもなんとか生きる場を提供しようとする、俗世間の知恵と懐《ふところ》の深さを示す仕組みであり、制度だったと考えられる。

出家のそのむこうには、山修山学だの、即身成仏だの、念仏三昧だの、欣求浄土《ごんぐじょうど》だのといった、もろもろの仏教的な行為や観念が用意されているはずだが、『源氏物語』はそこにはかかわらない。出家は、仏教の図式からすれば、俗世間に背を向け、仏法の世界にまるごと参入することだが、『源氏物語』は出家のむこうにある仏法の世界には関心を示さない。出家した六条御息所にしても藤壺にしても、言及されるのは、出家以前の人びとや出来事とかかわるかぎりでのかの女たちの暮らしだ。晩年において出家が大きな問題となる紫上の場合も事情は変わらない。源氏に寄りそって生きるつらさと煩わしさから逃れようと、紫上はなんども出家を決意するのだが、源氏は許さず、願って許されないことが紫上のさらなる煩悶の種になる。それが、出家をめぐる紫上の苦悩であり、悲哀だ。その苦悩や悲哀は恋と地続きの苦悩や悲哀であって、仏教的な観念や信仰心はそこにほとんど影を落としていない。さらにいえば、紫上の出家願望に誘われるようにして源氏のうちにも出家への思いが芽生え、紫上の死後はその思いが一段と強まるのだが、そうした心境の変化も、源氏における信仰心ないし宗教心のありようを示すというより、源氏と紫上との、恋を軸とした俗世間的なかかわりのさまを示すものといわねばならない。

徹底してこの世に目を据え、そこにあらわれる老若男女の関係、行動、感情をしっかりと見つめ、人の世の真実にせまる物語世界を構築することが、紫式部のねらいだった。見えてくる真実が、苦悩と悲哀を湛《たた》えたものであることは否定のしようがなく、とすれば、暗く重たい人の世のイメージは、そのまま紫式部の人生観であり世界観だったといえよう。が、そのイメージは仏教的な厭世観とは似而非《にてひ》なるものであった。人の世の暗さと重たさが彼岸を希求させることなく、暗く重いがゆえにかえって目を引きつけ、探求心と表現意欲をそそってやまないからだ。紫式部にとって、暗く重たいこの世こそがみずからの生きる世界であり、観察する世界であり、表現する世界だった。この世を断念しようとする出家の決意や行動も、この世の出来事なのだった。

そうした現世主義は、極楽浄土をこの世に実現しようとする平等院鳳凰堂や浄瑠璃寺の造営事業を思い起こさせる。美しさという点で二つの浄土建築は彼岸を此岸《しがん》化するものといってよかった。太政大臣に昇進した光源氏の構想する六条院も同類の建造物といっていいかもしれない。四季の美しさを取りこんだ豪華絢爛の大邸宅は、文字に表現された極楽のすがたといえなくはない。

が、『源氏物語』の六条院はけっして極楽浄土ではなかった。美しさでは極楽浄土の域に達していたとしても、内実は心安らかで楽しく賑やかな浄福の地とはほど遠く、喜びや遊びや楽しみの背後に悲しみと悩みと諦めのわだかまる世界だった。さきに一節を引用した玉鬘と源氏の間柄は、恋の成立不可能な条件のもとでの恋だった。また、春の町に住む紫上と冬の町に住む明石君とは、たがいに相手の存在を負担に感じざるをえなかったし、夏の町の花散里《ちるさと》や秋の町の秋好《あきこのむ》中宮《ちゅうぐう》も、ときに源氏とのあいだに齟齬《そご》が生じ、日々を安閑と過ごすだけでは済まなかった。栄耀栄華をきわめた権力者の建てた、極楽と見紛う豪壮な大邸宅に住まう人びとのうちにも、つねと変わらぬ苦渋と悲愁と失意が織りこまれているというのが、紫式部の冷徹な現実認識だった。

第二部の最終巻「幻」は源氏の死をもって閉じるが、「匂宮《におうみや》」巻以下の宇治を舞台とする第三部の、匂宮と薫大将を軸とする恋物語も、悲しみに満ちている。匂宮と薫大将には源氏ほどの人柄と度量の大きさが具わっていないため、悲痛の調べはいっそう切なく、はかなく響く。匂宮の果断と薫の繊細さは源氏のもっていた二面が二つに分かれて受け継がれたかのごとくで、異質な二人物の設定は恋の模様を複雑にする上で絶妙の効果を発揮してはいるが、同時に、恋の悲劇をさらなる絶望の深みへと追いやるものでもあった。読むうちに恋の悲劇の救いのなさが予感される。第二部でしだいに物語を覆《おお》うようになってきた病と死の影が第三部ではいっそう濃くなるのだが、出来事の展開と人物たちの動きには影を払いのけるだけの気力と生命力が備わらず、病をも死をも静かに受け容れようとする諦念が人びとの心の主調となっていく。

人の世の闇のなかではかなく生きるほかない人びとの溜息と泣き声が、どこからともなく聞こえてくるような物語の展開だが、しかし、書きすすむ紫式部の筆勢は場面の暗さとは裏腹に、生き生きと躍動する。一例として薫大将が宇治の大君《おおいぎみ》の死を見とる場面を引く。二人は、たがいに好ましく思いながら結ばれず、死別へと追いやられたのだった。

大君は病状が悪化し頭がぼんやりしているけれど、衰弱した顔を見せまいと袖で隠している。「気分がよければお話ししたいこともあるのですが、自分の力がなくなっていくだけなのが悲しい」とこちらを思いやるふうであるのを見ると、薫は涙をとめることができず、こちらの心細さを気取《けど》られまいとはするけれど、泣き声を抑えることができない。

限りなく愛していながら、つらい思いばかりして別れねばならないのはどんな宿命のゆえなのか。少しでもいやな面を見せてくれるようなら、思いをさますきっかけにもしようと相手を見つめるのだが、大君のいとおしさは増すばかり、死んでほしくないと思うと、ただただ美しさだけが目にとまる。腕なども本当に細くなり、影のようにはかなげだが、肌の色艶は変わらず、白く美しくなよなよとしていて、柔らかな白い服を着て夜具を横に押しやった寝姿は、中身のない人形を寝かせたように見える。髪は適度に投げ出され、枕からこぼれ落ちるあたりがつやつやと美しい。この人はこれからどうなるのか、とても生きていかれそうにはない、と思うと、この上なく惜しい気がする。長く病んで身づくろいもしていないのに、心が崩れず気品があって、盛装してこれ見よがしな人よりずっと美しいその様子は、つくづく見ていると、魂がわが身をぬけ出していくような気がする。

「あなたがわたしを捨ててあの世に行かれたら、わたしも生きてはいません。生き残るのが定めだとしても、そのときは深い山に入っていきます。……」（岩波・新日本古典文学

大系『源氏物語 四』四五七―四五八ページ)

死にゆく大君の腕、肌、白衣、夜具、髪を見つめる目は、薫の目であるとともに、いや、薫の目である以上に、作者・紫式部の目だ。人の世の暗部を見つめるまなざしと、人びとの心の奥に去来する苦悶と悲傷を文字に定着する筆の力は、物語に衰亡や頽廃《たいはい》の気配が濃くなるなかでも、その力強さと鋭さを失うことがない。自然がどんなに美しく、権力と栄光の世界がどんなに華やかであろうとも、その反面で、人びとの心には苦悩と悲哀がわだかまり、それを見つめつつ生きるところに人生の真実があり、それを表現するところに文学のおもしろさがある、――そのような人生観ないし文学観につらぬかれた作品が『源氏物語』だった。

第十四章　『今昔物語集』と絵巻物——庶民の世界へのまなざし

『枕草子』と『源氏物語』は、宮廷とその周辺の貴族世界を舞台とする、貴族のための文学だった。宮廷に仕える二人の才女は、目の前の世界のその奥にある人びとの価値意識や社会の実相や人生の意味を問い質《ただ》し、表現しようとしたのだが、視界が貴族世界の外へと広がることはなかった。王朝文学の名で呼ばれるゆえんだ。

王朝文学の頂点をなす『枕草子』と『源氏物語』の百数十年後に、貴族の世界をはるかに超えて僧侶や学者、地方豪族や武士、農民・漁民・商人など、社会のあらゆる階層を題材とする説話集が編まれる。全三一巻に及ぶ『今昔物語集』だ。時代の大きな移り変わりを示す書物の出現といえる。

1

説話集としては、すでに第十章で『日本霊異記《にほんりょういき》』を取り上げ、第十二章では『日本往生極楽記《にほんおうじょうごくらくき》』や『続本朝往生伝《ぞくほんちょうおうじょうでん》』などに言及してきた。それらの書物に出てくる説話のいくつかがそのまま引かれていることからしても、『今昔物語集』は、そうした過去の説話集を引き継ぐものとして文学史上に位置づけられる。『枕草子』や『源氏物語』とは異系列の文学であることを、まず押さえておきたい。

が、『日本霊異記』『日本往生極楽記』『続本朝往生伝』などの単純な延長線上に『今昔物語集』があると考えるのは正しくない。過去の説話集を存分に利用しつつ、『今昔物語集』の編者は、——現在の研究水準では編者の名は不明とするしかないようだが、——これまでとはちがう説話集を編もうと考えていた。全体の構成にかんして、以下の二点に、新しい説話集を生み出そうとする編集意図をはっきり見てとることができる。

一つは、仏教説話として日本のものだけでなく、天竺《てんじく》（インド）と震旦《しんたん》（中国）の説話が採録されていることだ。『日本霊異記』にしても『日本往生極楽記』にしても、書名に「日本」の字が記されることに明らかなごとく、日本国内の説話を集めたものだ。それが、一二世紀前半の『今昔物語集』に至って、視野が中国へと、さらにはそのむこうのインドへと広がる。仏教説話がもともと、多くの人びとを仏の信仰へと導く教化・唱導の具であることを考えれば、平安時代の後期には貴族や僧侶のみならず、庶民のあいだでも、中国やインドの話に耳を貸すだけの広い好奇心が培《つちか》われつつあったということだ。インドと中国の仏教説話は中国の仏典や説話集の翻訳ないし翻案だが、翻訳・翻案の過程で原典を和風化する試みがあちこちでなされていて、外への好奇心にそれなりの主体性もが発揮されていたさまをうかがうことができる。

編集意図の新しさを示すもう一つの事実は、天竺、震旦の仏教説話のあとに来る本朝（日本）の説話に、仏教説話と並んで世俗説話が大量に取りいれられていることだ。本朝の仏教説話が巻一一から巻二〇までの一〇巻をなすのにたいして、世俗説話が巻二二（巻二一は欠巻）から巻三一までの一〇巻、ほぼ同量の仏教説話と世俗説話が合わさって日本の説話世界の全体をなすという仕組みだ。

改めて全体の構成を示すと、

巻一〜巻五　インドの仏教説話
巻六〜巻一〇（巻八欠）　中国の仏教説話（若干の世俗説話をふくむ）
巻一一〜巻二〇（巻一八欠）　日本の仏教説話
巻二二〜巻三一　日本の世俗説話

となる。

当時の人びとの意識にとって、日本と中国とインドを合わせた広がりは、そのまま世界の全体を覆《おお》うものといってよかろう。『今昔物語集』は全世界の説話を収録した、気宇広大な書物だった。一〇七九話に及ぶ大量の説話が一つの例外もなく「今昔《いまはむかし》」で始まり「……トナム（ン）語リ伝ヘタルトヤ」で終わる形式におさめて語られ、配列は内容的なつながりを考えてなされる。説話が世界を映す鏡であることを編者が信じ、数多くの説話の類集によって世界の全体を三一巻の書に映し出そうとするのが『今昔物語集』なのだ。一般に、八九四年の遣唐使中止を節目《ふしめ》として日中の公的交流にブレーキがかかり、一〇世紀から一一世紀にかけて日本独自の国風文化が栄えたというが、国風文化隆盛の時代にも国外への知的好奇心はそれなりに保たれ、視野の広い『今昔物語集』を生み出すだけの力をもっていたと考えられる。

未知のもの、珍しいもの、ふしぎなもの、おもしろいものを求める知的好奇心は、海外へと向かっただけではない。本朝における仏教説話から世俗説話への道行きには、もっと生活に根ざした、卑俗ともいえる知的好奇心が働いていた。海外の説話はそのほとんどが仏教説話であり、本朝にもどってきての説話も、前半は仏教説話が占めることからして、『今昔物語集』を太くつらぬくのが仏教説話であることは認められねばならないが、本朝後半の世俗説話には、その多彩さ、のびやかさ、自在さ、猥雑《わいざつ》さ、意外性において、天竺・震旦・本朝の仏教説話群を凌駕《りょうが》するほどの文学的な力が具わっているので、そういう卑俗・卑近なものへのまなざしが『今昔物語集』をこれまでにない新しい文学たらしめているのである。

俗悪な怪異譚《かいいたん》として、たとえば次のような説話がある。

染殿《そめどの》の后《きさき》と呼ばれた藤原良房の娘が物の怪《もののけ》に悩まされ、物の怪退治に評判の高い僧が修法《しゅほう》をおこなったが効果がない。そこで、大和国葛木山《かつらぎやま》に住む聖人《しょうにん》に加持してもらったところ、后の病は治まった。喜んだ父は聖人にしばらく家にとどまるように言い、とどまった聖人は几帳《きちょう》の隙間から后を垣間見《かいまみ》てその美しさに目がくらみ、后に強い愛欲を感じた。思慮を失った聖人は隙をうかがって几帳のなかに入り后に抱きついたが、まわりの女房たちが騒いだため、縛り上げられ牢に入れられた。そのあと山に送り返された聖人は后への思いを断ち切れない。現世での再会は不可能だと知った聖人は絶食して餓死し鬼になって后に会いに行く。女房たちは鬼を恐れて逃げまどうが、鬼の魂に正気を奪われた后は鬼を迎えいれて睦《むつ》まじいときを過ごす。その様子に心を痛めた天皇は多くの高僧に鬼の折伏《しゃくぶく》を頼んだところ、高僧たちの祈禱《きとう》によって鬼は来なくなった。喜んだ天皇は文武百官を従えて后の御殿に行幸する。以下、話の終末部を現代語訳によって示す。

天皇が御殿にお入りになって后を見、泣く泣くこれまでのことをお話しになると、后も感動なさった。御すがたも前と変わらない。と、そのとき、例の鬼が部屋の隅から躍り出て后の御帳《みちょう》のうちに入った。天皇があきれて見ていると、后はいつものようにいそいそと御帳のうちにお入りになる。しばらくすると、鬼が正面に躍り出てきた。大臣・公卿を初め百官の者たちが目《ま》の当たりに鬼を見て恐れまどい、びっくりしていると、后もまた続いて外に出てきて、衆人の面前で鬼といっしょに横になり、なんとも見苦しいことを堂々とおやりになって、鬼が起き上がると、后も起きて御帳にお入りになった。天皇はただただ歎くばかりで、お帰りになった。

というわけだから、高貴な女性は、この話を教訓として、このような法師に絶対に近づいてはいけない。この話はとんでもないもので外聞をはばかられるが、のちの世の人に知らせて法師に近づかぬよう強く戒めるために、このように語り伝えているということだ。

（小学館・日本古典文学全集『今昔物語集　三』五六―五七ページ）

言いわけめく最後の一文には笑ってしまうが、即物的な語りを旨とする『今昔物語集』のなかにあっても露出の度が過ぎる話だけに、一言、断り書きを入れておく気になったものであろう。

『善家秘記《ぜんけひき》』から引いた話というが、断り書きとは裏腹に、あっと驚くような筋立ての話が快適なテンポで展開する。語り手の楽しむ様子が伝わってくるような語り口だ。

話の内容からすると、一往は恋愛譚ということになろうが、この奇怪さ、このどぎつさは王朝文学の雅びとはほど遠い。雅びの対極をなす恋愛譚といってよい。『源氏物語』の多彩な恋が、奇怪な要素やどぎつい要素を内にふくむことはわたしたちのすでに見たところだが、その恋はどんなに奇怪でどぎつくても、こんなふうに卑俗で露骨なすがたを取ることはない。どんなに道に外れた不自然な色好みでも、そこに卑俗ならざる気品の保たれることが雅びの美学というものだった。

染殿の后と葛木山の聖人の恋愛譚は、王朝の雅びの美学とは別の地平になりたつものといわねばならない。時代が重なるから、上流社会の雅びの雰囲気は、たとえば染殿の描写のうちに流れこんでいなくはないが、本筋の愛欲の物語を綴《つづ》る段になると、語り手は雅びの美学に立脚することはまったくない。山に帰って行っても后への愛執を滅却できず、ならばと絶食し、餓死し、鬼のすがたに生まれ変わって染殿に出現するという聖人の直情径行も、その鬼を恐れるどころか、にっこり笑って受け容れ、几帳のなかで睦み合い、挙句、天皇の染殿御幸の際に、天皇・大臣・公卿・百官の前に出てきて痴態を演じてみせるという后のふるまいも、雅びか野暮かといったものさしなど通用しそうもない破天荒さだ。語り伝えられるうちに話がふくらんでこんな破天荒な説話が出来上がったのだろうが、話をふくらませていったのは貴族社会の雅びの美学とは質を異にする、下層の農民や商工民のエネルギーだったし、奇怪な話の展開に固唾《かたず》を呑み、あられもない痴態を笑いとばせたのも下層民のエネルギーだった。この話は『今昔物語集』の巻二〇におさめられるもので、類別からすると、仏教説話に属するのだが、仏にちなむ集まりで語られる仏教説話は、時とともに聴衆の輪が広がり、娯楽の要素が加わって、世俗説話と見紛《みまが》うような俗悪なおもしろさとおかしみを備えるに至ったのだ。

『源氏物語』の恋が人として生きる苦しさや、人の世の切なさに通じていたのにたいして、巻二〇の恋は人の狂気と、それを楽しむ笑いに通じているといえるが、『今昔物語集』の編まれた一二世紀前半には、恋ゆえの狂態を笑って楽しむ説話の聞き手ないし読み手が、一定の広がりをもって存在していた。かれらにとって、葛木山の聖人や染殿の后のような人物は容易に近づける存在ではなかったろうが、その破天荒のふるまいを笑うことによって貴人たちを身近なものに感じることはできた。支配貴族の凋落《ちょうらく》という社会的変動を背景として生じた事態であるのはいうまでもないけれども、説話にこめられた笑いとエネルギーは、時代精神の担い手として新しい人びとが登場しつつあることを告げている。俗悪さと露骨さを抱えこんだ奇怪な恋愛譚は、旧支配層の衰退と、下層社会から発する、新しいエネルギーの胎動を象徴するものだったということができる。

笑いとエネルギーがもっと身近な、いかにも庶民的な生活情景から引き出された説話として、巻二八の第一話を引く。

時は二月、同僚とともに伏見稲荷の祭礼に出かけた近衛府《このえふ》の舎人《とねり》で、根っから好色の重方《しげかた》が、きれいに着飾った、声の美しい女にことばをかける。女に「奥さんがいらっしゃるのでしょう」と言われて、「いるにはいるが、顔は猿そっくりで心は物売り女同然、いっそのこと離縁しようかと思っている」と答える。聞いて女は「夫が三年前に亡くなり、だれか頼りにできる人がいないかとわたしはこの社《やしろ》にお参りしているのです」と言う。のぼせて追いかける重方を女は軽くあしらって行こうとする。重方は「このままあなたの家に行き、自宅には二度と帰りません」と言って追いすがる。と、そのとき、頭を下げて拝む重方の髻《もとどり》を女が烏帽子《えぼし》ごしにむんずとつかみ、ほっぺたを山が響くほどにひっぱたく。びっくりした重方が仰ぎみると、なんと女は自分の妻の偽装したすがたではないか。以下、現代語訳で記すと、

重方はあきれ返って、「気でもふれたのか」と言うと、女は「あんたはなんとまあ恥知らずなんでしょう。仲間の皆さんが『油断も隙もない奴だ』と教えてくださるのを、わた

しに焼きもちをやかせようとそんなことをおっしゃるのだ、と聞き流していましたが、本当のことだったんですね。あんたの言ったように、このままわたしの家に来たりしたら、御社《おやしろ》の神罰を受けるはず。よくあんなことが言えたもんだ。横っ面《つら》ひっぱたいて通行人に見せて笑いものにしてやる。ほんとにもう」と言うと、「まあまあ、そう怒らないで。お前のいう通りだ」と、にこにこ顔でなだめにかかったが、女は許そうとしない。

一方、仲間の舎人たちはそんなこととは知らず、前方の小高い所に登り、「やっこさんなんで遅れてるんだ」と振りかえると、女と組み合っている。「一体どうしたんだ」と引き返して見ると、女房に打たれている。「いいぞ、いいぞ。わたしらの言ってた通りでしょ」と仲間が囃《はや》し立てると、女は「あんたの性根のひどさは皆さんに見てもらいましたから」と言って髻《もとどり》を放してやった。重方はくしゃくしゃになった烏帽子を元通りにして、社《やしろ》のほうに行った。女は、「あんた、惚《ほ》れた女の所に行けばいいさ。帰ってきたら脚をぶち折ってくれるから」と言って、下のほうに降りて行った。

さて、威勢よく啖呵《たんか》を切ったものの、のちに重方が帰ってきてあれこれ機嫌を取ったので、妻の腹立ちはおさまった。重方が「お前はやっぱり重方の女房だからあんな大変なことができたんだな」と言うと、「なにをばか言ってるの。相手がだれだか見分けられず、声も聞き分けられないで、とんでもないことを仕出かし、人に笑われる。本当にどうしようもない人ね」と、女房にも笑われた。その後、この話が広まって若い公達《きんだち》にもよくからかわれたので、重方は若い公達のいる所には顔を出さなくなった。

その妻は、重方が死んだあと、女ざかりの年配になって別の人に嫁いだ、と語り伝えられている。(小学館・日本古典文学全集『今昔物語集 四』一六四―一六六ページ)

軽薄でお調子者の下級官人と、利発で気風《きっぷ》のいい若妻とのやりとりが、おもしろおかしく語られる説話だ。女房の変装が見ぬけないところなどには話をおもしろくするための誇張が見られはするものの、全体として、いかにもありそうな夫婦の物語として読める。人物としては若い女房が一枚も二枚も上手《うわて》だが、この女房、公衆の面前で亭主を懲《こ》らしめるような機略に富む策士である反面、邪気のない尻軽な亭主をどこかで愛している。そこがほほえましい。浮気の証拠をつかんで、二度と家に帰ってくるな、と言いながら、相手が帰ってきて下手《したて》に出ると追い出すことができない。が、亭主がそれで安心して生意気な口をきくと、相手の弱みをぐさっと突いてへこませる。

貴族の雅びとはかけ離れた庶民の世界の下世話な話だ。舎人は宮廷の末端に位置する下級官人で、貴族と庶民をつなぐような存在だが、ここでは、重方もその若妻も庶民の典型として登場している。そういう庶民のすがたが即物的で簡潔な漢字片仮名交じり文で表現され、貴族や僧侶や地方官などの識字層の関心をも引くようになったのが、一二世紀(平安後期)の社会だった。

重方夫婦の言動と暮らしぶりには奥ゆかしさや香りの高さはないが、実直さ、素朴さ、たくましさがあり、さらには信頼に裏打ちされた遊び心がある。雅びの美意識は、日常の暮らしを離脱した意識的な様式という面を多分にもつが、『今昔物語集』の世俗説話の魅力は、奇怪のもの、意想外のものを数多くふくみつつ、話題のほとんどが日常の暮らしに根を下ろし、日常の暮らしを土壌としたおもしろさを求めるところにある。重方は女房に笑われ、仲間の舎人たちに笑われ、自分の仕える若い公達にも笑われるが、まわりの人びとの笑いは明るく大らかで、陰湿なところがまったくない。生活をともにする者の、日々の暮らしから自然に生まれてくる心の通い合いが笑いのうちにこめられている。夫婦の間柄も、明るく健康的だ。それは『今昔物語集』の話の多くに通じることで、女房にこの話ほどの才覚がない場合でも、夫婦は同じ屋根の下に暮らす男女として対等に近い関係を保っている。

夫婦の関係においても仲間同士の関係においても、ともに額に汗して働く者の連帯感や信頼感が土台にあるのが庶民の社会だ。『今昔物語集』の世俗説話では、そうした庶民の暮らしがおもしろいもの、楽しいもの、魅力的なもの、ゆたかなものとして語られる。『今昔物語集』は、貴族世界とは質を異にする卑俗な庶民の世界を、語るに値するものだととらえる表現意識ないし文学意識によって生み出された説話集だった。

語られる内容が庶民世界の奥の深さや滑稽さや切実さを伝えるだけでなく、語り手が庶民の世界に入りこみ、いかにも楽しげに話を進めていることが『今昔物語集』の文学としての大きな特色だ。上流貴族社会の権力や栄華や色好みにまつわる出来事とは別次元の、平々凡々たる暮らしのただなかにあらわれる大小さまざまな出来事や言動が、人間の真実のすがたを映し出すものとして編者の関心を引き、編者がみずから進んでその世界の多面的なおもしろさを追求しようとする。それが編者の文学的な志のありようだった。

そういう編者にとって、地方の武力衝突で人びとの注目を集め、しだいに社会的な実力を蓄えつつある武士の存在は、好奇心をそそってやまないものだった。武士が武士団としてのまとまりをもち、社会を支配するような実力を獲得するのはまだまだ先のことだが、武に生きる新しい人物の像は、時代の動きに敏感な編者の興味を引かないではいなかった。武士の勇猛果敢な戦いぶりを語る説話や、死を覚悟した戦いのなかで育《はぐく》まれた心意気や相互信頼のさまを語る説話は、『今昔物語集』のなかでもひときわ精彩を放っている。

盗賊譚を数多く収録した巻二九に、一夜の宿を借りた法師の家で、押し入った十数人の盗賊を身一つで撃退する平貞盛《たいらのさだもり》の武者ぶりを語った説話がある。いよいよ盗賊がやってきてからの後半部を現代語に訳して引用する。

さて、夜半も過ぎたかと思う頃、門を押す音がした。貞盛は盗人だなと思って、弓矢を背負い、車置場《くるまおきば》に行って身を隠した。盗人たちは太刀《たち》で門を開け、ばらばらと入りこんで南面《みなみおもて》のほうに向かった。貞盛は盗人たちのなかに紛れこみ、貴重な家財の置いてあるほうではなく、なにもないほうを指して「ここに宝があるから踏みこめ」と指図する。盗人たちは貞盛が言ったとは知らないから、松明《たいまつ》の火を吹きたててそこに入ろうとする。貞盛は、盗人が踏みこんだら不意のこととて主《あるじ》の法師も殺されよう、踏みこむ前に射殺《いころ》してやろう、と思うが、弓矢を背負った盗人がそばに立っているので、うまく行くか危ぶまれる。が、そのままにしておくわけにも行かないので、その男を背後から征矢《そや》で胸まで射ぬいた。

そうしたあとで、「うしろから射る者がいるぞ」と叫び、射ぬかれた男に「逃げろ」と言いつつ、その男を家の奥へと引きずりこんだ。別の男が「射た奴がいるな。でも気にするな、突っこめ」と強気に言った。貞盛はその男にも走りよって体のど真ん中を射た。そうしておいて、「射る奴がいる。者ども、早く逃げろ」と言い、この男も奥へと引き入れたので、二人とも奥のほうに倒れ伏した。

そのあと、貞盛は奥のほうから鏑矢《かぶらや》を射つづけたので、生き残った盗人は争って門のほうへと向かう。その背中を次々にびしびしと射ていくと、三人が射られて門の前に倒れた。もともと一〇人ほどの一団だったが、残りの男どもは仲間のことをほったらかして逃げていった。そのうちの四人はその場で射殺した。もう一人は四、五町ほど逃げのびたところで腰を射られ、逃げることができなくて溝のなかに倒れこんだ。夜が明けてからその男を尋問し、ほかの仲間を逮捕した。……（同右、三三九—三四一ページ）

機略縦横を絵に描いたような語りだ。貞盛の動きの描写は細部にまで行きとどいて、颯爽《さっそう》たる武者ぶりが眼前に浮かぶ。とともに、語り手の並々ならぬ気合いまでが伝わってくる。

真にせまる語りを漢字片仮名交じり文に書き記したのがいまわたしたちの読む説話だが、思うに、状況がめまぐるしく変化するなかでたえず臨機応変の行動が必要とされ、その行動がさらに場面を変化させるという戦闘の描写は、ごつごつとぶっきらぼうな漢字片仮名交じりの文体で書き記すのにお誂《あつら》え向きの題材といえよう。機略縦横の貞盛だが、戦いとなればじっくりと思いをめぐらす余裕などはない。貞盛の行動を追っていくと、一〇人の敵を相手にしたその動きはどれもこれも理にかない、胸のすくような鮮やかな軌跡を描くが、貞盛は考えた末にそんな行動を採るのではない。行動のなかに思考があり、行動することが考えることだ。盗賊のなかに紛れこみ、仲間のふうを装って指示を出し、ここぞというときに征矢を放つ。一つ一つの動きの的確さと切れ味のよさは、行動と思考が一体となって前へと進むところに生まれるものだ。

相手となる盗賊たちの動きは、財宝を奪うという目的を達成できず、殺されたり捕まったりの憂き目を見るのだから、的確だとも切れ味がよいともいえはしないけれども、とはいえ敗者といえども行動を主体に描写がなされることに変わりはない。敗者には明確にイメージできる敗者の動きがあり、その動きによって敗者は敗者となる。ごつごつしたぶっきらぼうな漢字片仮名交じり文を通して浮かび上がるのは、それ自体がぶっきらぼうな死であり、逃走であり、逮捕だ。勝者が勝利の快感に浸ることがないのと同様、敗者が敗北をくよくよ悔いることはない。戦う者たちは行動者として勝ち、行動者として負けるのだ。

そういう武者たちの人間像に『今昔物語集』の編者は強い関心を寄せ、簡潔で即物的な文体によってその実相を表現しようとした。雅びな雰囲気や情緒やふるまいをよしとする表現世界とは別の、行動の軌跡が語りの中心をなす世界がそこに現出する。行動者としては、武士や庶民は、けっして上層の貴族に引けを取るものではなかった。

武士はなにより果断にして的確な行動によって武士たる面目を示す存在だったが、『今昔物語集』の武士は行動によって屹立《きつりつ》するだけではない。行動のむこうに武士の心ばえまでが浮かび出る。そこに新興武士の武勇譚の尽きぬ魅力がある。畏怖の念すら抱いて武士のありようを見つめる編者の好奇心の強さと、説話の文学的な成熟度の高さを示す事実だ。

そういう武勇譚の一典型例として、巻二五の第一二話を引用する。

都の武将・源頼信《みなもとのよりのぶ》のもとに東国から名馬が贈られてくる。話を聞いて子の頼義《よりよし》がその馬を所望する。頼信は翌朝の引き渡しを約束する。その夜、親子が隣り合わせに寝ていると、馬盗人が厩《うまや》に侵入する。外はどしゃ降りの雨だ。

真夜中ごろ、雨に紛れて馬盗人がやって来て、名馬を引き出して逃げた。そのとき、厩のほうでだれかが「ゆうべつれて来た名馬が盗まれたぞ」と叫んだ。ほのかにこの声を聞いた頼信は、隣に寝ている頼義に「いまの声、聞いたか」とも言わないで、はね起きると着物を着、裾《すそ》をはしょり、胡簶《やなぐい》を負い、厩に走っていってみずから馬を引き出し、粗末な鞍《くら》を置き、それに乗ってただ一人、逢坂山《おうさかやま》のほうに追っかけていった。……

頼義のほうも同じ叫び声を聞いて、親と同じことを考え、親にことばをかけることなく、着衣のままで横になっていたから、はね起きると親同様に胡簶を負い、逢坂山のほうに向かいただ一人で追いかけた。親は「わが子が必ず追ってくるはずだ」と思っていた。

子は「わが父はきっと前方にいるはずだ」と思い、遅れてなるものかと馬を走らせる。賀茂の川原を過ぎると、雨もやみ、空も晴れたので、いよいよ先を急ぎ、逢坂山にさしかかった。

盗んだ馬に乗った馬盗人は、もう逃げ切ったと思い、逢坂山の脇の水の流れの上を、急ぐことなくばしゃばしゃと馬で進んでいる。その音を聞いた頼信が、暗いなか頼義の居場所も分からぬままに、前もって示し合わせてでもいたかのように「あれだ、射とめよ」と言うと、ことばも終わらぬうちに弓の音がした。矢の当たる音がすると同時に、走る馬の鐙《あぶみ》が乗り手のいない、からからという音を出すのが聞こえたので、頼信はさらに「盗人は射落とされた。早く馬に追いついて取ってこい」と言い、頼義が取ってくるのも待たず、そのまま引き返した。頼義は馬に追いつき、馬を取って帰ってくると、その途中で事件を聞いた家来が一人二人とやって来るのに会い、家に着いたときには総勢二、三十人になっていた。頼信は家に着くと事の顚末《てんまつ》についてはなにも言わず、まだ夜が明けないので、寝所に入って寝た。頼義も取り返した馬を家来にあずけて寝に行った。

夜が明けて、頼信は起きて頼義を呼んだ。「よくぞ馬を盗られないで済んだ。見事に射たな」などとはまったく言わず、「あの馬を引き出せ」とだけ言うと、馬が引き出された。頼義が見ると本当の名馬だったので、「では頂きます」と言ってもらい受けた。ただ、昨夜はそんな話はなかったのに、立派な鞍をつけてあたえた。夜中に盗人を射た褒美《ほうび》ということだったろうか。

ふしぎな者たちの心ばえである。武者の心ばえとはこういうものだ、と語りつたえられているということだ。（小学館・日本古典文学全集『今昔物語集 三』四九〇—四九二ページ）

快適なテンポで進む話を追っていくうちに、頼信・頼義父子《おやこ》の心の通い合いがおのずと感受される。以心伝心の極致ともいうべき父子の心ばえが、引用の末尾で「ふしぎ」（原文「怪《あやし》キ」）と形容されているが、新しく登場してきた寡黙《かもく》で、質朴で、たくましい武者の（「怪キ」）ふるまいを生き生きと的確に語って余すところがない。引用の初めのほうに「『いまの声、聞いたか』とも言わないで」とあり、終わり近く「『よくぞ馬を盗られないで済んだ。見事に射たな』などとはまったく言わず」とあるが、通例の語りでは否定形ではなく、「と言って」と肯定形になるところだ。そこをあえて「言わないで」「言わず」とする。そういうもってまわった書きかたをしてでも、編者は父子の心ばえの新しさ、ふしぎさを表現したかったのだ。引用文の新鮮さは武者の新鮮さに呼応する。武者という新しい人間類型の登場が新しい時代の到来を予感させるなかで、説話文学が新しい武者像の造形に文学の新しい可能性を感じとっていると考えたくなるような秀逸な描写だ。

武者のとらえかたには『今昔物語集』の文学としての新しさと特色がよくあらわれているが、武者はこの時点ではいまだ社会に確固たる位置を占める階層ではなく、特殊な存在たるにとどまる。『今昔物語集』においても、ときに水際立つようなすがたを示しはするが、特殊な存在であることに変わりはない。雅びな王朝の美学とは別の視点に立って広く社会を見わたそうとすれば、武者ほどの新鮮さや潔さはないが、農民や商工民や流民が地をはうようにして日々を生きる庶民の世界こそが、社会の土台をなし実質をなすものと見えるはずだ。実際、庶民の世界の種々相に『今昔物語集』の編者が強い関心と好奇心を抱いていたことは、すでに述べた通りだ。武者への関心や好奇心もその延長線上にあるものだった。

ただ、わたしたちがこれまでに取り上げた説話は、庶民世界の醜悪さや汚なさに触れるところが少なかった。醜悪さや汚なさが庶民世界の一面の本質をなすのはいうまでもなく、『今昔物語集』の編者はそうした暗黒面に目を凝らし、暗黒の要素を文学の世界に取りこむことにも意欲的だった。編者の視野の広がりを見るためにも、平安時代の荒廃と汚辱を大写しにした一短篇説話の全文を以下に引いておきたい。(現代語に訳して引用する)

今は昔、摂津の国あたりから盗みをしようと京に上《のぼ》ってきた男が、まだ日が高いので羅《ら》城門《じょうもん》の下に隠れていた。朱雀大路のほうはまだ人通りが多く、それが静まるまでと思って門の下で待っていると、山城のほうから人のたくさん来る声がしたので、見つからないようにと門の二階にそっとよじのぼった。見ると、ぼんやり火がともっている。

変だなと思って盗人が連子《れんじ》窓《まど》からのぞくと、若い女の死体が横たわっている。その枕元に火をともし、ひどく年とった白髪の老婆がしゃがみこんで、死人の髪を手づかみでむしりとっているのだった。

盗人はわけが分からず、もしや鬼のしわざかもしれないと思うと恐かったが、いやいや、死人が霊となって動いているかもしれない、おどして試してみよう、と思い、そっと戸を開け、刀をぬいて「この野郎、この野郎」と叫んで走り寄った。老婆はあわてふためき、手を摺《す》り合わせて右往左往する。「お前はなにものだ。ここでなにをしているのだ」と尋ねると、「わたしの女主人がお亡くなりになったのですが、葬《とむら》いをしてくれる人がいないので、ここにこうやって置いているのです。主人の髪はとても長いので、ぬきとって鬘《かつら》にしようとぬいているのです。お助けください」と言う。それを聞くと、盗人は死人の着ているものと、老婆の着ているものと、ぬきとられた髪とを奪いとって、二階からかけ降りて逃げていった。

ところで、門のこの二階には死人の骸骨がたくさんあった。死んでも葬式を出せないとき、死体をこの上に捨てておいたのだ。

老婆の話は、当の盗人が語ったのを聞き継いで語り伝えてきたということだ。（小学館・日本古典文学全集『今昔物語集　四』三八四―三八五ページ）

周知のように、この話を潤色し増幅したところになったのが芥川龍之介の小説『羅生門』だが、もとになった説話自体が、話柄といい語り口といい、平安後期の世相の一端を鋭く照らし出した、鬼気せまる小品なのだ。

2

上下貴賤、あらゆる階層の人びとを登場人物とし、都鄙《とひ》の世相に広く相渉《あいわた》る説話集が盛んに編まれたのは、一三世紀から一四世紀にかけてのことだったが、同じ二〇〇年ほどの時期は絵巻物が盛んに作られた時代でもあった。絵巻物にもあらゆる階層の老若男女が生き生きと描かれ、世俗の雑多な出来事に人びとが広く関心を抱くようになった様子がうかがわれる。

絵巻物が庶民世界の描写へと乗り出していくさまを見るために、ここでは一二世紀の後半(平安末)に制作された二つの作品を取り上げる。「伴大納言絵詞《ばんだいなごんえことば》」と「信貴山縁起絵巻《しぎさんえんぎえまき》」だ。

「伴大納言絵詞」は、応天門の変と呼ばれる平安初期の政治的陰謀事件を主題とする絵巻物だ。

八六六年、大納言・伴善男《とものよしお》が応天門に放火した上で、犯人は左大臣・源信《みなもとのまこと》だ、と朝廷に訴え出た。話を聞いた太政大臣・藤原良房が清和天皇のもとに駆けつけ、讒言《ざんげん》の恐れがあるから十分な調査を、と進言して、源信は濡衣《ぬれぎぬ》を着せられないで済んだ。

五ヵ月後、子ども同士の喧嘩をきっかけにして、伴大納言の罪が発覚する。事の次第はこうだ。応天門の火事の日にたまたま現場を通りかかって伴大納言の放火を目撃した右兵衛府《うひょうえふ》の舎人《とねり》が、事の重大さに怖気《おじけ》づいて、目撃した事実を自分の胸一つにしまいこんでいた。舎人の家の隣には伴大納言の出納《しゅつのう》（文書・雑具を出し入れする役）が住んでいたが、事件の半年後に舎人の子と出納の子が往来でつかみ合いの大喧嘩をし、家から飛び出してきた出納がわが子を助け、舎人の子を打ちふせ、死ぬほど踏みつけた。怒った舎人は腹立ちまぎれに、出納の仕える伴大納言の放火の事実を道行く人に公言した。噂は広がって公《おおやけ》にまで達した。証人尋問を受けた舎人が事実を明かし、ついに伴大納言が逮捕され、流罪《るざい》に処せられて一件落着となった。

絵巻物は、まず詞書《ことばがき》があって話の筋を伝え、そのあとに筋の要所を大和絵ふうに描いた場面がいくつか並び、話が一段落した所でまた詞書が来て次に絵が来る、といった形で進んでいく。いま美術館で目にするときは、数メートルに及ぶ文字と絵のつらなりが横に長く展示されるのが普通だが、作られた当時は、丸く巻いた巻物を手もとに置いて、両手を開いた五、六十センチの幅だけ目の前に見えるように開き、右手で巻きとり、左手でくりのべ、紙面を少しずつ右に移動させつつ文字や絵の移りゆきを追っていく、という楽しみかただった。

絵が、たとえばカンバスに描いて額縁におさめられた絵のように、いつまでも変わらぬ一画面として目の前にあるのではない。隠れていた場面がしだいに見えてき、見えていた部分がやがて消えていく。そういう連続画面としてある。となれば、描く人も見る人も、絵の動きというものを意識せざるをえない。

「伴大納言絵詞」はいきなり激しい動きの描写をもって始まる。世の非法・非違を取り締まる検非違使《けびいし》六人があわてふためく馬上姿で現場に駆けつけようとしている。最後尾の検非違使は首をぐっとうしろに曲げ、後続の者に大声で指令を出している。そばを裸足で走る随兵《ずいひょう》も左手の指を開き、首を大きくひねって背後をうかがっている。

絵が左へと動いていくと、検非違使の一行の前にさまざまな階層の人びとの走るすがたや馬を駆るすがたがあらわれる。烏帽子《えぼし》を押さえる者、うしろを振り返る者、束ねた髪が宙に舞う子ども、胸乳《むなち》も露わな老婆、尻をからげた坊主、立ちどまって空を仰ぎみる者などなど、動きにも服にも変化があって同じものは二つとない。暴れる馬を取りおさえようと手綱《たづな》に両手をかけて引っ張る男もいる。ただならぬ事件の出来《しゅったい》が予感されるなか、石段を五段ほど登った平らな基壇に朱塗りの太い柱が見えてくる。大内裏《だいだいり》の朱雀門だ。木の組物はすべて朱の彩色が施され、二階の廊下は茶色、壁は白、屋根の瓦は青に塗られて、整然たる色の対照と配合が目に鮮やかだ。

がっしりと地上に立つ朱雀門のたたずまいは、そこまで続いてきた人びとの激しい動きに動じることのない静のすがただが、人びとの動きは雄大な静の門を超えてそのむこうへと続いていく。

が、朱雀門をくぐりぬけたところで人びとの足はとまる。足をとめたまま人びとは天を仰ぎ、口を大きく開いて声を発している。門の外では各自がばらばらに先を急いでいたのが、内側に入ると密集した大きな塊《かたまり》になる。前へ進もうとする動きがなにかに押しとどめられたのだ。何人もの男たち（女はごくわずか）の身を屈《かが》めるような姿勢が前進のままならぬことを示している。押しかえされ後もどりする人も見える。門の外に見られた右から左への激しい動きが、ここに来て反対方向の力に出会い、そこにエネルギーの衝突と混乱が生じている。さまざまな階層の人びとが三三五五、あるいは馬上で、あるいは裸足の駆足《かけあし》で、先を争って進むこれまでの動きの描写も見事だが、力が衝突するなかでエネルギーが渦巻き、人びとの動きが混乱するさまを表現する絵筆も、練達の冴えを見せる。

群衆の数は五、六十人。そのほとんどが水干姿《すいかんすがた》の庶民だが、その多人数の顔つきも、姿勢と動きも、着物の色と柄も、それこそ千差万別だ。皆が皆、興奮の渦に巻きこまれながら、一人一人が独自の興奮ぶりを示している。絵筆の自由でのびやかな輪郭線が、群衆の多様な動きを自在にとらえている。

大きな塊としてある群衆のこの興奮と混乱の情景は、堪能するまで見ていたいと思うほどに魅力的だが、画面の上方にはすでに不吉な黒い煙が沸きおこっていて、巻物を先へと巻き進むよう唆《そそのか》す。天を仰ぐ群衆の目はこの黒煙とその先にあるものに向けられているのだ。

絵が進むにつれて黒煙はだんだん下に降り、画面に重量感のある黒の渦巻きが大きく張り出してくる。やがて、黒煙の下部に赤い炎が混じり、めらめらと波打つ炎はしだいに勢いを増して燃えさかっていく。応天門の炎上だ。激しく燃え上がる炎と、まわりにもくもく沸き上がる黒煙が、目を奪い、心を奪う。よく見ると、炎のなかに応天門の鴟尾《しび》が見え、手前には応天門西側の翔鸞楼《しょうらんろう》の屋根が見える。燃えつきるのにもう幾許《いくばく》もない。画面全体が勢いすさまじい炎と煙に覆われて、人の影はない。駆けつけた人びとは、——そして、人びとともに駆けつけたわたしたちも、——画面の外から猛火をながめるしかない。

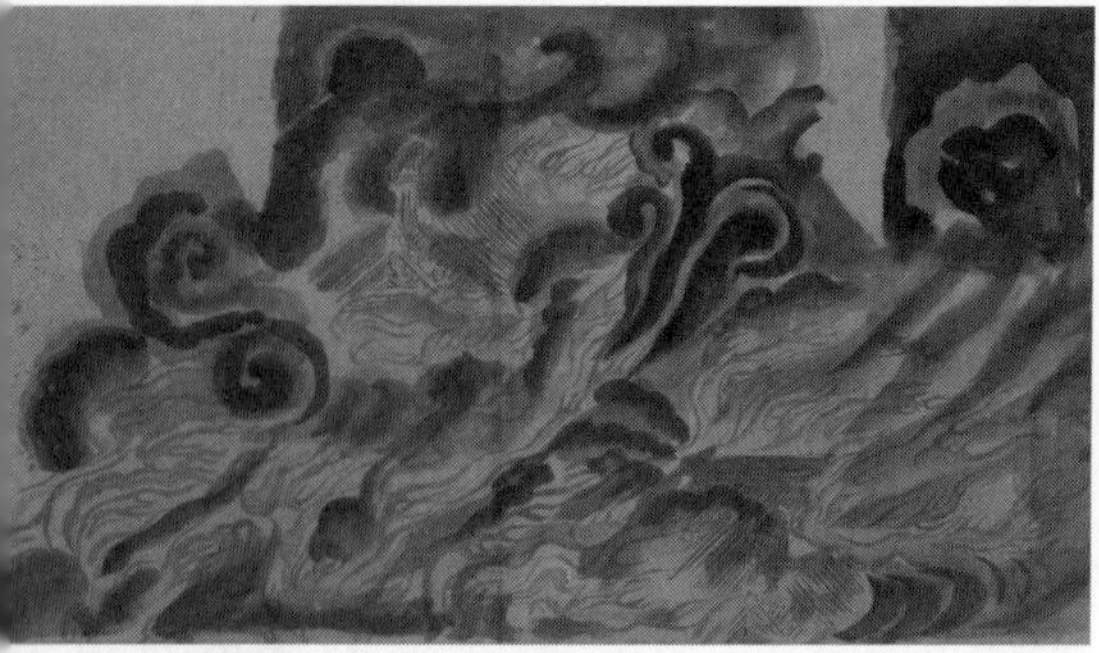

伴大納言絵巻 上巻（部分。左頁も）
[国立国会図書館デジタルコレクション]

絵の流れからすると、迫力に満ちたこの火事の場面は、一つの頂き、もしくは到達点をなすものと思われ、ここまで来たら、巻きすすむ手をしばし休めても興を殺《そ》ぐことはない。実際、炎の赤と煙の黒との豪快な対比、左から右に靡《なび》きつつ先端に行くほど細くなる炎の動きと、内部から沸き出ていくつもの丸い渦巻きとなって広がる煙との配合の妙は、見る者を引きつけてやまない。多様な人間を描きわけることに練達の手腕を示した画家は、自然の威力を見せつける猛火の描写においても、人並外れた力量のほどを示している。

火事の場面の次には、朱雀門と反対の側から火事をながめる群衆が描かれる。人数はこちらのほうが多い。宮中から応天門へとやって来たのだから、そのほとんどが官人で、なかに立派な服装の上級貴族が点々と混じる。風上から火事を見てい

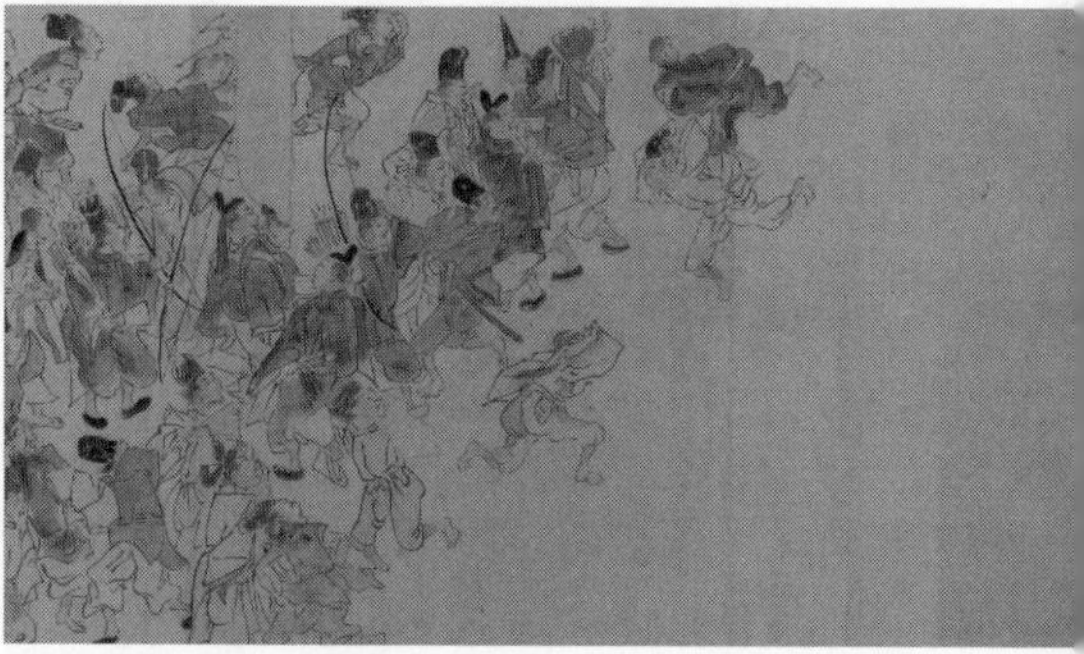

るから、朱雀門側の群衆に比べて混乱の度合いは小さい。が、一人一人の表情や動きを見ていくと、こちらはこちらでそれぞれに個性的だ。画家の強い好奇心と、客観的にして精密な観察眼の賜《たま》物《もの》だ。八五〇年後にこの絵を見るわたしたちは、平安末の世のありさまに身近に接する思いがするが、作成当時にこの絵巻を手に取った人びとも、現場に駆けつける場面から群衆場面、炎上、群衆場面と続く流れのうちに、自分たちの生きる世のすがたがさながらに映し出されていると感じたのではなかろうか。

このあと、話は応天門を離れて藤原良房の諫言《かんげん》の場面へと転じ、清和天皇が諫言を聞きとどけたところで上巻は終わる。

中巻は、冤罪《えんざい》に歎き悲しむ源信邸に赦免《しゃめん》の使者が来て、女房たちがうれし泣きする場面を描いたあと、伴大納言の放火を目撃しつつ口をつぐんでいた右兵衛府《うひょうえふ》の舎人が、子ども同士の喧嘩をきっかけについに口外に及ぶ次第を述べた詞書があって、その次に、往来での子どもの喧嘩の場面が描かれる。同じ画面に同一人物を複数回登場させ、短かい時間のなかでの出来事の流れを表現する「異時同図」の手法で名高い場面だ。

伴大納言絵巻 中巻（部分。左頁も）
［国立国会図書館デジタルコレクション］

絵は、喧嘩の現場に駆けつける三人の男の描写で始まる。三人のすぐ前に位置する馬上の官人は、すでに現場を目撃している風情だ。すぐそこで喧嘩はおこなわれているらしい。馬上の官人の前には二〇人ばかりの男女が三つの塊をなして前方を見つめているが、火事の見物人の場合とちがって、その表情にも姿勢にも余裕がある。

二〇人の視線の集まるところが喧嘩の場だ。二人の子どもが一方は相手の髪の毛を、他方は相手の肩と腕をつかんで取っ組み合っている。

そこから一五センチほど左へ進むと、上方に鬚《ひげ》面《づら》の男のすがたが、下方にその男と二人の子どものすがたがあらわれる。上方の男は口をぎゅっと結んだ怒りの形相で、飛ぶように喧嘩の場に駆けつけようとしている。下方の三人は、鬚面の男が一人の子どもを背中に引きつれてかばい、もう一

人の子どもを思いきり蹴とばし、蹴られた子が両手を挙げたまま地面に倒れ伏すといった構成だ。詞書を手がかりに目の前の三つの場面を綜合すると、家が隣同士の舎人の子どもと大納言の出納《しゅつのう》の子どもが取っ組み合いの喧嘩を始め、それを見た、鬚面の出納がわが子を助けようと現場に駆けつけ、取っ組み合う二人を引き離し、舎人の子どもを痛めつける、といった一場の絵物語が出来上がる。そう思って改めて絵を見ると、取っ組み合う二人の子ども、いっさんに駆けつける男、男の背後で毒づく子ども、右足を大きく上げて蹴とばす男、蹴られて地面に倒れそうな子ども、――その動きのどれもこれもが、舞台上の演技のように力強く鮮明に描かれている。

派手な立ちまわりの喧嘩が一段落すると、子どもを足蹴《あしげ》にされた舎人の夫婦が、同じ往来でまわりの人びとに大声で語りかける場面へと舞台が転換する。二人は伴大納言の応天門放火の罪を暴露しているのだ。叫ぶ二人のまわりには人がたかっている。馬に乗る役人や、大甕《おおがめ》を背負う旅の男や、唐櫃《からびつ》を頭に載せた女など、ここでも路上の人びとは色とりどりだ。

中巻はここで終わり、下巻は、舎人の拘引《こういん》と尋問、伴大納言家への検非違使の派遣、大納言家の悲歎、伴大納言の逮捕、と進んで物語が完結する。上・中・下巻を通じて、建物や風景は場所柄と季節感を出すべく格調高くすっきりと描かれ、主役・脇役・群衆をふくむ数百人の人間は勢いのある線と多彩な色によって生き生きと造形されている。

全長二十数メートルに及ぶ物語絵の二つの高峰をなすのが、わたしたちの詳しく見てきた上巻の応天門の炎上およびその前後の群衆場面と、中巻の子どもの喧嘩から舎人夫婦の秘密暴露へと続く路上の場面だ。

応天門の変として歴史上に名をとどめる大事件の性格からして、応天門炎上とその前後の場面が絵に大きく取り上げられるのは当然のことだ。開巻早々、画家は、物語絵全体の成敗を決するような重大場面の制作にいきなり手を染め、見事な成功をおさめている。

が、もう一つの峰をなす、子どもの喧嘩から秘密暴露へと至る場面は、権謀術数のからむ歴史的大事件の華々しさに見合うものとは言いにくい。歴史の表舞台からすれば、子どもの喧嘩や舎人夫婦の秘密暴露はたんなる裏話の一つにすぎない。応天門事件を時系列に沿って詳しく記す史書『三代実録』にも、ここの絵のもとになるような記事はない。絵巻の詞書にはそれらしき記事があるから、事件が語り伝えられるうちにそんな話が挿話ふうに付け加わったものであろう。

その挿話ふうの場面が画家の創作意欲をいたく刺激したもののようなのだ。時代は、支配階層たる貴族の権威が下降線をたどり、上層と下層を隔てる垣根が低くなりつつあるときだ。権力者たちの政治的暗闘と、下層庶民の喧嘩や諍《いさか》いとが結びつく話柄は、まさしく時代を象徴するものといっていい。庶民の日常生活と権力政治との結びつきに、画家は格別の興味を示している。

路上に喧嘩のための大きな空間を取り、まわりに普段着の老若男女を大勢配し、かれらに興奮した見物人の表情としぐさをあたえる。そこが庶民の日常世界であることと、その日常世界にいままさに特別のなにかが起こっていることを示す設《しつら》えだ。舞台となる空間は上下二段に分けて激しい動きが描かれる。異時同図の手法だ。一見、意味の取りにくい人物の動きだが、時間差のある三つ四つの動きが同一画面に描かれていることが分かると、動きはめまぐるしさを増し、画面の集中度が高まる。そこに絵の力点が置かれ、出来事に特別の意味がこめられていることが納得される。とともに、庶民の日常生活が、下層は下層なりに強靱な生命力と行動力をもつと感じられる。筆の運びの自在さもさることながら、ありふれた路上に舞台ふうの場と観客席ふうの場とを作り出し、二つの場のあいだにあちらからこちらへ、こちらからあちらへと心を通わせ、全体を統一的な世界たらしめている画面構成が秀逸だ。

権力者のあいだに権力のドラマがあるように、庶民のあいだには庶民のドラマがあり、それが権力のドラマに劣らず描くに値することを画家は心得ていた。庶民世界にたいする画家の好奇心と共感は、『今昔物語集』の編者のそれに優るとも劣らないといわねばならない。

次の場面の、舎人の夫婦の面構えとしぐさには、庶民のしたたかさが強く表現される。詞書によれば、伴大納言の放火を目撃した舎人は後難を怖れて口をつぐんでいたというが、わが子を痛めつけた出納への仕返しに、出納の主人たる伴大納言の悪事を暴くそのすがたは、けっして臆病者のそれではない。権力に立ちむかうとまでいう必要はないが、そのすがたは、たとえば、通りすがりに舎人の演説を聞く馬上の役人のすがたとは十分に拮抗《きっこう》しうる力強さを備えている。現実の社会で、庶民のそうした力強さ、したたかさは折々に発揮されていたにちがいない。庶民が貴族の支配下にあるのに変わりはなかったが、かれらはもはや陰の世界に引っこんで忍従の日々を送る人びとではなかった。場合によっては政治の世界にも首を突っこむ存在だった。そういう庶民の存在に心動かされた画家が、絵巻の画面にその力強さとしたたかさを定着させたのが、舎人夫婦の面構えであり、しぐさにほかならなかった。庶民が生き生きと力強いすがたで絵のなかに登場するのが、一二世紀後半という時代だった。

3

「伴大納言絵詞《ばんだいなごんえことば》」と同じ時期に作成された絵巻物のもう一つの名品が「信貴山縁起絵巻《しぎさんえんぎえまき》」である。信貴山寺（朝護孫子寺《ちょうごそんしじ》）を再興した修行僧・命蓮《みょうれん》にまつわる三つの霊験譚《れいげんたん》を三巻の絵巻に仕立てたもので、第一巻が「山崎長者の巻」（または「飛倉《とびくら》の巻」）、第二巻が「延喜加持の巻」、第三巻が「尼公《あまぎみ》の巻」だ。三巻を合わせた長さがおよそ三六メートルで、「伴大納

信貴山縁起絵巻 飛倉の巻（部分）
[国立国会図書館デジタルコレクション]

言絵詞」より一〇メートルも長い。

第一巻は、長者の米倉が金の大きな鉢に乗って山の麓から山頂の信貴山寺まで飛んでいくという、なんとも荒唐無稽の話だ。

山奥に住む修行僧が、鉢を飛ばして米や水を入手するという呪法は、仏教説話によく出てくるのだが、この話では、飛んできた鉢を長者が倉のなかに置き忘れて錠をおろしたところ、鉢がひとりでに倉から転がり出、倉を乗せて修行僧・命蓮のもとに飛んでいった、というように話が展開する。そんな驚天動地の出来事が目の前で起こったときの、人びとの動転ぶりを描くところから絵巻は始まる。長者の家に住む男女の周章狼狽《しゅうしょうろうばい》ぶりが戯画的に誇張して描かれる。倉から鉢がひとりでに転がり出たり、鉢に乗って倉が飛んだりといった情景は、それだけ描いたのではちょっとおかしな感じがするだけで、その荒唐無稽さは伝わりようがないから、人びとの動転ぶりをどう描くかが絵の死命を制する。家のなかを大騒ぎで右往左往していた家の子・郎等が、鉢と倉を追って裏門から外へと駆け出していくという絵の流れは、思いもかけぬ異変に接した人びとのあわてふためくさまを示して間然するところがない。人びとの表情やしぐさは滑稽なまでに誇張されて、作者が楽しみながら絵筆を運んでいるさまが思われる。

鉢に乗った倉は大河の上を飛び、山の上を飛び、命蓮の住む信貴山頂に至って、その一角におさまる。やがて、長者の一行が命蓮の寺にやってきて、倉の返却を要求する。倉はそのままにしてなかの米俵だけを返却することに話がまとまり、長者の召使いが一俵を鉢の上に置くと俵を乗せた鉢が空を飛び、そのあとから何百という俵の列が続く。長者の家の庭に俵がなだれこみ、下女たちがまたしてもびっくり仰天するところで第一巻は終わる。

説話としては、なんとか無難にまとめた霊験譚という域を出ないが、絵としては動から静、静から動への転換の鮮やかさ、誇張された個々人の動きの醸し出す群衆場面のおかしみ、遠くからながめられる風景の大らかさとなつかしさ、長者家の騒動に始まり同じ家の騒動に終わる首尾の整いかた、等々、魅力尽きない画巻となっている。

第二巻は、宮廷と信貴山を結ぶ話である。醍醐天皇の病気平癒の加持を依頼すべく、使者が命蓮を訪れる。命蓮は都への同行を断り、山中で祈禱した上で剣鎧童子《けんがいどうじ》を使者に送ることを約束する。三日後、天皇の夢枕に剣鎧童子が立ち、病気は平癒する。喜んだ天皇は命蓮に僧正の位の贈呈と、荘園の寄進を申し出るが、命蓮が謝絶して話は終わる。

信貴山縁起絵巻　延喜加持の巻（部分）
［国立国会図書館デジタルコレクション］

宮中の情景も、勅使の旅の道中も、ゆったりと静かに描かれる。壮麗豪華な宮門や殿上の間《ま》に、威儀を正した勅使や殿上人の配される宮廷の場面と、都から信貴山までを旅する勅使のまわりに、あらわれては消える鄙《ひな》びた田園の場面との対比が、見所といえばいえようか。絵としては常套の場面を穏やかに描いたものだが、都鄙《とひ》の雰囲気のちがいはくっきりと出て、画家の構想力と描写力のほどを見てとることができる。

　しかし、第二巻随一の見せ場は剣鎧童子登場の場面だ。静かに時の流れる第二巻のなかでは唯一の動の場面だが、横に延びる巻紙に流れるように描かれる童子と雲の動きを見ていると、見る者の心に動のリズムが鳴り響く。

　清涼殿の簾《すだれ》のむこうに天皇が休み、こちらに束《そく》帯《たい》・正笏《しょうしゃく》の公卿が背中を見せて侍坐《じざ》する昼下がり、いきなり剣鎧童子があらわれる。肩よりやや下に、両腕・胸・背をぐるりと取り巻いて金の帯が渡され、その帯から何十本という剣が腰のあたりまで垂れ下がっている。剣鎧（剣の鎧《よろい》）だ。上半身を覆《おお》う剣鎧の下に、もう一つ、腰に巻かれた金の帯から膝下まで第二の剣鎧が垂れ下がっている。雲に乗ってやって来た童子は、いま着いたばかり。雲は渦を巻き、剣は揺れている。

真横から描かれる童子は、右足を前、左足をうしろに引いた安定したすがたですっくと立っている。両足は仏力のこもる輪宝（正義を広める車輪の形の宝）をしっかりと踏んでいる。右手は宝剣を、左手は両端に飾りのついた紐を握り、額《ひたい》から目、鼻、口、顎《あご》とくっきりした輪郭を示す横顔は、生きのいい少年の顔だ。目は簾のむこうに据えられている。

足元で大小いくつもの渦を巻く雲は、太い流線となって左のほうへと向かい、大きくうねり上がって宮殿の黒い屋根を越え、しだいに細くなって中空へと向かい、消えていく。しばらく空白があって、突如、猛スピードで回転する輪宝と、疾走する剣鎧童子があらわれる。輪の中心から円周へと伸びる何本もの細い直線と、それに交叉する何本もの、これまた細く薄い同心円状の曲線が、輪宝の回転の速さを示している。負けじと走る童子の、両脚は大きく開き、右手の宝剣は前に突き出され、左手の紐と、胸帯・腰帯から下がるたくさんの剣と、赤い色の混じる着物の裾は、一斉に後方へと靡《なび》いている。清涼殿に輪宝を踏んで立つ童子をまず示し、そこから時間をさかのぼって疾走する童子を描くという趣向だ。動きの激しさがいやが上にも強調される。童子の可憐さ、ひたむきさ、純粋さのすべてが走る速さに注ぎこまれている。見ていてドキドキするような走りっぷりだ。絵巻物を右から左へとくりのべていくとき、童子はそれとは反対の方向に――つまり、左から右へと――疾走してくるのだが、見る者の視線の流れと童子の疾走とがそのようにぶつかることによって、動の印象がさらに際立つ。見事な構図だ。

疾走する童子のうしろには、さきほどの何倍もの長さの雲の流れが、しだいに細くなりながら尾を引く。淀《よど》みなく引かれた幾筋もの線が、最短距離を行く童子の走りの、けれん味のなさを示している。長い雲の流れは最後の最後でわずかな揺らぎを見せて、見る者をほっとさせる。

飛行雲は画面上下の真ん中よりやや下（剣鎧童子の足の下）からゆるやかな左上がりの流れをなし、だんだん細くなりながら画面の最上部にまで至り消えていく。上方に細く流れるあたりで、下方にのどかな田園風景が見えてくる。山の斜面の村を上方から見下ろすように描いたもので、常緑樹が群生し紅葉樹が散在するなかに、人家が三軒ほど見える。人家の近くの野原には白っぽい服を着た二人の農婦が向かい合って坐り、籠をそばに置いて野草を摘んでいる。走り流れる雲との対比で、野の暮らしの穏やかさの印象がいっそう強まる。山のむこうには列をなして飛ぶ数十羽の雁《かり》のすがたが描かれるが、穏やかな田園風景に溶けこむような雁の動きは、動というより静の光景に見える。

剣鎧童子と輪宝と飛行雲の体現する、超現実的ともいうべき純粋無雑な動の一場が終わると、あとには筋書に沿って静かな場面が次々と展開して第二巻の終幕へと向かう。終わりまで来て、天翔《あまが》ける剣鎧童子のイメージが動の極致として改めて脳裡に浮かぶ。

信貴山縁起絵巻 尼公の巻（部分）
［国立国会図書館デジタルコレクション］

第三巻「尼公《あまぎみ》の巻」は、信濃に住む命蓮の姉の尼公が、命蓮をたずねてはるばる大和の信貴山に旅する話だ。旅先の宿や道端の人びとに命蓮の消息を尋ねるが、知る人はいない。東大寺の大仏殿に参籠《さんろう》して一心に祈ると、「西南の紫雲たなびく山に向かえ」とのお告げがあり、尼公はお告げのままに歩いて無事信貴山に着き、姉弟は再会を喜び合う。尼公はそのまま信貴山寺に住みこみ、命蓮ともども仏道修行の生活に入るところで話は終わる。

第一巻でも第二巻でも道行きの場面は絵巻の重要な要素となっていたが、第三巻では旅そのものが絵巻の本題にまでなっている。第一巻の道行きは信貴山の麓から山頂まで、第二巻ではずっと長くなって京の都から信貴山頂まで、そして第三巻ではさらに長くなって、信濃から信貴山頂までの旅だ。右から左へと画面を移動させながら見るという絵巻物の形式が、歩行に合わせて風景の変わる旅の味わいの表現にお誂《あつら》え向きだということを、画家は十分に承知していたと思われる。筋立てと直接にはかかわらないが、どう風景を切りとり、移りゆきをどうおもしろく見せるかに、画家は造形意欲をそそられている。

尼公の旅は、時間も空間もゆったりのんびり流れる。第一巻、第二巻では静と動との対比が目を引いたが、第三巻では静が全体を支配し、動の場面はほとんどすがたをあらわさない。あえて挙げれば、開巻早々の谷川の奔流《ほんりゅう》と、終巻近くの姉弟の再会の二場面に動を認めることができるが、それらとて静を突き破ったり、静と対決したりするものではなく、静に包まれてある動とでもいうべきものだ。

旅の主人公が老齢の尼公であることが静への傾斜を促す要因となっている。自然の風景にたいしても、人びとの生活にたいしても、老齢者はゆったりとつきあうしかないのだ。尼公の東大寺参籠の場面では、祈る尼公、堂外で眠る尼公、堂内で眠る尼公、もう一度祈る尼公、最後に西南の方向に出発する尼公が、異時同図の手法を使って描かれるが、「伴大納言絵詞」の喧嘩の場面とちがって、動きのおもしろさも場面転換の切れ味のよさもここでの眼目ではない。祈ることと眠ることが延々と続くその時間の長さを示すことが、ここでのねらいだ。

ゆっくりとした旅にあらわれては消えるのは、大きく類別すると、自然の風景と庶民の生活情景との二つだ。山、川、岩、樹々、霞、雲、鹿、雁などの織りなすのが自然の風景であり、人びとの動きが、往来、垣根、家、庭、井戸、祠《ほこら》、道祖神、飼犬などを背景に描かれるのが庶民の生活情景だ。例外として、威容を誇る豪壮な東大寺大仏殿の場面があるが、見る側からすると、落ち着いた穏やかな場面の連続が、気分転換としてこの場面を呼びこんだように見える。

交互にあらわれる自然の風景と庶民の生活とは、一方から他方へと実になだらかに移っていく。自然のなかに生活があり、生活のなかに自然があることが、右から左へと絵の流れを追ううちに、深く納得される。建物一つを取っても、画面いっぱいに雄姿をあらわす東大寺大仏殿だけは例外で、自然のなかにあるとはとてもいえない屹立ぶりだが、尼公が泊まったり話しこんだりする家々は、どれもこれも自然のなかに自然とともにある。そこに暮らす人びとも、むろん自然のなかに自然とともにある。絵巻にただようしあわせで楽しげな雰囲気からして、「信貴山縁起絵巻」の作者が庶民の世界にたいして深い愛着の念を抱いていたことは疑いないが、自然と生活とがこんなにも見事に融合するさまを見ると、作者はそこに、貧しいながらも人間の暮らしの理想的なすがたを見、それを絵に表現しようとしたのではないかと思える。大自然に包まれた浄瑠璃寺《てら》（第十二章参照）がそのままこの世の極楽であったように、自然のなかでなんの気負いも衒いもなく人びとの暮らす庶民の世界は、これまたこの世の極楽として画面に定着されているといってよい。そういう世界を表現できたことは画家にとって大きな喜びだったにちがいない。

尼公の旅は自然と生活がそのように和やかに融合しているさまを、一つ一つ足でたどって確認していく旅にほかならなかった。たどっていくうちに、尼公の心も世界の和やかさや安らぎに染まっていく。出会う人ごとに命蓮の行くえを尋ねても、知る人はなく、ときに犬に吠えかかられたりもするが、旅する尼公に困苦の影も不幸の影もまったくない。困苦や不幸を感じることもなくはなかったろうが、そんなときでも、そのむこうに自然に包まれた和やかで安らかな世界のあることが信じられる。それが、一人の庶民として庶民の世界を経めぐる尼公の旅のありようだ。旅の先々で人びととなんの違和感もなくつきあう尼公のすがたが、そんなことを思わせる。

話の筋としては、東大寺の大仏のお告げによって尼公と命蓮の再会はかなうのだが、絵巻に沿って尼公と旅をともにしてきた者には、再会は早くから約束されていたように思える。心安らかな旅の自然な帰結として再会があるように思える。尼公が堅くそう信じて足を運んでいるし、絵を追う者にもそれが信じられるようになる。倉や米俵が空を飛んだり、剣鎧童子が天空を疾走したり、といった超現実の霊験が描かれず、時間が淡々と静かに流れるこの第三巻は、一見、宗教色の稀薄な世俗画のようだが、自然の風景と庶民の生活のもつ安らかさと、その安らかさに身を委《ゆだ》ねてゆっくりと歩を進める尼公の旅は、宗教的な安らぎに通じている。

尼公が大仏のお告げを聞いて東大寺を出たあとは、姉弟がどう再会するかが興味の中心となる。

が、その場面がなかなかあらわれない。霞に包まれた野原が続き、やがて山が見え、そのあとに詞書《ことばがき》が来て、それが終わってようやく信貴山寺が見えてくる。四枚つづりの板戸が一つだけ開き、そこから、坐って前のめりになった命蓮の上半身がのぞく。右手に数珠を、左手に経巻を握って首をうしろにひねったすがたは、読経《どきょう》の途中で来客の声がし、だれだろうと戸の外を見やった形だ。視線の先には縁側すれすれに立つ尼公がいる。ややかがまった立ちすがただが、顎の上がった上向きの顔がやっと会えた感激の一瞬をあらわしている。大きく開いた口からはどんな喜びのことばが発せられているのか。左手に山のせまる静かなお堂の外と内とでことばを交わす姉弟を見ていると、長い旅がここで見事に終止符を打たれたとの思いを強くする。

が、絵巻はそこでは終わらない。再会のあと尼公がおみやげにもってきた暖かい僧衣を命蓮に渡す場面、命蓮が尼公に経典を講読する場面、たがいに背中向きで一方は経を読み、他方は閼伽棚《あかだな》に供物《くもつ》をそなえる場面、の三つが連続的に描かれ、そのあとに周囲の山々がまずは画面いっぱいの近景として描かれ、しだいに霞のかかる遠景となって一巻が終わる。

尼公と命蓮の生活場景は庶民生活のつつましさ、穏やかさそのままだといってよく、その生活から山の風景へのなだらかな移りゆきは、自然と生活の融合のうちに庶民世界の理想を見る作者の社会観・自然観を素直に反映している。一二世紀後半の日本は、貴族の支配権が失墜していく激動のただなかにあったが、だからこそ、卑俗な庶民の世界に強い好奇心と愛着をもつ心が育《はぐく》まれ、庶民の貧しくつつましい生活のうちに、自然とともに生きる安らかにしてしあわせな境地を見てとる目も養われたように思える。上流階層に芽生えたその心と目は、やがて下層へと広がっていくはずのものであった。

第十五章　東大寺の焼亡と再建——乱世を生きぬく行動力

保元《ほうげん》の乱、平治《へいじ》の乱に勝利した平清盛は、平治の乱の翌年（一一六〇年）に武士として初めて公卿《くぎょう》の列に加わった。以後もおのれの勢力を着々と拡大強化し、一一六七年には太政大臣の位に就き、ここに平氏政権なるものが確立した。

しかし、この政権は院、朝廷、摂関家、武士団のあいだに横たわる矛盾と対立を武力で抑えこむことによってかろうじてなりたつ、危うい政権だった。政権の中枢を平家一門で固めれば固めるほど他勢力の反発を招き、反対勢力の結束を促がすことになった。一一八〇年に始まる源平の争乱と平家の敗退・滅亡は、平氏政権の脆弱《ぜいじゃく》さが目に見える形を取ったものだった。

その争乱のさなかの一大事件として、東大寺、興福寺の大伽藍が灰燼《かいじん》に帰す南都（奈良）の焼打ちがあった。園城寺《おんじょうじ》（三井寺）や南都・北嶺の寺院勢力を制圧しきれなかった清盛は、南都の僧兵が大挙して上洛するとの報に接し、一一八〇年一二月、平重衡《たいらのしげひら》を将とする平氏軍を奈良に送り、東大寺の大仏殿や興福寺の堂塔を焼打ちしたのだ。仏の教えと力の象徴であり、国家秩序の象徴でもある南都の大仏や大仏殿や堂塔が、一夜にして焼失したのだった。

衝撃は大きかった。右大臣・九条兼実《くじょうかねざね》は日記『玉葉《ぎょくよう》』にこう記している。（現代語に訳して引用する）

七大寺以下すべての寺が灰となってしまった。世を救い民を救う仏法も王法も滅んでしまったのか。言うことばもなく、どう記していいかも分からない。焼亡の話を聞いたわたしは魂を切り裂かれる思いだ。……こんな事態に立ちいたったのも時のまわり合わせで、どう止めようもないが、いざ目の前にしたときの悲しみは父母を失う悲しみよりも大きい。この世に生まれてこんな時代に逢うのも業が深いからだろうか。来世もどうなることか。（『玉葉　中巻』すみや書房、四五五—四五六ページ）

兼実は摂関家につらなる上流貴族だ。摂関家の昔日の威光が輝きを失ったことにたいする失意の念が、絶望の度を深めていることは当然考えられる。が、そういう個人的な事情はあるにしても、南都の焼打ちが「仏法も王法も滅んでしまったのか」と思わせるような理不尽きわまる所行に見えたことは正直な感想と受けとってよかろう。そこに至る因果の糸をたどれば、一見、途方もない暴挙ないしは蛮行と見える南都焼打ちに、それなりの現実的な根拠や理由づけを見つけることができようが、支配秩序が大きく崩れ、世の中がどこに向かってどう動くのか見当もつかない時代には、因果の糸を合理的にたどるよりも、事件の狂暴な破壊力のうちに絶望的な——「仏法も王法も滅んでしまった」——時代の影を読みとるほうが自然な心の動きだったと考えられる。

　そうした心の動きが、かつての栄光を忘れかねる上流貴族に特有のものではなく、広く同時代の人びとに共有されるものであったことは、たとえば『平家物語』巻第五の「奈良炎上」の詠嘆的口調からも推測することができる。東大寺大仏殿の焼け落ちるさまを述べた一節を現代語訳で引用する。


　東大寺は、……聖武天皇がみずから磨きたてた一六丈に及ぶ金銅の大仏があるのだが、頭上の肉髻《にくけい》が空に突き出て雲に隠れ、眉間《みけん》の白毫《びゃくごう》が尊ばれた満月のようなそのすがたも、首は焼けて地面に落ち、胴体は溶けて山のような塊《かたまり》になってしまった。仏の身に具わった八万四千の尊い相好《そうごう》は満月が雲に隠れるようにすがたを消し、菩薩の四十一階位を示す瓔《よう》珞《らく》は、夜風に飛ばされて星のように散ってしまった。煙は空いっぱいに広がり、炎はどこまでも燃えさかる。炎上を目《ま》の当たりにする者は直視することができず、噂を耳にした人は肝をつぶす。……人の世にこれだけの仏はなく、破壊されることなどあるはずがないと思われたのに、濁悪《じょくあく》の世ゆえに悲しみが永遠に残ることになった。……

　炎のなかで焼け死んだ人の数は、大仏殿の二階に千七百余人、興福寺に八百余人、御堂の一つに五百余人、もう一つに三百余人、細かく記録したところ、三千五百余人に及んだ。（岩波・日本古典文学大系『平家物語　上』三八三—三八四ページ）

大仏殿の高さが四五メートル、大仏の高さが一五メートルだから、その炎上するさまははるか遠くからもながめられたことであろう。外からやってきた火でまず大仏殿が焼け落ち、炎に包まれた大仏のすがたが夜空に浮かび上がり、やがてその大仏も首が焼け落ち、胴体も金銅が溶けて崩れ去った。想像するだにすさまじい光景である。戦乱と破壊の極限を示す出来事だから、痛ましいとか無残だとか形容されてしかるべきだが、凄惨《せいさん》な炎上が同時に美しい見ものであったことも否定できそうにない。南都およびその周辺の人びとは、平氏軍の焼打ちに恐れおののきながら、大仏炎上の、いまだかつて経験したことのないふしぎな美しさに目を吸いよせられたのではなかろうか。

痛ましさ、無残さと美しさとを合わせもつ大仏炎上は、人間の間尺を超えた、人間に絶望を強いる事件だった。なぜこんな途方もない事件が起きたのか。それは、上下貴賤を問わず、多くの人びとの胸にわだかまる問いだった。平氏の専権と横暴、平氏と源氏との対立、平氏と南都宗門との抗争といった、目に見える客観的な事実をもってしては、問いの答えとしてまったく不十分だった。『玉葉』の記述からしても『平家物語』の語りからしても、南都焼打ちと大仏炎上は一つの孤立した事件としてあるのではない。絶望的な世のありさまを象徴する事件としてあり、事件と向き合いつつ、人びとは絶望的な世のありさまの全体にたいして「なぜ」と問うていた。

納得できる答えとしては、おそらく仏教にいう「末法の世」しかなかった。教・行・証の三つが備わった正法《しょうぼう》の世から、教・行はあるが証のない像法《ぞうぼう》の世を経て、教のみあって行も証も欠けた末法の世になる。それが仏教の説くところだが、教義上の面倒な理屈はともかく、世の中の大きな流れがだんだんに悪い方向へと進み、そのどんづまり――末法の世、末の世――に至ったという時代感覚は、絶望的な世のありさまを説明する理法として説得力をもつものであった。日本仏教の一般的な理解として、末法の世は一〇五二年に始まるとされ、その前後には貴族社会とその周辺には末法思想なるものが流行もしたが、それから百数十年を経た平安末・鎌倉初期の世情は、世も末というにふさわしい惨状を呈していた。ときに美しさをのぞかせもする惨状を、やみくもに目をふさいで拒否するのではなく、自分たちの生きる世のありさまとしてなんとか受け容《い》れようとする心の構えが、いまあるのは末法の世だという歴史意識だった。九条兼実が「仏法も王法も滅んでしまったのか」と言い、『平家物語』が「濁悪《じょくあく》の世ゆえに悲しみが永遠に残ることになった」と語ることばに、そうした歴史意識の露頭を見ることができる。

同じ歴史意識につらぬかれた書として、鴨長明《かものちょうめい》の『方丈記』がある。『方丈記』には南都焼打ちや東大寺焼亡に触れた文言はないが、その前半では、同じ頃の京都の惨状が具《つぶさ》に記録されている。なかの一節を以下に現代語訳にして引用する。

土塀の外側や道のほとりに餓死する者は数が知れない。死者を処理する手立てがないから、悪臭が一面に漂い、死体が腐っていくありさまは目も当てられない。賀茂川の河原となると、死体が重なって馬や車も通れないほどだ。山に住む樵《きこり》も力衰え、薪《たきぎ》も足りなくなる始末で、追いつめられた人は自分の家を壊して市にもって行き、薪として売っている。一人でもてるだけの廃材を売っても一日分の食費にもならない。ふしぎなことに、薪のなかには丹塗《にぬ》りや金箔・銀箔を施した木が混じっていて、どうしたものかと訊くと、どうにもならなくて、古寺の仏を盗み、仏具を略奪して、割り砕いたという。濁悪《じょくあく》の世に生まれて情けない場面を見ることになってしまった。

深く心動かされることもあった。たがいに愛し合っている夫婦は、愛情の深いほうが必ず先に死んでいくのだ。なぜかというと、自分のことより相手のことをかわいそうに思うため、たまに食べものが手に入っても相手に譲るからだ。だから、親子で暮らしているものは、決まって親が先立つことになる。また、母が死んだのを知らないで幼な子が横に寝て乳を吸っているようなこともある。仁和寺《にんなじ》の隆暁《りゅうぎょう》法印という人はこのように数知れぬ人が死ぬのを悲しんで、顔が見つかるたびに額《ひたい》にサンスクリットの阿字《あじ》を書き、もって成仏の助けとした。死者の数を知ろうとして四月・五月の二ヵ月にわたって数えると、京都の一条より南、九条より北、京極より西、朱雀より東の地域で、路上に横たわる頭部が合計四万二千三百余りになった。まして、四月・五月の前後に死んだ多くの者、また、河原や白河〔京都の東北の郊外〕や西の京〔右京〕やあちこちの辺地の死者を加算すれば、際限のない数となろう。七道諸国の死者までを考えると、もうなんといったらいいのか。

(岩波・日本古典文学大系『方丈記 徒然草』三〇―三二ページ)

切れ味のよい文の運びから、目の前に広がる情景の、胸をかきむしられるような痛ましさ、おぞましさが浮かび上がってくる。

馬や車が通れないほどに死体が折り重なっている賀茂の河原。屍臭《ししゅう》が立ちこめ、何日も何十日も消えることがなかったであろう。死体の多くはだれかがそこに運びこんだものだろうが、運びこんだだれかも、そこで力尽きて死者の仲間に入ることもあったかもしれない。食うに困って自分の家を壊し、柱材や壁材をくだいて薪にして売るという。ぎりぎりまで追いこまれると、住よりも食が優先するということか。

物質的な窮乏は道徳的な頽廃を招きよせないではいない。自分の家を壊して薪にするだけでなく、寺に押しこんで仏像や仏具をたたき割り、薪にして売るものまでがあらわれる。濁悪の世とはそういうものか。

が、その一方、貧窮のどん底にあっても相手に食べものを譲る夫や妻、子どもが生きていくことを真っ先に考える親がいる。死んだ母親の乳を吸う幼な子……。が、この子にしても一体どこまで生きられるのか。

仏教にいう「地獄図」が目の前にくり広げられる感があるが、鴨長明はその「地獄図」に仏のすがたを描出することも忘れなかった。目を覆い、耳をふさぎ、鼻を押さえたくなる腐《ふ》爛《らん》と屍臭の巷《ちまた》にみずから進んで出かけ、成仏の一助にと死者の額にサンスクリット文字を書き記していく隆暁法印のすがたがただ。仏道帰依《ぶつどうきえ》に自信のもてない長明はみずからが餓死者の成仏に手を貸すことはできなかったが、都の東西南北を広くめぐり歩き、死者の数を数えるというその行為には、少しでも死者に近づきたいという思いがこめられていよう。さらにいえば、目の前に広がる地獄図のような惨状に向き合い、自分の体験した事実をつなぎ合わせて凄惨な世のありさまを一つの統一的なイメージとして呈示しようとする『方丈記』の執筆そのものが、死者に近づき、死者とともに時代を生きようとする試みにほかならなかった。

そのように時代を生きる長明の目にも、陰惨きわまる世のありさまは末法の世——末世——と呼ぶにふさわしいものだった。一つ一つの苦悩や不幸や悲劇や悪は、そこに人間が作り出したものという側面のあることを否定できないけれども、社会全体を広く大きく覆《おお》う悲惨な状況は、人智を超えた因縁ないし宿命によってもたらされたものと考えるしかなかった。そう考えるとき初めて受け容れられるものであった。

いや、長明はそのようにして時代を受け容れただけではない。時代の悲惨をどうにもならぬ宿命と受けとめることによって、かえって時代に分け入り、時代と文学的にかかわることができた。さきほどの引用で、悲惨の状況のなかに夫婦、親子の愛情の発露のさまが述べられたり、高僧の慈悲行が記しとどめられたりするのは、長明が文学的精神をもって事態に向き合っている証しとすることができる。悲惨な末世にあっても、そこにもまた美しさが——滅びの美とでもいうべきものが——あるとするのが文学の立場であり、『方丈記』には、悲惨のうちに滅びの美をとらえる文学的精神が生きて働いていた。

が、絶望的ともいうべき末法の世の悲惨が具体的現実として目の前にあるとき、これに文学的にどうかかわるかは喫緊《きっきん》の問題ではない。具体的な惨状にたいしては、惨状に具体的にどう対処し、状況を具体的にどう作り変えていくかが第一義の問題だ。その第一義の問題を前にして、文学的精神とは別種の、どんな精神がどんな形で力を発揮するのか。末法の世という時代感覚ないし歴史意識が広く人びとの心をとらえた平安末から鎌倉前期の混乱と激動の時代にあっては、その問いが精神史上の重要な問いとして浮かび上がらざるをえない。

話を京都から南都にもどして、「濁悪《じょくあく》の世ゆえに悲しみが永遠に残ることになった」といわれる東大寺大仏殿炎上ののち、どのような精神が東大寺の再建を志し、志の実現に向かってどう力を発揮したかをまずは考察の対象としたい。

一一八〇年一二月の平重衡による南都焼打ちの半年後、朝廷は東大寺再建に向かって動き出す。造寺長官《ぞうじのかみ》に藤原行隆が任じられる。以下、次官《すけ》・判官《じょう》・主典《さかん》に三善為信・中原基康・三善行政が任じられ、また造仏長官《ぞうぶつのかみ》は藤原行隆が兼ね、造仏次官《ぞうぶつのすけ》には小槻隆職《おづきのたかもと》が任じられた。

が、役職人事を決めただけで事が運ぶわけはない。秩序が乱れに乱れた末法の世に、未曽有の大火が起こったのだ。どう復興したものか、任命したほうもされたほうも途方にくれる思いだったにちがいない。武士の抬頭とともにかつての権力と権威を大幅に失った天皇や院や貴族には、東大寺焼亡という現実に具体的に対処する実行力も、復興への道筋と段取りをつけていく企画力ももはや残されてはいなかった。

復興の事業を中心的に担ったのは、勧進聖《かんじんひじり》として世に知られた重源《ちょうげん》だった。

重源が東大寺造営勧進の職に就くのは焼打ちの翌年の八月のことだ。重源は直ちに宣旨と勧進帳と六幅の絵像を携《たずさ》えて復興資金調達の旅に出る。勧進の一行は、まず後白河法皇や女院や宮廷貴族からの寄進を受け、次いで洛中の中流・下流の貴族の家を訪れる。京中をくまなく歩きまわった一行は、やがて、五畿七道へとくり出していく。貴賤上下を問わず、広く浄財を求める旅だった。重源はこのときすでに六一歳の高齢だったが、疲れを知らぬかのごとくに諸国を歩きまわった。

復興の具体的作業は大仏の鋳造をもって始まった。勧進の旅で集めた資金をもとに、銅八万三九五〇斤、黄金一〇〇〇両、金箔一〇万枚、水銀二万両を費やしての鋳造だった。そして、巨大な仏像の困難きわまる鋳造の担当者のなかには、日本のみならず中国の鋳物師《いもじ》の集団も加わっていた。日本側の技術者集団は重源が以前からつきあいのある工匠・草部是助《くさかべのこれすけ》の率いる集団だったが、中国（宋）の技術者集団は有名な陳和卿《ちんなけい》を中心とする集団で、陳和卿が帰国するために鎮西で船を待っているところを重源が見つけて、大仏鋳造の工匠として奈良に呼んだのだった。

勧進においても復興作業においても、重源は上から指示を出すだけでなく、みずから現場に出向き、共に動きまわることで人びとを導いていったのだが、重源の行動家ぶりは若い頃から際立っていた。

その経歴の主だったものを拾うと、一三歳で真言密教の霊場として知られる醍醐寺で出家、一〇代の後半から大峰を初め、熊野、御嶽、葛木、等々に出かけて山林修行に励み、一時期は高野山に居を定めた。三五歳で下醍醐の栢杜堂《かやのもりどう》を建て、丈六の阿弥陀仏像を本尊として安置したのを皮切りに、諸国を遍歴するなかで仏像の造立、仏堂の造営、経典の書写などにたびたび結縁《けちえん》した。また、橋の建設、道路の造成、港湾の整備など民間の土木工事にも尽力した。重源は、民衆教化と社会事業の功績により菩薩と仰がれた奈良時代の僧・行基を深く敬愛したが、自身の軌跡は行基敬愛の人にふさわしく、行動力に満ちたものだった。

末法の世では、そういう行動者こそがなにより求められた。世の動きは破壊・破滅・死へと向かう大きな流れをなし、絶望の気分が社会の全体を覆《おお》っている。そういう世情のなかで、なにかを作り出そうとする行動者は、その存在そのものがすでにして光を放っていた。破壊・破滅・死とは対照的な明朗さがそこにはあり、人びとの心を希望へと誘うぬくもりがあった。しかも、その行動者が人びとの助力を求め、人びとと共同で事を成就しようと広く呼びかけている。呼びかけに応えることは、みずから明朗な行動の場へと乗り出し、ぬくもりを共有することにほかならない。人を導くそういう行動者として、重源は人びとのあいだに立っていたのだった。

日本人の鋳物師集団と宋人の鋳物師集団の共同作業のもと巨大な大仏の鋳造がおこなわれていた時期は、京都の戦いに始まり、中部や関東での戦いを経て、平家の都落ちののち、瀬戸内海に場所を移して一の谷の合戦、屋島の合戦、壇の浦の戦い、と源平の争乱が続く時期とぴったり重なっていた。矢が飛びかい、刀が火花を散らし、陸に海に船上に血が流れ、無数の人びとが傷つき死んでいく騒擾《そうじょう》の場をよそに、東大寺の焼跡には巨大な盧舎那仏《るしゃなぶつ》が形を整えつつあった。南都に火を放った平氏軍が戦乱の一方の当事者である以上、重源はもちろん、工人たちといえども、戦いの経過には関心を抱かざるをえなかったろうが、困難な復興事業に取り組むとなったら、関心はさておいて作業に専念するしかなかった。それが末世にあって行動者として生きるということだった。

大仏は三年の歳月を経て鋳造が完了し、一一八五年八月に開眼供養《かいげんくよう》がおこなわれた。大仏再興は衆目を集める大事業だったから、開眼供養には多くの貴族や僧侶が参列した。そこで不測の変事が起こる。開眼会《かいげんえ》に列席していた後白河法皇が、開眼役の僧正を差しおいてみずから筆を執って開眼するという挙に出たのだ。例によって例のごとき得手勝手な法皇のふるまいだが、重源はどんな思いでそれを見ていたことか。大事業の達成には法皇の支援が必要不可欠だったから、無下にとめたりはできない。重源自身が法皇に筆を執るよう勧めたらしい形跡もなくはないという。いずれにせよ、行動者にして大事業家たる重源にとって、権力者とどうつきあうかはつねにぬきさしならぬ問題だった。開眼供養の一年ほど前には、かれは鎌倉の権力者たる源頼朝から米一万石、砂金一〇〇〇両、上絹一〇〇〇疋の寄進を受けている。

大仏鋳造のあとには大仏殿の再建というさらなる大事業が待っていた。大伽藍の再建に当たっては建築用の多数の巨材をどう調達するかがまず大問題だった。

中尾堯編『旅の勧進聖 重源』(吉川弘文館)によると、巨材は遠く周防国《すおうのくに》(いまの山口県)の山中から調達された。周防国は東大寺造営料国とされ、国守に任じられた重源はみず

合って重源の行動エネルギーも増大していくもののごとくで、材木の運搬には、岩をくだき、山路を開き、谷にめがけて材木をすべり落とし、川を利用して材木を流し、浅瀬には関《せき》水《みず》を設けて流れをよくし、瀬戸内海へと流しこんだ。瀬戸内海は要所の港湾を整備して運搬の便を図り、大阪湾まで運んだ。そこから淀川をさかのぼり、木津から陸送に変え、奈良坂を越えて奈良へと向かった。かつて勧進聖として尽力した土木建築作業の経験が存分に活かされた指揮ぶりだった。周防国の山中には重源の作ったとされる石風呂の跡がいまも残り、働く人びとへの重源の気づかいのさまが偲《しの》ばれるという。

重源が周防の杣山に入ったのが一一八六年、以後、良木を選抜し、伐採し、陸路・海路を運搬し、はるばる奈良にまでもってくるのに、まる四年の歳月を要した。そして、集めた木材を使って高さ四五メートルに及ぶ大建造物を作り上げるのに、さらに五年の歳月を要した。一一九五年にようやく大仏殿は完成し、同年三月に東大寺再建供養が営まれる。一〇年前に飛び入りで大仏開眼の筆を執った後白河法皇はすでに亡く、朝廷からは後鳥羽天皇と関白兼実以下の貴顕が参列した。が、なにより目を引くのは、征夷大将軍源頼朝の参列だ。

東大寺の復興については頼朝は、終始、積極的に支援する姿勢を取りつづけた。重源の勧進に応えて大量の米、砂金、上絹を寄進したことはすでに述べたが、ほかにも、周防国の地頭に任命された御家人が木材の伐採・運搬の作業を妨害している、なんとかしてほしい、と訴えられたときは、腹心の部下・佐々木高綱を派遣して解決に当たらせ、さらには、現地から奈良までの木材運送にも協力させている。東大寺との関係の強化が鎌倉幕府の権力と権威の向上に役立つという政治的な読みにもとづく支援であるのはいうまでもないが、多大の寄進といい、作業妨害の差しとめ、木材運送への協力といい、支援の形がきわめて具体的・実質的であることが注目される。新興武士の棟梁《とうりょう》たる頼朝は、重源と同様、絶望感の広がる末法の世にあって、個々の場面での具体的かつ積極的な動きによって事態を前へ進めようとする行動の人だったのである。

東大寺再建供養への参列は政治的な意味の大きい儀礼的行動だったが、頼朝は鎌倉幕府の実力を旧都の公衆にむかって誇示すべく、大勢の御家人を率いて式の一ヵ月も前に東海道を西へと向かった。幕府編集の史書『吾妻鏡《あずまかがみ》』には、頼朝に従った畠山次郎重忠、稲毛三郎重成以下、二百数十人の御家人の名がずらりと列挙される。御家人の奉公ぶりを記録にもとどめておこうとしての列挙だが、二百数十人もの武士の名が書きつづられているさまを見ると、威儀を正した国家的な一大イベントを機に、新興勢力たる鎌倉武士の存在を天下に誇示しようとする幕府の熱い心意気が伝わってくる。

供養の当日は午後から激しい雨が降り、地震までが起こった。が、堂内や周辺の警固に当たった武士たちは、動じることなく任務を遂行した。慈円《じえん》の『愚管抄《ぐかんしょう》』にその場の様子に触れた一節がある。(現代語に訳して引用する)

頼朝は供養の日に東大寺に出かけ、武士たちがそのまわりを取り囲んでいた。大雨が降っていたけれども、武士たちは雨に濡れることなどまったく気にもかけず、整然とまとまりのある集団をなしていた。ものごとのよく分かる人にはその集団のさまは強く訴えかけるものがあった。（岩波・日本古典文学大系『愚管抄』二八〇ページ）

大雨と地震に右往左往する貴族や僧侶のなかにあって、凛乎《りんこ》とした集団をなす鎧武者のすがたが思い浮かぶ。慈円はそこに、武士という新しい支配階層の登場しつつある時代のすがたを見ていたにちがいない。

重源にとっても、新興の権力者・頼朝のこのような供養への肩入れは歓迎すべきものであった。行動者として東大寺再建に邁進《まいしん》する重源は、支配者・被支配者を問わず、どんな形を取るものであれ、再建のための支援と協力のすべてを受け容《い》れた。それが行動者の度量というものだった。頼朝の供養への肩入れと行動力を見こんで、供養当日の東大寺内外の鎌倉武士による警固も、重源が頼朝に依頼したのだったかもしれない。一方は宗教の世界、他方は政治の世界、と、生きる場は異なってはいたが、秩序の全体が崩れゆく末法の世にあって、みずからの力と行動によって新しいなにかを作り出そうとする二人は、たがいに気脈の通じる存在だった。新しく事をなすには多くの人びとの協力と支援を仰がねばならず、協力者や支援者の人格と実力を見定めることは当事者にとって必須の要件だったろうが、重源と頼朝はたがいに相手を信頼するに足る人格者であり実力者であると認めることができていたのだった。

東大寺の俊乗堂《しゅんじょうどう》には重源の肖像彫刻が安置されている。八六歳で没した重源の死の前後に作られた木彫像で、ものごとをやりぬく一徹の意志が全身にみなぎる像だ。背中がややまるくなり、顔や首筋に幾筋もの皺《しわ》が刻まれたそのすがたには老いが覆いがたくあらわれてはいるが、重源は老いに安んずるふうはない。老いたなりに自分のなすべきことがあり、それを果たすべく正面から世界に対峙しつづけるといった趣きの像だ。右手を上に左手を下にして数珠《じゅず》を爪《つま》ぐる両手は、現にそこに意志が働いているように見えるし、ぎゅっと結んだ唇ときっと前方を見すえる目は、ゆったりとくつろぐ人のものではない。向き合うこちらに、気を張っていなければと思わせるような面構《つらがま》えだ。この彫刻は鎌倉初期の肖像彫刻の名品として、奈良時代の鑑真和上像と並称されたりもするが、二つの像から受ける印象はむしろ対照的だ。鑑真和上像の静にたいして、重源像は動の像だ。

難問にぶつかってかえって闘志をかきたてられるような精悍《せいかん》な木造彫刻に、東大寺再建という大事業や、それと並行して企てられた周防国阿弥陀寺の創建、播磨浄土寺の創建、渡辺別所や播磨別所での迎講《むかえこう》の実施、伊賀新大仏寺の創建といった数々の事業を重ね合わせると、一生を行動者として全《まっと》うした稀有の人物像が浮かび上がる。『法然上人行状絵図』（第四五）によると、重源はものごとをおこなう際の計画の周到さゆえに「支度《したく》第一」と評されたというが、計画の周到さが称賛の的となるには、周到な計画を実現へと導く、粘り強い行動力が当人に備わっていなければならなかった。

思えば、末法の世とは混乱と破壊と死が大きく社会を覆うような時代だ。暗い気持ちになることばかりが多く、生きる望みを失いそうになる時代だが、それでも人は生きていかなければならない。そういう時代に、大事業を着実に進行させ、完成へと至らせる行動の人は、ひときわ異彩を放つ。その人のまわりには、時代の暗く淀んだ空気とは別の空気が流れていたはずだ。

行動の人・重源のまわりには清新な空気が流れていた。人びとはそのことをいつしか感じとり、重源と行動を共にすることで自分たちもその空気に与《あずか》ろうとした。末法の世にあって、それは、生きる力を回復すること、生きる希望を回復することにつながった。暗い世情だからこそ建設的に行動することにいっそうの手応えが感じられたにちがいない。

なしとげた事績の大きさからしても、彫像に見られる自信に満ちた断固たる佇《たたず》まいからしても、行動の人・重源はまさしく時代の求める人だった。求められてその行動力が格段に広がりと深みを増し、行動のスケールが自己増殖的に拡大していったのが東大寺再建の大事業だった。重源の行動力に引き寄せられ、さまざまな形で再建の事業を共に担った多くの人びとは、それぞれがその行動において新しいなにかを作り出しつつあるという充実感に浸っていたにちがいない。行動が行動と結びつき、行動のなかで共通の目標に向かっていることが実感できることは、不安を抱えて暗い日々を生きることとは別のことだった。なにかを作り出す行動には健全さと希望があり、そして、健全さと希望は絶望の時代を生きる精神がなによりも必要としているものであった。

一人の信仰者として重源を見るとき、その信仰は密教的要素と法華経的要素と浄土教的要素を合わせもつ雑然たる信仰にとどまって、統一性は弱い。行動の人は、観念ないし思想の統一性にこだわらなかった。信仰の統一によってではなく、行動の統一によって末法の世に対峙したのが重源だった。

第十六章　仏師・運慶——その新しい造形意識

時代が激しく動くなか、南都にもう一人の大きな人物があらわれる。仏師・運慶である。運慶の父・康慶《こうけい》は、京都と奈良で活躍した著名な仏師で、鎌倉彫刻様式の形成を主導するような位置にあったから、子息・運慶は、一二世紀後半から一三世紀初頭の彫刻界にあって、新興勢力の二代目としての活躍が期待される仏師だった。

戦乱と激動の時代が、運慶の仏師としての活躍を後押ししたことも言っておかねばならない。末法の世だと人びとが嘆息するような戦乱と破壊と飢餓と困窮の時代が、一般的にいって、しあわせな、恵まれた時代だとはいえるはずもないが、東大寺や興福寺を初めとする大寺院が戦火で焼失し、その復興が企てられるとともに、新興の武士勢力がみずから新しい造寺・造仏に積極的に乗り出すといった事態は、仏作りという特殊な場に視点を限っていえば、手腕を発揮する上で有利な条件を提供するものだった。京都では大仏師・定朝《じょうちょう》の流れを汲む円派や院派が活躍し、奈良では成朝《せいちょう》や康慶に率いられた慶派の活躍があって、平安末期から鎌倉初期にかけての仏像制作は、彫刻史上まれに見る活況を呈した。

その時代の彫刻界を代表する、ぬきん出た仏師が運慶だった。

1

運慶の技量の高さと造形感覚の新しさは、最初期の——おそらくは運慶二〇代の——作品たる「円成寺《えんじょうじ》大日如来像」にはっきり見てとることができる。

釈迦如来、薬師如来など一般の如来が一枚の納衣《のうえ》を着るだけで、装身具や飾りのない質素なすがたで造形されるのにたいして、大日如来だけは頭に宝冠を戴《いただ》き、その頂きに高い髻《もとどり》をのぞかせ、体のあちこちに豪華な装身具をつけた菩薩形に作られる。そのため、他の如来に比べて、若い如来といった印象を受けることが多いけれども、円成寺の大日如来はその若さが格別に強く印象づけられる。見れば見るほど若々しさがせまってくる仏だ。この像は、現在は寺の門の左手に新しく作られた多宝塔に安置されるが、それ以前に、古びた本堂の左手隅に置かれているときから、池や石段や内庭や建物の醸《かも》し出す、古めかしい鄙《ひな》びた雰囲気のなかにあって、気負いも衒《てら》いもなく凛《りん》とした若さを放射しつづけていた。

顔立ちにも結跏趺坐《けっかふざ》の姿勢にも緊張感がみなぎっている。藤原彫刻の落ち着いた穏やかさと安らぎはもう求められてはいない。落ち着きも、穏やかさも、安らぎも見つけにくい世情にあって、一体だけでも確固たる存在でありつづけたい、という意欲が全身から伝わってくるような像だ。金冠で覆《おお》われた高い髻が、上へと伸びる勢いをあたえて像の自立感と緊張感を高めている。顔の作りは、高く弧を描いて左右に伸びる眉、横一直線に伸びる切れ長の目、眉根からすっと伸びた線が鼻腔《びこう》のところで柔らかい曲線となって横へと広がる鼻など、藤原和様の伝統を継承しつつも、引き締まった頬、厚いながらに堅く結んだ唇には、伝統にとらわれることのない新しさが認められる。目の前にあるのは、見る者の心を解きほぐす温顔ではない。優しさや慰めからは遠い、一点に集中していくかのような緊張の面持ちだ。

その印象は、首から下の胴体と四肢のたたずまいによっていっそう強められる。顔も若々しいが、体つきは顔にもまして若々しい。平等院鳳凰堂の阿弥陀如来に見られるような、ゆったりとくつろぐ姿勢と対極をなす張りつめた気分が、像の構えから伝わってくる。

運慶　大日如来坐像［円成寺］

正面から見ては分かりにくいが、左右どちらかによって斜めから見ると、肩から胸にかけての筋肉の張りがよく分かる。外からの力にしっかりと張り合う力強さが見てとれる。胸から腰へと締まっていく肉づきには、いささかのゆるみもない。上半身の無駄のない筋肉の造形は、手で触れて緊密さを確かめてみたいほどで、ひょっとして実在のだれかをモデルにしての制作かもしれない。

両の足裏を上に向け、坐禅の形に胡坐を組む下半身は、肉づきのよい膝が左右にしっかりと伸びて上半身を無理なく支えている。鎌倉時代の彫刻が衣文《えもん》の彫りかたに工夫を凝らすのを大きな特徴とするのにたいして、この像の下半身の衣文の流れはいっそ単調と評したくなるほどだが、それが像の若々しさや力強さを殺《そ》ぐようなことはない。膝の左右への動きと、智拳印《ちけんいん》（左人差指を立て、その指先を右手の拳《こぶし》で握る印《いん》）を結ぶ両腕の左右への動きに合わせるように、規則正しく左右に波打つ衣文の単調な曲線が、像に快いリズムをあたえている。

さて、その智拳印だが、像の中心に来るこの印が、作品全体の力の集約点となっている。引き締まった両肩から伸びる二本の腕がしっかりと外に張り出し、それが肘の関節で急角度に屈折し、ちょうど胸の鳩尾《みぞおち》のあたりで右手が上、左手が下、と上下に重なって智拳印を結ぶ。そもそも智拳印は腕の外への動きと内への動きをバランスよくまとめるのが容易ではなく、実際、ぎこちなく智拳印を結ぶ大日如来像は少なくないが、若き運慶の手になるこの大日如来は、腕から智拳印へと向かう動きにいささかの不自然さもない。まっすぐ立てた左の人差指を右手で握る、その上下の手にきりっと力がこもって、見る者の視線をしっかりと受けとめてくれる。見る者は、上下に組み合わさる力強さを頼りに、肩から上腕、肘、前腕、手と続く流れだけでなく、髻、宝冠、顔からまっすぐ印へと下りていく視線の流れや、横に張り出した膝から反転して足の交叉する内側へと向かい、足首の重なる中央にまで来て、そこから真上にある印へと向かう視線の流れを楽しむことができる。視線のそうした運動によって、像の若さと力強さを実感できるのが心地よい。緊張感のみなぎる像だからこそそんな実感に浸れるのだ。

側面から見ても、像は若く力強い。智拳印はもはや焦点とはならないが、右横から見ても左横から見ても、頭部から下へと降りてくる輪郭線が——とくに、後頭部、背中、腰、尻と続く背後の輪郭線が——きりりとして、力強い。坐った姿勢は、わずかにうしろに重みがかかるかに見えるが、如来の顔も胴体も脚部もそんなことにはまったく頓着せず、毅然《きぜん》たるすがたで瞑想している。心乱れることなく瞑想にふける精神の純粋さと集中力が、像の若さと力強さに呼応している。瞑想のさまは、悟りを開いて安心立命の境地にあるというより、いまし思考が事柄の核心に触れんとする精神の集中度の高まりを示しているかのごとくだ。若き運慶は、ひょっとして、仏像制作に打ちこむおのれの精神の集中力と思考の深まりに驚愕《きょうがく》し、その高度な精神力を若き大日如来の姿形にこめたかったのかもしれない。

この木造大日如来の制作には一一ヵ月の歳月を要したという。短かい期間ではない。時間をかけて造形された像の瑞々《みずみず》しい緊張感は、一仏師として、また、混乱と激動の時代を生きる一人の人間として、若き運慶が、仏像の制作こそがおのれの全精力を傾注するに足る営みだ、と自覚できていたことを示してもいよう。

像は、台座となる蓮肉《れんにく》の天板の裏側に作者名を記した銘文があることでも注目される。像の銘文に作者が自分の名を署名する例は、日本の仏像彫刻史上、これをもって嚆矢《こうし》とするという。

いまでは絵画や彫刻に作者が自分の名を記すのは、洋の東西を問わず当たり前のことだが、日本の彫刻では署名は平安末期から始まった。仏師がみずからを仏像制作者として明確に自覚するに至ったことを示す事実だ。銘文には「大仏師康慶実弟子運慶」とある。康慶はすでに述べたように運慶の父でも師でもある人物で、当時すでにその名を広く知られていた。大日如来像制作も康慶が依頼を受け、それを運慶の手に委《ゆだ》ねたのかもしれない。ともあれ、実作の過程で、おのれの構想力と造形技術こそがこの像を作り出した、という自覚と自負が運慶のうちに高まり、銘文の記載へと至ったのであろう。いまだ無名に近い運慶だが、仏師として立ち、仏像制作を表現の場とする覚悟はすでに定まっていたと考えられる。

銘文に父の名と自身の名を記したところには、仏師運慶の歴史意識のありようをも読みとることができる。台座の天板裏に墨書された銘文は長く残る。はるか後代の評価に耐えうるものとしてこの像があるという、自作への自信と誇りが、銘文中に自分の名を記させるに至ったと考えられる。鎌倉彫刻は前代の藤原和様彫刻に満足できず、歴史をさかのぼって平安初期の貞観《じょうがん》彫刻の肉づきのゆたかさや、奈良時代の天平彫刻の写実性と合理性に学ぼうとしたのだったが、過去へと遠く溯行《そこう》する歴史意識が、未来を遠望する意識をも育《はぐく》んだといえようか。混乱と激動の時代にあって、制作者たちは作品が時代を超えて生きることを強く願ったにちがいないし、現実にそういう作品を目の前にする者たちは、時代を生きぬく力と希望をそこから得ていたにちがいない。若き運慶の大日如来像は、時代を生きる緊張感と仏像を作る緊張感が交錯するところに生まれた名品だったといわねばならない。

2

運慶の真作だと確認できる次の作品は、静岡・願成就院《がんじょうじゅいん》の阿弥陀如来像・不動三尊像・毘沙門天像である。そして、そのあとに作られたのが、神奈川・浄楽寺《じょうらくじ》の阿弥陀三尊像・不動明王立像・毘沙門天像である。願成就院の諸像が一一八六年、浄楽寺の諸像が一一八九年、と、二寺の造仏は近接しているが、円成寺の大日如来像（一一七六年完成）から起算すると、大きく時を隔ててそれぞれ一〇年後、一三年後の制作ということになる。そのあいだ運慶が仏師としての活動を停止していたはずはないが、この一〇年については造仏の記録もないし、確かな遺作もない。わずかに法華経の書写事業をおこなったことが知られるのみだ。一〇年後の願成就院の諸像と一三年後の浄楽寺の諸像を見ると、円成寺の大日如来像とは趣きが大いに異なる。同一人の作とは思えないほどの変わりようだ。

きりっと引き締まった円成寺の大日如来像にたいして、願成就院の阿弥陀如来像は、たっぷりと肉のついた、ふくよかな像だ。頬が大きくふくらみ、顎《あご》にまるく肉のついた顔は重量感にあふれ、それに見合って、胴体も両腕もたっぷりと肉がついてたくましい。外界の無秩序や転変に抗し、凜《りん》として身を持す像というより、外界の混乱と疲弊など知らぬげに悠揚せまらぬ姿勢を保って静かにそこにある、といった像だ。

もう一つの顕著なちがいは、衣の襞《ひだ》が深く、また複雑に刻まれていることだ。左肩と左腕から腹部へと、近づいたり離れたりして流れる幾筋もの衣文《えもん》の線が写実の妙を示しているし、組んだ両脚を覆《おお》う衣文の深い襞には、木を刻む鑿《のみ》のしなやかで鋭利な動きが示されている。衣文の表現に重きを置く鎌倉彫刻としては、ほぼ同じ頃に作られた父・康慶の法相六祖《ほっそうろくそ》像（興福寺）があるが、阿弥陀如来像のダイナミックな衣文の流れは、父に負けない腕の確かさを示している。いや、負けないどころか、像を全体として見れば、子の阿弥陀如来像は父の法相六祖像の上を行く。衣文の造形に力を傾けすぎて衣をまとう体の表現に思いが行きとどかず、その分、像の実在感がやや貧弱になっている法相六祖像にたいして、運慶の阿弥陀如来像はたっぷり肉づけされた堂々たる体軀《たいく》が、切れ味のよい衣文の流線と見事に拮抗している。

そして、その三年後に作られた浄楽寺の阿弥陀三尊像では、はち切れんばかりの量感が弱まって、像は、均斉の取れた、おさまりのよいものとなっている。円成寺の大日如来像に見られた集中力と精神性からすると、この像はさらに異質な雰囲気に包まれている。

しかし、願成就院と浄楽寺の諸像が運慶の実作であることは納入銘札や文献資料からして疑いえない。とすれば、円成寺の大日如来像から二寺の諸像への大きな変化がどうして生じたのか、そこが問われねばならない。

作風転換の理由として研究者の挙げるのが、施主《せしゅ》のちがいだ。円成寺は真言宗の寺で、大日如来像の注文主は僧・寛遍《かんぺん》だが、東国の願成就院は北条時政が奥州征討祈願のために作った寺であり、浄楽寺は鎌倉初期の武将・和田義盛の創建した寺であって、二寺の諸像には施主である東国武士の気風が反映しているというのだ。ありうる話だ。しかし、たとえば尚武の風とか、伝統にこだわらぬ革新の風とか、名誉と恩義を重んじる御家人の風とかが仏像作りにどう反映しているかは、武将を依頼主とする造仏の例が少ないこともあって、像に即して具体的に言うのがむずかしい。言いうるのは、新興の鎌倉武士の気風と運慶の進取の気風に相通じるものがあったろうということだ。奈良仏師の子に生まれ、奈良・京都を主たる活動の場としながら、東国の武将の注文に応じて新しい場に赴く自由さや、のちの仏像制作においていっそう明確になるところの、次々と新しい課題に挑戦していく進取の気質を思うと、運慶が新しく登場してきた東国武士と身近に接するなかで、伝統にこだわらぬ斬新な造形に挑む意欲をかきたてられたことは十分に考えられる。

顔と体のさまざまな動きが智拳印へと流れこむ集中力の昂《たか》まりと、内に秘められた凜乎たる精神性の表現に代わって、外へとあふれる肉の量感と、彫りの深い鋭利な曲線をなす衣文の運動感がおもてに出てきたのは、運慶における新しい造形意志の登場を告げている。顔や体の肉の盛上がりは、たくましさや力強さに通じるとともに、肥満や鈍重や懶惰《らんだ》にも通じる。たっぷりとゆたかな肉づきの充実感と美しさをあくまで追いもとめつつ、鈍さやしまりなさに堕することのないよう美意識を研《と》ぎすまさねばならない。定型化した藤原和様彫刻を、写実性の取りこみによって革新しようとする造仏様式上の大きな流れのなかにあって、肉づけという具体的場面で像の充実感と統一性と美しさを問うことは、造形の技量にゆるぎない自信をもつ仏師にとって、心のときめくような冒険であり実験だったにちがいない。仏の像は、あるがままの人間を木で象《かたど》って目の前に置くのではなく、仏道修行を重ねて悟りの境地に達した、人間以上の人間を像として呈示するものだが、ゆたかな力強い肉づけに向かって邁進《まいしん》する運慶は、人間を超えた像の創出をめざしつつ、血の通う人間の造形に限りなく近づいていったように思える。

それに比べれば、衣文に施される深く鋭く複雑な曲線はずっと非有機的な造形だ。求められるのは幾筋もの幾何学的な線の織りなすリズムでありハーモニーだ。うねるように波打つ曲線が一本一本、微妙な変化を示して目に快い。左腕から左半身にかかる法衣の衣文は、見る側からすると右上から左下へと向かう幾本もの曲線として流れがたどられ、両膝と両脚を覆う法衣に刻まれた曲線は、左右の外側から内に向かう流れとしてたどられる。一本一本の線は彫りが深く波頭が尖《とが》って、貞観仏の翻波《ほんぱ》式《しき》の運動感の再来を思わせる。盛り上がった肉体が流動感あふれる衣に包まれることによって、肉のなまなましい印象がやわらげられもするようだ。

肉づきのゆたかさといい、衣文の波立ちといい、写実的な手法にもとづく造形の試みは、運慶にとって、仏のすがたをどこまで人間化するか、という問いを誘発しないではいなかったはずだ。円成寺の大日如来像と願成就院の阿弥陀如来像とのあいだの大きな隔たりを思うと、運慶は意を決して冒険に踏みこんでいったように思える。徐々に浮かび上がる仏のすがたが、若き日に手がけた作品とは趣きを異にすることに、運慶自身気づかなかったはずはないが、そこで後もどりするのではなく、前へと進むのが運慶の新しさだった。混迷と疲弊のなかで確かなものを求める、過渡の時代にふさわしい新しさだ。鑿《のみ》を手に新しい彫刻への道を歩むことが、運慶にとって激動の時代を生きることにほかならなかった。

願成就院の阿弥陀如来像の三年後に作られた浄楽寺阿弥陀三尊像は、三年前の手法を踏襲しつつ三体をバランスよくまとめたもので、造形のさらなる進展の跡は認めがたい。むしろ、伝統的な安定へとやや後もどりしたように思えなくはない。像の全面に施された金箔がそのまま残っていることが、整った像という印象を強めているのかもしれない。じっと目を凝らすというより、瞑目して手を合わせるのにふさわしい像に思える。

3

願成就院と浄楽寺の諸像の制作後、東大寺の大仏の脇侍《きょうじ》その他、運慶の盛んな造仏活動が記録には残っているが、作品は大半が焼失している。また、運慶作と称されるものの、真偽不明の作が少なくない。

次に来る、まちがいのない運慶真作は、浄楽寺の諸像の一四年後（一二〇三年）に制作された東大寺南大門・金剛力士像である。鎌倉彫刻の代表作とされるもので、教科書や歴史書や美術書に大抵は図版が掲載される有名な像だ。体を大きくひねり、正面をはったとにらみつける勇猛さが、武士の時代によく似合っている。

一九八八年から五年間にわたってなされた解体修理の際に、像内からさまざまな銘記や納

運慶　南大門金剛力士像 吽形［東大寺］

入品が出てきて、二体の像について、阿形《あぎょう》像の制作が運慶と快慶の担当、吽《うん》形《ぎょう》像の制作が定覚《じょうかく》と湛慶《たんけい》の担当であることが明らかとなった。七〇日という短期間で巨大な二像が作り上げられたことからしても、慶派の工房が総力を挙げて取り組んだ大事業で、全体を指揮したのが工房の主宰者たる運慶だった。出来上がった像は、運慶らしい冒険と実験と創意の成果としていまもわたしたちの前にある。

寺院の南大門の左右に二体の金剛力士像を置くのは、よくある形だ。仏法の支配する聖なる空間に悪神や邪気が侵入するのを防ぐ役割を担った像だ。ただ、東大寺南大門の二像の場合、口を閉じた吽形が向かって右側に、口を開いた阿形が向かって左側にあるのが変わっている。阿形が右、吽形が左というのが一般的な配置法だからだ。もう一つ変わっているのが、二つの像が外に向かって立つのではなく、向かって右側の吽形像が左向きに、向かって左側の阿形像が右向きにと、二つの像がたがいに向き合って立っていることだ。

みやげもの屋が並び、たくさんの鹿があたりをうろちょろする参道を歩きながら聳《そび》え立つ

運慶　南大門金剛力士像 阿形［東大寺］

南大門に向かうときには、金剛力士像のすがたは見えない。石段を登って門の屋根の下に入ったところでいきなり左右の像を目にするのだが、そのときは、像の大きさにまず圧倒されるから、二つの像の配置に大胆な変更が加えられていることには思いが及ばない。が、いわれてみれば、たしかに左右が入れ替わっている。専門の仏師たる運慶にとって、伝統からの逸脱は十分に承知の上での変更だったろう。配置のみならず、二つの像のすがたにも、吽形像が右足の先を上げていたり、阿形像が長大な金剛杵《こんごうしょ》をもっていたり、と、さまざまな変更が見られる。変更の典拠として近年、北宋の版画の図像が有力視されてもいるが、典拠がなんであれ、運慶がここで新しい金剛力士像の造形に大胆に踏みこんでいることは疑いない。七〇日という短期間での造像も、寄木造《よせぎづくり》の工法を徹底的に合理化し、無駄のない工程でもって巨大な像を迅速に作り上げるという試みが、運慶の——延《ひ》いては慶派工房の——冒険心をかき立てる面もあったかもしれない。

　未知へと向かうやむにやまれぬ冒険心をなによりよく象徴するのが、向かい合う二つの像の巨大さだ。この巨大さは一体なんなのだ、と、像の前に立つたびに思う。
像の置かれる南大門は、大門の名の通り、まわりの風景を圧して立つ巨大な建造物だ。何本ものがっしりした太い柱の支える二重の屋根が、上に横に大きくゆったりと広がり、そこが日常の暮らしを超えた特別の場であることを告知している。門に近づくにつれて柱の太さ、屋根の大きさ、屋根の張り出しかたの豪快さが強く印象づけられる。建物を見上げるわが身の小ささがいやでも意識される。

建物の下に来て見上げると、天井板の張られない上部の空間を、縦に横に何十本もの木材が交叉しつつ走るのが見える。目の前の太い円柱がそのまままっすぐ数十メートルの高さに伸び、その円柱と円柱とのあいだには上下何段にもわたって四角い桁《けた》と梁《はり》が渡される。円形の柱材と、そこに差しこまれた角形の桁材《けたざい》や梁材《はりざい》のなす線のリズムが、見る者の視線を上へ下へ、右へ左へと誘う。上に行くにつれて木材の太さも木材と木材の間隔も目に見えて小さく狭くなり、改めて上へと伸びる建物の高さが印象づけられる。しかし、木材のなす直線の運動を通じて印象づけられる高さは、威圧的ではない。多数の木材の直線運動には、見る者もその運動につき従って上昇していけそうな軽快感がある。門の下半分の柱間《はしらま》三間が、柱以外になにもないすっきりした吹きぬけになっていることが、軽快感を増幅する。この南大門の建築様式は従来の寺院建築の伝統を離れ、南宋の様式を大きく取りいれたもので、一般に大仏様《だいぶつよう》ないし天竺様《てんじくよう》と呼ばれるが、様式の革新によって大建造物の軽快感が増していることは、建築に携《たずさ》わった人びとの美意識の高さを示すものといえる。

金剛力士像はその門のうちに置かれる像だ。門の壮大さに負けないような巨大な像を作ろうと仏師が意気ごんだとしてもふしぎではない。南大門のむこうには出来上がったばかりの大仏殿と大仏があり、それがすでにして南都を睥睨《へいげい》するような大建造物であり、巨大仏だ。そこへとまっすぐ通じる門が豪壮雄大な構えを取るとなれば、そこにおさまる左右の金剛力士像も、それに応じた規模と力強さをもたなければならない。南大門の巨大な二つの像から伝わってくるのは、東大寺再建のすさまじいエネルギーが慶派の工房に滔々《とうとう》と流れこみ、仏師たちが巨大な忿怒像《ふんぬぞう》をもってその流れに乗り、その流れをさらに勢いづけようと精力を傾けるさまだ。像の高さは八メートルを超え、像の乗る岩座と、像の頭上にまで波打つ天衣《てんね》を計算に入れると、その大きさは像を安置するために設けられた空間に、ぎりぎりのところでおさまるという巨大さなのだ。

しかし、この巨大さは像を見る者の存在を無視した巨大さであり、像に向き合おうとする者を途方にくれさせる巨大さだ。寺院に安置される仏像は、見られる像である前に拝まれ、祈りを捧げられる像であることを認めた上でなお、二体の金剛力士像は見る者の視点をあまりにも無視したものといわねばならない。

わたしはもう何十回となく南大門をくぐりぬけているが、阿形像にせよ吽形像にせよ、「見た」という満足感を味わったことがない。図版では両像が並べて掲げられることが多く、それを見ると、阿形と吽形が一対の作品として均衡を保っていることがよく分かる。が、実際に門の下に身を置くと、離れて向かい合う二つの巨像を同時に視野の下におさめることができない。一方を想像しつつ他方を見る、という見かたを取れなくはないが、像が巨大なだけに、そんな中途半端な見かたでは目の前の像までが遠のいてしまう。

実際、南大門の金剛力士像に向き合っていると、巨大な像とはなんと厄介なものかとつくづく思う。いま吽形像に視点を限っていうと、像の近くで見上げたときには、腰から下がる法衣と膝から下の筋骨隆々たる脚が強くせまってくる。が、腰から上の胴や両腕や頭部は、下から急角度で見上げるために、胴として、両腕として、頭部として、まとまった形をなさず、前に張り出した胸や、右手のまっすぐ伸びた三本指や、尖った顎《あご》と突き出た鼻などがばらばらに目に飛びこんで、下半身と上半身がうまくつながらず、一体の像を見ているという統一感が得られない。すぐ目の前にある右足はぐっと斜め前に踏み出され、踵《かかと》が岩座につき、爪先が浮いて指が開く、という魅力的な形に仕上がっているが、そこに目を奪われると、上半身はおろか、下半身とこの右足とのつながりも見えなくなる。

見かたを変え、像から離れて像の全体を視野におさめようとする。近くで見たときよりも一体としてのまとまりは増すが、最大限に距離を取っても、部分部分の力がばらばらに外へ出ていこうとする不統一の印象は消えず、集中力のある渾然一体《こんぜんいったい》の像というにはほど遠い。下から見上げる視角しか取れないことも統一的なイメージの形成を妨げている。写真図版は、地上から五メートルぐらいの高さの、像の中ほどの位置にカメラを据えての撮影が圧倒的に多いが、それも当然だ。そこまで視点を上げなければ、像の統一的なイメージが得られないのだ。南大門の下に身を置き、窮屈な思いをしながら前に後に、右に左に動きまわって二つの像を見上げ、結局、どこに身を置いても像の本当のすがたには出会えないのだと感じるとき、せめて像が外向きに並べられ、もっと遠くからゆったりとながめられたら、との思いを禁じえない。

像制作の総括的な責任者だった運慶が、二つの像の置かれかたや見えかたを意識しなかったはずはない。この像の制作以前に、東大寺大仏殿の大仏の脇侍像の制作にも携わっている運慶のことだ。東大寺再建の社会的意義、南大門の雄大さ斬新さ、南大門と金剛力士像とが織りなす緊張と照応の関係について、だれよりもよく考えていたにちがいない。

その運慶と仲間の仏師たちの構想したのが、安置すべき空間いっぱいに立ち上がる、全身に力のみなぎった巨大な金剛力士像だった。激動の時代の粗暴さが頽廃や疲弊へと向かうのを防ぎとめ、世情に光明をもたらすような力強い像として表現するには、これだけの大きさと、細部にわたる斬新な造形上の工夫が必要だったのかもしれない。

思うに、仏像なるものは、もともと荒々しさを本領とするものではない。仏像の本体ともいうべき如来と菩薩は、むしろ、静かさ、穏やかさを本領とする。悟りを開いた人、悟りを開こうとする人にあっては、静かさ、穏やかさこそが自然なありようというものだからだ。が、本体の周辺に置かれる明王や四天王や金剛力士は、悪を折伏《しゃくぶく》し、仏法を守護するのが役目だから、その像には荒々しさ、力強さが求められる。行動の人たる重源の超人的ともいうべき大活躍のもと、厖大なエネルギーを結集して再建への道を突き進む東大寺の、その雄壮な南大門に置かれる金剛力士像ともなれば、荒々しさもその極限を行くものでなければならない。仏師たちの制作意志の底には、そのような思いが沸《わ》き立っていたにちがいない。

武士団の登場と、かれらの戦場での命を賭けた闘争が、荒々しさを身近なものにしたということはあっただろう。しかし、武士の荒々しさをそのまま金剛力士の荒々しさとして表現することはできない。荒々しさの質がちがうからだ。殺傷と破壊を事とする戦闘の荒々しさとちがって、金剛力士の荒々しさは崇高この上ない仏法ないし仏国土を守るための荒々しさだ。荒々しさに卑劣さや邪悪さが混じることは許されない。求められるのは人びとに生きる希望と勇気をあたえる荒々しさだ。

運慶と慶派の仏師たちにとって、そのような荒々しさをもつ巨大な金剛力士像を作ることが時代とともに生きることだった。あるいは、激動の時代に仏師として立つことだった。寄木造《よせぎづくり》の工法では、巨大な像をいくつかの部分に分け、何人かの仏師がそれぞれの部分を分担して制作し、最後に部分を組み上げ、仕上げを施すという工程を取るのだが、縮小模型で全体の構えを考案するときも、部分を制作するときも、仕上げにかかるときも、荒々しさをどう造形するかは仏師たちのたえざる課題だったはずだ。

そして、南大門の金剛力士像の場合、像の荒々しさは像の巨大さと切っても切れない関係にあった。巨大な大仏と大仏殿が作られ、続いて巨大な南大門が作られる。厖大な財力と人力を投入して巨大であることを運命づけられてその門に置かれる金剛力士像は、いうならば巨大であることを運命づけられていた。そして、激動の時代に新しい造形へと向かう仏師たちは、運命づけられた巨大さにかえって造形意欲をかきたてられた。巨大な像を足元から見上げるほかない参拝客の目にも、仏師たちの心意気は伝わってくる。二体が驚くほどの短期間で制作されたという事実は、仏師たちの意欲の高まりと無関係ではありえない。

　意欲の昂揚《こうよう》は像と制作者を深く結びつける。しだいに形をなす像に生命がこもり、鑿《のみ》をもつ手に力がこもる。分担制作の過程でも荒々しさは随所に感じられたはずだ。となると、制作途上で仏師の感じとる手応えが、完成した像の前に立つ見物者の視点を呼びさますようなものでなかったのはやむをえなかったかもしれない。巨大な荒々しさの追求という冒険と実験は、見る者の視点に配慮する余裕のないほど一途なものだったのかもしれない。南大門の両脇の所定の位置に二つの像の全体が組み上がったとき、運慶はまわりに仮設された櫓《やぐら》を昇ったり降りたりしながら修正の手を加えたろうが、像の全体をながめわたす正位置は像の中ほど――いまのカメラの位置――だったのだろう。そこで見たすがたと、門を通過する人間が下から見上げるすがたとでは像の様相が大きくちがう。むろんそれは運慶のよく承知していたことだったろうが、これだけの巨大な像だとなれば、ちがいはいかんともしがたかった。

　像の前に立つと、制作者たちの意欲と情熱とエネルギーは感じとれる。しかし、目にするすがたが写真のイメージに追いつかないのは心残りだ。不運な像という思いをうち消すことができない。

4

運慶晩年の名作が興福寺北円堂の「無著像《むちゃく》」と「世親像《せしん》」だ。

無著と世親は紀元四〇〇年前後にインドで活躍した兄弟僧で、仏教の一派である法相宗の教学を大成したとされる。興福寺は法相宗の寺だから、北円堂の中尊・弥勒仏《みろくぶつ》の左右に立つ像として二つの肖像彫刻は制作された。

二体ともども、円熟の像というにふさわしい逸品だ。兄の無著は老成のすがた、弟の世親は少し手前の壮年像、というちがいはあるが、二つながら人間的な威厳と風格を具えて悠然と立つ像だ。長い人生を一歩一歩確かな足どりで歩んで来てここに至ったのだ、と思わせる落ち着きがある。円熟の像というゆえんだ。

二体とも、体の全体を覆う法衣《ほうえ》が足の甲に触れるほどにゆったりと垂れ下がり、袖も、肘から先を直角に曲げた両腕から隠れた膝のあたりまで、これまたゆったりと垂れ下がっている。法衣の上に袈裟《けさ》を羽織るが、左肩に渡した紐に袈裟を固定する鐶《かん》（止め金）が左胸の上に刻まれて、像の小さなアクセントになっている。無著像は単純な輪の形をした鐶《かん》だが、世親像は巴《ともえ》をあしらったやや複雑な形の鐶《かん》だ。袈裟の表面には向かって右上から左下にかけて何本もの波形の衣文《えもん》が施され、その衣文と、法衣の両腕に刻まれた衣文とが呼応して、リズムのある流れを作っている。

法衣も袈裟も軽く体にかかっているというふうではない。康慶の法相六祖像が分かりやすい例だが、衣文の変化に写実のおもしろさを見出すことの多い鎌倉彫刻は、衣の表現に凝りすぎる結果、衣服に覆われた肉体の存在が稀薄に、あるいは脆弱《ぜいじゃく》に感じられるものが少なくない。無著・世親像は、長い袖の作り一つを見ても細かいところまで配慮が行きとどき、衣服はどっしりと重く体にかかるが、片足をわずかに前に踏み出して悠然と立つ体が、重い衣服をしっかりと受けとめる力強さをもっている。着衣の重さに負けることなく、たっぷりとした衣を身にまとってゆったりとそこに立つ落ち着いたたたずまいが、二つの像を威厳と風格のあるものに感じさせる。

無著が手にもつ宝篋《ほうきょう》についても同じことがいえる。左の掌《てのひら》に載せ、右手を側面にあてがうようにしてもつ宝篋は、けっして小さくはない。広げた手いっぱいの大きさの円形の宝箱が布の袋に包まれて胸の前に保たれている。袋の首はぎゅっと結ばれて、宝篋そのものはそれなりの重さを感じさせる。が、宝篋を載せる無著の左手も、手に続く腕も肩も、宝篋の重さを負担に感じているようには見えない。宝篋はなにげなくそこに置かれているといったふうで、無著の心身はそれに煩《わずら》わされることなく安定したすがたで立っている。世親像のほうは、いつの頃からか宝篋が亡失していまもないが、その両手や腕や肩の形からするに、これまた宝篋のことなど知らぬげに悠然と立つすがたただ。

宝篋をもつ無著だが、像の中心に位置するその宝篋が見る者の目を引かないのは、正面よりわずかに右向きの無著の顔が宝篋とはちがう宙空の一点に目を据えていることが大きな理

運慶　無著像［興福寺北円堂］

由だ。この目は、外界のなにかを凝視するというより、どこかに穏やかに視線を固定し、もって心身の安らぎを確保し、大切な事柄をじっくり思いめぐらそうとする知的な目だ。見る側の視線はその清冽《せいれつ》なまなざしに引き寄せられ、宝篋から離れてしまう。

目だけではない。無著の顔の全体が、一度見たら忘れられない深みのある澄んだ顔だ。由緒ある絵かなにかを参考にして作られたのだろうが、如来の顔でも菩薩の顔でもなく、個性をもった人間の顔だ。若年でも壮年でもなく、老年の顔であり、日本人というより大陸の人を思わせる顔だ。が、顔の個性が、忘れられないと思わせるのではない。個性を具えつつ人間の顔として行くところまで行った顔であること、いいかえれば、なにを足す必要も引く必要もないその円満・十全な風姿が、印象を薄れさせないのだ。顔の個性からすると、この顔はほかのだれでもない紀元四〇〇年前後の一インド僧の顔なのだが、その個人の顔が、人間の顔とはこうしたものだという深みに――あるいは、普遍性に――達している。それが忘れられない顔だと思わせられるゆえんだ。像の前に立っていると、すぐそこに無著がいると思える瞬間もあれば、無著は現実とは別の時空に永遠に立ちつづけていると思える瞬間もある。個性と普遍性が渾然一体となった像ゆえの感懐だと思える。

威厳と風格のある円熟の像を造形するには、仏師運慶のほうもまた、技術的・精神的に円熟の域に達していなければならなかった。運慶は長く冒険と実験の人であり、大胆な創意の人だったが、晩年に無著・世親の像を刻むときには、もはや外に向かってなにかに挑戦するのではなく、目の前に出来上がりつつある像と対話をくりかえし、内に向かって自問自答を

運慶　世親像［興福寺北円堂］

重ね、仏師としてのおのれの生涯を締めくくるような境地に身を置いていたように思われる。法相宗の教学や無著・世親の学問的業績について運慶がどこまで理解していたかは不明だが、仏師としての人物理解が円熟の域に達していたことは、像に具わる威厳と風格をもってその証拠とすることができる。二体の像は、もの心のついた頃から自分を律し、修行を重ね思索を重ねて一歩一歩人間的に成長し、その身におのずからなる威厳と風格の具わった、そんな高邁な人物の造形をめざし、その思いを見事に実現したものということができる。人間であることが誇りであるような堂々たるすがたがそこにある。さまざまな仏像や仁王像や童子像を刻みながら人間とはなにかと問いつづけてきた運慶が、その問いの集約点として造形したのがこの二像だと思える。像のもつ存在の確かさ、ゆるぎなさは、人間の本質に由来する確かさであり、ゆるぎなさであると思える。像の高さは無著が一九四・七センチ、世親が一九一・六センチ。普通のおとなより一まわり大きい立派な体格だが、その立派な体格を立派な人格が内側から満たしている。そこに尽きることのない像の魅力の源泉がある。人間的普遍に至った円熟の像は人間としての経験を数多く積み重ねてきた仏師にして初めて表現しえたもののように思われる。

肖像彫刻として、わたしたちはこれまで「鑑真和上像」（第九章）と「重源上人像」（第十五章）を取り上げてきた。いずれも老年の像であり、老いたすがたのうちに当人の生涯が集約されているような像だった。肖像彫刻が一人の生きた人間を像に表現するものである以上、人間としての厚みをもった老年のすがたが造形の対象に選ばれるのは理にかなっている。見るほうも、当然のごとくに像の年齢を意識し、像のうちにその年齢に至るまでの時間の積み重なりと経験の積み重なりを見ようとする。肖像彫刻を見る大きな楽しみの要素だ。が、運慶晩年の名作二像が、見る者に否応なく時間を意識させるのは、それが肖像彫刻だからというだけではない。二体の像のあいだに、まるで目に見えるかのように、といいたくなるほどの明晰な時間の流れが感じとれることが、もう一つの大きな理由だ。

時間は弟の世親像から兄の無著像へと流れる。二像とも人間として完成の境地にある円熟の像だが、さきにいったように、無著が老いのすがたを取るのにたいして、世親は老いの手前の壮年のすがただ。そこで、二つの像が目の前に並ぶと、世親が年を重ねて無著の境地に至ると思われ、あいだに時間の流れが感じられる。世親の像はそれとして完璧なすがただが、人間はどんなに完璧な人間でも年を取る。それが人間の自然というものだ。その意味で、世親から無著へと流れる時間は自然な時間だ。世親の経験する人間的な時間でありつつ、穏やかに確かに流れる自然の時間だ。その時間に導かれて世親はやがて無著の境地へとたどりつく。兄弟僧二体のあいだにはそのような人格の照応がある。世親の手にいまは宝篋《ほうきょう》が載せられてはいないが、無著と同じ宝篋を手にした当初のすがただったなら、二像のあいだを流れる時間はもっとくっきり浮かび上がるかもしれないと思う。

二つの像のあいだに時間が流れるのは、いうまでもなく、それらが仏の像ではなく人間の像だからだ。金堂の正面中央に本尊の如来を置き、その両脇に二体の菩薩像を置く、というのは造仏のもっとも一般的な定型だが、その場合、二体の脇侍のあいだに時間が流れることはない。人間の像も一体であれば時間の流れが意識されることは稀だが、二体が並び、しかもそれが兄弟僧の像だとなれば、時間の流れが強く意識される。自然の時間であるとともに、人間味のある温かい時間の流れだ。像を刻む運慶にもそれは強く意識されていたにちがいない。そして、二つの像に威厳と風格が具わるにつれて、流れる時間はいっそう透明で自然なものとなっていったにちがいない。そこに見えている時間の流れは上昇でも下降でもなく、進化でも退化でもない。ただ流れがあると感じられるだけで、その透明な流動感が心に安らぎをもたらす。仏師としての円熟期に、円熟した人間の像を造形しえた運慶は、心安らかな、しあわせな表現者といってよかろうが、晩年の無著像と世親像は、見る者にも安らかなしあわせを恵んでくれるのである。

第十七章　法然と親鸞——万人救済の論理

源信の『往生要集』などの影響のもと、一〇世紀末から一一世紀にかけて貴族や僧侶のあいだに急速に広がった浄土思想は、それから一〇〇年以上の時を経た、平安末から鎌倉時代へと移る激動の時代に、大きく方向を転換する。貴族や僧侶の浄土思想とは質を異にする、民衆の浄土思想があらわれる。新しい時代の要請に応じた新しい宗教の登場である。この章では新しい浄土思想の開拓者として法然《ほうねん》と親鸞《しんらん》を取り上げる。

1

法然は一一三三年、美作国《みまさか》（現・岡山県）久米郡の稲岡荘に生まれた。地方の豪族の家で、父は押領使《おうりょうし》をつとめる地方官人だった。ところが、一一四一年、この父が稲岡荘の預所《あずかりどころ》・明石定明の夜襲に遭い、敗死した。預所とは中央の貴族や寺社の所有する荘園の管理人のことをいうから、荘園の拡大をめぐる在地豪族と領主勢力の争いのゆえに父は死に、一家は離散した。法然九歳のときの出来事だ。乱世の激動は地方の村にまで及んでいた。

法然は稲岡荘の北東一〇里の山中にある菩提寺に入り、観覚の弟子となる。四年後、弟子の才を見こんだ観覚は、比叡山の源光のもとに法然を送る。二年後に出家受戒した法然は学僧・皇円について天台教学を学ぶが、やがて、そこを出て西塔黒谷《さいとうくろだに》の叡空《えいくう》の僧坊に入った。中央権力との関係を深め、名利《みょうり》を追い、聖俗両面にわたって勢力を張ろうとする山門に、自分の居場所を見つけにくくなったのだ。

黒谷に移っても求道《ぐどう》の生活は続く。たゆまぬ修行・修学の日々だ。途中、法然は嵯峨清涼寺に参籠したり、南都の学匠のもとを訪ねたりもしている。

一一七五年、「専修念仏《せんじゅねんぶつ》」こそ仏教の真髄なりとの確信を得、黒谷を出て東山の吉水《よしみず》に移り住み、専修念仏の布教へと向かう。浄土宗の始まりである。

専修念仏という独創的な仏教思想へと法然を導いたのは、末法の濁世《じょくせ》に生きる人びとがいかにして救われるか、という課題だった。「第十二章　浄土思想の形成」で見たように、平安時代中期の貴族や僧侶の世界では、一〇五二年に末法の世が始まり、社会はいよいよ混乱と悲惨と困窮の様相を呈すると考えられていたが、法然の生きた平安末から鎌倉初期の時代は、鴨長明の『方丈記』が語るように、末法の濁世がそのまま目の前の現実となってあらわれたような時代だった。大小の戦乱や戦闘が所かまわず生起し、多くの人びとが死に、傷つき、家を焼かれて路頭に迷い、飢えに苛《さいな》まれ、病に倒れた。苦しみと悲しみが広く深く社会を覆い、人びとは不安と絶望を抱《かか》えつつ日々を生きていくほかはない。それが、偽わらぬ世のありさまだった。

苦しみと悲しみをしたたかに経験しつつ、人びとはなんとか暗い気持ちを乗りこえて生きていこうとする。不安と絶望に深くとらわれつつ、前方に光を、安心を、希望を、少しでも見出そうとする。が、苦しみや悲しみを乗りこえるのはむずかしく、前途に光や安心や希望を見出すのは容易なことではない。苦しみと悲しみは乗りこえようとして乗りこえられず、安心や希望は見出そうとして見出しえない。つらく重い負の経験ばかりが積み重なる。それが乱世を生きるということ、濁世末代を生きるということだった。

日々の暗い経験が人びとの心を浄土へと向かわせる。この世で得られない光明をあの世で得たいと思わせる。そういう人びとの思いに応えようとしたのが法然の「専修念仏」の思想だった。それは濁世のただなかにあらわれた、濁世を生きる人びとのための思想だった。

法然の主著『選択本願念仏集《せんちゃくほんがんねんぶつしゅう》』に次のことばがある。（現代語に訳して引用する）

念仏は易しいものだから、だれでもどこでもできる。念仏以外のおこないはむずかしいものだから、どんな場合でもできるというわけにはいかない。だから、すべての人を平等に往生させようとして、阿弥陀仏は難行《なんぎょう》を捨て、易行《いぎょう》である念仏を仏法の中心とされたのではないか。像を作り、塔を建てることこそが大事だとするなら、貧乏な人びとは往生を望めなくなる。しかも世の中、富める者は少なく、貧しい者が大多数というのが実情だ。また、智慧と才能こそが大事だとするなら、愚かで無知な人びとは往生を望めなくなる。しかも世の中、智慧のある者は少なく、愚か者が大多数というのが実情だ。また、見聞の多いことこそが大事だとするなら、見聞の少ない人びとは往生を望めなくなる。しかも世の中、多聞の人は少なく、少聞の人が大多数だ。また、戒律を守ることが大事だというなら、戒を破る人や戒法を受けていない人は往生を望めなくなる。しかも世の中、戒を守る人は少なく、戒を破る人が大多数だ。それ以外のおこないについても同じことがいえる。

要約するとこうだ。さまざまなおこないが大事だとすると、往生できる者は少なく、往生しない者が多くなろう。そこで、阿弥陀如来は、法蔵比丘《ほうぞうびく》として修行中の昔に、広大な慈悲心ゆえに万人を救おうと考え、造像や起塔などのおこないを往生の中心には置かれなかった。称名念仏《しょうみょうねんぶつ》のおこない一つを中心に置かれたのだ。（岩波・日本思想大系『法然一遍』一〇六ページ）

法然の思索のありようを鮮やかに照らし出す文言だ。

引用部分の文末に仏法上の唯一無二のおこないとして「称名念仏のおこない」が提示される。

源信の『往生要集』でも念仏の大切さは強調されていたが、法然はここでその議論をさらに尖鋭化していく。源信にとっての念仏は文字通り「仏を念じること」であり、念じかたとしては阿弥陀仏の相好《そうごう》を思い浮かべることが重視された。極楽に往生するために阿弥陀仏の三十二相《そう》八十種好《しゅごう》を思い浮かべ、さらには極楽浄土の壮麗豪華なありさまをも思い浮かべる。それが『往生要集』の説くところであって、観相行為としての念仏を助けるべく、阿弥陀仏の相好や極楽の情景を詳しく細かく描写するその記述は、浄土思想をイメージの美と深く関連づけ、数々のすぐれた芸術作品を生み出す力となった。

法然が仏法の中心に置く称名念仏は、そういう観相としての念仏からきっぱりと袂《たもと》を分かつ。仏の名号を称《とな》えること——「南無阿弥陀仏」と口に出して言うこと——だけでよしとし、ただそれだけが大事だとするのが、法然の思想の核心である。

根底にあるのは、すべての人びとが救済されねばならない、という痛切な思いだ。末法の濁世に救いはない。人びとは苦しみに身もだえし、不幸に身をよじって生きている。それでいいはずはない。人びとは救われねばならない。仏の慈悲はいまこそすべての人びとの上に注がれねばならない。すべての人びとを浄土へと導くのでなければならない。

そういう痛切な思いに応えるものとして浮かび上がったのが、易行としての称名念仏だった。「なむあみだぶつ」と口に出していうだけで極楽に往生できる、——法然には、この考えこそが万人救済の課題に応えうる仏教思想の根本と思えたのだった。

単純きわまる思いつきだともいえるし、革命的なまでに斬新な思想だともいえる。法然はその考えに死ぬまで執着し、生涯をかけてその考えを深め、また広めようとした。執着の強さは、さきほどの引用文のうちにもはっきりと見てとれる。なにより、称名念仏以外のおこないを難行として潔く拒否し排斥するところにあらわだ。難行として法然の列挙するものを、順を追って原文通りの漢語で示せば、造像起塔、智慧高才、多聞《たもん》多見《けん》、持戒持律、となる。どれ一つを取っても、仏教にとってどうでもよいといえるものはない。仏の道に生きようとする者が蔑《ないがし》ろにできるものなど、一つもない。わたしたちがこれまでたどってきた日本精神史上の仏教の流れに照らしても、造像起塔、智慧高才、多聞多見、持戒持律は、ときに歴史の表舞台にあらわれる事業ないし行為として、ときに陰ながら仏教の精神性と思想性を支える要素として、仏教を日本の社会に根づかせる大きな力となってきたものだ。若くして出家し、日本仏教を代表する比叡山に学んだ法然が、それらの事業や行為の大切さを知らなかったはずはない。

知った上で、法然は、称名念仏以外のおこないをきっぱりと斥《しりぞ》ける。大多数の人びとにとって難行は無用であり、称名念仏だけで十分だ、と。

万人が救済されねばならないという痛切な思いが、称名念仏だけでよしとする専修念仏の考えへと行き着き、その考えを思想的に深めるなかで伝統的な仏教のおこないに強い否定の矢が放たれる。法然の思考はそのような過程を踏んで前へと進んでいった。そして、伝統の否定は、同時に、これまで歩んできた求道者としてのおのれの過去を否定することを意味した。造像起塔はともかく、智慧高才、多聞多見、持戒持律は、仏道に生きようと志した若い頃から、法然自身、その実現に心を傾け、年とともに着実に身につけつつあるものだった。否定さるべき伝統は法然の外にあるのではなく、法然自身がそのなかに生きようとした伝統にほかならなかった。

伝統の否定が同時に自己の否定であることによって、専修念仏の思想はいやが上にも純化され、主体化された。こちら側に易行としての称名念仏があり、あちら側にそれ以外の諸行が難行としてあるというのなら、一方を肯定し他方を否定することも、双方が距離を取って共存することも、それほどむずかしくはないかもしれない。が、二つが二つながらにおのれのうちに存在するとなれば、それを肯定するにせよ否定するにせよ、肯定・否定がそのままおのれ自身にはね返ってくる。法然はおのれ一身にかかわることとして突きつめて考えざるをえない。易行とはなにか、難行とはなにか、なぜ行に易と難があるのか、易行が勝《すぐ》れ、難行が劣るのはなぜか、……。

実際、主著『選択本願念仏集』はそのように突きつめて考えるところになりたっている。しかし、そのように考えぬくことは、それ自体が否定さるべき難行ではないのか。浄土三部経や善導の「往生礼讃」からの引用が縦横自在になされ、引用にもとづく巧みな論理の構成によって専修念仏の絶対性を浮かび上がらせるこの著作自体が、智慧高才と多聞多見の――難行の――成果ではないのか。とすれば、専修念仏の思想を確立する上で、法然にとって厳しく困難な知的研鑽《けんさん》は必須不可欠なものだったはずだ。ならば、難行もときには必要とされ、また、よしともされるのではないか。

専修念仏の思想はそういう問いを法然に突きつけるものだった。

思えば、法然が山修山学のために比叡山に登ってから、専修念仏の思想をわがものとし、黒谷を去って東山の吉水に移るまでに三〇年の歳月が経過している。一三歳から四三歳までの三〇年間、法然は、智慧高才を頼みとし、多聞多見を求め、持戒持律を生きる指針として、求道の日々を送ってきたのだ。その法然が智慧高才も多聞多見も持戒持律も求めるべきものではないといい、称名念仏だけが唯一の価値あるおこないだと言う。万人救済の熱い願望が仏教の伝統を否定し、自分の過去をも否定する思想へと行き着くのを見とどけたとき、法然は目の眩《くら》むような思いがしたにちがいない。が、そこで引き返すわけにはいかない。引き返すのは万人救済の熱い思いを捨て去ることだ。自分の過去は否定できても、万人救済の熱い思いは——時代を生きるただなかから生まれた思いは——否定することができない。それが四三歳の法然の倫理的な覚悟だった。

倫理的な覚悟は倫理的な行動を促《うなが》さずにはいない。専修念仏の思想を心に懐いたまま、山奥で隠遁《いんとん》の、清貧の、求道の生活を続けることはできない。専修念仏の思想は、富もなく、智慧も才能もない人びと、少聞少見の、破戒無戒の人びとを救おうとする思想であり、論理である。思想そのものが人びとに触れ、人びとに伝えられることを求めている。ならば、法然は黒谷を出て広く人びとと交わらなければならない。求道者は求道者でありつつ、人びとと交わり、人びととともに生きるのでなければならない。

法然が京の都で布教を始めたのは一一七五年、源平争乱の始まる五年前のことだ。武士が抬頭し、時代が大きく移り変わろうとするときに法然は人びとのなかに入っていったのだが、具体的な布教のさまは知られていない。ただ、平重衡《たいらのしげひら》の南都焼打ちののち、東大寺大《だい》勧進職《かんじんしき》に就くことを求められているから（法然は辞退して重源を推挙する）、僧としての活動は人びとの目にとまっていたのであろう。ずっとのちに延暦寺の衆徒が念仏禁断の訴状を院に提出したり（一二〇四年）、興福寺の衆徒が専修念仏の停止を座主《ざす》に訴えたり（一二〇五年）しているから、専修念仏の思想はしだいに人びとに受け容《い》れられ、旧仏教勢力にとって無視できない力をもつようになっていったと考えられる。

法然の教えがしだいに広がっていったのは、いうまでもなく、乱世を生きる人びとの極楽往生への願いの強さを示すとともに、称名念仏という易行のみによって往生できるとする専修念仏の思想が、多くの人びとに安らぎと喜びをあたえたことを示していよう。広汎な知識を背景に、粘り強い思索と鋭い論理展開を経て生み出された専修念仏の思想が、仏教になじみの薄い普通の人びとに誤りなく理解されたとは思えないが、苦しみながら日々を生き、ときには悪事にも手を出しかねぬ無知無才の人びとこそがまず救われねばならない、それが阿弥陀仏の本願なのだ、という法然の思いは、人びとの心にとどいたものと思われる。仏教が、貴族や僧侶のためにあるのではなく、貧しく、愚かで、ものを知らず、不正をも犯す者たちのためにこそある、という教えは、貧しく、愚かで、ものを知らず、不正をも犯す普通の人びとにとって、胸にせまる新しい教えだった。

仏教は、キリスト教やイスラム教と並んで、部族や民族の枠を超えた世界宗教だとされる。世界宗教の名の通り、インドに起こった仏教は東アジアに広く伝わり、中国、朝鮮を経由して日本にもやってきた。

しかし、教義が世界宗教たるにふさわしい普遍性を具えているからといって、ただちに、その宗教が社会のうちに現実に世界宗教として存在している、と結論づけることはできない。キリスト教もイスラム教も、支配権力や特権階層や特権集団と結びついて、世界宗教とは名ばかりの、排他的宗教、差別的宗教と化すことも珍しくはない。

六世紀の半ばに日本に伝えられた仏教も、世界宗教としての普遍性を具えて現実に存在しているというより、まずは豪族や国家権力と結びつき、寺院自体が特権的存在として支配層の一翼を担うという面が大きかった。仏教によって国家の安定を図る、という奈良時代の鎮護国家の思想は、仏教と政治の結びつきの強さを端的に示すものだった。たがいに結びつこうとする意欲は、仏教の側にも政治権力の側にも強くあった。そういう状況をぬけ出し、山修山学をもとに宗教的な自立をめざした最澄の比叡山・延暦寺も、最澄の死後、時代とともに政治との結びつきを強め、政治的・宗教的な特権集団としておのれの存在を誇示するようになってきていた。

貧しく、愚かで、無知で、無戒の庶民こそ救われねばならないとする専修念仏の思想は、そのような集団の特権性を突き破り、仏教を人びとの日常世界に広げていこうとする試みにほかならなかった。地べたを這《は》いずりまわるような宗教活動だが、こめられた思想からすれば、まぎれもなく宗教の普遍性へと向かう世界宗教的な試みだった。部族や民族を超えることが上部の枠を突破して世界宗教に至る道だとすれば、下層の大衆に近づくことは宗教集団の底部を踏み破って世界宗教に至ろうとする道だ。専修念仏の思想は、長く国家権力や上層階級と政治的に結びつき、みずから特権集団として社会に臨むことの多かった日本仏教の伝統を、鋭く批判し、普通の人びととともに生きるところに仏教本来の普遍性を求めようとするものだった。

専修念仏の思想にこめられたそのような志向性は、政治的・社会的に大きな力をもつ既成の仏教界には理解しにくいものだった。理解しにくいその思想に、しかし、人びとがしだいに引き寄せられていく。その勢いが自分たちの足元をゆるがすまでになれば、旧仏教の側も黙ってはいられなかった。旧仏教と専修念仏とのあいだに目に見える対立の構図が出来上がっていく。南都の大僧団が念仏禁断を院に訴えた「興福寺奏状」の一節を現代語に訳して引用する。

第七の過失が念仏の誤解だ。まず、念じられる仏には名前があり実体がある。実体には内容と理法が具わっている。次に、念じかたについていうと、口称《くしょう》〔口に出す念仏〕と心念〔心に思う念仏〕がある。心念には繫念《けねん》と観念がある。観念には散位から定位《じょうい》へ、有漏《うろ》から無漏《むろ》へと至る段階があって、低位から高位へと向かう。とすると、口に名号を唱えることは、観でも定でもないから、粗雑で浅薄な念仏ということになる。場合により人によりそれで十分ということもなくはないが、きちんと考えれば、ちがいがあるのが分からないはずはない。専修念仏の徒はそう非難されたとき、広く考えをめぐらさず、ただ、「弥陀の本願が四八あるなかで、念仏往生は第一八願だ」と答えるだけだ。ほかのいくつもの大願を伏せて第一八願だけを本願とするのはどういうことか。その第一八願において「乃《ない》至十念《しじゅうねん》〔一〇回口に唱えるだけでも〕」とあるのは、最低の場合をいったものだ。観念が本来で下位に口称があり、多念が優れるが十念でもまあよいということだ。それこそが弥陀の慈悲の深さであり、仏の力の大きさなのだ。（岩波・日本思想大系『鎌倉旧仏教』三

（八―三九ページ）

整然たる理路の展開だ。念仏というものについて、仏典に即しつつ無理のない論が展開されている。比べていえば、法然の『選択本願念仏集』のほうが無理で奇怪な論の展開だといえなくはない。容易に見てとれるその無理で奇怪な論法が、かえって批判者の側を自重させ、無理のない論の展開へと導いた、と考えたくなるほどだ。

とはいえ、法然の側には、一見して無理で奇怪な論法に訴えてでも仏教を普通の人びとのもとで生きるものにしたい、という切実な思いがあった。そして、その思いこそ伝統的な仏教界のもっとも理解しにくいものであった。「興福寺奏状」はたんなる専修念仏批判の書ではなく、法然一派の活動の禁止と主たる活動家の処罰を求める政治的な文書だから、法然の側でもそれなりの政治的対応をせまられたろうが、文書に見てとれる相手方の無理解と、彼《ひ》我《が》の拠って立つ位置の隔たりからすれば、法然は旧来の仏教とおのれの仏教はもはや生きる世界がちがうと考えたのではなかろうか。そして、それは頭を痛めるべきことでも悲しむべきことでもなく、素直に受け容れるほかないことだと考えたのではないか。伝統的な日本仏教のありようからすれば、専修念仏の思想はそれほどに独創的であり異端的であった。

その独創的で異端的な考えが庶民のあいだで徐々に受け容れられ、やがて、貴族や武士や在俗の僧たちにまで受け容れられていく。教えを説く法然の人間的な魅力もあったろうが、時代の暗さと救いのなさが「平等往生」の考えを強く後押しした事実を見逃すわけにはいかない。黒谷を出て普通の人びとと交わるなかで、法然は専修念仏の思想が時代の求めていたものだとの確信を強めていったにちがいない。専修念仏の思想はもともと、貧しく、愚かで、無智無戒の庶民を救わねば、という熱意から生まれたものだ。庶民の救済を願うその教えが庶民に受け容れられるとすれば、法然にとって、これ以上の満足と喜びはなかった。黒谷を去ったあと、法然は、九条兼実の求めに応じて書いたさきの『選択本願念仏集』のほかにはまとまった著作を記していないが、日々労働に追われる庶民たちとの、仕事の合間を縫ってのつきあいは、著作活動に勝るとも劣らぬ充実感をともなっていたはずだ。残された個人宛の消息文から、人びとと丁寧に、また真剣につきあう法然のすがたが浮かび上がる。

いま、武蔵国の武士・津戸三郎《つのとのさぶろう》に宛てた返事文の冒頭部分を現代語に訳して引用する。

あなたの手紙をじっくり読みました。お尋ねの事柄についておおよその所を記します。

熊谷入道や津戸三郎は無智《むち》の者だから念仏を勧めたけれど、有智《うち》の人には念仏だけを勧める必要はない、とわたしが言ったとのことですが、それは大きな間違いです。なぜかというと、そもそも念仏の行は有智か無智かにかかわるものではなく、阿弥陀様のお誓いになった本願も、広く一切衆生を救うためのものだからです。無智の人には念仏を、有智の人のためにはほかの行を、ということはない。念仏はあらゆる衆生のためのものであり、有智・無智、有罪・無罪、善人・悪人、持戒・破戒、尊い人も賤《いや》しい人も、男も女も、仏の在世中の衆生も、仏の死後間《ま》もない時代の衆生も、末法万年が過ぎて仏法僧の三宝《さんぼう》が消滅した時代の衆生に至るまで、すべての人を救うのが阿弥陀様の本願です。……だから、わたしの所にやって来て往生の道を尋ねる人にたいしては、有智の人であろうと無智の人であろうと、ただただ念仏を唱えるようにと言っているのです。（岩波・日本思想大系『法然 一遍』一六九―一七〇ページ）

手紙はまだまだ続き、なかに仏典からの漢文のままの引用もある。相手の質問に真正面から答えようとする真率にして爽やかな文章だ。

相手に専修念仏の真髄を説き明かすことが眼目であるのはいうまでもないが、同時に、そういう相手を得て、おのれの思想を反芻《はんすう》し深めていくことにまたとない喜びを感じている文章だ。阿弥陀仏の本願がとりわけ貧しく愚かで無智無戒な人びとの救済にあるという思いは、いうならば法然の体の隅々にまで行きわたっていて、そういう庶民のもとで、かれらとともに仏法を考え、かれらとともに両手を合わせ念仏を唱えることが、法然にとっては、そのまま仏道を生きることであった。法然はもう、比叡山や興福寺や平安の宮廷や鎌倉の幕府を相手にする必要はなかったし、黒谷に帰っていく必要もなかった。

死の直前に、弟子・源智の求めに応じて書いた「一枚起請文《いちまいきしょうもん》」は以下のごとくだ。短かい全文を現代語訳で示す。

中国や日本の多くの智者たちの論じる観念の念仏〔仏を思い浮かべる念仏〕でもなく、

また、学問を通じて意味を理解した上で口にする念仏でもない。極楽に往生するためなら、南無阿弥陀仏と言うときに、必ず往生するぞと思って唱えるだけでよく、それ以外に必要なことはない。三つの心、四つの修行法といったものがあるにはあるが、それらはすべて、必ずや南無阿弥陀仏によって往生するぞと堅固に思うことのうちにふくまれる。それ以外に深く思いめぐらしたりすると、釈迦・弥陀の二尊の憐みに外れ、本願の救いからもれてしまう。念仏を信じる人は、たとえ釈尊一代の法をくわしく学んだ人であっても、自分のことをなにも知らない愚か者だと考え、無智な尼入道の一人となって、智者らしいふるまいをすることなく、ひたすら念仏するのがよい。（同右、一六四ページ）

文の流れがときにぎくしゃくするが、易行としての称名念仏を仏法の中心とする考えは、いささかもゆるがない。専修念仏の思想にたどりついた山修山学の三〇年も、人びとと交わりつつその思想を鍛え上げた布教の三七年も、死を前にした法然には、満ち足りた時間として想い起こされていたにちがいない。

法然の臨終のさまについては二つの点が注意を引く。一つは、門弟たちが五色の糸を仏の手にかけ、反対の端を法然に握らせようとしたところ、法然はわたしにはそんな儀式は必要がないといって糸を手に取らなかったこと、もう一つは慈円の『愚管抄』に記された、「往生なさるぞといって人びとが集まったけれども、極楽往生を証拠立てるような出来事（紫雲がたなびき、音楽が聞こえ、妙香が満ちるといったこと）はなかった」ということの二つだ。庶民の世界に生きることを根本の倫理とした法然にふさわしい最期だった。

2

法然の思想を受け継ぎ、それを内面的に掘り下げていったのが親鸞だった。親鸞が貴族・日野有範の子として生まれたのが一一七三年、法然四一歳のときのことだ。一一八一年(親鸞九歳)の春に出家し、青蓮院《しょうれんいん》慈円の門に入り、のちに比叡山で堂僧を勤めた。一二〇一年、京都六角堂に参籠し、夢告《むこく》により東山吉水の法然を訪ね、専修念仏《せんじゅねんぶつ》の徒となった。

源氏と平家が覇権をかけて死闘をくりかえし、京は荒れ、地方にも戦乱が及び、やがて鎌倉に幕府が打ちたてられるという激動の時代に、世の波乱と変貌のさまを肌に感じつつも、仏者としていかに生きるかを模索するのが、青年期から壮年期へと向かう親鸞の生きかただった。

新興の念仏宗にたいする旧仏教の攻撃はしだいに激しさを増し、ついに一二〇七年、専修念仏は禁止され、法然は土佐に、親鸞は越後に配流《はいる》された。親鸞、三五歳のときのことだ。この前後に親鸞は妻帯している。

一二一一年に流罪《るざい》は赦免されるが、親鸞は京都には帰らず、一二一四年には越後から常陸《ひたち》国に移り、以後、約二〇年間、笠間郡稲田郷に居住した。近隣の人びとに専修念仏の教えを説きつつ、代表作『教行信証《きょうぎょうしんしょう》』の撰述に精力を傾ける在郷生活だ。法然の人柄に心からの敬意を抱き、名もない庶民の救済をこそ主眼とする専修念仏の教えに帰依《きえ》したとなれば、辺境の地で普通の人びとともに暮らすことになんの不自然なところもなかった。

が、漢文で綴られた六巻からなる『教行信証』は、在郷の普通の人びととの交わりから自然に出来上がったものとはとうていいえなかった。浄土三部経を初めとする仏典や、中国および日本の浄土思想家の論釈からの豊富な引用文をもとに、末法の時代の仏教のありかたを究《きわ》めようとするその論述は、法然が無用とした智慧高才、多聞多見が実を結んだ見事な成果といってよく、普通の人びとが気軽に近づけるような書物ではおよそなかった。念仏を称えるだけで極楽に往生できる、というのはまことに簡明なものの考えかたであり、易行を難行の上に置く専修念仏の徒としては、簡明なものの考えかたを素直に信じ、なんの疑念もなく南無阿弥陀仏と口にできれば、それこそがまっすぐ極楽往生に通じる道だったが、親鸞はその道を歩むことができなかった。簡明なものの考えかたをゆるぎない真理だと確信するには、仏典や義疏《ぎしょ》を広く渉猟《しょうりょう》し、一つ一つ疑問を論理的に解いていかねばならなかった。仏典や義疏との悪戦苦闘は、素直な気持ちで念仏を称える純朴な信者のすがたとは似ても似つかぬものだったが、仏教思想家として立つには、それは避けて通れぬ道だった。

専修念仏をもって仏法の本質だとする親鸞の立場は一貫しているが、経典や論釈の文言に即して展開する正邪・真偽の論は煩雑《はんざつ》をきわめる。疑問に思える事柄の一つ一つについて、関連する経巻や経論の文言に還っていき、納得できる結論を得るまで考えぬく。それが『教行信証』の書きかただ。親鸞が主体的に考えようとしているさまはよく見てとれるが、その一方、典拠を示しながら進む論の運びには、恣意的・独善的になるのを防ごうとする慎重な配慮が見てとれる。経巻や経論を広くながめわたし、その奥にあるものを読みとることによって、専修念仏を独自の宗教思想として打ち立てようとするのが『教行信証』であった。

たとえば第三「信巻」の末尾において、五逆の罪を犯した者と正法《しょうぼう》を誹謗《ひぼう》する者とははたして極楽に往生できるのかが問題となる。『大無量寿経《だいむりょうじゅきょう》』に、衆生の救済を志す阿弥陀仏の立てた四八の願いが列挙されるが、そのなかで法然のもっとも重視する第一八願――「たとい、われ仏となるをえんとき、十方の衆生、至心に信楽《しんぎょう》して、わが国に生れんと欲して、乃《ない》至《し》十念せん。もし生れずんば、正覚《しょうがく》を取らじ。ただ、五逆（の罪を犯すもの）と正法を誹謗するものを除かん」（『浄土三部経 上』岩波文庫、一五七ページ）――から出てくる疑問だ。第一八願の趣旨は、阿弥陀仏は、心から自分を信じて念仏する人すべてを極楽に往生させると誓ったのだが、五逆の人と誹謗正法（謗法《ほうぼう》）の人だけは例外だとした、ということだ。では、例外とされた人たちは救われないのか、それとも救われるのか。

法然は取り上げることのなかった問いだが、後を継ぐ者が論理を突きつめようとすれば当然のごとくに浮かび上がってくる問いだ。厄介な問いだが、親鸞はそこに踏みこんでいく。あえて厄介な問いを立て、未知の領域へと触手を伸ばすことで、おのれの思索をいっそう深く鋭くしていこうとするのが親鸞の流儀だ。

「一切衆生平等往生《いっさいしゅじょうびょうどうおうじょう》」という専修念仏の根本的立場からすれば、五逆の人も誹謗正法の人も救われねばならないはずだが、親鸞は結論を急がない。五逆の罪の第一に該当するのは父殺しだが、その父殺しの例を浄土三部経とは別の『涅槃経《ねはんぎょう》』から引いてきて、阿闍世《あじゃせ》太子が父を殺すに至る経過と、殺したあとの当人の心の動きを追っていく。さらには、五逆や誹謗正法と極楽往生との関係が他の仏典でどうとらえられているかをも丁寧に追っていく。そして、その延長線上に中国浄土教の大成者・善導の「観経疏散善義《かんぎょうしょさんぜんぎ》」の一節を引く。いま弥陀の「第一八願」に直接にかかわる部分を現代語訳で示すと、

> 阿弥陀如来の四八願のなかに謗法・五逆を除くとあるが、この二業《にごう》は往生の妨げとしてもっとも重たいものではある。だれかがその罪を犯せば、ただちに阿鼻《あび》地獄に落ち、長くさまざまな苦しみを味わい、その境涯から解放される術《すべ》がない。ただ、阿弥陀如来が「謗法・五逆を除く」と言ったのは、衆生がこの二つの過失を犯すことを恐れ、それを防ぐ方便として「往生できない」と言ったのであって、救済しないということではない。（岩波・日本思想大系『親鸞』一三四ページ）

これだけを読むと、肩透《かたす》かしを食わされたような思いがしないでもない。四八願中もっとも重要な第一八願の但書《ただしがき》が、弥陀の本心を表現したものではなく、衆生が重罪を犯すことがないように、わざときついことばを口にした、というのだから。「嘘も方便」といった諺《ことわざ》すらも連想しかねない読み替えだ。

が、右のことばの前後に来る、五逆と謗法についての親鸞の粘り強い思索のなかに引用文を置いてみると、危うい読み替えがかえって親鸞の浄土思想の独自性と切実さを示しているのが分かる。文字通り、一切の衆生が平等に極楽に往生するところにこそ親鸞の浄土思想の核心があるのが分かる。

五逆・謗法という最悪の罪を犯した者も往生できるとなれば、地獄の存在は宙に浮くことになる。往生の例外とされた五逆・謗法の人も阿弥陀仏の慈悲によって往生できるとなれば、地獄に追いやられる、ということばは比喩的な意味しかもたなくなり、地獄を本来の居場所とする人はいなくなってしまう。阿弥陀仏の広大無辺の慈悲は、地獄を無用の存在と化す力をもつ。それが親鸞における浄土思想の論理の突きつめかただった。

実際、『教行信証』でも、和讃《わさん》（仏教歌謡の一種）でも、消息（手紙文）でも、『歎異抄《たんにしょう》』でも、地獄が話題になることは少ない。二〇〇年前の源信の『往生要集』で、地獄のありさまが熱をこめて入念に描写されていたことや、同時代の絵巻「地獄草紙」におどろおどろしい地獄絵が力をこめて描かれていたことを思い合わせると、親鸞の仏教思想がそれらとは趣きを異にする論理と論理の上に立つことは明らかだ。地獄のイメージを描き出すことにも親鸞の関心はない。当然のことながら、地獄と対《つい》をなす極楽のイメージを描写することにも親鸞は関心がない。五逆の人や謗法の人をふくめて、すべての人びとはどのようにして救済されるのか。そこを論理的・倫理的に突きつめることこそが親鸞の関心事だった。時代の側からいえば、かつてイメージの宗教として上流の階層をとらえた浄土思想は、乱世の時代にあって、イメージの華やかな展開とはまったく別の形で、下層の人びとの心をとらえるものになってきていた。人びとはイメージの華麗さによって極楽の存在を確信し、極楽往生を確信するのではなく、宗教上の新しい論理と倫理によって往生の確信を得ようとするようになってきていた。

すべての人がもれなく極楽に往生できるという根本理念を、人びとの日常意識にも宗教意識にも衝突せずにはいない、逆説的な論理によって表現したものが、有名な悪人正機説《あくにんしょうきせつ》だ。よく知られた『歎異抄』の一節を原文のまま引用する。

善人なをもて往生をとぐ、いはんや悪人をや。しかるを世のひとつねにいはく、悪人なを往生す、いかにいはんや善人をやと。この条、一旦そのいはれあるににたれども、本願他力の意趣《いしゅ》にそむけり。そのゆへは、自力作善《じりきさぜん》のひとは、ひとへに他力《たりき》をたのむこころかけたるあひだ、弥陀の本願にあらず。しかれども、自力のこころをひるがへして、他力をたのみたてまつれば、真実報土《しんじつほうど》の往生をとぐるなり。煩悩具足のわれらは、いづれの行にても生死《しゃうじ》をはなるることあるべからざるをあはれみたまひて、願をこしたまふ本意、悪人成仏《じゃうぶつ》のためなれば、他力をたのみたてまつる悪人、もとも往生の正因《しゃういん》なり。よて善人だにこそ往生すれ、まして悪人はと、おほせさふらひき。（『歎異抄』岩波文庫、四五—四六ページ）

世の人がつねに「悪人なを往生す、いかにいはんや善人をや（悪人でも往生するのだから、当然、善人は往生する）」と言うこと、つまりは、それが世間の常識であることを、親鸞はよく承知していた。が、その常識は「一切衆生平等往生」の根本理念に矛盾する。すべての人をもれなく救う、という弥陀の本願からすれば、往生がむずかしいかに思える悪人こそが真先に往生するのでなければならない。それが真実の宗教的な論理だ。その論理をことばにすれば、常識の論理が引っくりかえる。「善人なをもて往生をとぐ、いはんや悪人をや」と。こうして、日常の論理を超える、超越的・絶対的な宗教の論理があらわれる。「一切衆生平等往生」や「悪人正機」の宗教論理は、この世を生きる人びとになんの抵抗もなく受け容《い》れられるものではない。この世は末法の世といわれるほどに乱れに乱れ、汚濁に満ちている。しかし、それでも人びとはそこでなんとか正しく生きようとし、安らかに生きようとする。努力は報われる、とか、人に迷惑をかけないように、とか、体を大切に、とかが日々の生活から得られる論理で、そこから極楽往生へと思いを及ぼせば、「悪人なを往生す、いかにいはんや善人をや」とするのがまっとうな論理であろう。

その論理に矛盾する逆説の論理として提示された「善人なを往生す、いかにいはんや悪人をや」は、では、どこで通用する論理なのか。そもそも、通用する場があるのか。その問いに答えようとすれば死後のあの世で通用する論理だ、と答えるほかはない。親鸞は、仏典や論釈を広く渉猟しつつ、阿弥陀仏の本願（第一八願）に仏教思想の根本があるとの確信を深めるなかで、この世を超えるあの世の論理に到達したのだ、と考える以外にはない。この世では逆説に見える論理こそが弥陀の本願にかなうあの世の絶対的な宗教論理だと親鸞は考えたのだ。

こうして、この世とあの世は論理的に峻別《しゅんべつ》される。

飢えと破壊と掠奪《りゃくだつ》と殺戮《さつりく》がくりかえされ、場所によっては弱肉強食と身分差別の論理が横行しもするこの世にたいして、阿弥陀仏の慈悲に守られたあの世では、だれもが安楽に暮らせるし、とりわけこの世で重い罪を犯した悪人が安楽に暮らせるという。明晰な論理で語られる二つの世のちがいは、だれにでも理解できるし、乱世に苦しみ悩む人びとにとっては、弥陀の本願がいよいよありがたいものに思えたにちがいない。そして、弥陀の慈悲が広大無辺だとなれば、あの世には隅々まで慈悲の光が行きわたり、すべての人に救いの手が差しのべられると信じられたにちがいない。すでにいったように、親鸞は地獄への関心が低い仏教思想家だが、関心の低さは弥陀の本願を究極の根拠とする浄土思想のしからしむるところでもあった。

あの世に弥陀の慈悲の光が遍満し、死後にはすべての人に、とりわけ重罪を犯した悪人に救いの手が差しのべられるとして、さて、あの世ならぬこの世でわたしたちはどのように生きたらよいのか。この世とあの世を論理的に峻別したあとに親鸞が向き合わねばならなかったのが、その問いだった。

答えるのがむずかしい問いだ。この世とあの世が同じ論理の通用しない別個の世界である以上、あの世にふさわしい生きかたを、そのままこの世の生きかたとすることはできないからだ。あの世がこの世を超越した絶対的な世界として設定されているかぎり、宗教的な信念と信仰を、そのまま現実生活の倫理とすることはできない。

が、親鸞は、宗教的な信念と信仰を現実生活にまでつらぬくことをもって、この世を生きる倫理にしようとした。弥陀の本願を究極の根拠とする宗教的信念ないし信仰以外に、人びとに説き明かすべき生活の倫理をもたないのが親鸞の思想的立場だった。そこに、乱世をあくまで宗教的に生きぬこうとする親鸞の覚悟を見てとることができる。

宗教上の信仰を現実生活の倫理に重ねようとして、常陸で、また京都で、親鸞が機会あるごとに口にしたのが「他力本願」ということばだった。一般に、法然の浄土宗、親鸞の浄土真宗、一遍の時宗をひっくるめて他力本願の教えと呼ぶが、法然も一遍も親鸞ほどには「他力本願」ということばを口にはしなかった。

他力本願の趣旨を阿弥陀仏の第一八願と直接に関係づけて述べたものとして次のことばがある。晩年、京にあって、かつて暮らした常陸国笠間郡の念仏者に宛てた手紙の一節だ。

(現代語に訳して引用する)

他力というのは、阿弥陀如来の誓願のなかに選んで取りいれられた、第一八番目の念仏往生の本願を心から信じることをいうのです。他力については「如来の誓いだから義なきを義とす」と法然上人がおっしゃっている。義というのははからうことをいう。修行者のはからいは自力の行為だから、それを義という。他力は阿弥陀如来の本願を深く信じて必ず往生するというのだから、義なしというのです。だとすれば、わが身は悪いのだからどうして如来が迎えて下さるだろうか、などと考えてはいけません。凡夫のわたしたちはもともと煩悩《ぼんのう》のかたまりだから、悪いに決まっています。また、自分の心はいいのだからきっと往生する、と考えるのもいけません。自力のはからいをもってしては弥陀の浄土に生まれることはできないのです。（岩波・日本古典文学大系『親鸞集 日蓮集』一一七―一一八ページ）

「はからい」とはあれこれ考えて計画し、準備し、実行することをいう。極楽往生についてはそのはからいが一切無用だという。それが他力本願ということだ。自力を捨て、はからいを捨てて、阿弥陀如来の誓いをひたすら信じる。それだけでよい、と親鸞はいうのだ。乱れはて荒れはてた末法の世を生きる心得とはまったくちがう心得が説かれている。秩序が乱れ、日々の生活が安定したリズムを失い、いつ、どこで、どんな形の災厄に見舞われるかもしれない状況のもとでは、まわりの事態を冷静に見つめ、感情に走らず、軽挙妄動をひかえ、慎重な判断にもとづいて行動することが求められる。思い切った行動に出る場合でも、身を縮めて危険な事態が通りすぎるのを待つ場合でも、正確な状況認識と的確な判断が必要とされる。親鸞のいうはからいだ。この世で生きていくには、とりわけ乱世を生きていくには、はからいが欠かせない。

往生については、そのはからいが無用だと親鸞は言う。他力本願こそが仏法にかなうと言う。その言いかただけからも、この世とあの世の質的なちがいがはっきりと感じとれる。乱れたこの世にたいして、弥陀の慈悲に包まれたあの世は安穏な世界に思える。そういう世界に、死後、迎えられるというのなら、乱世での苦労や悲惨も軽減されるというものだ。乱世の日々が多少とも生きやすくなろうというものだ。そういう実感に支えられて弥陀の本願を信じ、極楽往生を信じた人は少なくなかったにちがいない。

こうして、はからいを不可欠とする現実世界と、はからいを無用とする弥陀の世界とが、信じる者の前に相並んで立ちあらわれる。二つの世界は截然《せつぜん》と区別され、どちらかがどちらかに入りこむことはないが、二つの世界と向き合う念仏の徒が、はからいのない他力本願の安らかさを辛苦に満ちた現実世界にも求めようとすることは、苦しむ者の心理として十分にありえよう。はからいの欠かせぬ、危うい乱れた現実世界だが、そこに、はからいを捨て他力本願ふうに生きられる場がわずかでもあるのなら、人びとはその場でたまさかの安らぎを得られようし、そういう場を広げていきたいとも思うだろう。そういう形で、浄土はこの世と交錯し、阿弥陀信仰は現実生活の倫理に転移する可能性をもっていたはずだ。

他力本願がこの世での現実の生きかたと交錯するさまを、親鸞が自分のこととして語ったことばが『歎異抄』にある。師・法然との関係を省《かえり》みてのことばだ。（現代語に訳して引用する）

この親鸞の場合には、ただ念仏を唱《とな》えて弥陀に助けられるのがよい、と法然さまのおっしゃったことをそのまま信じるだけのことです。念仏が本当に浄土往生の原因であるのか、それとも地獄に堕《お》ちる業因であるのか、わたしはまったく知らないのです。法然上人にだまされて、念仏のおかげで地獄に堕ちたとしても、少しも後悔することはない。なぜかといえば、念仏以外の修行をして仏になるはずだったのが、念仏を唱えたために地獄に堕ちたというのなら、だまされてしまったと後悔することにもなろうが、どの修行も達成できないわたしは、地獄行きが定めだと思えるからです。（『歎異抄』岩波文庫、四二—四三ページ）

法然は生身の人間として親鸞が師弟関係を結んだ相手だ。一二〇七年の法難ではともども僻遠《へきえん》の地に配流《はいる》された間柄だ。師としてどんなに敬意を抱いていたとしても、万人を往生させると誓願し、その誓願を実行する阿弥陀仏と同列に扱える存在ではない。一方が超越的な観念存在だとすれば、他方は血の通った生身《なまみ》の人間だ。

現実世界の存在たるその法然にたいして、親鸞は、他力本願の構えを取っている。一切のはからいを捨ててその言をそのままに信じている。だまされて地獄に堕ちても後悔はしない、とまでいっている。

法然が生身の人間である以上、法然にだまされて地獄に堕ちる可能性はゼロではない。ゼロでないのが現実の人間関係のありようだ。その点では、観念的・超越的な絶対存在である阿弥陀仏を信じるのと法然を信じるのとは、やはりちがうことだ。しかし、親鸞はここで、阿弥陀仏を信じるように法然を信じようとしている。宗教的な信仰の形を現実の人間関係のうちにも構築しようとしている。危うい試みだ。危うくはあるが、画然と区別されるあの世とこの世にともども真摯に向き合い、あの世の開放感を汚濁のこの世に少しでももたらそうとする宗教者に似つかわしい試みではある。なにより、心から信頼できる師に出会い、心から信頼できる関係を築きえたことに、親鸞が大きな喜びを感じているさまが印象深い。絶対的ともいうべきこの信頼は、宗教的な絶対信仰ないし絶対帰依が現実の人間関係に移されたものといえるが、そういう形で宗教と現実が結びつくことに親鸞は宗教家として確かな手応えを感じていたもののごとくだ。法然との関係を語ることばに見てとれる喜びも、宗教と現実の双方から発するもののように思われる。

が、あの世とこの世、宗教的信仰と現実の生活倫理、仏への帰依と人間への信頼とが容易に結びつくものでないことも親鸞は深く肝に銘じていた。さきの引用文にも「地獄行きが定めだと思える（地獄は一定《いちぢゃう》すみかぞかし）」という自省のことばが見えるが、宗教的信仰と現実生活の倫理との疎隔は、親鸞にあっては、おのれの生きかたへの批判もしくは反省としてつねに厳しく意識されていた。

めざましい例がある。仏典と論釈を縦横に引用しながら、緻密《ちみつ》な論理の追求によって他力本願の正当性と絶対性を明らかにしていく『教行信証』のなかに、突如として次のような自己批判ないし自己否定の文言があらわれるのだ。（現代語訳で引用）

骨身に沁みて分かることだが、この愚かな親鸞は、愛欲の海に溺れ、名利《みょうり》の山に踏み迷い、正定聚《しょうじょうしゅ》〔極楽往生の約束された人〕の仲間になることを喜ばない。悲しいことだ。浄土の悟りに近づく気持ちになれないことは、なんとも恥ずかしく傷《いた》ましいことだ。（岩波・日本思想大系『親鸞』一〇八ページ）

悟りを求めてひたむきに求道の生活を送るのではない。といって、仏教とは無縁の俗な生活に耽るのでもない。そういうおのれの生きかたを親鸞は「非僧非俗《ひそうひぞく》」と名づけたが、右の一節で親鸞はその非僧非俗の生きかたをみずから激しく糾弾している。仏典に広く当たって仏法の真実を闡明《せんめい》する書物の本旨からすれば、まったく不必要な、場ちがいともいうべき自己糾弾だが、親鸞は右の文言をどうしても挿入せざるをえなかったもののごとくだ。高遠にして難解な議論を展開するおのれが、けっして品格のある清らかな人間ではないことを、自分にたいしても他人にたいしても明言しておく必要があると考えたのであろう。非僧非俗の中途半端さはどうしようもない。弥陀の慈悲がどんなに広大無辺であっても、それは現実世界の中途半端さを現実的に浄化するようなものではない。宗教的な救済が容易に現実の生活に及ぶものでないことは、親鸞にとって、自明の前提だった。

そのことは、具体的には、親鸞と周辺の人びととのあいだに、法然と親鸞のあいだになりたった絶対的信頼がなりたちようがない、という形を取ってあらわれる。愛欲の海に溺れ、名利の山に踏み迷う非僧非俗の人は、現実的な信頼の対象とはなりえないからだ。さきに引用した、法然への絶対的信頼を表明した『歎異抄』の一節は、次のことばで結ばれる。

法然のおっしゃることが本当なら、この親鸞の言うことも虚言ではないことになりましょうか。まあ、わたしの信仰のありようはそんなところです。となれば、念仏をよしとして信心なさるのも、はたまた念仏を捨ててしまわれるのも、みなさま一人一人のはからいです。（『歎異抄』岩波文庫、四三ページ）

阿弥陀仏と衆生とのあいだでは無用とされた「はからい」が、ここでは意味のあるものとされているのが目を引く。阿弥陀仏と衆生との関係には宗教的絶対性があるが、親鸞とまわりの人びととの現実的な関係には宗教的絶対性をもって覆いつくせぬ相対性がつきまとう。そのかぎりで、一人一人のはからいが現実的な意味をもってくる。信心するもしないも一人一人のはからいだ、と決断を人びとに投げかえすことによって、親鸞は宗教的信仰の世界と人びとの生きる現実世界との隔絶を、改めて自他に確認しているように思われる。阿弥陀仏を信じることと日々を生きることは、まちがいなく一人の人間のうちに同居する営みでありながら、容易に統一されるものではない。もしはからいが完全に無化できれば、この世も極楽浄土となるかもしれない。が、人は、はからいなしで日々を生きていくことはできない。はからいなしでは生きていけない現実生活は、宗教的信仰の絶対性からすれば相対的なものにすぎない。しかし、相対的な生活には観念的な絶対性では汲みつくせぬ独自の意味と価値がある。それは認めねばならぬ。そう考えるのが、非僧非俗を自任する親鸞の立場だった。

さらにいえば、そういう相対的な世界を親鸞は人びととともに、人びとの一人として、生きていこうとしていた。相対的な世界では宗教的理論や宗教的信仰の絶対性もまた相対化される。やむをえない。理論と信仰の絶対性を観念的に保持しつつ、相対的な現実世界を相対的に生きていく。宗教者として現実を生きるにはそれ以外に道はない。『歎異抄』の別の所に、「親鸞は弟子一人ももたずさふらふ」（同右、五〇ページ）ということばがあるが、そのことばには、弥陀の導きで念仏往生する者たちのあいだには師も弟子もない、という思いとともに、宗教的信仰を保持しつつ現実を相対的に生きる者たちのあいだには師も弟子もない、という思いがこめられていたように考えられる。

第十八章 『正法眼蔵』——存在の輝き

わたしたちはこれまで、「第五章 仏教の受容」を初めとするいくつかの章で仏教のありかたを日本精神史上の重要なテーマとして扱ってきた。「第七章 写経」「第九章 阿修羅像と鑑真和上像」「第十章 最澄と空海と『日本霊異記』」「第十二章 浄土思想の形成」「第十五章 東大寺の焼亡と再建」「第十六章 仏師・運慶」そして前章の「法然と親鸞」、——これらの章はそのどれもが仏教と深くかかわるものであった。

なかでとくにわたしたちの目を引いたのが、日本仏教における美意識の働きの大きさだった。仏を信じる心と美しい伽藍《がらん》や仏像や画像を求める心が寄り添うようにして進むのが日本における仏教精神史の大きな特徴だった。

鎌倉新仏教の登場とともにそこのところが大きく変わる。宗教的な信仰と思索が大きく前面に出てきて、美への関心は背後に押しやられる。前章で見たように、法然や親鸞はなにより信仰の人であり思索の人であって、美を求める人ではない。専修念仏《せんじゅねんぶつ》の思想も悪人正機《あくにんしょうき》の説も美の造形や意識とはかかわりの薄い宗教的な論理であり倫理であった。法然が造像起塔を余行として排したのは、おのれの宗教思想に誠実な選択だった。親鸞とて同じことだ。何百年ものちの後継者の手になる東西本願寺の豪壮な大伽藍は、親鸞の宗教思想とは似ても似つかぬものというほかはない。

宗教と美との関係の変化を見るには、平安中期の浄土思想と法然や親鸞の浄土思想とを比べてみるのがよい。

第十二章で述べたように、源信の『往生要集』は地獄と極楽のさまを強烈なイメージとして描き出し、読者の脳裡に焼きつけようとするものだった。そのイメージは視覚に訴える力がもっとも大きかったが、視覚だけでなく聴覚にも嗅覚にも触覚にも訴えて地獄の醜悪さと、極楽の美しさ快適さを印象づけようとするものだった。浄土思想の基本たる念仏も、口で仏の名を称《とな》えることではなく、仏の崇高なすがたをありありと思い浮かべることに重きを置くものだった。イメージの宗教といえるほどに美醜のイメージと極楽往生とが強く結びつく。それが源信の浄土思想だった。

『往生要集』はあの世のイメージをことばで表現するものだったが、人びとの浄土への思いは、建築（浄土庭園・阿弥陀堂）や彫刻（仏像）や絵画（聖衆来迎図）によってイメージが具体化されることで、いっそうゆたかになった。いまに残るその見事な成果が、平等院鳳凰堂や浄瑠璃寺であり、高野山の「聖衆来迎図」、禅林寺の「山越阿弥陀図」、知恩院の「早来迎」だった。

たいして、法然と親鸞の浄土思想はイメージをくりひろげようとはしないし、美の造形に向かおうとはしない。その大きな理由として、六世紀に仏教が伝わって以来、仏寺・仏像に体現される美のイメージが主として特権的な上層階級の享受するものであり、法然や親鸞の相手とする庶民にとっては縁遠いものだったことが挙げられる。早い話、造寺造像には莫大な財力と人力が必要で、旧来の寺院勢力を離れ、政治権力からも独立して新しい仏教思想を人びとに伝えていこうとする法然や親鸞には、手を出そうにも出しようがなかった。法然や親鸞は壮麗な建築・彫刻・絵画の支えなしに、みずからの宗教思想を確立していかねばならなかった。

そのとき、かれらの力になったのはことばであり、論理であった。かれらはイメージによってではなく、ことばによって、論理によって、宗教の本質にせまろうとした。混乱をきわめる、汚濁《おじょく》に満ちた末世を生きる人びとに、救いはあるのか。あるとすれば、それはどんな形を取るのか。時代の現実が突きつけてくる切実な問いに答えるべく、仏典や注疏《ちゅうそ》を広く渉猟《しょうりょう》し、説得力のある救済の論理を紡ぎ出していくのが法然や親鸞の課題だった。

もとより、救済の論理は、漢訳仏典や高僧の注釈書を読めばおのずと浮かび上がってくる、というものではなかった。時代の現実とそこに生きる人びとの苦しみに心を痛める仏教者は、多様な仏教思想を学ぶなかから、人びとの極楽往生の願いに応える独自の論理と倫理を、思考力と洞察力の限りを尽くして構築していかなければならなかった。その意味で、『選択本願念仏集《せんちゃくほんがんねんぶつしゅう》』と『教行信証《きょうぎょうしんしょう》』はいずれ劣らぬ仏教的思索の書ということができる。「一切衆生平等往生《いっさいしゅじょうびょうどうおうじょう》」や「専修念仏」や「他力本願」や「悪人正機」の思想は、仏法と現実との狭間《はざま》に身を置く仏教思想家が全精力を傾けた論理的苦闘の末に編み出したものであった。

では、イメージの宗教はどうなったのか。支配層や支配権力と強く結びつく旧来の仏教の側では、美的イメージと宗教とのかかわりは依然として強く、たとえば、一一六四年、後白河法皇を願主とし、平清盛が造進した天台宗の寺院・三十三間堂は、横に長く伸びる本堂に千一体の千手観音像を置くという、途方もない美の造形をめざす事業だった。本書の十五章と十六章で取り上げた重源や運慶の活動も、宗教と美的イメージとを力強く結びつけようとするものであり、その結びつきは日本仏教の長い歴史的伝統であったがゆえに、混乱と激動の時代にあってもめざましい成果を生み出しえたのであった。

重源、運慶、法然、親鸞の四人は、平安末から鎌倉初期の時代を後になり先になりして生きた人たちだ。同時代を生きつつ、法然と親鸞が重源と運慶の東大寺再建活動や造像活動とほとんど接点をもたないところにも、すでに述べた、この時代の浄土思想と美的イメージとの疎遠な関係をうかがうことができる。

そして、鎌倉新仏教の一つ、曹洞宗《そうとう》の開祖たる道元《どうげん》もまた、イメージの宗教者というより、思考の宗教者だった。主著『正法眼蔵《しょうぼうげんぞう》』に拠ってその思考のありようを見ていきたい。

七五巻本『正法眼蔵』の第一に置かれる「現成公按《げんじょうこうあん》」は、仏法の本義に正面から立ちむかう文章をもって始まる。段落ごとに切って原文を引用し、それに注釈を加えるという形で論の展開を追っていく。（五二八ページまでの引用文はすべて、岩波・日本思想大系『道元上』三五—三六ページによる）

諸法の仏法なる時節、すなはち迷悟あり、修行あり、生《しゃう》あり、死あり、諸仏あり、衆生あり。

あらゆる事物がそれぞれ真の存在としてあるとき、そこに迷いや悟りがあり、修行があり、生があり、死があり、悟りを開いた人があり、悟りに達しない人がある、——悟りも迷いも、生と死も、仏法のうちに包摂されてある、というのが道元の考えだ。

万法ともにわれにあらざる時節、まどひなくさとりなく、諸仏なく衆生なく、生なく滅《めち》なし。

「万法」は前段の「諸法」を一まとまりのものと見た語。全現実。その全現実がわれにおいて主観的にあるのではなく、それ自体においてあるとき、まどいも悟りもなく、悟りを開いた人も開かない人もなく、生も滅びもない。前段の「諸法の仏法なる時節」とこの段の「万法ともにわれにあらざる時節」は結局は同じ真理顕現のさまを表現しているが、あとに続く文は正反対の形を取っている。それが道元の現実観だ。迷いがあり悟りがあり、生があり死があるのは現実の真相であり、とともに、迷いなく悟りなく、生がなく死がないのが現実の真相だというのだ。矛盾した言いかただが、矛盾した言いかたをしてまでも悟りと迷い、生と死を相対化し、悟りと迷い、生と死がともどもあり、かつ、ともどもない現実を、大きく受け容《い》れようとするのが道元の立場だ。

細かいことをいうと、前段の後半文から「修行」がぬけ、生死（滅）と諸仏・衆生が上下入れかわってこの段の後半文が出来上がっているが、そういう些末《さまつ》な不揃《ふぞろ》いや脱落に頓着しないで、大胆に前へと進むのが『正法眼蔵』の文章作法だ。

仏道もとより豊倹《ほうけん》より跳出《てうしゆつ》せるゆへに、生滅《しやうめち》あり、迷悟あり、生仏《しやうぶつ》あり。

仏道とは本来、量の大小を超えているのであって、だから生と滅があり、迷いと悟りがあり、衆生と諸仏がある。「ゆへに」を理由説明の語と取ると読みにくい。二つの事柄を並列する語と取っていいと思う。

しかもかくのごとくなりといへども、花は愛惜《あいじやく》にちり、草は棄嫌《きけん》におふるのみなり。

仏道とはそういうものではあるけれども、花が散るのを惜しみ、草の茂るのを嫌うのが人情というものだ。こうして、愛惜の情や嫌厭の情も大きく仏道ないし仏法のうちに包摂される。

以上四つの文をもって思考が一つのまとまりをなすが、大切なのは道元の目がさまざまな事象をそれとしてしっかりと見つめていることだ。一般的にいえば、仏法では迷いの上に悟りがあり、衆生の上に諸仏があると位置づけられるが、道元は迷いや衆生にも悟りや諸仏と同じ洞察の目を向け、その真実のありようを同じように透視する。いや、もっと強く、道元の目には迷いや衆生が悟りや諸仏と同等の資格をもって存在するといっていいかもしれない。散る花や茂る草がそうであるように。また、散る花を惜しむ心や茂る草を嫌う心がそうであるように。

引用を続ける。

自己をはこびて万法を修証《しゅしょう》するを迷《まよひ》とす、万法すすみて自己を修証するはさとりなり。迷を大悟《だいご》するは諸仏なり、悟に大迷《だいめい》なるは衆生なり。さらに悟上に得悟する漢あり、迷中又迷《いうめい》の漢あり。諸仏のまさしく諸仏なるときは、自己は諸仏なりと覚知することをもちゐず。しかあれども証仏なり、仏を証しもてゆく。

自己のほうから事象の認識へと向かうのは迷いであり、事象が自己をとらえるようになるのが悟りだ。（と、まず迷いと悟りが明確に区別される。しかし、その区別は絶対的なものではなく、）迷いを迷いだと大きく悟っているのが仏たちであり、悟りの状態にありながら自己にこだわるのが衆生だ。（ここでは、迷いも悟りも一定の心の状態というより、心の動きとしてとらえられている。）さらにいえば、悟った上でさらなる悟りを得る人もいれば、迷いのなかでさらに迷う人もいる。仏がまさしく悟りの境地にあるときには、自分が仏だと自覚する必要はない。とはいえ、仏であることは事実で、仏としての実践（修行）がなされる。

「正法眼蔵」とは仏法の眼目、仏法の根本真理、という意味だ。そして、「現成公按」とは、いまあるこの現実が永遠不変の真理そのものである、という意味だ。そんなことばを自著の題名とし、その第一巻の標題とする道元が、自分の説く仏法に自信をもっていなかったはずはない。悟りを開いた仏者として書物を著《あらわ》そうとしたことはまちがいない。その道元が改めて悟りとはなにか、迷いとはなにか、と自省するとき、二つの境地はまったく別個のものではなく、迷いのなかに悟りが、悟りのなかに迷いが、迷いのなかにさらなる迷いが、悟りのなかにさらなる悟りが、見えてくる。そういう心の動きを、動きをぬけ出した高みに立って説き明かすのではなく、動きのなかで思考を働かせ、ことばに表現していく。それが道元の思考法であり表現法だ。読む側からいえば、いまここで思考が働いているという臨場感をあたえられるのが『正法眼蔵』を読むということだ。道元にとって、悟りを開いた者として筆を進めるよりも、目の前に浮かび上がる悟りと迷いの実相を見つめ、見えてくるものをことばに定着することのほうがずっと大切だった。

もう少し引用を続ける。

身心《しんじん》を挙《こ》して色《しき》を見取し、身心を挙して声《しやう》を聴取するに、したしく会取《ういしゅ》すれども、かがみに影をやどすがごとくにあらず、水と月とのごとくにあらず。一方を証するときは、一方はくらし。

身心を集中して物の形を見、音声を聴きとるとき、じかに形や音声を受けとったとしても、鏡にすがたが宿ったり、水に月が映ったりするようなわけにはいかない。形や音声を対象とするとき、対象を受けとる側のようすは見えてこない。――西洋近代の認識論では「色」や「声」を客観、それを受けとるほうを主観、と図式化するが、道元は同じ図式を用いつつ、主観と客観を同位同格のものとは考えない。一方が明るいとき、他方は暗い。しかし、そういう対立物として、主客はともに仏法のうちに包摂される。

仏道をならふといふは、自己をならふ也。自己をならふといふは、自己をわするるなり。自己をわするるといふは、万法に証せらるるなり。万法に証せらるるといふは、自己の身心および他己《たこ》の身心をして脱落《とつらく》せしむるなり。

現代語訳の必要はなかろう。

現実のすべてを支え保つものとして仏道ないし万法があり、その仏道ないし万法を学びとろうとする自己もまた、仏道ないし万法に支えられた現実のうちにある。日々迷いに迷うその自己が悟りを得るには、自己を見つめ、自己と万法との関係を見つめ、自己への執着を脱し、自分を外へと解き放って万法と一体化するのでなければならない。それが「仏道をならふ」こと（仏道修行）だと道元はいう。「現成公按」の書き出しから、一つ前の引用文の「一方を証するときは、一方はくらし」までが認識論ふうの叙述だとすれば、ここでは実践論ふうの叙述がなされている。

さて、実践論ふうの叙述は強い断定の形を取る四つの短文の連なりである。主部から述部へ、その述部を主部に据えてさらなる述部へ、そしてさらなる述部へ、と展開する文の流れが、切れ味よく、リズミカルだ。といって、ことばが上すべりするようなことはなく、強靭な思考が論の展開をしっかりと支えている。仏道の本質をひたむきに追尋する議論は、抽象の極ともいうべき稜線を歩むが、読む側に論理を追っていく忍耐力さえあれば、道元の向き合う世界のゆたかさと、そこに分けいる道元の思考の雄勁《ゆうけい》さは確実に伝わってくる。いまの引用文にある「自己をならふ」「自己をわする」という一見平易な表現にしても、それが仏道とのかかわりでいわれているとなると、そこに宗教的ないし哲学的な意味がまつわらざるをえないが、そういう領域に分けいりつつ、あくまで現実世界を踏まえて思考を重ね、抽象の闇に迷いこんで理路を失うことのないのが道元なのだ。

理路をつらぬく思考の力強さに、読む者は襟《えり》を正さずにはいられないが、その見やすい一例として第一六「行持《ぎょうじ》 上」の冒頭を現代語に訳して引用する。

仏祖の歩んだ道をたどると、日々がこの上ない行《ぎょう》の連続で、途切れるということがない。発心《ほっしん》と修行と悟りと涅槃《ねはん》の境地とのあいだに、隙間《すきま》がまったくなく、日々の行が輪をなしてつながっている。だから、日々の行はみずから強いておこなうものでも、他から強いられるものでもない、純真無垢の行である。

日々のこうした行のおかげで自己も保たれ、他者も保たれる。根本にあるのは、おのれの行がそのまま全地全天に及び、なにもかもがその恩恵を蒙《こう》むることだ。他人も自分もそのことに気づかないけれども、それはそうなのだ。だから、仏祖たちの行があってわたしたちの行が実現し、仏祖たちの仏道が開かれる。わたしたちの行があって仏祖たちの行が実現し、わたしたちの仏道が開かれるし、わたしたちの行によって仏道は輪をなしてつながっていく。こうして、それぞれの仏祖が現に仏として存在し、仏のすがたを消し、仏の心となり、仏となってあらわれ、こうして仏の絶えることがない。この行によって日月星辰が、大地虚空が、環境と身心が、大自然が、そこにあるのだ。（同右、一六五ページ）

思考が外へ外へと大きく広がっていくさまがよく見てとれる。

書き出しの「仏祖」は、仏教の開祖・釈迦を指すとも、釈迦以外の祖師たちをもふくむ言いかたとも取れるが、いずれにしても、仏道に打ちこむ一人の人間の行《ぎょう》がまずは考察の対象とされる。釈迦にしても、仏教史に名の残る高僧にしても、仏法への参学参究のさまを見れば、そこに発心があり、修行があり、悟りがあり、涅槃の境地があるが、それぞれの行のあいだにはいささかの隙間もなく、たがいに輪をなすようにしてつながっている、と、道元は言う。そして、自分が自分につながっていく行は、内部からも外部からも強制力の働くことのない純粋きわまる行である、と。

が、すぐそのあと、個人の行は他とつながり、さらに大きく飛躍して全地全天とつながる。個人の行が個人を仏道へと導き、個人と仏道との関係を深め、ゆたかにするものだとすれば、それは当然、他人ともつながり、他人を仏道へと導き、他人と仏道との関係を深め、ゆたかにするものと考えられる。それればかりではない。仏道が全宇宙をつらぬく原理だとすれば、仏道をきわめんとする行は全地全天とつながり、全地全天の真理に通じるものだと考えられるのだ。道元の思想の核心には「只管打坐《しかんたざ》（ただひたすら坐禅を組むこと）」ということばが位置するが、坐禅を本体とする日々の行は、道元にとって、他人とつながり、全世界とつながる実践にほかならなかった。

そのつながりを、釈迦以降の諸仏諸祖の行と現在のわれわれの行とのつながりに即して述べるのが、引用の後半だ。仏祖たちの行といまを生きる修行者たちの行のつながりこそ、仏教本来のつながりであるのはいうまでもない。

そのつながりをとらえるに当たっても、そこに独自の思考が展開される。独自性の際立つ二文を、さきに引用した現代語訳にふくまれるが、もう一度、今度は原文のまま引用する。

諸仏諸祖の行持によりてわれらが行持見成《げんじゃう》し、われらが大道《だいだう》通達するなり。われらが行持によりて、諸仏の行持見成し、諸仏の大道通達するなり。（同右、一六五ページ）

前の文の「諸仏（諸祖）の」を「われらが」に変え、「われらが」を「諸仏の」に変えただけの文、それが後の文だ。古くからの釈迦や祖師たちと、現に修行しているわたしたちとが、入れかえ可能な存在としてとらえられている。

一般に仏教では師から弟子へと法脈が伝わることを師資相承《ししそうしょう》と名づけ、それぞれの教派でだれからだれへと法脈が伝わったかが教派の正統性を保証するものとして格別に重要視されるが、「諸仏」と「われら」を入れかえ可能な関係に置く道元の論理は、それを大きく逸脱するものだといわねばならない。前の文の、諸仏の行《ぎょう》によってわれらの行が実現し、われらの仏道が開かれるというのは師資相承の通念に抵触しない。先なる諸仏の体現した真理が後なるわれらの真理へとつながっていく、というのだから。しかし、その後に来る、われらの行によって諸仏の行が実現し、諸仏の仏道が開かれるというのは、伝統的な師弟関係をくつがえす論理の展開へと向かうものだ。師と弟子、先学と後学との関係において、弟子の行、後学の行こそが師ないし先学の行や仏道を価値あらしめる、というのだから。

とはいえ、師と弟子と、先学と後学との主従ないし上下の関係を、逆転ないし平準化するために道元はそのような論理の展開に向かったのではない。「われらが行持」――わたしたちの日々の仏道修行――の可能性をまさしく修行のただなかで考えぬくことによって、「われらが行持」が「諸仏の行持」を生かし価値あらしめるものだという認識に達したのだ。「われらが行持」の可能性がしだいに見えてくる充実感が、さきに原文を引用した二文のあとの、「われらが行持によりて……」「この行持によりて……」と畳みかけるように続く文言のうちに息づいている。わたしたちの日々の行は、諸仏の行や道を、諸仏の行住坐臥《ぎょうじゅうざが》や心のさまを、いまに現出させる、と道元はいう。おのれの行の経験にもとづく、確かな実感に裏打ちされた言明であろう。それだけではない。われらの行は日月星辰を、大地虚空を、個人の外界と内面を、大自然・大宇宙を真に現出させる力をもつとまでいうのだ。であるとすれば、「われらが行持」が「諸仏の行持」と入れかえ可能な、対等の存在とされることになんのふしぎもない。道元はおのれの行にそのような可能性を見て深い充実感を味わうとともに、まわりの人びとの行に同じ可能性を見て、そこに仏道の根源性と純粋性を感じとったにちがいない。「只管打坐」はそういう広がりのなかで選びとられたことばだった。

「われらが行持」のこのようなとらえかたは、同時に、道元の存在論の表明にほかならなかった。日々の行のなかで諸仏諸祖の行と道が、日月星辰が、個人の外界と内面が、大自然・大宇宙が現前してくるというのは、わたしたちの生きる世界がそのように存在すること、そしてそれがすなわち仏法だというにほかならない。そういう世界のありかたを道元は「見成《げんじょう》」とか「現成《げんじょう》」とかのことばでいいあらわすが、個が個としてありつつ仏法と一体化した純粋無雑の境地にあっては、見ることと現れることと成ることと在ることが一つになる。それが道元の存在論だった。岩波・日本思想大系『道元（上・下）』の校注者の一人寺田透は、道元の存在論についてこう述べている。

僕にとって『正法眼蔵』の思想のうち一番魅力があるのは、この世界のすべてのものはすべて同時に現実化されているのであって、それも現在あるものについて言えるばかりでなく一切の時間の中の存在が同じようにすべて隠れるところなくわれわれの前に現れている、とする思想である。この場合道元の表現は実に巧みに且つ強く、他でもない道元自身がそのすべての外にいるのではなく、その中に入っているということを分らせるように出来ている。(『道元の言語宇宙』岩波書店、六五ページ)

道元が「見成」ないし「現成」と表現することを寺田透は「この世界のすべてのものはすべて同時に現実化されている」とくだいていいあらわしているが、すべてのものがくっきりとしたすがたを取って同時にあらわれているさまを、くりかえし何度でも表現するのが『正法眼蔵』の筆法だった。第一「現成公按」の冒頭でいえば、書き出しの「(諸法の仏法なる時節)すなはち迷悟あり、修行あり、生あり、死あり、諸仏あり、衆生あり」というのがそれだし、「行持 上」の冒頭(五二九―五三〇ページ)でいえば、「日々のこうした行のおかげで……」で始まる第二段落の全文が、世界全体の「現成」のさまを語っている。時間的に隔たったものが同時に「現成」している例としては、「諸仏の行持」と「われらが行持」がそれぞれに価値あるものとして存在し、相互に交流するなかでたがいの価値を顕証するような関係にあるさまを思い浮かべればよい。

さて、そのように、時間的に隔たったものをもふくめて、すべてのものがこの世界に現実化されているとすれば、この世を超えたところに絶対の世界を想定する必要はない。悟りも解脱も浄福も救済も、あの世のこととしてではなく、この世に現実化されているものと考えることができる。道元の存在論は突きつめるとそういうところに行くはずで、実際、『正法眼蔵』ではあの世、彼岸、来世に言及されることがほとんどない。この現実のなかで真実を追いもとめ、真実を明らかにするのが思索の仕事だと、文章の運びそのものが語っている。その意味で道元の仏教思想は、現実のただなかに生きる現実肯定の思想だった。

王朝の世界が衰退し、武士の支配力が強まる激動の時代を生きた道元が、世の乱れや人心の荒廃を身近に経験しなかったはずはない。濁世《じょくせ》の実感をもたなかったはずはない。が、その実感をもとに、穢《けが》れたこの世とは次元を異にするあの世を遠望し、万人が——とりわけ救いから見放された人びとが——そこに迎えいれられることを希求するというのは、道元の選んだ道ではなかった。悲惨に満ちた乱世にあっても人びとは生き、社会は動き、大自然は存在している。どんなに乱れた、濁った、穢れた世であろうとも、人びとが生き、社会が動き、大自然が存在することは、そのこと自体が価値のあることではないのか。そこに、生きる意味と価値を見出すべきではないのか。道元の思考はそのように進んでいった。現実を離れて彼岸に向かうのではなく、現実をくぐりぬけてその奥に向かって突き進もうとした。奥の世界を仏法の世界と名づけるとすれば、仏法の世界は現実と区別される別の世界ではなく、現実が本来のすがたを取った世界——現実よりもいっそう現実的な世界——にほかならなかった。

現実が本来のすがたを取る世界に近づこうとする試み、それがすなわち只管打坐《しかんたざ》の行だ。その試みのなかで現実の事物や事実がいっそう現実的なものとしてあらわれる。その充実感および開放感は打坐の行を重ねる道元がおのれの身心にみなぎる実感として感じとったものだった。その充実感と開放感を道元は「身心脱落」ということばで表現する。身心の拘束をぬけ出して、いうならば純粋な思考体として本来の現実と向き合うのが打坐の試みだというのだ。

そのように現実のすべてが現実化されてあらわれるとき、あらわれるすべてのものには存在の輝きとでもいうべきものが具わっている。現実よりもいっそう現実的であるという輝きだ。現実世界では一般に負なるもの、劣ったものとされるものまでが存在の輝きをもってあらわれる。もう一度『正法眼蔵』第一「現成公按」に還っていえば、「諸法の仏法なる時節、すなはち迷悟あり、修行あり、生あり、死あり、諸仏あり、衆生あり」というときの「迷」や「死」や「衆生」は、もはや低次元の忌避《きひ》すべきものではなく、「悟」や「生」や「諸仏」と同じように価値ある存在であり、「迷を大悟するは諸仏なり、悟に大迷なるは衆生なり」というときの「迷」「悟」「諸仏」「衆生」は、そのいずれもが輝く存在として真の現実世界に位置をあたえられているのである。

道元の強靭な思考は、こういう現実肯定の存在論を生み出すところまで行った。現実を超えたむこうに超越的な彼岸や来世を見るのではなく、現実のそのむこうにさらなる現実をうかがうその思考は、宗教的思考というより哲学的思考というにふさわしいが、道元にしてみれば、それこそが仏法の真髄にせまる思考にほかならなかった。仏法を思考するとは、現実に背を向けるのではなく、現実にいっそう肉薄することだ。同時にそれは、乱世にあって乱世に吞みこまれることなく、生きるに値する世界を現出させようとすることだ。法然や親鸞の思考が、乱世に生きる人びとの悲惨と苦難と絶望を目の前にして、一切衆生平等往生を強く希求し、阿弥陀仏の大悲大慈を絶対的な真実と見なすことによって専修念仏や悪人正機の思想をたぐり寄せ、もって時代の不幸と不条理を克服しようとしたとすれば、道元は、時代の混乱と迷妄に正面から向き合い、混乱と迷妄のその奥にゆるぎない真実を探り出すことによって、時代の不幸と不条理を克服しようとしたのだった。仏法の行きわたった世界においては、「迷悟あり、修行あり、生あり、死あり、諸仏あり、衆生あり」であるとともに、「まどひなくさとりなく、諸仏なく衆生なく、生なく滅なし」であるといえるのも、そして「諸仏諸祖の行持によりてわれらが行持見成し、われらが大道通達」し、逆に、「われらが行持によりて、諸仏の行持見成し、諸仏の大道通達する」といえるのも、現実の奥にいっそう現実的な存在の輝きを洞察する、透徹した思考の働きによることだった。道元にとって、思考することこそが心に充実を得ることであり、安らぎを得ることだった。

透徹した力強い道元の思考は、その一方でまことに融通無碍《ゆうずうむげ》な動きをする。無軌道といいたくなるほどに自在な動きをする。すでに引用した第一「現成公按」の「仏道をならふといふは、自己をならふ也。自己をならふといふは、自己をわするるなり。自己をわするるといふは、万法に証せらるるなり。万法に証せらるるといふは、自己の身心および他己の身心をして脱落せしむるなり」というリズミカルな文など、思考の自在な動きの好見本とすることができるが、もう少し気楽な事柄に取材した例として、同じ第一「現成公按」に次の文がある。現代語に訳して引用する。

　魚が水を泳ぐのに、どこまで行っても水の果てはないし、鳥が空を飛ぶのにどんなに飛んでも空の果てはない。とはいっても、魚や鳥は昔から水や空を離れることはない。ただ、水や空を広く使う必要があるときは遠くまで行き、小さく使うだけのときは近くを動く。そうやってそれぞれがその場の全体を使いつくし、どこといって動きまわることのない場所はないのだが、鳥はもし空を出ればたちまち死んでしまうし、魚はもし水を出ればたちまち死んでしまう。とすれば、以《い》水《すい》為《い》命《めい》（水が命であること）が分かるし、以空為命（空が命であること）が分かる。また、以鳥為命（鳥が命である）とも、以魚為命（魚が命である）ともいえる。また、以命為鳥（命が鳥である）とも、以命為魚（命が魚である）ともいえる。こうしてさらに先へと進むことができる。（岩波・日本思想大系『道元上』三七―三八ページ）

　空に果てがないというのは、天空を見上げた感覚として分からないではない。しかし、水に果てがないというのはどういうことか。文脈からして、海の広さをいうのではあるまい。道元はみずからが泳ぐ魚の身になって、水に果てがない、といっているのだ。とすれば、水域の大小は問題ではない。小さな池の魚でも、小川の魚でも、大海の魚でも、泳ぎまわるその池、小川、海を果てしないと感じている。そう道元は考える。鳥も同じで、天空がどこまでも続くから果てしないのではなく、広く飛ぶ鳥は広いなりに、小さく飛ぶ鳥は小さいなりに、空を果てしないと感じているというのだ。

そのように無理なく魚や鳥に内在する道元の思考は、さらにそこを出て鳥の居場所である空や、魚の居場所である水へと内在していく。以鳥為命（鳥が命である）と以魚為命（魚が命である）の二語は、それぞれ空の立場と水の立場に立っていわれたものだ。空と水はいろんな動植物を内にふくみ、それらが動き、生き、暮らす場としてあるが、空の側から鳥に注目すれば、鳥こそが空を本領とするにふさわしい空の命であり、水の側から魚に注目すれば、魚こそが水を本領とする水の命だと考えられる。魚から水へ、鳥から空へ、そのように自在に動くのが道元の思考だ。さらには、以命為鳥（命が鳥である）といい、以命為魚（命が魚である）という。思考は今度は命に乗りうつっている。空と鳥のあいだを、あるいは水と魚のあいだを自由に行き来する命に乗りうつって、命が一定の形を取って現に存在するに至ったもの、それが鳥であり魚であるといっているのだ。漢字四文字を使った展開はそこで終わっているが、道元自身、「さらに先へと進むことができる」といっているように、以命為空、以命為水とか、以鳥為鳥、以魚為魚といった思考の展開は十分に可能なのだ。

現実のすべてが存在の輝きをもってあらわれ出る世界は、そのような融通無碍の思考によって洞察され表現されるものにほかならない。思考が融通無碍の動きによって現実の世界に肉薄するとき、現実の一つ一つの存在が新鮮な輝きをもってあらわれてくるのだ。修学・修行のなかで自己と仏祖がつながり、やがて自己が忘れられていくように、同じ修学・修行のなかで自己と世界が、自己と全自然が、自己の一つ一つの存在がつながり、やがて自己が忘れられていく。池に魚が泳ぐのが見える。空に鳥が飛ぶのが見える。わたしたちの目は魚を追い、鳥を追う。が、水がなければ魚は生きられず、空がなければ鳥は生きられない。そう考えるとき、魚のむこうに水が、鳥のむこうに空が、価値あるものとしてあらわれ出る。さらに、魚と水、鳥と空との関係そのものへと考えが及べば、そこに行き交う命が価値あるものとしてあらわれ出る。そのような魚、鳥、水、空、命のあらわれが存在の輝きにほかならない。驚くべき自由な、自立した思考だが、道元はそれが自分だけに特有の思考ではなく、万人に共有される思考だと考えていた。思考とは本来そのように自由な自立した運動体だと考えていた。そう考えていたからこそ、存在することそのことが価値であるような現実空間をのびやかに動きまわるおのれの思考の軌跡を、くりかえし倦《あ》きることなく人びとに提示することができたのだった。

『正法眼蔵』は読みやすい書物でも分かりやすい書物でもない。途中で投げ出したくなることもなくはない。しかし、霧のなかに迷いこんでいまいる場所も行く先も皆目見当がつかないようなときでも、書き手のひたむきさは疑えない。ごまかしたり惑わしたりする気などまったくなく、まっすぐ考え、まっすぐこちらに向かって語りつづけるのが『正法眼蔵』だ。見てとれるのは、思考が純粋な形を取ってそこにあらわれているさまだ。読み手としては、迷っても惑っても考えつづけていくしかなく、実際、考えつづけるうちに多少とも論の筋道をたどれるようになる。思考と思考が通じ合うのだ。道元は現実のすべてが存在の輝きを具えてたがいに響き合うことこそ、世界の本来のありかただと考えたが、そのありかたは書物を媒介にした書き手と読み手のあいだにも成立しうるものと考えていた。いや、書き手と読み手のあいだでは思考が通じ合う以上、その通じ合いはとりわけ純粋な、まさしく身心脱落の名に値する通じ合いだと考えていた。乱世とも濁世ともいわれる時代にあって、強い現実肯定の意志につらぬかれ、なにかが、なにごとかが存在するとすれば、存在するというそのことに価値がある、とする雄渾《ゆうこん》で豊饒《ほうじょう》な存在論ないし世界観は、そのような思考への信頼なくしてはなりたちえないものであった。

道元は厳しい戒律をおのれに課し、仏道一筋の日々を生きぬこうとする仏者だった。しかし、『正法眼蔵』は信仰の書というより思索の書と呼ぶのがふさわしい。信仰の力よりも思索の力こそが読者にせまってくるのが『正法眼蔵』だ。法然も親鸞も十分に思索の人だったが、その思索が仏書に依拠するものであったことは否定できない。道元の思索は、仏書を手がかりとしつつみずからの足で立とうとする。読むうちに、仏の慈悲よりも存在の輝きに心が開かれるのも、そのことと深く関係する。

平安末から鎌倉期にかけての乱世は、日本精神史上類稀《たぐいまれ》な思索の書を生み出した時代でもあった。

KODANSHA

本書の原本は、小社より、二〇一五年九月に刊行されました。

長谷川　宏（はせがわ　ひろし）

1940年生まれ。東京大学大学院哲学科博士課程修了。大学闘争に参加後アカデミズムを離れ，在野の哲学者として活躍。とくにヘーゲルの明快な翻訳で高く評価される。主な著書に，『ヘーゲルの歴史意識』『同時代人サルトル』『ことばへの道』『新しいヘーゲル』『丸山眞男をどう読むか』『初期マルクスを読む』など。またヘーゲルの翻訳として，『哲学史講義』『美学講義』『精神現象学』（レッシング翻訳賞，日本翻訳大賞）『法哲学講義』などがある。

講談社学術文庫

定価はカバーに表示してあります。

日本精神史《にほんせいしんし》（上《じょう》）

長谷川《はせがわ》　宏《ひろし》

2023年10月10日　第1刷発行

発行者　髙橋明男
発行所　株式会社講談社
東京都文京区音羽 2-12-21 〒112-8001
電話　編集（03）5395-3512
販売（03）5395-5817
業務（03）5395-3615
装　幀　蟹江征治
印　刷　株式会社ＫＰＳプロダクツ
製　本　株式会社国宝社
本文データ制作　講談社デジタル製作

ISBN978-4-06-530303-0

「講談社学術文庫」の刊行に当たって

これは、学術をポケットに入れることをモットーとして生まれた文庫である。学術は少年の心を養い、成年の心を満たす。その学術がポケットにはいる形で、万人のものになることは、生涯教育をうたう現代の理想である。

こうした考え方は、学術を巨大な城のように見る世間の常識に反するかもしれない。また、一部の人たちからは、学術の権威をおとすものと非難されるかもしれない。しかし、それはいずれも学術の新しい在り方を解しないものといわざるをえない。

学術は、まず魔術への挑戦から始まった。やがて、いわゆる常識をつぎつぎに改めていった。学術の権威は、幾百年、幾千年にわたる、苦しい戦いの成果である。こうしてきずきあげられた城が、一見して近づきがたいものにうつるのは、そのためである。しかし、学術の権威を、その形の上だけで判断してはならない。その生成のあとをかえりみれば、その根は常に人々の生活の中にあった。学術が大きな力たりうるのはそのためであって、生活をはなれた学術は、どこにもない。

開かれた社会といわれる現代にとって、これはまったく自明である。生活と学術との間に、もし距離があるとすれば、何をおいてもこれを埋めねばならない。もしこの距離が形の上の迷信からきているとすれば、その迷信をうち破らねばならぬ。

学術文庫は、内外の迷信を打破し、学術のために新しい天地をひらく意図をもって生まれた。文庫という小さい形と、学術という壮大な城とが、完全に両立するためには、なおいくらかの時を必要とするであろう。しかし、学術をポケットにした社会が、人間の生活にとってより豊かな社会であることは、たしかである。そうした社会の実現のために、文庫の世界に新しいジャンルを加えることができれば幸いである。

一九七六年六月

野間省一